"十四五"职业教育国家规划教材

高等职业教育教学改革融合创新型教材·公共管理类

行政管理学

（第六版）

Public Administration

徐彦　刘影/主编

丛歆哲　　丛红旗/副主编

东北财经大学出版社
Dongbei University of Finance & Economics Press

大连

图书在版编目（CIP）数据

行政管理学 / 徐彦，刘影主编. —6版. —大连：东北财经大学出版社，
2025.1. —（高等职业教育教学改革融合创新型教材·公共管理类）.
ISBN 978-7-5654-5468-4

Ⅰ. D035

中国国家版本馆CIP数据核字第20244M8434号

东北财经大学出版社出版

（大连市黑石礁尖山街217号　邮政编码　116025）

网　　址：http://www.dufep.cn

读者信箱：dufep@dufe.edu.cn

大连日升彩色印刷有限公司印刷　　东北财经大学出版社发行

幅面尺寸：185mm×260mm　　　字数：430千字　　　印张：20

2025年1月第6版　　　　　　　2025年1月第1次印刷

责任编辑：魏　巍　吉　扬　李　丹　　　责任校对：刘贤恩

封面设计：原　皓　　　　　　　　　　版式设计：原　皓

定价：49.80元

富媒体智能型教材出版说明

"财经高等职业教育富媒体智能型教材开发系统工程"入选国家新闻出版广电总局新闻出版改革发展项目库，并获得文化产业专项资金支持，是"国家文化产业资金支持媒体融合重大项目"。项目以"融通""融合""共建""共享"为特色，是东北财经大学出版社积极落实国家推动传统媒体与新媒体融合发展的重要举措之一。

"财济书院"智能教学互动平台是该工程项目建设成果之一。该平台通过系统、合理的架构设计，将教学资源与教学应用集成于一体，具有教学内容多元呈现、课堂教学实时交互、测试考评个性设置、用户学情高效分析等核心功能，是高校开展信息化教学的有力支撑和应用保障。

富媒体智能型教材是该工程项目建设成果之二。该类教材是我社供给侧结构性改革探索性策划的创新型产品，是一种新形态立体化教材。富媒体智能型教材秉持严谨的教学设计思想和先进的教材设计理念，为财经职业教育教与学、课程与教材的融通奠定了基础，较好地避免了传统教学模式和单一纸质教材容易出现的"两张皮"现象，有助于教学质量的提高和教学效果的提升。

从教材资源的呈现形式来说，富媒体智能型教材实现了传统纸质教材与数字技术的融合，通过二维码建立链接，将VR、微课、视频、动画、音频、图文和试题库等富媒体资源丰富呈现给用户；从教材内容的选取整合来说，其实现了职业教育与产业发展的融合，不仅注重专业教学内容与职业能力培养的有效对接，而且很好地解决了部分专业课程学与训、训与评的难题；从教材的教学使用过程来说，其实现了线下自主与线上互动的融合，学生可以在有网络支持的任何地方自主完成预习、巩固、复习等，教师可以在教学中灵活使用随堂点名、作业布置及批改、自测及组卷考试、成绩统计分析等平台辅助教学工具。

富媒体智能型教材设计新颖，一书一码，使用便捷。使用富媒体智能型教材的师生首先进入"财济书院"（www.idufep.com）平台完成注册，然后登录"财济书院"输入教材封四学习卡中的激活码，建立或找到班级，进入教材对应课程，就可以开启个性化教与学之旅。

"重塑教学空间，回归教学本源！""财济书院"平台不仅仅是出版社提供教学资源和服务的平台，更是出版社为作者和广大院校创设的一个自主选择和自主探究的教与学的空间，作者和广大院校师生既是这个空间的使用者和消费者，也是这个空间的创造者和建设者，在这里，出版社、作者、院校共建资源，共享回报，共创未来。

最后，感谢各位作者为支持项目建设所付出的辛劳和智慧，也欢迎广大院校在教学中积极使用富媒体智能型教材和"财济书院"平台，东北财经大学出版社愿意也必将陪伴广大职业教育工作者走向更加光明而美好的职教发展新阶段。

东北财经大学出版社

第六版前言

为贯彻党的二十大和二十届三中全会关于职业教育的指示精神，推动现代职业教育高质量发展，培养新时代行政管理高技能人才，我们对《行政管理学》一书进行了第五次修订，力求满足项目式、案例式、情境式及数字化教学模式需求，打造一本"岗课赛证"融通，政、行、校、企共育的数字化、立体化教材。

本次修订以立德树人为目标，以就业为导向，致力于培养学生的行政管理素养和解决实际问题的能力，满足学生的知识性、时效性、实践性和价值性需求。以公共之心，领治理之先。

1.强化价值引领，落实立德树人根本任务

本次修订以习近平新时代中国特色社会主义思想为指导，以"培根铸魂、启智增慧"为核心原则，积极落实立德树人根本任务，坚持为党育人、为国育才。通过绘制"思政学习导图"，设置"素养目标"，完善"价值引领"栏目，将"经世济民""法治意识""责任意识""生态保护""改革创新""职业素养""民族自信"等思政元素融入任务的学与做，使学生树立民本思想，积极践行社会主义核心价值观，力求为培养担当中华民族复兴大任的时代新人提供坚实支撑。

2.对接岗位需求，服务项目式教学

本次修订根据行政管理岗位的工作要求，设立5个项目14个任务。5个项目包括行政管理与行政环境认知、行政职能履行、行政行为规范、行政方法与数字技术应用、行政管理展望。14个任务包括行政管理、行政环境、行政职能、行政组织、行政领导、行政决策、行政执行、行政监督、人事行政、依法行政、机关行政、行政方法应用、数字技术应用、行政改革与发展，由此构成了项目导向、任务驱动的教材体系，服务项目式教学。

3.融入行业新知识，深化岗课融通

本次修订围绕党和国家事业发展对行政人才培养的新要求，更新了"引例""案例解读""行政视野""价值引领""任务实施""技能应用"等内容，融入了行政管理领域的新规定、新技术和新成果，加强了对行政管理理论和实践的新动向、新问题的分析，使理论、知识、工具、方法与时代同步，以符合工作岗位要求，并且与公务员考试相结合，从而使教材内容更贴近行政管理实践。

4.配套丰富资源，支撑高效自主学习

本次修订更新了教材配套数字资源，包括"知识导图""课程动画""拓展学习""随堂测验"等，并以二维码的形式呈现，学生扫码即可查看。同时，本书对应课程由广东行政职业学院倾力打造，并在"智慧职教"平台上线（https://mooc.icve.com.cn/cms/courseDetails/index.htm?classId=543a4cd92a254f78b0b8f3ae02d0eab2），实现了线上线下学习的有机融合，有利于提升学习效果。

本书由徐彦、刘影任主编，丛歆哲、丛红旗任副主编。在本书修订过程中，杨潇老师、甘敏晴同学参与了资料收集工作，在此特别表示感谢。同时，本书引用了一些实践案例及本学科研究的新成果，对贡献者我们表示衷心的感谢。本书修订也得到了东北财经大学出版社魏巍编辑的悉心指导和帮助，在此深表谢意。

受编者水平所限，书中难免存在疏漏之处，敬请各位读者谅解并不吝赐教。

编 者

2024年11月

目录

数字资源目录

续表

任务	数字资源	页码
任务 13 数字技术应用	知识导图 13-1　数字技术应用	263
	拓展学习 13-1　政务大模型加速政府数智化转型	270
	拓展学习 13-2　"区块链+民生"，服务更深入	276
	随堂测验 13-1　任务 13	278
任务 14 行政改革与 发展	知识导图 14-1　行政改革与发展	284
	课程动画 14-1　行政改革	286
	课程动画 14-2　行政发展	292
	拓展学习 14-1　新时代建设高质量服务型政府新策略	293
	拓展学习 14-2　城市大脑：让城市更聪明　居民更幸福	296
	随堂测验 14-1　任务 14	299

思政学习导图

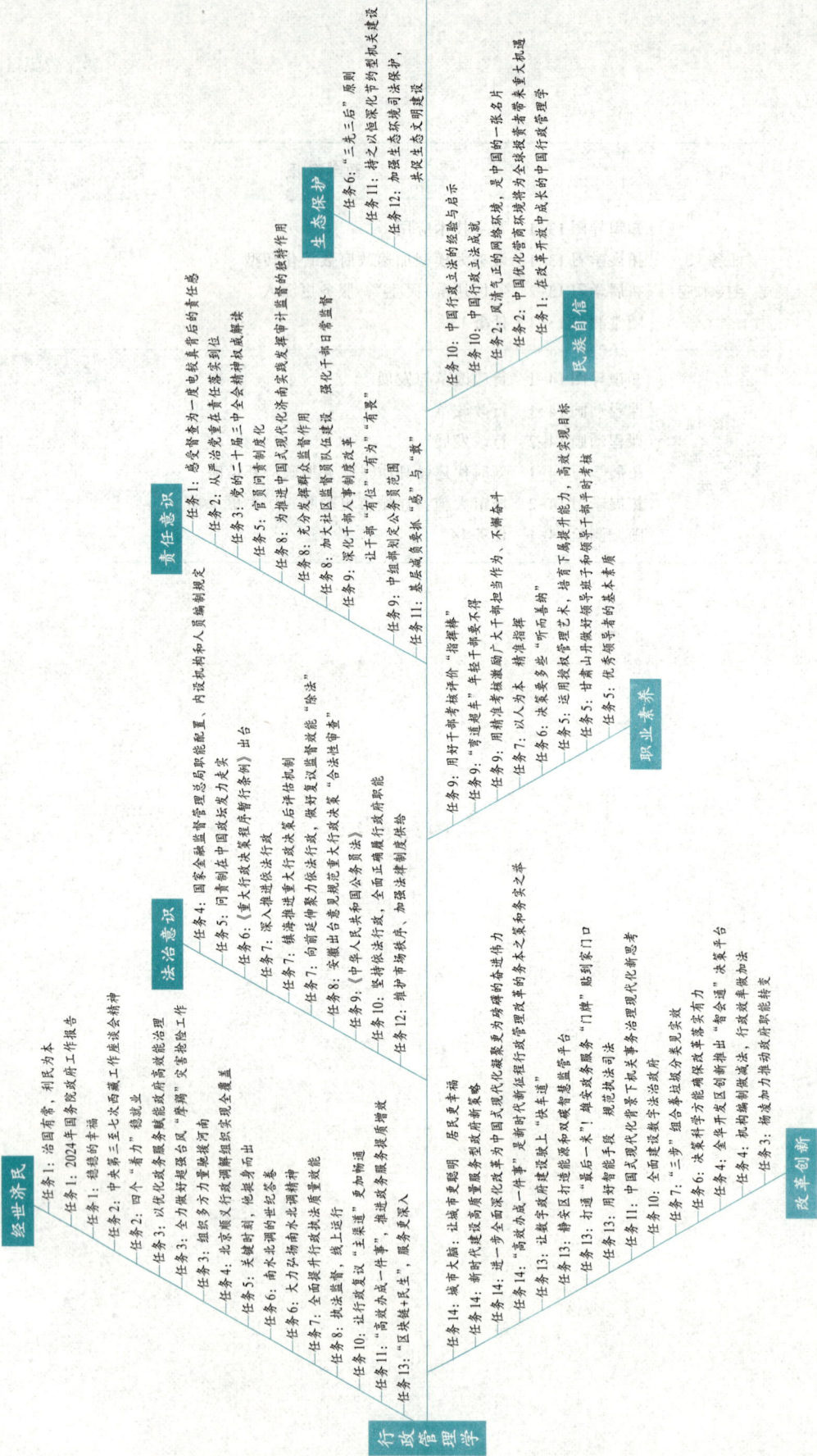

经世济民
- 任务1: 治国有常，利民为本
- 任务1: 2024年国务院政府工作报告
- 任务1: 稳稳的幸福
- 任务2: 中央第三至七次西藏工作座谈会精神
- 任务2: 四个"着力" 稳就业
- 任务3: 以优化政务服务赋能政府效能治理
- 任务3: 全面做好稳经济大盘"驾驭" 交安地粮河南
- 任务4: 北京调解组织实现全覆盖
- 任务5: 关键时刻，他挺身而出
- 任务6: 南水北调的世纪之答
- 任务7: 大力弘扬南水北调精神
- 任务8: 全面提升行政效率效能
- 任务10: 执法监督，线上运行
- 任务11: "高效办成一件事""主渠道" 更加畅通
- 任务13: "区块链+民主"，服务更深入

法治意识
- 任务4: 国家金融监督管理总局职能配置、内设机构和人员编制规定
- 任务5: 同责制在中国政坛发力求实
- 任务6: 《重大行政决策程序暂行条例》出台
- 任务7: 深入推进依法行政
- 任务7: 精海推进重大行政决策行政，做好复议审查后评估机制
- 任务7: 向前延伸聚力意见，做好复议监督效能"临法"
- 任务9: 安徽出台意见规范重大行政决策"合法性审查"
- 任务9: 《中华人民共和国公务员法》
- 任务10: 坚持依法行政，全面正确履行政府职能
- 任务12: 维护市场秩序，加强法律制度供给

责任意识
- 任务1: 感受督查为一度电积蓄背后的责任感
- 任务2: 从严治党压重责在担责任责落到位
- 任务3: 党的二十届三中全会精神权威解读
- 任务5: 贯彻制度化
- 任务8: 为推进中国式现代化济南实践发挥审计督察特用
- 任务8: 充分发挥群众监督作用
- 任务8: 加大社区监督员队伍建设 强化干部日常监督
- 任务9: 深化干部人事制度改革
- 任务9: 让干部"有信""有为""有畏"
- 任务11: 中组部划定公务员范围 "总"与"禁"
- 任务11: 基层减负在基层

生态保护
- 任务6: "三无三有"原则
- 任务11: 样之以怕深化节约型的型环境建设
- 任务12: 加强生态环境司法保护，共筑生态文明建设

民族自信
- 任务10: 中国行政立法的经验与启示
- 任务10: 中国的行政立法
- 任务2: 风清气正的网络环境，是中国的一张名片
- 任务2: 中国优化营商环境为全球投资者带来重大机遇
- 任务1: 在政有道中成长中成长

职业素养
- 任务9: 用好干部考核评价"指挥棒"
- 任务9: "考道赶丰"牵引干部奋干作
- 任务9: 用精准考核激励广大干部担当作为，不骄奋斗
- 任务7: 以人为本，精准施策
- 任务2: 决策要多些"听而易纳"
- 任务5: 运用授权管理艺术，让青下易提升能力，高效实现目标
- 任务5: 甘肃山丹培树好领导班子和领导干部时时标
- 任务5: 优秀领导者的基本素质

改革创新
- 任务14: 城市大脑：让城市更聪明
- 任务14: 新时代城市建设高质量数型政府新策略
- 任务14: 进一步全面深化改革为中国式现代化凝聚更加磅礴的命进伟力
- 任务14: "高效办成一件事"，是新时代政务改革征程行政管理改革的务之本务之实之举
- 任务13: 让数据跑腿减掉"快丰速"
- 任务13: 静安区打造能源和双碳智慧监管平台
- 任务13: 书通"最后一米"！雄安政务服务"门牌"贴近家门口
- 任务11: 用现代化背景下机构干部领导干部领导干部时水依法执行司法
- 任务10: 全面建设数字法治政府
- 任务7: "三步"组合拳启跃分类实效
- 任务6: 决策科学方能确保改革求真有力
- 任务4: 机构编制减法，行政效率做加法
- 任务4: 全球开发区创新推出"智会通"决策平台
- 任务3: 物资加力油政府职能转变

行政管理学

项目一
行政管理与行政环境认知

1

任务1　行政管理

任务目标	知识目标	·了解行政管理学的整体架构和研究方法 ·熟知政府的地位以及对政府的理性思考 ·明确学习和研究行政管理学的意义 ·掌握行政及行政管理的含义与特征
	技能目标	能够运用行政管理学的基本知识和分析方法分析行政管理的实际问题
	素质目标	·增强行政服务意识、责任意识，提高行政管理素养 ·树立正确的权力观和利益观
任务重点		·行政与行政管理 ·政府的理性思考 ·行政管理学的学科体系

知识导图1-1

行政管理

| 引例 | 联动破题、多元善治，向侵占小区公共空间行为亮剑！ |

上海市共和新路街道洛川中路1100弄居民区是一个大型住宅小区，常住居民2 716户、6 300余人，老龄化程度达40%。随着房龄的增长，小区内侵占公共空间的情况逐渐增多。自2024年初以来，街道综合行政执法队向洛川中路1100弄小区内的侵占公共空间行为亮剑，拆除绿地上的200多平方米违章建筑，清理平整绿化用地400多平方米。

1.聚焦群众急难愁盼，制定全量问题清单

为全面解决小区公共空间问题，街道综合行政执法队推行"全量排查"工作法，对照12345热线诉件、物业服务企业发现上报、管理部门移送案件线索，形成问题清单、任务清单和责任清单。同时，执法人员化身基层治理的"微网格长""第二楼组长"，与洛川中路1100弄居民区党总支牵头的"三驾马车"、共建单位等通过日常走访巡查，及时汇总居民遇到的困难和小区治理问题。通过排查占绿、侵占公共空间整治问题清单，制订专项执法行动方案，明确工作目标、任务和措施，以全量问题推动闭环整改牵引推动全域工作治理，推动问题诉求高效率化解。

2.单打独斗变多方联动，多格合一促多维善治

街道综合行政执法队启动小区环境专项执法行动。实施策略上，采取分步实施、分类施策。工作中，强化群众参与，依托网格化治理，激发群众主体意识，精准对接需求。街道综合行政执法队积极配合推动洛川中路1100弄"乐高式动员"工作网格建设，选派第一街区支部委员和街区事务员担任洛川中路1100弄的街区事务员，整合辖区联动资源，充分联动周边共建单位、街区事务会、物业企业、居民党员、社区志愿者等五支队伍，全力"抓党建、强法治、促治理"，推行"个性化"定制，携手党员群众"织"出新时代小区治理新画卷。此外，"周四行动日"活动，执法人员与包联领导、机关联络员与居民区党总支、党员志愿者持续共同开展清洁家园行动，对居民区环境等问题进行集中整治，协调解决社区治理中的突出问题。同时，聚焦"善治街区"建设，深化党建与治理融合，挖掘资源，创新治理方式。街道综合行政执法队联合区体育局、区信鸽协会、街道管理办等部门启动管执联动机制，实施会员信息及鸽棚普查，督促养鸽者依法依规养鸽，减少邻里矛盾，促进社会和谐，提升市容环境水平。

3.法治力量保障专项行动，绘就社区治理美好画卷

街道综合行政执法队针对性地推动绿化普法宣传融入街区商铺、小区楼道和物业企业，融入音（视）频、微动漫、图书、海报等多种类普法宣传品，融入"谁执法谁普法"普法格局，向群众解读《城市绿化条例》《上海市绿化条例》等政策法规，并就临时使用绿地许可、上海市绿化补偿费标准以及私自圈占绿地承担的法律责任等进行普法宣传和政策解读。同时，街道综合行政执法队坚持依法履职尽责，在执法中，加强与住建、规资、绿容、公安等部门沟通协作，对违法搭建和装修、占绿毁绿等问题，开展事实认定、执法协助、联勤联动，形成执法整治工作合力。同时，为持续推动提升工作法治化水平和执法公信力，街道综合行政执法队还依托"一网统管"平台，会同城运中心、行业管理部门、洛川中路1100弄居委，积极开展小区治理智能监管场景建设，推动形成数据共享。通过"城管进社区"应用平台，对案件来源和类型、执法办案、投诉处置等情况进行数据分析，合理调配进社区工作力量，提升执法保障能力。推动运用无人机自动巡航、小区公共视频监控等技术手段，及时发现违法搭建、占绿毁绿、乱扔堆放垃圾等违法行为，提高源头发现问题、及时执法处置的效率。

资料来源　罗欣悦．联动破题、多元善治，TA们向侵占小区公共空间行为亮剑！［EB/OL］．（2024-08-30）［2024-11-12］．https://www.thepaper.cn/newsDetail_forward_28593629.

这一案例表明：行政管理的本质是政府管理公共事务、谋求公共利益、承担公共责任的管理活动。案例中，政府部门解决侵占小区公共空间行为的一系列举措，说明了政府管理的含义和内容。

知识准备

1.1　行政与行政管理

1.1.1　行政的含义

1）行政有广义和狭义之分

广义的行政，是指国家机关和非国家机关，如企事业单位、社会团体乃至私人组织中的计划、决策、协调、人事、后勤庶务等管理活动。狭义的行政，是指政府机关执行的任务和进行的活动。

行政管理是使用狭义的行政概念，实际上就是政府管理。

2）行政的动态含义

第一层次：政务（executive）。主要任务是决定施政方针、路线和基本策略。这是政务官的职责。

第二层次：行政（administration）。主要任务是规划、协调与监督。这是高级事务官的职责。

第三层次：管理（management）。主要任务是运用资源，执行计划，达成政府组织的任务与目标。这是中下级事务官的主要职责。

行政的要素包含：目标与价值，组织结构，人员（人力资源），运作过程，资源、手段与方法。

1.1.2　行政管理的含义

所谓行政管理，是指政府运用公共行政权力，依法对国家事务、社会公共事务和自身内部事务实施管理的活动。其本质上体现着政府管理公共事务、谋求公共利益、承担公共责任的过程。这一定义包含了四层含义：

1）行政管理的主体是政府

人们对政府的认识，历来有着较大的差别，概括起来有广义和狭义之分。广义的政府覆盖了所有的国家机构，包括立法机关、行政机关与司法机关等国家机构。这种广义的政府概念在经济学及政治学中被经常使用。狭义的政府仅指国家权力机关的执行机关，即国家行政机关，或者仅指中央政府或内阁。其一是作为"三权分立"体制下之一权，与其他国家机关平行。例如，美国"三权分立"体制下的立法、行政、司法三权中，行政（或执行）便是其中之一，它与其他国家机关相互制衡。其二是作为国家权力机关的执行机关。例如，中国政府就属于这种情况。中国是议行合一的体制，政府是国家的行政机关，是国家权力机关的执行机关，政府由人民代表大会选举产生，并对人民代表大会负责。其三是政府的内阁。在欧洲议会制国家中，政府意味着内阁或者内阁的部，其范围要比广义的政府小许多。本书使用的是狭义的政府概念，专指国家的行政机关。

2）行政管理的内容是国家事务、社会公共事务和自身内部事务

行政管理包括三个方面的内容：一是国家事务的管理，即国家行政机关对国防、外交、国家政务等事务的管理。这主要是对外而言的，政府作为国际法主体，保卫自己的祖国、处理国家之间的关系。二是对社会公共事务的管理。政府的职能是有效地管理社会公共事务。"公共事务"一词译自英语 public affairs，是相对于私人事务而言的，是指社区、地区或国家等各层次的社会公众或居民所共同面临的事务，与特定范围的社会公众的利益息息相关，如城市交通、供水、供气、教育等，事关千家万户的利益。这一界定表明政府在公共事务的管理方面是权威，而私人事务不属于它的管辖范围，政府不得干预，也无权干预。但是属于公共事务的范畴，政府必须坚决发挥其优势，积极参与，否则就是政府的失职。三是行政机关自身内部事务的管理，即对行政机关自身机构设置、人员、经费、工作程序等的管理。

3）行政管理的基础是国家公共行政权力

行政管理的生命线就是权力，行政权力是一切行政现象的基础，没有公共行政权力的存在，政府的行政管理就无从谈起。在现代民主社会中，公共行政权力是经立法机关授权和法律规定由政府行使的公共权力的一种，有别于立法、司法以及军事等其他国家的公共权力。从某种角度讲，行政管理研究的主要任务，就是寻求保证公共行政权力有效运用的途径和方法。政府从合法、合理的权力地位出发，通过履行特定的职能，实现对广泛社会生活的有效管理。

4）政府的管理活动必须依法进行

依法进行，就是政府必须以它的法定身份和地位、法定权力和程序进行活动。现代社会，政府管理所依据之"法"不仅应包括法律规范，还应包括法律的一般原则、法律精神和法律目的。如果政府的管理活动违反了法律的规定，那么它的管理活动就是无效的，就丧失了合法性基础。

课程动画1-1

行政管理与企业管理的区别

行政视野1-1　　与行政和行政管理有关的几对概念

1.政治与行政

政治与行政是政府的两种功能。政治与政策或国家意志的表达相关；行政与这些政策的执行相关。此后，"政治是国家意志的表达"和"行政是国家意志的执行"就成为行政学中一种影响很广的观点。

2. 管理与行政

管理是伴随人类社会产生而出现的一种活动。国家产生以后，国家政务逐渐从混沌的社会事务中分离出来，并逐渐出现了以国家政务管理为主要职责的专门机构和集团。但在国家的政务管理以外，还有多种多样的管理领域以及由此形成的各个不同的管理主体和管理行为。

行政与管理有着密切的关系。行政管理是面向社会、服务大众的管理活动。这种管理活动首先由在任何社会中都是最大和最具权威性的公共组织——政府来承担和完成。从这一意义上说，行政管理就是政府管理，行政管理学是研究政府的管理活动及其规律的科学。

行政与管理的区别：

行政是公务的推行，是目的取向；管理是事务的处理，是手段取向。

行政更强调计划、策划、决定目标和决定政策，以政治、法律为主要方法；管理更强调任务的运作过程和达成目标，以经济、技术为手段。

3. 立法、司法和行政

行政是与立法和司法相互制约的一种权力体系。西方国家把国家权力体系分为立法权、司法权和行政权，并分别由议会、法院和政府"独立"行使，即"三权分立"制；我国实行人民代表大会制，这些都是依据各自国家的国情而采取的国家权力的组织形式。

在承认国家权力统一性的前提下，立法、司法、行政是国家权力的三大系统。行政是有别于立法和司法的一种国家权力，行政活动也有别于立法活动和司法活动。

4. 公共管理与公共行政

二者的联系。公共管理是公共行政（public administration）中重视公共组织或非营利组织实施公共管理的技术与方法、重视公共项目与绩效的管理、重视公共政策执行的理论派别。它在实施公共管理的主体、公共管理活动的内容与范围、公共管理的目标等一些基本的原则方面，仍然坚持与公共行政保持一致。

二者的基本区别。公共行政更加重视"设计"，公共管理则更加重视实现目标的具体"运作"过程；公共行政更加强调管理过程中政治的、法律的手段，公共管理则更加强调管理的、经济的手段。公共管理理论吸取了现代经济学和私营管理的理论与方法，包括从"理性人"的假设中获得绩效管理的依据；从公共选择与交易成本分析理论中获得政府公共部门应以顾客为导向，提高公共服务的效率、服务质量、公共责任和社会公众满意程度的依据；从成本-效益分析中获得确定政府绩效目标、测量与评估政府绩效的依据；从私营管理中吸取管理的具体方法，提出在公共部门的管理中也应引进市场与竞争机制，采取绩效管理、目标管理、组织发展、人力资源开发，推行服务承诺制、决策与执行分开等方法。因此，公共管理的出现给公共行政注入了新的活力，使公共行政获得了实现其目标的新手段，从而极大地推动了公共行政的自我发展。

1.1.3   现代行政管理的发展趋势

1）国家利益与社会利益的统一

行政管理作为国家的一类职能，可细分为"政治职能国家事务"的行政管理和"社会职能公共事务"的行政管理。前者，如对国防事务、外交事务、公安工作、司法行政工作等的管理，其特征在于国家利益的核心性，管理的直接目的是维护国家的对内最高权力和对外的独立权，实现社会有序、稳定的发展。这体现了统治阶层的利益，并间接或最终意义上惠及国家的具体个体。而后者，如对教育、文化、卫生、科学、体育、环境等事务的管理，是为了实现社会的和谐和可持续发展，其核心是社会公共利益，将直接影响社会每个个体的权益。行政管理既管理社会的公共事务，又执行统治阶级的政治职能，体现了国家利益和社会利益的协调统一。

2）效率、效能和成本的统一

行政管理的目的不仅仅是提高行政效率，行政效率只是一种量的比率关系，它还注重提高行政效能。行政效能是效率与目标的统一，它包含着伦理的价值判断因素，不仅要求效率，同时还要求行政效果和社会效益，是一个综合指标。行政管理通过计划、组织、指挥、控制、协调、监督和改革等方式，实现预定的国家任务，并达到应有的社会效果。同时，随着新公共管理理论的兴起，政府管理的成本意识开始增强，不再是单向度地考虑政府行为的效率，而是把这种效率的提升放在行政成本降低的双向思考之中，既要体现高效率，又要体现低成本和高产出，以实现公共利益最大化。

3）法治和德治的统一

法治可以被理解成社会治理的一种特定秩序，而且，这种秩序并不是一种僵化了的秩序。法治绝不是要把所有被纳入治理体系中的人变成纯粹的守法机器，它要求人们在遵守法律的同时理性地对待法律，而不是把他们训练成唯法是从的"奴隶"。法律在对权利、义务的规定中所包含的更深层含义是：鼓励人们对权利的尊重、对责任的承担。这是作为人应有的良知和正义感，也是对道德生活的追求。这样一来，法治的目标就应当是德治了。法治是通向德治的桥梁，在人类社会较为高级的治理方式中，它们是有机统一的，任何试图把法治与德治区分开来的做法都是错误的。行政管理在社会治理的意义上，就是法治与德治的统一。

4）管理和服务的统一

随着市场经济的成熟和构建和谐社会的深入，创建"服务型政府"成为中国政府改革的目标。政府职能开始逐渐转到为市场主体创造平等竞争环境和提供服务上来。这就使得政府在发展经济中必须变革管理理念和方式，不仅要管理，更要搞好服务，做到两者统一。

5）行政决策与行政执行的分离

现代行政管理的发展趋势是建立决策权与执行权相互分离、相互制约的行政管理机制。所谓行政决策与执行分开，就是要改变传统的决策与执行合一的职能体制，把决策与执行两种不同性质的职能分别交给不同的主体承担，从而使决策者和执行者各司其职，各负其责。实行决策与执行的分离有利于保证决策的公平与公正，既提高了决策的质量，又提高了执行的效率，同时还精简了机构。

1.2　政府的理性思考

1.2.1　政府必须是民意政府

1）政府的产生是公民同意的结果

根据社会契约论的观点，每个人在自然状态下，都享有自然权利。为解决自然状态下的困难与不便，保障人们的生命、财产和自由不受侵犯，人们通过契约把自然权利中的一部分让渡出来，凝聚成人民权力，并派生出国家权力。可见，国家权力是公民契约的产物。在现代民主政治条件下，各级政府必须在公民直接或间接的选举程序中产生，这是政府存在的合法性基础。

2）政府的决策必须代表民意

政府权力的行使只有代表民意时才具有合法性。民意是一切公共行为的出发点和归宿。首先，公共权力的行使和政府决策必须是为了公民的利益，对民众的利益需求作出快速反应。其次，为了保证政府的决策能够代表民意，需要广泛听取民众的意见，使民众能够通过各种渠道表达自己的意愿，参与政府的决策，从而使政府的决策真正代表公众的利益。

3）政府必须自觉接受民众的监督

从政治层面上说，作为人民的政府，应该接受人民群众的监督，监督本身就是民意的一种表达方式；只有人民监督政府，政府才不敢懈怠，才能保证权力被正确、合法地行使。

价值引领1-1　　　　　　　　　　**治国有常，利民为本**

党的二十大报告强调，中国共产党领导人民打江山、守江山，守的是人民的心。治国有常，利民为本。为民造福是立党为公、执政为民的本质要求。必须坚持在发展中保障和改善民生，鼓励共同奋斗创造美好生活，不断实现人民对美好生活的向往。

我们要实现好、维护好、发展好最广大人民根本利益，紧紧抓住人民最关心最直接最现实的利益问题，坚持尽力而为、量力而行，深入群众、深入基层，采取更多惠民生、暖民心举措，着力解决好人民群众急难愁盼问题，健全基本公共服务体系，提高公共服务水平，增强均衡性和可及性，扎实推进共同富裕。

资料来源　习近平.高举中国特色社会主义伟大旗帜　为全面建设社会主义现代化国家而团结奋斗——在中国共产党第二十次全国代表大会上的报告［EB/OL］.（2022-10-25）［2024-11-11］. http：//www.gov.cn/xinwen/2022-10-25/content_5721685.htm.

感悟：利民为本是民意政府的基本属性。党的二十大报告再次提出利民为本是要求党员干部不忘初心、牢记使命。

1.2.2　政府必须是有效政府

1）有效政府是保证政府合法性和政府权威的源泉

人民委托政府进行社会治理，目的是更好地保护每个人的合法权益，维护社会秩序，增进社会福利。如果治理低效甚至无效，那么政府就没有存在的必要。政府治理的有效性是政治稳定和经济发展的基石。因此，建立一个与生态环境变化相适应的政府管理体制，提高政府的能力，增强政府管理的有效性，对于实现经济和社会的可持续发展有着极为重要的意义。

2）有效政府要求明晰政府的角色定位

政府能否有效地推行公共事务和公共管理，首先取决于是否清楚自己的角色内涵。只有知道自己该干什么，不该干什么，才能保证政府权力运作的有效性。

3）有效政府要求提升政府能力

政府能力是政府依据自己的权力和权威，通过制定政策和组织动员，实施自己承担的法定职能，贯彻自己的内在意志，实现自己管理目标的能力。政府治理的过程是政府能力的展现过程，是政府与社会的互动过程。一个有能力与效率的政府，无论是对经济的发展还是对社会的进步都是不可缺少的。

案例解读1-1　　　　　　　　　　**稳稳的幸福**

民政部等21个部门于2024年8月16日出台《加强流动儿童关爱保护行动方案》，要求各地通过摸底排查、完善保障措施、加强关爱服务等措施，为流动儿童健康成长和全面发展创造良好环境。这是国家层面首个面向流动儿童群体专门制定的关爱保护政策文件，有效填补了民生保障领域政策空白。该方案包括幼有所育、学有所教、病有所医、住有所居、弱有所扶、发展保障等六个方面共19项内容，全方位保障流动儿童享有关爱服务。

我国全面加强对流动儿童关爱保护，对于监测摸排存在家庭生活困难、监护缺失等流动儿童，建立重点关爱服务对象台账，定期走访探视，加强关爱保护，保障儿童合法权益。该政策的实施，关键在于精准把握儿童的需求。

在江苏苏州，流动儿童占到儿童总数的30%，11岁的小倪跟随父母从安徽来到这里上学，远离家乡来到陌生的城市生活。通过参加社区儿童关爱之家的活动，他逐渐适应了这里的生活环境。在苏州，当地团市委通过对流动儿童较为集中的企业进行走访摸排，设置"小候鸟"服务驿站，为寒暑假来苏州的孩子提供假期托管服务。假期结束后，当地还组织爱心车队和志愿者开展集中返乡护送行动，孩子们带着爱心礼包回到家乡迎接新学期的到来。

资料来源　佚名.我国全面加强流动儿童关爱保护 给流动儿童以"稳稳的幸福"［EB/OL］.（2024-09-03）［2024-11-11］. https：//m.gmw.cn/2024-09/03/content_1303838480.htm.

分析：本案例表明，全面加强流动儿童关爱保护，为流动儿童健康成长和全面发展创造良好环境，是民意政府、效率政府、责任政府的担当。

1.2.3　政府必须是责任政府

1）责任政府源于人民的委托

责任政府这一政治理念，本质上是由政府与人民之间的基本关系决定的。按照现代民主政治的一般理论，国家权力的本源在于人民，这个被称为人民主权的原则，是当代民主政治的理论基石。人民与政府之间存在着一种委托与被委托的关系。政府接受人民的委托，行使管理社会公共事务的权力。正是因为存在着这样一个基本关系，即权力的本源在于人民，所以作为受托人的政府在行使权力的过程中，必须对作为委托人的人民负责，做一个对人民负责任的政府。

2）政府必须依法履行职责

责任政府意味着政府组织及其公职人员应履行其在整个社会中的职能和义务，即法律和社会所规定的义务。这种社会职能和义务不仅要求政府正确地做事，即不做法律禁止的事，而且意味着政府应当做正确的事，即促使社会变得更美好的事情，不做有损于社会的事情。就此而言，当一个政府组织履行了自己的社会义务时，我们可以说政府是负责任的。

3）政府如有违法行为应该承担法律责任

当政府机关及其工作人员不履行法律规定的义务，违法行使职权时，必须承担法律后果，即法律责任。这种责任与违法相联系，意味着国家对政府机关及其工作人员违法行为的否定性反应和谴责。从这个意义上讲，当政府机关对其违法行为承担法律后果时，政府责任便得到了最低限度的保证。

1.2.4 政府必须是法治政府

法治是人类文明与发展的标志。法治原理是指依法治国，在行政领域主要表现为依法行政或法治行政。其核心是政府权力的组织与运行要受法律的制约，以法律来制约政府行为，政府的侵权行为要受到法律的追究。

1）法治政府的基本价值是权利本位

在市场经济社会，政府及其权力仅仅是为保护人民的权利而存在的，因而权利本位是法治政府的基本价值。但是，只有从法律上得到明确保障的自由和权利，才能够真正成为权利人自己的自由和权利。因而，建立法治政府，以保障自由和权利，是民主政治和市场经济发展的必然要求。

2）法治政府的基本原则是依法行政

权利本位观念要求政府依法行政。对公民而言，"法不禁止即自由"，即法律只要不明文限制，公民就可以自由地进行任何行为；而政府行为则不同，行政行为的基本规则是，"凡法律未允许的，都是禁止的"。政府行为必须有法律依据，法治不仅要求政府行为的存在必须有法律依据，而且要求政府行为的实施必须符合法律。法治不仅表现为立法至上，而且立法机关制定的法律要符合一定的价值标准。这个价值标准就是制定的法律中应包含正义、公正、安全等自然法精神。实质意义上的法治行政不仅强调以立法机关制定的法律来制约行政，同时要求立法机关制定的法律符合理性与人权要求，并能够有效地保护公民个人的权益。

价值引领1-2　　　　　　　　　感受督查为一度电较真背后的责任感

在许多老百姓眼里，督查组来了，突出的问题多了一个重要反映渠道。中央政策落实得好不好，点个赞，吐个槽，心声也能直接向上传递。

国务院第七次大督查第四督查组，就"六稳""六保"、长江流域禁捕等工作开展落实情况，在上海开展实地督查，让人们感受到督查组为让企业、群众节省一度电费、少跑一趟路的较真与责任感。

首先要说的是一度电。降电费是减轻企业负担重要举措之一。一些商场、园区等转供电主体未将国家降电费红利传导到终端商户是政策落实的堵点。

"几毛钱的电费看似是小事。但不较真，积少成多，受损的就是千千万万商户的大利益。"督查组在督查个案的基础上，还积极督促解决一批问题。在摸清症结后，第四督查组推动上海七部门联合发出《关于限时将国家降低工商业电价优惠政策红利传导至终端用户的告知书》，随后又联动浙江、陕西、青海等多个省份发出告知书，明确传导电价优惠政策红利责任义务、操作程序、监督办法等。记者得知，就在督查期间，已有多家商户反馈收到电费退款。

督查组不仅盯政策落实、盯问题解决，还盯督查过程中发现的新隐患、新问题。督查期间的一天，督查组成员去上海主要水产品交易市场和其他涉渔餐饮场所，检查是否仍存在违规销售长江野生鱼及其菜品的情况。在暗访了多个重点场所后，督查人员并没有发现市场交易长江野生鱼现象。

但督查组成员发现，一些网络平台上仍能查到长江野生鱼等菜品信息。这类网络平台发布各类商家信息，对消费者的选择有重要影响，但由于本身不开展网络交易，往往容易被市场监管部门忽略。对此，督察组第一时间向当地管理部门作出反馈，提出严格监管平台发布不当信息的意见。在较真的背后，是督查组对人民群众沉甸甸的责任感。

资料来源　周颖. 记者手记：感受督查为一度电较真背后的责任感［EB/OL］.（2020-10-22）［2024-11-11］. http：//www.gov.cn/xinwen/2020-10/22/content_5553393.htm.有修改.

感悟：党的二十大报告指出："必须坚持人民至上。"国务院督查组就老百姓的一亩地、一度电、一块钱进行督查，实际是检查各级政府执行和落实政策的情况，体现的是政府要担责，要通过监督来督促严格执法，保护百姓的利益。

1.3　行政管理学的学科体系

行政管理学是一门以狭义政府即各级国家行政机关为主要研究对象，研究政府行政活动规律的学科。从19世纪末美国行政学者威尔逊发表《行政学之研究》到现在，行政管理学的发展已经有100多年的时间。在这100多年的发展进程中，不同的研究者在不同的时期从不同的角度提出了许多不同的思想、理论、对策和技术方法，从而形成了行政管理学的基本框架和发展脉络。今天，行政管理学已经成为涉及领域广泛、内容丰富、综合性和动态性较强的理论与应用结合的相对独立的学科，成为政治学、经济学、社会学、管理学和行政法学等多学科交叉的综合性学科。现在，无论是在西方发达国家，还是在发展中国家，政府的行政管理对促进社会发展、推动社会进步都起着越来越重要的作用。科学地理解行政现象和活动，准确地把握行政活动及发展规律，不仅能够推动政府积极、有效和公正地进行行政管理，同时也能持续地推动社会不断发展进步，不断提高人们的生活水平。这既是行政管理学研究的任务，也是这一学科所能为人们作出的贡献。

拓展学习1-1

在改革开放中
成长的中国
行政管理学

1.3.1 行政管理学的研究内容

行政管理学作为一门学科，既然是系统化的理论、逻辑和知识的体系，就应当有其独特的由各种范畴构成的领域。一般说来，行政管理学的基本研究内容主要包括以下几个方面：行政原理、行政职能、行政权力、行政组织、人事行政、行政领导、行政决策、行政程序、行政执行、行政技术、行政效率、机关管理、财务行政、行政责任、行政监督、依法行政以及行政改革与行政发展等。本书为高职高专教材，所以在编写上以学生够用为主，采纳了行政管理学研究中基础的也是核心的内容，包括行政管理、行政环境、行政职能、行政组织、行政领导、行政决策、行政执行、行政监督、人事行政、依法行政、机关行政、行政方法、行政改革与发展，主要内容如下：

（1）行政管理。它涉及行政管理以及行政管理学一些基本内容的阐述，包括行政管理概述、政府的理性思考、行政管理学的学科体系等。

（2）行政环境。它涉及行政环境的内容、特点以及行政环境与行政管理的相互作用。

（3）行政职能。它是行政管理学研究的核心内容。本部分内容涉及行政职能概述、行政职能的类型、我国政府职能转变以及实践经验的探索。

（4）行政组织。它是行政管理活动得以进行的载体。本部分内容主要涉及行政组织概述、行政组织结构、我国的行政组织体系等。

（5）行政领导。它是一种重要的组织行为。本部分内容包括行政领导概述、行政领导的权力与责任、行政领导者的素质与能力、行政领导艺术等。

（6）行政决策。它作为行政管理的首要环节，是政府管理活动的重要内容。本部分内容包括行政决策概述，行政决策的原则与体制，行政决策的程序与方法，以及行政决策的民主化、科学化与法治化。

（7）行政执行。它是决策目标能否落实的关键环节。本部分内容涉及行政执行概述、行政执行的一般过程、行政评估，以及行政执行中存在的问题等。

（8）行政监督。它是控制行政管理活动的一种重要手段。本部分内容涉及行政监督概述、行政监督体系、行政监督的范围与程序等。

（9）人事行政，即政府对公务员的管理。本部分内容主要涉及人事行政概述和公务员制度，以及机关管理的现代化等。

（10）依法行政。它是政府治理社会的核心理念。本部分内容包括依法行政概述、依法行政的原则与理念，以及依法行政的法律保障等。

（11）机关行政。它是行政机关对自身事务的管理。本部分内容包括机关管理概述、机关管理的主要内容，以及机关管理的现代化。

（12）行政方法。它是完成行政目标的手段和途径。本部分内容涉及行政方法概述、基本行政方法、中国传统行政方法、现代行政方法和数字化技术等。

（13）行政改革与发展。它是行政管理发展的动力。本部分内容涉及行政改革的理论与实践、行政创新方法与行政发展趋势等。

本书的行政管理学体系结构如图1-1所示。

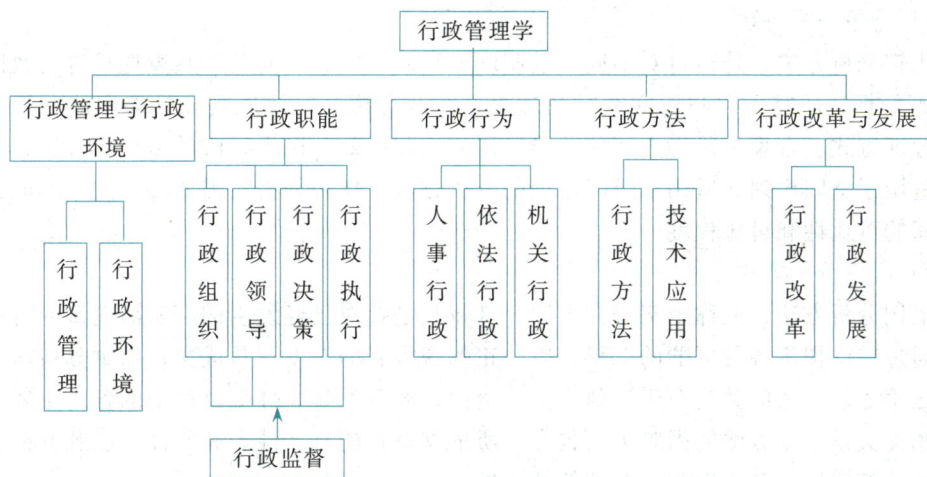

图 1-1　行政管理学体系结构

1.3.2　行政管理学的分析方法

行政管理学是一个系统化的方法体系，具有能够相互印证或补证的若干分析方法。这些方法为学科的科学性和实用性提供了保证，并形成了学科的综合优势。行政管理学常用的分析方法如下：

1）规范分析方法

规范分析方法，又称理论分析方法，主要指通过价值判断得出结论的分析方法，即根据一定的理念、价值标准或行为规范对"是非"作出评价。规范分析方法主要回答"应该怎么样"的问题，"应然性"是规范分析方法的主要方法论特征。规范分析方法重视价值赋予，认为寻求公正、合理的价值应是人类行为的基本准则。但是，由于人类社会在许多方面存在着广泛的差异和分歧，相应形成了许多意识形态及价值观念，直接或间接地作用于人们对特定问题的观点。因此，价值赋予和寻求公正、合理的价值都是必要的，但被赋予的、引为准则的价值是否公正、合理，则可能经常存在不同的意见，从而引发关于价值的不确定性等问题。

2）实证分析方法

实证分析方法，又称事实研究法、行政调查法，是通过观察、描述事实，进而依据事实得出结论的分析方法。其特点是以实际、具体的行政事项或行政过程为研究对象，本着具体情况具体分析而不拘泥于通则或定律的原则，研究行政问题的症结所在，并制定切合实际、行之有效的对策。一般认为，实证分析方法主要回答"是什么"的问题。最大限度地搜集与客观事实相关的一切资料或数据，是实证分析方法的基础，也是实证分析结论科学性的关键。"实然性"是实证分析方法的主要方法论特征。由于所谓"事实"在事实上是观察主体与客观存在相互作用的结果，观察主体对观察对象的认定总是取决于所受的教育和经历，所以，人们观察到的是客观存在本身，但得出的结论却不一定反映或完全反映客观事实。换言之，偏见很难完全避免。另外，分析的客观程度也与观察者的观察方式有关，即分析的客观程度取决于分析者的修为程度。

3）比较分析方法

比较分析方法，是通过对不同行政制度或行政模式、不同公共政策选择等行政问题的对比分析，研究不同政府间在行政理念、行政思想、行政原则和管理职能、管理体制、管理方式、管理手段等方面的差异，研究实现高效、民主行政的途径和方法，是一种既适用于空间序列又适用于时间序列的分析方法。比较分析时需要特别注意不同比较对象间的可比性和可比程度。

4）案例分析方法

案例分析方法，又称个案研究方法，其特点是针对已经发生的真实而典型的行政事件，通过广泛搜集各种可能的资料，以公正的观察者的态度撰写成文，以供分析研究和借鉴之用。该方法的关键在于资料真实、全面，充分反映事件全过程中的各个主要因素及其相互关系。该方法的困难主要也在于所依据资料的真实性、完整性，以及分析者价值观念的客观性、公正性和专业训练的水准。

5）利益分析方法

利益分析方法，主要研究利益在公共行政管理过程中的特殊作用。与关于人性的研究相联系，利益研究注重利益的形成，利益的存在形式，利益的合法性、合理性，利益分配与再分配的原则、形式、调节机制，利益的表现或争夺形式，利益的改变，利益集团的形成及演变等问题。更重要的是，利益分析方法注重政府公共政策选择与利益、利益集团或压力集团之间的关系。由于现代社会存在明显地表现为群体化、区域化、行业化的利益分化趋势，所以，利益分析方法在实际政府行政决策过程中几乎是不可缺少的。

除了以上几种常用的分析方法之外，还有逻辑分析方法、系统分析方法、量化分析方法和模拟分析方法等。当然，在实际的分析过程中，行政管理学的分析方法常常是交叉、交替和混合使用的。

1.3.3   学习研究行政管理学的意义

（1）从政府管理的宏观角度来讲，学习研究行政管理学有利于总结行政管理的经验，指导行政管理的实践。我国正处于开启第二个百年奋斗目标新征程的起步阶段，党和政府的主要历史任务是完善和发展中国特色社会主义制度，为党和国家事业发展、为人民幸福安康、为社会和谐稳定、为国家长治久安提供一整套更完备、更稳定、更管用的制度体系，任务艰巨而繁重。学习研究行政管理学，可以为完成这一历史任务提供科学的理论指导和智力支持，为建立具有中国特色的政府管理体系、实现行政管理的科学化和法治化更好地服务。同时，学习研究行政管理学，可以有针对性地总结我国行政管理实践中存在的问题和成功的经验，吸收和借鉴国外先进的行政管理理论、方法和经验，从而不断提高我国行政管理的现代化水平。

（2）从个体成长的微观角度来讲，学习研究行政管理学有利于掌握行政管理的专业理论和技能，更好地适应和完成管理工作。行政管理学是一门实践应用性很强的学科，现代行政管理的专业化分工和职业特征越来越明显，已经形成了一套完备的专业理论和职业技能体系，没有对行政管理活动规律的认识和把握，不可能做好行政管理工作。通过学习研究，更新管理观念，提高运用科学知识解决实际问题的能力，能够更好地适应和完成行政管理工作，而且，行政管理学高瞻远瞩、综观全局，这种高屋建瓴的学科，为每个学习者提供了科学的思维方式和工作方法，加之行政管理实践领域的广泛性，可以说其适用于各行各业的管理工作。所以，学习研究行政管理学对各行各业的人来说都是非常有必要和有价值的。

任务实施与评价

◉ 任务实施

【背景资料】

2024 年国务院政府工作报告（节选）

一、2023 年工作回顾

过去一年，是全面贯彻党的二十大精神的开局之年，是本届政府依法履职的第一年。面对异常复杂的国际环境和艰巨繁重的改革发展稳定任务，以习近平同志为核心的党中央团结带领全国各族人民，顶住外部压力、克服内部困难，付出艰辛努力，全年经济社会发展主要目标任务圆满完成，高质量发展扎实推进，社会大局保持稳定，全面建设社会主义现代化国家迈出坚实步伐。

一是经济总体回升向好。国内生产总值超过 126 万亿元，增长 5.2%，增速居世界主要经济体前列。城镇新增就业 1 244 万人，城镇调查失业率平均为 5.2%。居民消费价格上涨 0.2%。国际收支基本平衡。

二是现代化产业体系建设取得重要进展。传统产业加快转型升级，战略性新兴产业蓬勃发展，未来产业有序布局，先进制造业和现代服务业深度融合，一批重大产业创新成果达到国际先进水平。国产大飞机 C919 投入商业运营，国产大型邮轮成功建造，新能源汽车产销量占全球比重超过 60%。

三是科技创新实现新的突破。国家实验室体系建设有力推进。关键核心技术攻关成果丰硕，航空发动机、燃气轮机、第四代核电机组等高端装备研制取得长足进展，人工智能、量子技术等前沿领域创新成果不断涌现。技术合同成交额增长 28.6%。创新驱动发展能力持续提升。

四是改革开放向纵深推进。新一轮机构改革中央层面基本完成，地方层面有序展开。加强全国统一大市场建设。实施国有企业改革深化提升行动，出台促进民营经济发展壮大政策。自贸试验区建设布局进一步完善。出口占国际市场份额保持稳定，实际使用外资结构优化，共建"一带一路"的国际影响力、感召力更为彰显。

五是安全发展基础巩固夯实。粮食产量 1.39 万亿斤，再创历史新高。能源资源供应稳定。重要产业链供应链自主可控能力提升。经济金融重点领域风险稳步化解。现代化基础设施建设不断加强。

六是生态环境质量稳中改善。污染防治攻坚战深入开展，主要污染物排放量继续下降，地表水和近岸海域水质持续好转。"三北"工程攻坚战全面启动。可再生能源发电装机规模历史性超过火电，全年新增装机超过全球一半。

七是民生保障有力有效。居民人均可支配收入增长6.1%，城乡居民收入差距继续缩小。脱贫攻坚成果巩固拓展，脱贫地区农村居民收入增长8.4%。加大义务教育、基本养老、基本医疗等财政补助力度，扩大救助保障对象范围。提高"一老一小"个人所得税专项附加扣除标准，6 600多万纳税人受益。加强城镇老旧小区改造和保障性住房供给，惠及上千万家庭。

二、2024年政府工作任务

党中央对今年工作作出了全面部署，我们要深入贯彻落实，紧紧抓住主要矛盾，着力突破瓶颈制约，扎实做好各项工作。

一是大力推进现代化产业体系建设，加快发展新质生产力。充分发挥创新主导作用，以科技创新推动产业创新，加快推进新型工业化，提高全要素生产率，不断塑造发展新动能新优势，促进社会生产力实现新的跃升。

二是深入实施科教兴国战略，强化高质量发展的基础支撑。坚持教育强国、科技强国、人才强国建设一体统筹推进，创新链产业链资金链人才链一体部署实施，深化教育科技人才综合改革，为现代化建设提供强大动力。

三是着力扩大国内需求，推动经济实现良性循环。把实施扩大内需战略同深化供给侧结构性改革有机结合起来，更好统筹消费和投资，增强对经济增长的拉动作用。

四是坚定不移深化改革，增强发展内生动力。推进重点领域和关键环节改革攻坚，充分发挥市场在资源配置中的决定性作用，更好发挥政府作用，营造市场化、法治化、国际化一流营商环境，推动构建高水平社会主义市场经济体制。

五是扩大高水平对外开放，促进互利共赢。主动对接高标准国际经贸规则，稳步扩大制度型开放，增强国内国际两个市场两种资源联动效应，巩固外贸外资基本盘，培育国际经济合作和竞争新优势。

六是更好统筹发展和安全，有效防范化解重点领域风险。坚持以高质量发展促进高水平安全，以高水平安全保障高质量发展，标本兼治化解房地产、地方债务、中小金融机构等风险，维护经济金融大局稳定。

七是坚持不懈抓好"三农"工作，扎实推进乡村全面振兴。锚定建设农业强国目标，学习运用"千村示范、万村整治"工程经验，因地制宜、分类施策，循序渐进、久久为功，推动乡村全面振兴不断取得实质性进展、阶段性成果。

八是推动城乡融合和区域协调发展，大力优化经济布局。深入实施区域协调发展战略、区域重大战略、主体功能区战略，把推进新型城镇化和乡村全面振兴有机结合起来，加快构建优势互补、高质量发展的区域经济格局。

九是加强生态文明建设，推进绿色低碳发展。深入践行绿水青山就是金山银山的理念，协同推进降碳、减污、扩绿、增长，建设人与自然和谐共生的美丽中国。

十是切实保障和改善民生，加强和创新社会治理。坚持以人民为中心的发展思想，履行好保基本、兜底线职责，采取更多惠民生、暖民心举措，扎实推进共同富裕，促进社会和谐稳定，不断增强人民群众的获得感、幸福感、安全感。

资料来源　根据李强总理2024年3月5日在第十四届全国人民代表大会第二次会议上所作政府工作报告整理。

要求：根据背景资料分析表1-1中的问题。

表1-1　　　　　　　　　　　　　任务分析表

任务类型	任务内容	内容要求
分析行政管理内容	（1）能够根据背景资料分析哪些属于国家事务管理	分层次说明属于国家事务管理的内容
	（2）能够根据内容分析哪些属于社会公共事务管理	分层次说明属于社会公共事务管理的内容
分析政府理性思考的内容	（1）分析哪些地方体现了政府应该是民意政府	用资料中的实例加以说明
	（2）分析哪些地方体现了政府应该是有效政府	用资料中的实例加以说明
	（3）分析哪些地方体现了政府应该是责任政府	用资料中的实例加以说明
	（4）分析哪些地方体现了政府应该是法治政府	用资料中的实例加以说明

◉ 任务评价

任务评价见表1-2。

表1-2　　　　　　　　　　　　　任务评价表

评价项目	评价要点	权重（%）	自评	师评
能够说出行政管理的内容（40分）	（1）能够应用行政管理的知识，说出背景资料中体现国家事务管理的内容，包括宏观政策制定（财政、金融、产业等）、经济管理、对外开放、科技创新、新型城镇化和乡村振兴等	20		
	（2）能够应用行政管理的知识，说出背景资料中体现社会公共事务管理的内容，包括社区、地区或国家等各层次的社会公众或居民所共同面临的事务，例如：城镇居民就业、生活必需品保供、消费价格控制、扶贫济困、脱贫攻坚、灾害防治、生态建设等	20		
能够说出政府理性思考的内容（60分）	（1）能够应用政府理性思考的内容，结合背景资料，举例说明体现政府应该是民意政府	15		
	（2）能够应用政府理性思考的内容，结合背景资料，举例说明体现政府应该是有效政府	15		
	（3）能够应用政府理性思考的内容，结合背景资料，举例说明体现政府应该是责任政府	15		
	（4）能够应用政府理性思考的内容，结合背景资料，举例说明体现政府应该是法治政府	15		
总分		100		

任务测试与应用

◉ 任务测试

1.选择题（将正确的选项填在括号内）

1.1　单选题

（1）行政管理的主体是（　　　）。

A.人民　　　　　　　B.政府　　　　　　　C.人民代表大会　　　D.司法机关

（2）从政治层面上说，作为人民的政府，应该接受人民群众的监督，这说明（　　　）。

A.政府必须是民意政府　　　　　　　B.政府必须是有效政府

C.政府必须是责任政府　　　　　　　D.政府必须是法治政府

（3）行政管理学研究的核心内容是（　　　）。

A.行政组织　　　　B.行政领导　　　　C.行政决策　　　　D.行政职能

（4）通过观察、描述事实，进而依据事实得出结论的分析方法是（　　　）。

A.规范分析方法　　　B.实证分析方法　　　C.比较分析方法　　　D.案例分析方法

（5）行政管理既管理社会的公共事务，又执行统治阶级的政治职能，体现了（　　　）。

A.效率、效能和成本的统一　　　　　B.法治和德治的统一

C.国家利益与社会利益的统一　　　　D.管理和服务的统一

1.2　多选题

（1）行政管理的内容包括（　　　）。

A.国防事务　　　　　　　　　　　　B.城市交通

C.行政机关自身机构设置　　　　　　D.教育

（2）现代行政管理的发展趋势有（　　　）。

A.国家利益与社会利益的统一　　　　B.效率、效能和成本的统一

C.管理和服务的统一　　　　　　　　D.行政决策与行政执行的分离

（3）政府必须是民意政府，表现为（　　　）。

A.政府的产生是公民同意的结果　　　B.政府的决策必须代表民意

C.政府投入大量金钱在民生问题上　　D.政府必须自觉接受民众的监督

（4）政府的理性思考包括（　　　）。

A.政府必须是有效政府　　　　　　　B.政府必须是责任政府

C.政府必须是法治政府　　　　　　　D.政府必须是科学政府

（5）行政管理学的分析方法包括（　　　）。

A.理论分析方法　　　B.事实研究法　　　C.比较分析方法　　　D.利益分析方法

2.判断题（在题后的括号内打"√"或"×"）

（1）行政管理的基础是国家公共行政权力。　　　　　　　　　　　　　　（　　　）

（2）行政管理的目的仅是提高行政效率。　　　　　　　　　　　　　　　（　　　）

（3）法治政府是保证政府合法性和政府权威的源泉。　　　　　　　　　　（　　　）

（4）行政改革是行政管理发展的动力。　　　　　　　　　　　　　　　　（　　　）

（5）学习研究行政管理学，可以为市场经济条件下政府职能的转变和行政管理体制的改革提供科学的理论指导和智力支持。　　　　　　　　　　　　　　　（　　）

3.简答题

（1）什么是行政管理？它有哪些特征？

（2）政府的理性思考包括哪些内容？

（3）行政管理学包括哪些内容？

（4）学习研究行政管理学有什么意义？

◉ 技能应用

【案例分析】

从1954年第一届全国人大一次会议开始，几乎每年在人大开会时，政府主要领导人都要向人大作工作报告，对过去一年的工作进行回顾总结，对新一年的工作规划进行汇报。而政府的工作报告，需要经过人大审议通过后，才能由政府组织实施。不仅中央政府如此，地方各级政府同样如此，都要定期向本级人大作工作报告。

问题：政府为什么要向人大作工作报告？

分析提示：主要考查作为行政管理主体的政府所具有的地位、特征、职能。

【实践训练】

某市新建了一个化学工业园，引进了一批投资企业，主要生产化工原料和设备。但这些企业为了节省生产成本，都没有购置环保设备，而是偷偷将污水排放到河流里，致使河里的生物大量死亡，周边居民的正常生活受到严重影响，居民向政府环保部门进行了举报。请你谈谈环保部门应如何处理这件事情。

要求：从行政管理的含义和特征的角度进行思考。

任务2　行政环境

任务要求

◉ 任务目标	**知识目标**	•熟知行政环境的含义、特点和类型 •理解行政管理与行政环境的相互关系 •熟悉行政环境对行政管理的影响的内容 •掌握营造良好的行政环境的内容和方法
	技能目标	能够应用行政环境的相关知识分析行政环境
	素质目标	•增强环保意识，树立适应环境并能动地利用和改善环境的责任感 •树立行政生态平衡观
◉ 任务重点		•行政环境与行政管理的关系 •行政环境对行政管理的影响 •良好行政环境的营造

知识导图2-1

行政环境

四个"着力"稳就业

就业是民生之本，是经济发展的重要支撑。人力资源社会保障部多措并举、多方着力，全面落实就业优先政策：

一是着力支持稳岗扩岗。延续实施降低失业、工伤保险费率等政策。延续阶段性降低失业保险费率至1%的政策至2025年底。对不裁员少裁员的参保企业继续实施稳岗返还政策至2024年底，中小微企业按不超过企业及其职工上年度实际缴纳失业保险费的60%返还、大型企业返还比例不超过30%。继续放宽技能提升补贴政策参保年限并拓宽受益范围至2024年底。落实和完善稳岗返还、专项贷款、就业补贴等政策，加强对民营经济、中小微企业等各类经营主体支持。大力推进"直补快办"，充分释放稳岗效能。

二是着力拓宽就业渠道。实施先进制造业促就业行动，将先进制造业企业纳入重点企业用工服务保障范围，及时提供劳动用工咨询、招聘信息发布、用工指导等服务。加快培育数字经济、银发经济等就业新增长点，创造更多高质量的就业机会。深入实施重点群体创业推进行动，开展创业资源对接活动，筹备举办"中国创翼"创业创新大赛，充分发挥创业带动就业的倍增效应。

三是着力强化精准服务。持续开展民营企业招聘月等"10+N"就业服务专项活动，提升市场热度和匹配效率。落实推动公共就业服务下沉基层的政策举措，摸清辖区内劳动者就业失业情况、重点群体就业服务需求，以及各类用工主体用人需求信息，推广"大数据+铁脚板"服务模式，打造"家门口"就业服务站、15分钟就业服务圈，充分发挥零工市场供需对接作用，为企业和劳动者提供高效、便捷、精准的就业服务。

四是着力支持重点群体。强化促进青年就业政策举措，实施百万就业见习岗位募集计划，落实就业困难青年专项帮扶行动，启动2024年百日千万招聘专项行动。强化农民工就业支持，健全劳务协作机制，深入实施防止返贫就业攻坚行动。加强困难群体就业帮扶，兜住兜准兜牢民生底线。

资料来源 邱超奕. 人力资源社会保障部——四个"着力"稳就业［N］. 人民日报，2024-07-05（19）.

这一案例表明：社会环境在不断变化，新模式、新业态、新问题层出不穷，政府的行政管理面临许多新挑战。党的二十大报告指出："就业是最基本的民生。强化就业优先政策，健全就业促进机制，促进高质量充分就业。"因此，行政管理需要及时分析环境变化的特点、本质、趋势和规律，制定出适应环境需要的新政策、新办法，提高社会管理的科学性和有效性。

知识准备

2.1 行政环境与行政管理的关系

行政环境是行政系统赖以生存与发展的各种要素的总和。行政系统存在于行政环境之中，不可避免地要受到它的直接或间接的作用和影响。行政环境是政府公共行政的前

课程动画2-1

行政环境与
行政管理的
关系

提，在管理过程中，要分析环境的特点和类型，充分考虑行政活动和行政环境的相互关系，确保二者的和谐和动态平衡。

2.1.1 行政环境的含义及特点

人们把围绕行政管理主体并且直接或间接地作用于行政管理活动的客观因素的总和，称为行政环境，包括外部环境和内部环境两大类。外部环境，指处于行政环境界线之外的，能够对该系统的存在、运行与发展产生直接或间接影响的各种事物与情势的总和。内部环境，指处于行政环境界线之内的，直接或间接影响行政系统生存与发展的各种因素或条件。

我们重点学习研究外部环境，接下来以"行政环境"来表述。

行政环境有四层含义：第一，行政环境针对具体行政系统而存在。第二，行政环境通过边界与行政系统相区分。第三，行政环境构成成分的关键属性在于能够对行政系统的存在、运行与发展产生影响。第四，行政环境因素既包括有形的事物，也包括无形的情势。

行政环境具有四个特点：第一，广泛性，指气候、资源、人口、民族、阶级、传统、科技等无所不包，有物质的，也有精神的；有社会的，也有自然的；有国内的，也有国际的。第二，复杂性，指要素之间相互交叉，相互关联，关系复杂。第三，差异性，指各国之间、地区之间、部门之间的行政管理风格的差异性。第四，多变性，指万物皆变，必然影响行政管理诸因素也发生变化。

行政环境的特点决定行政管理应因时因地因情因人因事而行。

行政视野 2-1　　　　　　　　　　　　　　　　　**边界理论**

所谓边界，是系统、环境这两个基本概念产生的理论前提。边界的作用在于说明组织的特性及了解组织与外在环境间的关系；而且，边界有无渗透性是判别封闭与开放组织理论的重要标志，若边界是刚性、不可渗透的，则该组织或者系统是一个孤立的、自我封闭的系统，与外在环境无任何关系；反之，则是一个开放的系统。

行政系统的界线是把行政系统从外部环境中分离出来，又把二者联系在一起，从而成为二者既相互区别，又相互关联的中介环节。

行政系统的界线有两种功能：一是抵抗外界环境的干扰，以保持系统的独立性；二是过滤来自外部环境的投入和行政系统自身的产出，以维持行政系统的生存和运转。

行政系统的界线具有开放性和可渗透性。

2.1.2 行政环境的类型

行政环境根据不同的标准可分为不同的类型，如图2-1所示。

1）按内容分为自然环境和社会环境

自然环境，指与行政管理发生密切联系和相互作用的自然条件，包括生物生活的生态环境、生物环境和矿产资源环境。生态资源，如国土、太阳辐射、气温、水分、河流、海区等；生物资源，如森林、草原、鸟兽鱼虫等；矿产资源，如煤、铁、石油、天然气等。

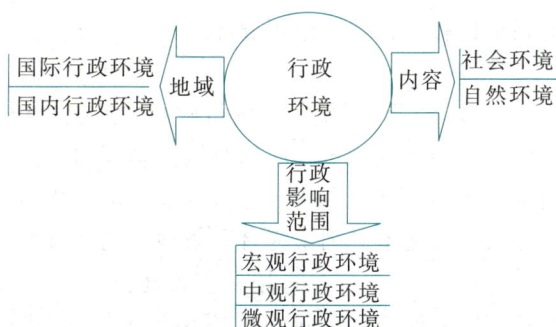

图2-1　行政环境的类型

社会环境，指人与人的活动所形成的并对行政管理活动直接或间接产生作用的各种社会因素的总和，包括政治、经济、文化环境等。

2）按地域分为国际行政环境和国内行政环境

国际行政环境，指一个国家与世界其他国家、地区之间的政治、经济、文化、自然地理环境等方面的关系以及其他国与国之间的关系，包括国际关系格局、重大国际事件、战争与和平、国际组织与国际法及其他各国共同关心的社会问题等。

国内行政环境，指一个国家国内对行政管理产生直接或间接影响的各种因素之和，主要包括政治、法制、经济、科技、教育、民族、宗教、文化、阶级与群团、人口等。

3）按行政影响范围分为宏观行政环境、中观行政环境和微观行政环境

宏观行政环境，指广泛影响整个行政系统的环境总和，广义地说包括国际的公共行政生态和国内的公共行政生态。

中观行政环境，指行政系统的组织结构和运行情况，如行政组织的结构是否合理，职权划分是否明确，沟通是否顺畅，制度是否健全等。

微观行政环境，指影响个别行政组织的特定环境，如一个行政机构内部甚至一个行政领导班子内部的具体情况。

2.1.3　行政管理与行政环境的关系

行政管理由行政环境的需要而产生，行政管理系统建立在一定的经济基础之上，并与上层建筑的其他部分密切相关。行政环境决定和制约行政管理，其发展变化必然导致行政管理的发展变化。行政管理必须首先适应行政环境，但不是被动地适应，而是在适应的基础上，自觉地、能动地利用和改善环境。行政管理与行政环境是辩证统一的关系。

1）适应行政环境

第一，自觉适应行政环境的性质，即要适应这一国家的政治和社会制度，建立与之相适应的行政管理体制和管理思想。

第二，自觉适应行政环境的现状，即要正视构成行政环境的各种条件和要素在不同国家和地区的发展水平存在着很大的差异，从差异出发建设与之相适应的行政生态。

第三，自觉适应行政环境的发展方向，即要不断认识行政环境的发展变化，在把握和调整中达到平衡和适应。沿着行政环境的发展方向实施行政管理，二者就能够和谐发

展；反之，二者都会受到不良影响，甚至遭到破坏。

2）能动地利用和改善行政环境

第一，利用有利条件，改善行政环境。利用行政环境所提供的政治、经济、文化、技术、心理等条件，对所面临的问题制定相应的政策、制度和办法，并迅速有效地加以实施。行政管理主体面对各种不利环境因素，进行价值权衡，选择正确的行政目标，通过规划、战略和改革等方法手段变不利因素为有利条件，达到改善行政环境的目的。

第二，促进行政环境和谐发展。行政管理主体要通过行政环境不断提供的积极因素，审时度势，修正其所制定的政策、措施，使之不断完善，促进行政管理与行政环境的和谐发展。

和谐发展的前提条件是行政管理与行政环境应保持动态平衡。动态平衡是行政管理与行政环境相互作用的必然过程，是行政管理系统存在和发展的必要条件，也是行政管理具有活力和效率的重要前提。动态平衡具有综合平衡、宏观平衡和暂时平衡的特征。协调行政管理与行政环境的动态平衡，对行政管理有十分重要的意义。

第三，克服对行政环境的消极作用，减少对行政环境的破坏。行政管理可以通过对行政环境的再认识、再思考、再总结，主动自觉地纠正不符合行政环境要求的管理行为、管理法规和管理方式，克服消极作用，减少破坏行为。

练一练 2-1

应用环境分类知识分析下列语句属于哪类行政环境，并填入表2-1中：世界和平与发展，中国式现代化，亚洲经济秩序，日本核废水排放，美国经济霸权，文化侵略，教育普及，人口素质，臭氧层，水土流失，大数据，人工智能，无人机，土地沙化，洪水，地震，酸雨。

表2-1 行政环境分类

种类	内容	备注
国际自然行政环境		
国内自然行政环境		
国际社会行政环境		
国内社会行政环境		

2.2　行政环境对行政管理的影响

行政环境的需要是确定行政管理基本任务的客观依据。了解环境的要求，分析行政环境对行政管理的影响是行政管理的首要任务。

2.2.1　政治环境对行政管理的影响

行政系统的政治环境是指处于行政系统边界之外，能够对行政系统的产生、存在、运行与发展过程产生直接或间接影响的各种社会政治因素的集合，包括国家政权组织形式与实际运行状况，政党制度，法律制度，社会团体与社会流通性的发达程度等。

（1）基本的政治制度（国体）直接决定行政组织的基本性质，而且决定着行政组织性质的变化。

（2）政权组织形式（政体）决定行政组织的具体形式及在国家政权系统中的地位。

（3）政党制度影响着行政组织的稳定性和完备程度。政府的行政管理一方面要坚持接受和服从党的领导；另一方面，还要处理好与党的具体关系，充分发挥自身的独立作用，执行好国家行政管理的职能。

（4）政治生活的民主、平等程度制约着行政组织决策与执行的民主化、科学化程度。

（5）政治形势的稳定程度影响着行政组织的运作状态。

（6）法律制度规定与保障着行政组织在整个国家机构系统中的地位。法律体系的完善化、科学化程度制约着行政组织运转的协调、规范水平。

（7）社会团体与社会流通性不断发展和扩大，构成了行政系统与社会公众之间强有力的"媒介"，扩大了行政系统的效能，塑造着行政系统本身，影响着政治决策过程和行政运行过程。

2.2.2　经济环境对行政管理的影响

行政组织的经济环境是指能够对特定行政系统的存在、运行和发展产生直接或间接影响的各种经济力量、活动、行为方式以及制度规定的统称，是特定行政系统所处的国家或地区经济力量与经济活动方式的总和。经济环境包括自然资源状况、生产力和科技发展状况、人口状况、国民收入状况、社会的基本生产关系结构和经济体制等。

（1）物质生产、人口生产、科技发展状况对行政组织的影响。特定社会的经济力量，直接决定着该社会的社会生产力发展水平。生产力发展水平决定着其社会经济发展阶段和行政系统可能获得的财政收入总量与支出总量；财政收支状况又影响了一批航天、军工、重点技术研发等重大规划项目的实施。

生产力发展状况，决定行政系统的存亡和性质，制约行政系统功能发挥和部门设置，提供了行政系统运行的物质基础。

科学技术，支持行政系统运转的协调和行政效率的提高。科学技术的不断进步，会对行政系统结构产生巨大冲击，会对行政权力的配置、形式、方式产生重要影响，产生相适应的以分权化为取向的变革。

人口的发展状况，影响着行政组织的发展战略和人口管理功能。

（2）生产关系与具体的经济体制对行政组织的影响。基本生产关系，直接决定行政系统的性质和变化。经济基础决定上层建筑，行政组织属于上层建筑，其性质和变化由其经济基础的性质和变化所决定。

社会经济结构，直接影响着行政职能结构、经济管理方式及管理手段的选择。

具体的经济体制，影响着行政的功能配置和运行模式，并规定经济资源配置的方式。

行政视野 2-2　　　　　　　　三种经济体制下行政功能的特点

　　在不同的经济体制影响下，行政组织的行政功能配置和运行具有不同的特点（见表2-2）。

表2-2　　　　　　　　　　　　三种经济体制下行政功能的特点

经济体制	行政功能的特点
自然经济体制	基础——建立在小生产的基础之上 功能——行政组织在自然经济社会中的政治功能、社会治安功能较为突出，而经济功能、社会服务功能微弱；负责经济、社会事务的部门少而小；其行使功能的手段比较简单，主要是通过行政手段进行管理
市场经济体制	基础——建立在社会化大生产基础之上 功能——经济资源主要通过市场进行配置。在市场失灵的情况下，政府通过积极干预加以弥补。政府需要设置大量相应管理部门，综合运用经济、法律、行政等手段进行管理
计划经济体制	基础——建立在公有制基础之上 功能——政府行政组织对社会经济活动实行全面、直接指令管理，设置大量经济管理部门，主要运用计划手段进行管理

　　当今各国无论何种经济体制，都要依赖于一定的行政机制才能有效运行。

2.2.3　行政文化环境对行政管理的影响

　　行政文化，是社会成员有关行政系统的一切社会心理活动的总和，是人们关于行政组织系统的价值观念，以及这个观念所要求的行政组织及其成员所应具有的行为模式。行政文化主要包含：行政价值文化、行政功能文化、行政运行文化、行政公共关系文化。

1）行政价值文化对行政管理的影响

　　行政价值文化是指在特定行政环境下，社会民众在社会化过程中逐渐形成并稳定存在的，关于公共行政系统应该具有哪些基本社会价值的认知与价值取向模式。它是人们对行政的总体价值观。这种总体价值观是公共行政系统得以产生与存在的社会价值前提，直接影响着公共行政系统的社会价值定位，从而也就决定着该系统的功能重心。

　　行政价值文化有两种代表性的文化价值观：管制型行政总体价值观和服务型行政总体价值观。这两种价值观对行政运行规则、管理方式方法产生影响。行政组织首脑的权力观不同，直接导致不同行政权力的行为模式，决定了人们的行政参与意识与状况；行政组织的行政道德观念，指导着行政组织成员的政治方向，制约着行政组织成员个人利益的欲望，影响着行政组织成员的社会地位。

2）行政功能文化对行政管理的影响

行政功能文化是人们对行政系统应具备的功能结构所持的基本观点，它既包括对公共行政系统功能范围的认知与价值取向，也包括对系统内部职能分工发达程度的认知与价值取向。

具有代表性的两种功能文化是：全能普化型行政功能文化和有限分工型行政功能文化。该功能结构观的形成，既会对特定功能结构的公共行政系统起着精神支持与维护作用，又是新型功能结构模式得以建立与存在的思想前提。

3）行政运行文化对行政管理的影响

行政运行文化主要是指社会民众在社会化过程中逐渐形成并稳定存在的，关于各种公共行政问题得以有效解决的途径与方式的普遍性价值取向模式，可称之为公共行政过程观。

公共行政系统运行机制的价值取向主要有两种模式：自律本位的人治模式和法律本位的法治模式。不同模式会对政策制定、行政决策、行政执行、行政监督等功能发挥产生影响，对政权巩固和社会发展起到促进或阻碍的作用。完全的人治与法治都只能是一种理论上的纯粹假想。实践中，各国公共行政运行机制的取向模式大都兼具法治与人治的部分特色，各占比重有程度上的差异，基本走向是由自律本位向法律本位逐渐发展。

4）行政公共关系文化对行政管理的影响

行政公共关系文化，指人们在社会化过程中形成的，关于公共行政系统与民众间关系、民众在公共行政系统中所承担角色方面的认知与价值取向，也就是政民关系观。纵观历史，行政公共关系文化主要有两种类型：传统服从型和现代参与型行政公共关系文化。

特定社会关于公共行政系统的公共关系的认知与价值取向模式，主要从两个方面对公共行政系统产生影响与制约作用。当这种认知和价值取向模式与现行公共行政系统的内在属性相适应或相协调时，它会对该系统起到进一步的巩固与维持作用；当社会民众的认知与价值取向模式发生根本性变化时，行政公共关系文化模式本身就会发生本质上的变更，当社会民众不再对现存公共行政系统感到满意时，或迟或早地，现行行政系统将会面临变革乃至革命的压力。

行政视野 2-3　　　　　　　　行政文化模式的特征

不同行政文化有其代表性的文化模式，其特征见表 2-3。

表 2-3　　　　　　　　　　　行政文化模式的特征

名称	模式类型	特征
行政价值文化	管制型行政总体价值观	认为政府处于整个社会的中心，对社会和经济生活进行管制，政府控制一切社会资源的支配权和分配权，是一种政府本位和官本位的价值取向
	服务型行政总体价值观	认为政府应以公民本位、社会本位的理念为指导，在整个社会民主秩序框架下，通过法定程序，按照公民意愿为公民服务，并承担社会责任

名称	模式类型	特征
行政功能文化	全能普化型行政功能文化模式	认为政府是全能的，政府有能力也有责任总揽所有社会事务；政府机关也是全能的，任一政府机关都可同时兼决策、执行、监督与控制诸项功能于一身；个人是全能职员，所有领导干部都既管决策、控制，又抓考核、执行 在该行政文化环境下，政府表现为全能政府，对社会事务进行全方位的管理，公共行政系统涉足社会生活的各个领域，公共行政系统的功能范围大大扩张
	有限分工型行政功能文化模式	认为政府只是社会分工中的一个部门，其功能是有限的；政府中的各个部门、每个人员也不是全能的，只能行使特定的权力，承担特定的责任 在该行政文化环境下，政府是有限政府，其权力受到限制；政府各个部门和行政人员不但权力有限，而且分工明确、责任清楚
行政运行文化	自律本位的人治模式	自律，即行为主体主要遵循由自身内在意志和个人情感引申的道德规范，选择与之相适应的行为规则与行为方式的心理与行为过程。自律本位，是从人性善的基本假定出发，强调精英人物、权威人物个人道德情感的自觉性和至上性 该模式在实践中表现为按照少数政治精英、某个权威人物的个人意志制定与实施行政政策，治理国家，是一种典型的以主观意志与个人情感作为行为依据的人治型公共行政运行机制
	法律本位的法治模式	从人性不完善的基本假定出发，强调法律的至上性。认为公共行政系统及其运行机制，乃至整个社会政治生活系统都应该实现规范化、法治化；系统的一切权力与行为都应该受到法律的制约，系统的功能、结构、运行规则程序也都应该由法律明确界定。简言之，国家应依法治国 历史实践证明，法律本位比自律本位更能使公共行政行为周密、科学、规范、稳定，也更民主，更能代表大多数人的利益
行政公共关系文化	传统服从型行政公共关系文化模式	本质上禁止民众参政议政，社会民众基本上是被要求而且自身也倾向于服从公共行政系统的一切输出管制
	现代参与型行政公共关系文化模式	社会民众对公共行政系统及其运行过程存在强烈的参与愿望，并试图通过各种途径对公共行政政策的制定与实施过程施加影响。与其相适应的是民主参与型的现代公共行政系统

2.2.4　民族环境对行政管理的影响

行政组织的民族环境是由民族的人口与分布、民族语言、民族经济、民族文化与传统、民族的矛盾与斗争以及民族宗教等要素所构成，这些要素相互结合，就形成了影响一个国家行政组织的民族环境。

民族环境影响政府的民族政策及相应的行政机构设置；民族环境影响行政系统的体

制（指行政系统结构中各层级、各部门之间的权力分配关系）；民族环境制约行政系统的凝聚力大小。利用民族环境对行政管理的有利作用，规避民族环境对行政管理的不利影响，是各国政府时刻研究的重要议题。

2.2.5 自然环境对行政管理的影响

地球环境，影响人类文明的形成与发展，制约着各国行政组织的发展模式。

自然资源和国土面积，影响一国综合国力的强弱，制约着其行政组织的财力基础与功能发挥。

自然资源和环境，影响一国经济发展的方向与结构，制约着其行政组织的部门设置与功能体系。

地理环境，制约着政府的国际战略及其相应的组织功能。例如，我国既有漫长的海岸线，又与多个国家接壤，因此我国实行积极防御的军事战略。

2.2.6 国际社会环境对行政管理的影响

国家之间的密切交往，影响各国行政管理的职能、政策及机构。

重大国际事件的发生，促使各国设立处理这些事件的临时机构。

国际社会中的共同问题，使各国相应设置了解决问题的职能及机构。

国际组织的出现，使各国政府产生了与之对应的职能及机构。

国家行政组织的活动，要受到国际社会所公认的行为准则的约束和调整，受到规范国家间相互关系的、具有法律约束力的国际法的制约。

研究外部环境对行政系统的影响，对于厘清中国现阶段社会环境对行政管理的要求，探索有中国特色行政管理的新模式和新方法，有十分重要的意义。

2.3 良好行政环境的营造

营造良好行政环境是各级政府实现行政管理目标的前提条件。

2.3.1 营造良好的政治环境

目前我国政治环境的基本特点：政治制度优势显著，政治局势稳定，治理效能提升，民主法治环境有较大的改善，但建设任务仍然十分艰巨。

基于以上特点，做好以下几项重点工作：

（1）积极稳妥地推进政治体制改革，实现行政组织的民主化、科学化与法治化。

（2）自觉地接受人民代表大会的领导和监督。让人民群众的意志和利益在国家行政管理中得到充分的体现。

（3）自觉地接受共产党的领导，重视发挥人民政协、各民主党派、人民团体的作用，保证其社会主义方向。行政组织既要自觉地贯彻党的路线、方针、政策，又要广泛联系和团结社会各阶层的群众，提高社会主义民主的程度。

（4）大力推动法治建设。加快制定和完善行政法规，自觉依法管理社会事务，真正做到执法必严，违法必究。广泛深入开展法治宣传教育，提高公民法律意识，使公民自觉遵守法律，依法维护自身的合法权益。

2.3.2　营造良好的经济环境

党的二十大报告提出，"加快构建新发展格局，着力推动高质量发展"。高质量发展是全面建设社会主义现代化国家的首要任务。没有坚实的物质技术基础，就不可能全面建成社会主义现代化强国。必须完整准确全面贯彻新发展理念，坚持社会主义市场经济改革方向，坚持高水平对外开放，加快构建以国内大循环为主体、国内国际双循环相互促进的新发展格局。目前，我国经济环境的基本特点是：经济运行总体平稳，经济结构持续优化，改革开放不断深入，综合国力增强，农业现代化稳步推进，脱贫攻坚成果显著，科技等事业全面发展，但仍须重点做好以下工作：

进一步完善城乡土地流转机制，加快农业现代化建设。大力推动新型城镇化和都市圈城市群建设，加快城市化进程；加快资本市场制度建设，提高上市公司质量，充分发挥多层次资本市场的资源配置作用，向符合国家战略、突破关键核心技术、市场认可度高的科技创新企业倾斜，加强资本市场监管；进一步深化科技创新体制改革，充分发挥科技举国攻关体制优势和市场力量，尽快突破关键核心技术，以科技创新催生新发展动能，促进中国产业链进一步升级，加强知识产权保护；加大经济结构调整力度，处理好发展新兴产业和用新技术改造传统产业的关系，处理好发展资本技术密集型产业和发展劳动密集型产业的关系，大力推进行业、企业全面数字化转型；大力推进市场准入制度改革，建设高标准市场体系，完善公平竞争制度；兼顾国计和民生，调节社会分配和解决就业问题。从财政税收、社保、医疗、教育、住房、就业制度等方面降低生育成本，建立起国家、社会和家庭共同承担生育成本的制度体系；建设宜居生态环境，努力提高人民生活质量。

拓展学习2-1

中国优化营商环境将为全球投资者带来重大机遇

2.3.3　营造良好的行政文化环境

目前我国行政文化环境的基本特点：坚持把马克思主义基本原理同中国具体实际相结合、同中华优秀传统文化相结合，创立了习近平新时代中国特色社会主义思想，优良传统文化逐步得到弘扬，但是旧的全能型政府、权力本位、人治思想、传统服从型行政文化观念还有影响；教育、科学、文化事业有了很大发展，人民对美好生活的需求日益强烈，但是总体供给水平还很不足；社会主义精神文明建设取得了丰硕成果，人们的思想道德水平有了极大提高，但是"圈子文化"、拜金主义、贪图享乐、违纪违法等问题还存在。

行政系统的行政文化是行政管理最深层次的部分，行政文化建设是一个长期过程。优化行政文化环境，需要内外兼治。

（1）推进文化自信自强，铸就社会主义文化新辉煌的精神，建设具有强大凝聚力和引领力的社会主义意识形态。坚持中国特色社会主义文化发展道路，增强文化自信，围绕举旗帜、聚民心、育新人、兴文化、展形象建设社会主义文化强国，发展面向现代化、面向世界、面向未来的，民族的科学的大众的社会主义文化，激发全民族文化创新创造活力，增强实现中华民族伟大复兴的精神力量。

（2）端正行政理念。从行政价值观教育着手，建立与民主行政相适应的行政道德标准，树立以民为本的道德观、价值观、权力观和利益观，树立弘扬勤政、善政、民主、服务、创新、廉洁的行为风尚，建设民本法治、公正平等、积极有为的行政文化。

（3）规范权力运行机制。以个人成就、工作政绩及民众满意度作为行政职权分配和评价的标准，进一步完善行政工作制度、行政监督制度和行政考核制度，建立行政人员容错纠错机制，形成自我监督、组织监督、社会监督、全通道反馈、及时纠正于一体的行政监督机制；全面推进惩治和预防腐败体系建设；完善与社会大众双向沟通、民众积极参与的行政运行机制；培育廉洁至上、高效为先、自律为本、法律规范的现代行政文化。

（4）完善选人用人机制。选人用人要坚持注重品行、科学发展、崇尚实干、重视基层、鼓励创新、群众公认的导向，严格遵守新修订的《党政领导干部选拔任用工作条例》，把好选用标准关、审批关、纪律关，完善绩效考核评价机制，真正把那些政治靠得住、工作有本领、作风过得硬、群众信得过的干部选拔到各级领导岗位上来，激励"善谋事、会创新、能落实、敢担当、重品行"的干部发挥表率作用，严惩跑官要官等违纪行为，从源头上预防和治理选人用人不正之风。做好行政人员之间的利益协调工作，妥善处理好个人之间的利益和个人与集体之间的利益。

（5）推进政府职能转变。从组织精炼、人员精干、分工科学、结构合理、体制机制健全、利于效能发挥等方面深化行政体制改革，加速政府职能转变。在资源共享、协调合作、公开透明、精准决策的目标指引下，建设人民满意的"服务型政府""透明型政府""法治型政府"。

（6）打造风清气正的社会文化环境。多渠道、多形式地普及理想教育、道德教育、文化教育、纪律和法治教育，弘扬社会公约和社会公共行为准则，加强社会主义精神文明建设。大力倡导社会主义核心价值观，提倡爱祖国、爱人民、爱劳动、爱科学、爱社会主义的社会公德，全面开展爱国主义、集体主义、国际主义、辩证唯物主义和历史唯物主义的教育，抵制反对国家主权、反对社会主义制度、反对先进社会文化的思想和行为。

拓展学习 2-2

风清气正的网络环境，是中国的一张名片

价值引领 2-1　　　　从严治党重在责任落实到位

有权必有责，有责要担当，失责必追究。习近平总书记在主持中央政治局第十五次集体学习时，对进一步健全全面从严治党体系作出重要部署，强调"要健全主体明确、要求清晰的责任体系"，"以责任主体到位、责任要求到位、考核问责到位，推动管党治党责任落实到位"。

定位准才能责任清，责任清才能勇担当。全面从严治党落实主体责任是对党章规定的重申，是各级党组织职责所在、使命所系。要用好以党章、准则、条例、规定为主体的管党治党制度利器，推动主体责任和监督责任一贯到底，把负责、守责、尽责体现在每个党组织、每个岗位上，让党员干部更加自觉地知责于心、担责于身、履责于行。党委（党组）要牢固树立"不管党治党就是严重失职"的责任意识，坚决落实全面从严治党主体责任，加强对管党治党的领导，选好用好干部；强化对权力运行的监督制约，从源头上防治腐败；维护群众利益，坚决纠正损害群众利益的行为。党委（党组）书记要落实第一责任人责任，既要挂帅又要出征，抓好班子、带好队伍、推动落实、管好自己；领导班子其他成员要按照"一岗双责"要求，结合职责任务分工，领导、检查、督促分管部门和单位全面从严治党工作，从严进行教育管理监督，切实种好"责任田"。各级纪委要履行好监督责任，切实抓好高效监督、从严执纪、精准问责等；其他相关职能部门要履行职责范围内的管党治党责任，做到守土有责、守土尽责；党员干部要结合岗位特点和工作实际，严于自律、互相提醒帮助，行使应有权利、履行应尽责任。通过明晰具体职责任务、细化内容要求、完善责任链条，确保管党治党责任落实到人、具体到事，形成各负其责、齐抓共管的合力，确保责任落实拧成"一股绳"、力量汇成"一股劲"。

动员千遍不如问责一次。严肃问责，方能倒逼责任落实。始终把严的基调、严的措施、严的氛围长期坚持下去，从严从紧追责问责，层层传导压力，坚持全面从严治党无死角、不降格。抓住"关键少数"，盯住党委、纪委、党委工作部门，督促落实第一责任人责任和班子成员分管责任，对不作为、不担当、不负责的坚决问责，持续释放失责必问、问责必严的强烈信号。问责既要严字当头，也要精准规范，必须做到事实清楚、证据确凿、定性准确、处理恰当，实现问责内容、对象、事项、主体、方式的制度化、程序化，区分集体责任与个人责任、领导责任和直接责任，该谁负责任就追究谁的责任，做到程序规范、标准统一、尺度一致、公平公正。同时，坚持"三个区分开来"，可以减责免责的要视情减责免责，防止问责泛化，切实保护好党员干部干事创业的积极性、主动性和创造性。

"志行万里者，不中道而辍足。"全面从严治党永远在路上，责任落实同样永远在路上。要始终保持以党的自我革命引领社会革命的高度自觉，坚持用改革精神和严的标准管党治党，进一步健全全面从严治党体系，健全完善责任体系、推动管党治党责任落实到位，不断焕发蓬勃生机，确保党始终成为中国特色社会主义事业的坚强领导核心。

资料来源 邓莉. 从严治党重在责任落实到位［EB/OL］.（2024-09-12）［2024-11-11］. https：//www.thepaper.cn/newsDetail_forward_28723615.

感悟：党的二十大报告指出，"要落实新时代党的建设总要求，健全全面从严治党体系，全面推进党的自我净化、自我完善、自我革新、自我提高，使我们党坚守初心使命，始终成为中国特色社会主义事业的坚强领导核心"。政府及其各级行政人员应提高政治素养，使党永葆生机活力。

2.3.4 营造良好的民族环境

目前我国民族环境的基本特点：民族区域自治，民族团结，宗教信仰自由，民族文化、传统习惯、宗教信仰存在差异，文化教育发展不均衡。

基于以上特点，做好以下几项重点工作：

（1）建设团结友好的民族环境。坚定实行民族区域自治政策；坚持民族平等，尊重少数民族的政治权利、语言文字乃至风俗习惯；加强民族团结，培养国家民族意识；积极帮助各少数民族发展经济文化事业，逐步缩小各民族之间的差距，促进各民族交往交流交融。

（2）依法管理宗教事务。全面贯彻党的宗教工作基本方针和宗教信仰自由政策，维护宗教团体、宗教院校、宗教活动场所和信教公民的合法权益。坚持政教分开，坚持独立自主自办原则，积极引导宗教与社会主义社会相适应。依法制止利用宗教进行破坏社会秩序，损害国家利益、社会公共利益和公民合法权益等违法活动；坚决打击在不同宗教之间、同一宗教内部以及信教公民与不信教公民之间恶意制造矛盾和冲突，宣扬、支持、资助宗教极端主义，利用宗教破坏民族团结、分裂国家和进行恐怖活动等犯罪行为。加强行政组织与宗教界的双向沟通，支持和引导宗教界人士对宗教教义作出适应时代进步要求的阐释，发挥宗教界人士和信教群众在促进经济社会发展中的积极作用。防范外国势力干预和支配我国宗教团体与宗教事务。

2.3.5 营造良好的国际社会环境

目前我国国际社会环境的基本特点：和平与发展是基本趋势和主要特点，意识形态斗争仍然激烈，大国间消极对抗与竞合并行，我国的国际影响力不断提升。

基于以上特点，做好以下几项重点工作：培养行政组织成员的国际意识，不断提高认识国际事务的知识理论水平，不断增强处理国际问题的能力；坚决反对侵略，反对霸权主义，维护领土主权；坚持独立自主的外交政策及和平共处五项原则，积极发展国与国之间的关系，争取和平的国际环境；坚持对外开放，加强国家、地区间的经济、社会、文化交流。

综上，研究行政环境的意义在于，掌握环境变化特征和发展趋势，调整治理方针政策，保持行政管理与行政环境动态平衡，推动社会和谐发展。

拓展学习2-3

如何保持行政
管理与行政
环境动态平衡

任务实施与评价

◉ 任务实施

【背景资料】

西藏的行政环境特点与建设任务

1. 西藏行政环境的特点

西藏自1951年和平解放以来，走上了由黑暗到光明、由落后到进步、由贫穷到富裕、由专制到民主、由封闭到开放的道路。70年来，西藏社会制度实现历史性跨越，经济发展取得历史性成就，人民生活发生历史性变化，民族团结呈现历史性进步，但社会发展仍面临许多困难和挑战。

（1）推翻野蛮的封建农奴制，结束了政教合一、神权控制政权的历史，建立了人民民主政权。

（2）坚持走中国特色解决民族问题的正确道路，促进各民族共同团结奋斗、共同繁荣发展。

（3）国家投入巨大人力物力财力弘扬和发展西藏优秀传统文化，藏语言文字得到广泛使用，《格萨尔王传》等珍贵典籍得到抢救整理，唐卡、藏戏、藏医药等近800个项目列入非物质文化遗产。

（4）各族群众的宗教信仰得到充分尊重，全区1 700多座寺庙实现水电、网络、消防等设施全覆盖，4.6万僧尼都享受了政府社保，布达拉宫、大昭寺等寺庙古迹得到修缮保护。

（5）经济年均增速位居全国三甲，农村居民人均可支配收入增速连续多年位居全国第一，城镇化率上升13个百分点。经过坚持不懈的努力，62.8万贫困人口全部脱贫，26.6万人从山高地远的苦寒之地搬迁到河谷城镇安居乐业，西藏与全国一道如期全面建成小康社会。

（6）反分裂斗争和稳定局势的任务依然艰巨；民族、宗教问题仍然存在；管理体制、政策和方法改革工作任务繁重。

（7）经济总量小，规模不大；能源缺乏，交通还比较落后；技术落后、人才匮乏；基础设施比较薄弱；特色产业发展后劲不足。

（8）区域面积大，人口少；水及水力资源丰富；动植物及矿藏资源丰富；自然景观优美；有独特的地缘优势；海拔高；地形复杂；自然灾害较多。

（9）国家制定了西藏发展政策，政府机关和兄弟省、市，援助了大型工程项目、资金、技术和人才，推动西藏的经济建设，鼓舞区内各族人民的士气。

2.西藏环境建设的重点工作

充分认识西藏自然环境和社会环境的优势和劣势，根据环境实际制定相应的政策措施，确立明确的发展目标，调整产业结构，分清重点和发展次序，以改革开放为推动力，创新行政管理模式和方式方法，担起环境保护和边界安全重任，推动西藏社会生产力的发展和经济的跨越式发展。

（1）坚持中国共产党领导，坚持社会主义制度，坚持民族区域自治制度。

（2）坚持治国必治边、治边先稳藏的战略思想，坚持依法治藏、富民兴藏、长期建藏、凝聚人心、夯实基础的重要原则。

（3）牢牢把握西藏社会的主要矛盾和特殊矛盾，把改善民生、凝聚人心作为经济社会发展的出发点和落脚点。

（4）全面正确贯彻党的民族政策和宗教政策，加强民族团结，不断增进各族群众对伟大祖国、中华民族、中华文化、中国共产党、中国特色社会主义的认同。

（5）全面加强国家通用语言文字教育，构建中华民族共有精神家园。传承"老西藏精神""两路"精神，鼓舞人民建设的斗志。传承保护西藏优秀传统文化，推动创造性转化和创新性发展。

（6）牢固树立绿水青山就是金山银山、冰天雪地也是金山银山的理念，推进重大生态工程建设，加强山水林田湖草沙冰系统治理，建设生态文明高地。中央支持西藏创建国家生态文明建设示范区，支持开展生态综合补偿试点，支持青藏高原综合科考。

（7）以能源、交通为经济发展的基础，以农牧业为经济工作的重点，以优势产业为先导，以技术、资金、人才为保障，动员全社会力量，推动有效投资向特色产业、基础设施、生态环保三项重点倾斜，补上基础设施薄弱的短板，做强特色产业，增强发展后劲，推动经济社会高质量发展。

（8）制定支持创新创业的政策，把"双创"空间做大做好，以此吸引和激励更多团体和个人自主创业、自主创新，为西藏发展注入新活力和新动能。

（9）把中央关心、全国支援同西藏各族干部群众艰苦奋斗紧密结合起来，在统筹国内国际两个大局中做好西藏工作；改变了过去的"短期式输血"的援藏模式，更加注重通过长期的"组团式"援助，为西藏当地培养更多的人才。

拓展学习 2-4

中央第三至
七次西藏工作
座谈会精神

资料来源　汪洋. 在庆祝西藏和平解放 70 周年大会上的讲话［EB/OL］.（2021-08-19）［2024-11-11］. https://www.xizang.gov.cn/xwzx_406/tpxw/202108/t20210820_255836.html.

要求：阅读案例和"拓展学习 2-4"，回答表 2-4 中的问题。

表 2-4　　　　　　　　　　　　任务分析表

任务类型	任务内容	内容要求
分析当前西藏的行政环境	（1）分析当前西藏的政治环境	应用政治环境的知识和背景资料分析问题
	（2）分析当前西藏的经济环境	应用经济环境的知识和背景资料分析问题
	（3）分析当前西藏的文化环境	应用行政文化环境的知识和背景资料分析问题
	（4）分析当前西藏的自然环境	应用自然环境的知识和背景资料分析问题
分析西藏行政环境对行政管理的影响，及二者的关系	（1）分析当前西藏的政治环境对行政管理的影响	应用政治环境对行政管理影响的知识分析问题
	（2）分析当前西藏的经济环境对行政管理的影响	应用经济环境对行政管理影响的知识分析问题
	（3）分析当前西藏的文化环境对行政管理的影响	应用行政文化环境对行政管理影响的知识分析问题
	（4）分析当前西藏的自然环境对行政管理的影响	应用自然环境对行政管理影响的知识分析问题
分析政府在改善和建设环境方面所做的工作，并提出你的想法和建议	（1）分析西藏政治环境建设方面开展的工作	结合背景资料分析问题
	（2）分析西藏经济环境建设方面开展的工作	结合背景资料分析问题
	（3）分析西藏文化环境建设方面开展的工作	结合背景资料分析问题
	（4）分析西藏自然环境建设方面开展的工作	结合背景资料分析问题
	（5）提出你的想法和建议	应用营造良好的行政环境这部分知识提出建议

⊙ 任务评价

任务评价见表 2-5。

表2-5   任务评价表

评价项目	评价要点	权重（%）	自评	师评
能够分析当前西藏行政环境的内容（30分）	（1）能说出政权制度、政党制度、法律制度、政治局势、宗教团体等内容	8		
	（2）能说出生产力和科技发展水平、人口数量和质量、经济总量和规模、基础设施、藏民收入、经济发展指标、产业结构等基本状况	8		
	（3）能说出行政总体价值观、道德观、行政运行和公共关系文化、宗教信仰、民俗民风、传统习惯、教育、传统文化、民族的矛盾与斗争等方面的内容	7		
	（4）能说出生态环境、生物环境和矿产资源环境的具体内容	7		
能够分析行政环境对行政管理产生的影响，以及二者的关系（35分）	（1）能说出政党制度、政权制度、法律制度、政治局势、宗教团体、社会组织等对行政组织的稳定性和完备程度、运作状态、决策的科学性和民主性等方面的影响	7		
	（2）能说出物质生产、人口生产、科技发展、基本生产关系、经济体制等对行政职能结构、经济管理方式、管理手段的选择、功能配置和运行模式等方面的影响	7		
	（3）能说出行政总体价值观、道德观、权力观、法治意识、宗教信仰、民俗民风、传统习惯、文化教育等对行政组织的价值定位、政治方向、社会地位、利益取向、运行规则、政策制定、行政决策与执行、行政监督等功能发挥的影响	7		
	（4）能说出自然资源、区域面积、地理位置和形状等对西藏综合实力、经济发展方向与结构、民族团结统一、行政管理的稳定状况、组织功能发挥等方面的影响	7		
	（5）能说出二者相互适应、相互促进的关系	7		
能够分析政府在改善和建设环境方面所做的工作，并提出改进建议（35分）	（1）能说出政党领导、治藏战略和原则、方针政策、法律法规等工作的制定与实施情况	7		
	（2）能说出政府在改善民生、生态文明、能源、交通、特色产业、基础设施、生态环保、"双创"环境建设等方面开展的工作	7		
	（3）能说出在精神建设、文化传承、语言文字使用、矛盾处理、关系协调、人心凝聚等方面所做的工作	7		
	（4）能说出生态、生物资源利用、保护和治理，矿产资源开发和使用，生态环境建设等方面所做的工作	7		
	（5）所提的改进建议符合西藏实际，具有针对性和应用性	7		
总分		100		

任务测试与应用

◉ 任务测试

1.选择题（将正确的选项填在括号内）

随堂测验2-1

任务2

1.1　单选题

（1）人们把围绕行政管理主体并且直接或间接地作用于行政管理活动的客观因素的总和，称为（　　）。

　　A.政治环境　　　　　B.经济环境　　　　　C.文化环境　　　　　D.行政环境

（2）行政管理与行政环境的关系是（　　）。

　　A.协调一致　　　　　B.辩证统一　　　　　C.互相排斥　　　　　D.绝对平衡

（3）直接决定行政组织基本性质的是（　　）。

　　A.国体　　　　　　　B.政体　　　　　　　C.政党　　　　　　　D.社会团体

（4）行政组织运转需要的行政经费直接取决于一国（　　）。

　　A.生产关系状况　　　　　　　　　　　B.市场经济体制

　　C.生产力发展水平　　　　　　　　　　D.国有企业数量

（5）营造良好的经济环境需要（　　）。

　　A.推进政府职能转变　　　　　　　　　B.加大经济结构调整力度

　　C.规范权力运行机制　　　　　　　　　D.大力推动法治建设

1.2　多选题

（1）行政系统的界线具有（　　）和（　　）。

　　A.开放性　　　　　　B.复杂性　　　　　　C.差异性　　　　　　D.可渗透性

（2）影响行政组织管理的经济要素主要包括（　　）。

　　A.物质生产　　　　　B.生产关系　　　　　C.科技发展状况　　　D.人口生产

（3）行政价值文化包含的文化价值观包括（　　）。

　　A.传统服从型　　　　　　　　　　　　B.管制型行政总体价值观

　　C.现代参与型行政公共关系文化　　　　D.服务型行政总体价值观

（4）行政组织的民族环境由（　　）等要素所构成。

　　A.民族语言　　　　　　　　　　　　　B.民族的矛盾与斗争

　　C.国家经济　　　　　　　　　　　　　D.人口与分布

（5）行政组织依法管理宗教事务的主要工作包括（　　）。

　　A.实行政教分离

　　B.加强行政组织与宗教界的双向沟通

　　C.防范外国势力干预和支配我国宗教团体和宗教事务

　　D.保护宗教活动的正当场所

2.判断题（在题后的括号内打"√"或"×"）

（1）行政管理独立于行政环境而产生。　　　　　　　　　　　　　　　　　　（　　）

（2）科学技术支持经济组织提高效率，不支持行政系统运转的协调和行政效率的

提高。　　　　　　　　　　　　　　　　　　　　　　　　　　　　　　　（　　）

（3）国家行政组织的活动不受国际社会所公认的行为准则的约束和调整。（　　）

（4）抵制反对国家主权、反对社会主义制度、反对先进社会文化的思想和行为是打造风清气正的社会文化环境的重要途径。　　　　　　　　　　　　　　　　（　　）

（5）弘扬勤政、善政、民主、服务、创新、廉洁的行为风尚是营造良好政治环境的途径。　　　　　　　　　　　　　　　　　　　　　　　　　　　　　　　（　　）

3.简答题

（1）行政环境与行政管理是怎样的关系？

（2）政治环境对行政组织有哪些重大影响？

（3）营造良好经济环境的措施有哪些？

（4）联系实际说明当前文化环境建设的相关措施。

◉ 技能应用

【案例分析】

日本福岛核污水入海计划引发国际社会关注

1.事件背景

日本政府于2021年4月13日召开有关内阁会议，正式决定将福岛第一核电站上百万吨核污水经过滤并稀释后排入大海，排放在2023年开始。2024年8月25日，日本东京电力公司发布消息称，福岛第一核电站核污染水第8轮排海当天结束，累计排放量约7 800吨。

2.各国反应

福岛周边的海洋不仅是当地渔民赖以生存的渔场，也是太平洋乃至全球海洋的一部分，核污水排入海洋会影响到全球鱼类迁徙、远洋渔业、人类健康、生态安全等方方面面，因此这一问题绝不仅仅是日本国内的问题，更是涉及全球海洋生态和环境安全的国际问题。多国政府、众多国际组织和环保团体，以及包括日本国民在内的各国民众均对此表示严重关切。

中方强烈敦促日方认清自身责任，秉持科学态度，履行国际义务，对国际社会、周边国家以及本国国民的严重关切作出应有回应。愿同国际社会和地区国家一道采取必要措施和行动，共同应对这一国际挑战。

韩国驻日大使朴喆熙2024年9月26日访问福岛第一核电站并转达了韩方对核污染水排海的立场，即日方应按照国际标准确保核污水排海安全性，并透明公开相关信息。

俄罗斯联邦兽医和植物卫生监督局局长谢尔盖·丹克维尔特2024年9月18日在圣彼得堡表示，在日本福岛第一核电站弱放射性核污染水排放地点附近捕获的鱼类是安全的，但俄罗斯仍然会禁止进口日本鱼类，并在该地点检查其安全性。

日本民众2024年8月24日傍晚在东京举行抗议集会，要求政府和东京电力公司（东电）停止核污染水排海，批评日本政府将国内海产品遭受"风评被害"的责任转嫁给他国。

3.中国的应对措施

（1）政府表明立场。2024年8月23日，外交部发言人毛宁主持例行记者会。毛宁表示，日本在没有同周边国家充分协商的情况下，单方面启动福岛核污染水排海，向全世界转嫁风险，这种做法极其不负责任，也不符合国际法和邻国相处之道。中方对此一贯坚决反对，并向日方多次表明严正关切。中方敦促日方认真回应国内外关切，切实履行自身责任和义务，全面配合建立周边邻国等利益攸关方实质参与独立、有效的长期国际监测安排。

（2）依法保护国家利益。根据中国相关法律法规和世贸组织规定，中方对原产地为日本的水产品采取了紧急预防性临时措施。中方将在有效参与国际原子能机构框架下的长期国际监测和参与国的独立取样等监测活动实施后，基于科学证据着手调整有关措施，逐步恢复符合规准的日本水产品进口。

（3）寻求国际性解决方案。倡议由联合国、相关地区组织与地区相关国家召开专项国际会议，将日本核废水排放提升为重大国际议题，并将我们的研究成果作为国际海洋治理的公共产品向周边国家、国际社会和相关国际组织提供，敦促日本政府开展核废水解决方案的国际合作研究，共同为核废水问题的解决提供选择性解决方案作出国际努力。

资料来源　赵超逸，赵晶.外交部：再次敦促日方认真回应国内外关切 切实履行自身责任和义务［EB/OL］.（2024-08-23）［2024-11-11］.https://www.sohu.com/a/803191099_120333600.

问题：

（1）日本福岛核污水入海计划将对我国产生哪些深远影响？

（2）我国政府采取了哪些措施？能取得怎样的效果？

（3）你对这一事件有什么看法？

分析提示：从环境对政府管理的影响和政府如何改善环境的角度进行分析。

【实践训练】

有专家分析，日本福岛核污水入海最早可能危害我国临东海沿线较近的省份和城市。假如你是上述某一地区政府中应急管理部门的一名工作人员，请你结合"日本福岛核污水入海计划引发国际社会关注"案例，并查找相关资料，制订一份本部门关于日本福岛核污水排海风险管控的应急方案。

要求：从国内和国际两个视角，从自然、经济、社会等环境对本地经济发展、企业经营、民众生活和健康的影响出发考虑应对策略，编制应急方案。

项目二
行政职能履行

2

任务3　行政职能

任务目标	**知识目标**	•了解行政职能的特征和作用 •明确政府与企业、市场和社会的关系 •熟知我国行政职能转变的内容和重点 •掌握行政职能的含义和政府职能的类型
	技能目标	提高正确分析政府与企业、政府与市场、政府与社会关系的能力
	素质目标	•增强依法、规范履行政府职能，创新职能转变的意识 •坚定同党中央保持高度一致的政治立场
任务重点		•行政职能的含义与作用 •行政职能的类型 •政府职能转变

知识导图3-1

行政职能

引例	全力做好超强台风"摩羯"灾害抢险工作

2024年9月，第11号超强台风"摩羯"在海南文昌市、广东徐闻县登陆，造成严重灾害，大量用户电力、通信中断，部分房屋受损。截至9月7日12时，灾害已造成海南、广东、广西三省区122.7万人不同程度受灾，3人死亡、95人受伤。

灾害发生后，中共中央总书记、国家主席、中央军委主席习近平高度重视并作出重要指示，强调"要抓紧核实灾情，组织力量救灾，妥善做好受灾群众转移安置等工作，防止次生灾害发生，尽最大努力减少伤亡。要尽快修复受损的交通、电力、通信等基础设施，积极开展灾后重建，早日恢复正常生产生活秩序，切实保障人民群众生命财产安全"。中共中央政治局常委、国务院总理李强作出批示，国家防总和有关地方要认真贯彻落实习近平总书记重要指示精神，密切监视台风动向，落实落细各项防御措施，严防可能发生的重大次生灾害，妥善做好转移避险、人员安置等各项救灾救助工作，最大程度减轻灾害影响。

面对突如其来的自然灾害，相关地方和部门认真贯彻落实习近平总书记重要指示精神，密切监视台风动向，落实落细各项防御措施，组织力量全力开展抢险救灾。

中国电信广西公司第一时间启动省市县三级防汛通信保障应急预案，派出保障队伍30支、保障人员2 933人次、保障车辆745台次、应急通信设备28台、发电油机380台。正带领突击队员奋战在一线的中国电信广西公司防城港分公司云网运营部总经理黄勇表示，目前正在对地势低洼或易塌陷的通信机房、基站等重点区域进行排涝工作，同时要保障及时响应各级应急指挥部门通信需求，服务好抗灾救灾和恢复生产工作。

海南省人力资源和社会保障厅印发《海南人社领域全力做好"摩羯"台风灾后恢复七条措施》文件，明确提供政策和资金保障受灾人员的就业和民生。文件要求，各受灾市县可结合实际开发灾后重建临时公益岗位，主要从事乡村基础设施重建或修复、道路清障、保洁或防疫消杀等工作。对家庭受灾的"雨露计划"毕业生和脱贫家庭高校毕业生，要全面排查，精准识别，加大就业帮扶力度，确保100%就业。文件明确，各市县人力资源和社会保障部门要指导本地社保经办机构，加强与民政部门对接，对因"摩羯"台风受灾的低保对象、特困人员、返贫致贫人口、脱贫不稳定人口、边缘易致贫人口、突发严重困难户等参保人员，尽快为其代缴2024年度城乡居民基本养老保险费，进一步减轻困难群体的缴费压力，做好兜底保障。抓紧核定当月应发的养老金数据，确保养老金按时足额发放到位，保障受灾群众的基本生活。文件还对灾后以工代赈项目用工保障和工伤职工权益保障等提出具体措施。

资料来源 新华社记者. 尽最大努力减少伤亡，早日恢复正常生产生活秩序 [N]. 人民日报，2024-09-08（1）；严钰景. 海南出台灾后恢复七条措施保就业保民生 [EB/OL]. （2024-09-09）[2024-11-13]. https：//www.gov.cn/lianbo/difang/202409/content_6973252.htm.

这一案例表明：在自然灾害来临后，政府履行的行政决策、计划、组织、领导、协调、执行、控制等职能是否科学有效，关乎社会稳定，关乎人民福祉，来不得半点含糊。

知识准备

3.1　行政职能的含义与作用

课程动画3-1

行政职能

行政职能是国家职能的一个重要组成部分，体现着国家行政管理活动的性质和方向，是国家行政活动的前提和依据。

3.1.1　行政职能的含义及其扩展

1）行政职能的含义

行政职能（administrative function）是政府作为国家行政机关，依法对国家政治事务和社会公共事务进行管理时应承担的职责和所具有的功能。它体现了行政管理的基本内容和活动方向，是行政管理的本质表现。简单来讲，行政职能就是要解决政府"应该做什么""不该做什么""现在做什么""将来做什么"等问题。

就国家职能而言，行政职能是立法职能、司法职能的对称，是国家公共职能的一种。国家的公共行政职能主要就是国家行政机关承担的职能，职能的主要内容是国家行政机关依法管理国家政治事务和社会公共事务。在静态的意义上，行政职能指宪法和法律对国家行政机关功能与任务的界定和赋予；在动态的意义上，行政职能指政府依据宪法和法律赋予的责任、权利和义务，通过行政行为管理国家事务和社会事务的活动。因而行政职能会随着国家职能和社会发展的变化而相应发生变化。

履行国家公共行政职能的主体见表3-1。

表3-1　　　　　　　　　　　履行国家公共行政职能的主体

分类	机关部门	举例
政府职能	行政机关	国务院及各部委、地方政府及组成部门（政府一般设公安、司法、行政、国防、外交、财政、工业、农业、商业、交通运输、科技、文教、体育、卫生、环境保护等职能机构，分别管理国家各方面的行政事务）
非政府职能	权力机关	全国和地方各级人大及其常委会
	司法机关	法院、检察院

行政视野3-1　　　　　　　　　　　国家职能与政府职能的区别

国家的本质决定国家及其政府具有三大方面的职能，即政治职能、经济职能和社会公共管理职能。但国家职能与政府职能存在差别，在权力性质上，政府职能从属于国家职能；在职能范围上，政府职能窄于前者；在履行职责的重点方面，政府职能侧重于组织，干预经济生活和管理社会公共事务，国家职能侧重于整体职能的把握；在权力职能上，国家职能是制定法律，政府职能是执行法律。

2）行政职能的扩展

在现代国家中，政府的职能较传统的职能得到了很大的扩展。由于享有立法创议权，且获得了广泛的委托权，国家行政机关事实上已经涉足相当多的立法功能、司法功能和检察功能，即行政立法和行政司法。行政职能的扩展是一种世界现象，也是历史的必然。随着社会发展变化的节奏加快，发展变化的内容趋向多元化、丰富化、复杂化，各种新的事物层出不穷，譬如新思想、新观念、新学科、新技术、新行业、新文化、新财富、新需求等，并带来了一系列的新问题。由此而产生的社会竞争日趋激烈，并使各类主体之间的社会关系进一步趋向复杂化。在这样的历史条件下，"法律有限，人事无穷"的现象明显增多，造成和激化了传统国家体制、领导制度、管理方式与现实需要之间的矛盾。这就需要一种能够对现实变化及时作出反应并有效解决问题、对未来需要作出前瞻性判断并提前进行战略性规划的力量。在传统的国家公共权力主体的体系中，这种力量就是政府。这是因为，在传统的国家公共权力主体的体系中，唯有国家行政机关决策权力集中，并集合了管理现代社会所必需的各类专业人才。从这个意义上说，狭义政府即国家行政机关被推向国家权力的主导地位是合乎逻辑的。

3.1.2　行政职能的特征和作用

1）行政职能的特征

（1）阶级性。政府的行政职能具有阶级性，这是由国家的政治性特征所决定的。政府行政职能的发挥是以国家性质、国家政治制度和国家结构形式为基础和前提的。政府代表着统治阶级的利益，其行政职能也必然维护统治阶级在政治、经济、文化和社会上的统治。因此，不同国体、政体和国家结构形式的政府，其行政职能的性质也有着很大不同。

（2）执行性。在现代国家的政治架构中，政府的主要功能是执行国家的政策、法规，政府是执行国家意志的机关。即使现代政府具备了很多立法职能，主要也是执行性立法。与立法机关和司法机关相比，其在国家政治生活中的地位和作用决定了行政职能的执行性特点。

（3）广泛性。行政管理的内容非常广泛，涉及国家和社会生活的各个领域。从静态上看，其涉及政治、经济、文化、教育、社会保障、环境保护等各个方面；从动态上看，其包含了行政管理从计划、组织到控制的各个环节。

（4）动态性。行政职能不是静止不变的。随着行政环境的变化，行政职能的范围、内容、主次关系等也必然发生变化。例如，我国在传统计划经济时代，主要强调的是政治职能；改革开放以后，经济职能成为政府工作的中心；进入21世纪后，政府社会职能的作用开始凸显。所以，我们在分析行政职能时，要以不同国家、同一国家不同历史时期的工作重心、工作方式为基点，以变化、发展的眼光看待行政职能。

2）行政职能的作用

（1）行政职能是认识行政管理的前提。认识行政管理首先要认识其核心内容——行政职能，在此基础上才能研究行政管理的各个部分及其相互关系。

（2）行政职能是建立行政机构的主要依据之一。行政机构是行政职能的载体，行政职能决定着行政机构的设置、规模、层次、数量及运行方式。

（3）行政职能的转变是政府机构、人员编制改革的关键。政府的工作机构及人员编制是由政府的职能所决定的，只有依据行政职能的需要，抓住行政职能的转变，才能真正搞好机构改革，建立起充满活力、高效率的政府管理机制。

（4）行政职能是科学地组织管理过程的重要依据之一，它的实现情况是行政管理活动结果的表现。

实践证明，正确认识行政职能，对实现行政管理的科学化具有重要的指导意义，对国家、社会的发展也有重要影响。

练一练 3-1

有事情会不会找政府，体现了我们的政治素养。在表 3-2 中，从上到下各空格应依次填入（　　）。

　　A.公安局　市场监督管理局　民政局　人力资源和社会保障局

　　B.人力资源和社会保障局　民政局　公安局　市场监督管理局

　　C.人力资源和社会保障局　市场监督管理局　民政局　公安局

　　D.公安局　人力资源和社会保障局　民政局　市场监督管理局

表 3-2　　　　　　　　　　　　　办事找政府部门

办理事项	所要找的政府部门	列举该部门所管的事务（三件以上）
创业开业指导		
办理营业执照		
办理结婚登记		
办理户口迁移		

3.2　行政职能的类型

关于政府的职能，有着不同历史文化传统、处于不同发展阶段的国家有不同的规制，学术界自 19 世纪以来亦有不同的理解和认同，相应分类的标准也有所不同。

3.2.1　政府的基本职能

政府的基本职能（basic function）是从几个不同的领域规定政府的主要职责、作用，涉及的内容很多、范围很广，并且随着实践发展还在不断地丰富和演变。其主要包括以下几种：

1）政治职能（political function）

政治职能是政府对社会事务管理的阶级统治职能，一般是通过行政的强制力直接控制、约束和保卫国家的正常秩序，创造良好的内部和外部环境。政治职能的内容有：

（1）军事保卫（military）职能，即维护国家的独立和主权完整、保卫国防安全、防御外来侵略的职能，如通过征兵、武装力量建设、军事科研、国防工业建设等国家军事管理来加强其军事保卫职能。

（2）外交（foreign affair）职能，即通过政府的外交活动，促进本国与世界其他各国正常的政治、经济往来，建立睦邻友好的双边关系，促进国与国之间互惠互利，反对强权政治，维护世界和平等方面的职能。

（3）治安（public order or public security）职能，即维护国家内部社会秩序、镇压叛国和其他危害社会安全的犯罪活动、保障人民的政治和生命财产安全、维护宪法和法律尊严的职能。

一般来讲，军事保卫和外交职能是对外的，旨在为本国创造一个良好的外部环境；而治安职能是对内的，它的目标是为社会生活的正常进行提供良好的内部环境。

（4）民主管理（democratic management）职能，即通过一系列的制度来保证民主和防止专断。这些制度包括政府政务官员的选择制、政府业务官员考任功绩制、政府机关公共关系制度、地方自治、基层自治与人民参与等。民主管理职能要求政府必须提高行政活动的公开性和透明度，并鼓励民众参政议政和监督行政。近些年，我国在基层民主方面迈的步子很大，在农村、城市社区这一级基本上实现了开放式选举，由群众自己决定自己的事，实行自我管理、自我教育和自我服务，使广大城乡基层人民群众充分行使了宪法赋予的管理经济、文化事业和社会事务的民主权利。

2）经济职能（economic function）

经济职能是政府根据国家和社会需要对社会经济进行宏观调控，维护和发展经济基础，促进社会经济繁荣全过程的总和。其实质是政府对社会经济生活进行管理的职能。经济职能的主要内容有：

（1）宏观调控职能。它是指对国民经济全局进行总体调节，包括三个方面的内容：一是对国民经济的综合平衡与前导式调节。这是指在充分发挥市场经济在资源配置中基础性作用的前提下，政府对市场进行前导式调节。政府的前导式调节主要采用经济计划的方式，经济计划主要是指导性计划。二是供给管理职能。这是政府对经济活动的长期调节。政府运用经济发展战略和产业政策促进结构平衡，实现产业的合理化和高级化。三是需求管理职能。这是政府对经济的短期调节，政府根据市场变动，运用财政金融杠杆调节短期供需，达到总量均衡。因此，政府可以针对现实经济生活中的经济状况，综合运用指导性经济计划、产业政策、财政政策、货币政策和行政指导手段，实现对宏观经济的有效调控和经济的稳步增长。宏观调控主要运用经济手段和法律手段。政府要用"两只手"来调节经济总量平衡，市场这只"看不见的手"和政府这只"看得见的手"都要发挥协调作用，该出手时就出手，该出哪只手就出哪只手。

（2）市场监管职能，即政府为确保市场交易的正常进行、维持公平竞争、维护企业合法权益而对企业和市场进行的管理监督。市场要有效运行，必须遵循一定的规则，正是在这个意义上，市场经济也称为"法治经济"。因此，市场的有效运行必须依赖法律的监督。这一点在我国由计划经济体制向社会主义市场经济体制转变的过程中，显得尤为重要。

（3）国有资产管理的职能，即政府对国家投入各类企业的国有资产依法进行管理和监督，以实现国有资产的保值、增值。这是我国社会主义市场经济的突出特征，体现了我国以公有制为主体的生产关系形式。但国有资产管理的职能与其他经济职能要适当分开，前者是政府作为国有资产所有权代表者的职能，面向拥有国有资产的企业，监督企业实现国有资产的增值；而后者则面向全社会经济，面向各种经济成分的企业，面向市场，对各类企业应一视同仁，适用一个政策。

3）文化职能（cultural function）

文化职能是政府对全社会文化事业实施领导和管理活动的总和。这里的"文化事业"概念是广义的，包括教育、科技、文化、卫生、新闻出版、广播影视等方面的事务。文化职能的重点是引导全民族树立奋发向上的民族精神，培养健康文明的生活方式，形成从理性出发的行为方式，制定有利于国家振兴的科学政策和教育政策等。政府的文化职能是围绕着提高社会的文明程度和人们的整体素质展开的，主要内容有：

（1）发展科学技术的职能，即政府通过制定科学技术发展战略、方针、政策和法规等，加强对重大科技工作的宏观调控，做好科技规划和预测等工作，重视基础性研究、高新技术及其产业化研究，促进科技为经济、社会发展服务。一般的科技工作要重点依靠市场机制来推动。

（2）发展教育的职能，即政府通过制定社会教育发展战略、方针、政策、法规等，重点普及义务教育，大力发展职业教育和成人教育，适度发展高等教育，优化教育结构；加快教育体制改革，逐步形成以政府办学为主和与社会各界参与办学相结合的新体制。

（3）发展文化事业的职能，即政府通过制定各种方针、政策、法规等，引导整个社会文学艺术、广播影视、新闻出版和哲学社会科学研究等各项事业健康、繁荣发展。一个国家的文化事业能否健康、繁荣地向前发展，关系到一个国家的文明程度和社会的进步程度。

（4）发展卫生体育事业的职能，即政府制定各种方针、政策、法规等，引导全社会卫生体育事业的发展。增强人民体质、保障人民健康，是关系到全民族素质的一件大事。

4）社会职能（social function）

社会职能是指政府对改善和保障人民物质文化生活的事务的管理，是除政治、经济和文化职能以外政府必须承担的其他职能。这类事务一般具有社会公共性，不宜由经济组织承担，而应当由政府从全社会的角度加以引导、调节和管理，同时要重视组织全社会的力量共同参与。政府社会职能的作用有两点：一是弥补市场机制的不足。市场机制容易产生企业主与员工冲突、分配不平等、外部不经济、公共投资不足、社会冲突、人际关系冷漠等问题，由此导致种种社会不公平的现象。对于这些问题，市场机制自身不能解决，只能由政府出面解决。二是弥补社会主体作用的不足。社会问题应该由社会主体自己解决，社会主体不能解决的问题由政府帮助解决。总之，政府应该在公平分配、社会资本投资和社会福利保障领域发挥主导性作用。因为在市场失效的社会公平分配领域，市场不能自动公平分配社会各阶层的收入；在市场失效的社会资本投资领域，市场不能引导企事业单位从事不盈利投资或长效投资；在市场无能的社会福利保障领域，政府应该发挥作用。社会职能主要包括：

（1）劳资协调职能。随着社会主义市场经济的成熟，劳动力市场日益完善，企业可以自由决定用工，工人可以自由寻找职业。在市场经济条件下，企业主与工人将不可避免地产生各种矛盾和冲突，政府应该承担两者间的协调职能，为经济建设服务。政府主要是通过法律、法规以及劳动仲裁等法律手段来协调企业主与员工的关系，确立他们在经济建设中的权利与义务。

（2）公共建设职能。在市场经济条件下，政府应该承担起社会基础设施建设和公共工程建设的职能。在社会基础设施建设领域，通常会出现市场失灵现象。由于这些工程的资金需要量大、回收期长、短期利润低，尽管存在社会需求，但不能诱使企业向这些领域充分投资。

（3）社会保障职能。在防止分配不公、促进全民福利方面的社会保障职能应由政府承担起来。政府的社会保障职能有两种作用：一是通过政府支出进行国民收入的再分配，使收入平等化，即保证社会的公平和稳定；二是通过社会保障支出扩大社会购买力，刺激需求，加快经济增长，以促进社会进步。

（4）社会服务职能。在市场经济条件下，政府应该主动承担起社会服务职能，如消防、环保与公害等的社会综合防治，城市交通、规划设计等公共服务，地区经济社会发展不平衡等的消除，因为在这些领域市场无此职能。

（5）优抚安置职能。这是指对拥军优属、复员和退伍军人的安置等工作进行管理和指导。

（6）保护生态环境和自然资源的职能。保护生态环境和自然资源的职能即政府通过各种手段，对因经济发展、人口膨胀等因素所造成的环境恶化、自然资源破坏等进行恢复、治理、监督、控制，从而促进经济的可持续发展。

随着社会经济的发展，社会公共事务的领域在不断扩大，政府社会职能的范围也日益扩大，作用日益突出。政府要在不断加强其社会职能的同时，依靠全社会的力量，运用各种手段，建立起有效的社会化服务体系。

自有国家以来，政府的政治统治职能一直是它的本质体现。从近代社会起，随着政治社会化历程的启动，政府的政治统治职能与社会管理服务职能开始了此消彼长的运动。历史上，我国先后经历了以阶级斗争为中心到以经济建设为中心的发展历程，其间政府的政治职能和经济职能分别发挥了核心作用。在现代社会，国家与社会、政府与公众的界限越来越模糊，国家的统治职能正在走向边缘化，国家与政府的主要职能是通过公共政策的输出为社会提供管理服务。所以，转变政府职能、加强经济职能和社会职能、促进经济和社会协调发展，已成为各国政府履行职能的重点。我们应顺应潮流，加速这一转化，越主动就越会加快经济发展和社会进步，但同时，我们必须充分认识到这是一个渐变、渐进式的过程。

3.2.2 行政的运行职能

行政职能按行政管理的实际运行来划分，可分为以下几个步骤：

1）计划（plan）

计划职能是行政管理过程的首要职能。计划是指政府为更好地工作，针对一定时期和某一问题进行工作设计的行为过程，是行政运行中的首要职能。计划的编制程序主要有：①制定组织的整体目标；②围绕目标，制订可供选择的方案；③对方案进行分析，选择可行的方案；④确定具体实施步骤。

2）组织（organize）

这是指行政机关围绕行政目标，具体筹划和安排行政活动的过程。组织职能主要包括：①分解目标；②落实项目，明确分工；③组织人、财、物、信息；④授予权力，明确责任；⑤建立沟通渠道。

3）领导（lead）

这是指为有效地实现目标，领导者对下属所采取的各种影响和激励过程。其主要包括：①指导下属；②激励下属；③协调与沟通；④创造良好的环境。

4）控制（control）

这是指政府为使组织目标按计划完成而对执行过程进行检查、督促和纠偏的管理活动。常用的控制方式有汇报、会议、检查、核算、意见箱等。控制职能要求：①控制标准明确；②控制幅度恰当；③获取偏差信息的渠道畅通；④调节措施有力；⑤检查、督促及时有力。

3.3　政府职能转变

课程动画3-2

政府职能转变

政府职能转变是指政府在一定时期内，根据经济和社会发展的需要，对其职责范围、内容、方式进行的调整与转移。"转变职能"一词，最早出现在1985年9月中国共产党全国代表会议通过的《中共中央关于制定国民经济和社会发展第七个五年计划的建议》中。转变职能作为一个专门的问题正式提出，则是在1987年10月中国共产党十三大报告关于政府机构改革的论述之中。由于我国经济体制已经由计划经济体制转向市场经济体制，所以原来建立在计划经济体制之上的与之相适应的政府职能配置、政府机构设置和政府行政运行方式，已不适应市场经济的要求，必须按照社会主义市场经济的要求进行转变。

2024年国务院政府工作报告进一步要求全面提高行政效能：围绕贯彻好、落实好党中央决策部署，坚持优化协同高效，深入推进政府职能转变，不断提高执行力和公信力。坚持正确的思想方法和工作方法，勇于打破思维定式和路径依赖，积极谋划用好牵引性、撬动性强的工作抓手，在抓落实上切实做到不折不扣、雷厉风行、求真务实、敢作善为，确保最终效果符合党中央决策意图，顺应人民群众期待。巩固拓展主题教育成果，大兴调查研究，落实"四下基层"制度。加快数字政府建设。以推进"高效办成一件事"为牵引，提高政务服务水平。坚决纠治形式主义、官僚主义，进一步精减文件和会议，完善督查检查考核，持续为基层和企业减负。落实"三个区分开来"，完善干部担当作为激励和保护机制。广大干部要增强"时时放心不下"的责任感，并切实转化为"事事心中有底"的行动力，提振干事创业的精气神，真抓实干、埋头苦干、善作善成，努力创造无愧于时代和人民的新业绩。

3.3.1　政府职能转变的基本内容

1）职能内容的转变

政府管理内容的调整变化是发展社会主义市场经济和实现政府职能优化及管理科学化的客观要求。按照社会主义市场经济的要求，政府应将不属于自己的职能交还给企事业单位及社会中介组织等，以防止政府职能的"越位"；将属于自己的职能收归政府，以避免政府职能的"缺位"，从而实现政府与其他非政府组织之间的职能重新调整与组合。通过这样的职能转变，找准政府在社会公共事务管理中的位置。事实证明，政府应该承担重要的社会管理职能，但并不意味着政府包办一切，有些事情政府办不了，也不该办。政府履职既不是管得越多越好，也不是管得越少越好。只有切实履行自己的职能，把该管的事情真正管好，才能最广泛、最充分地调动一切积极因素，让一切创造社会财富的源泉充分涌动，造福人类。

辩一辩 3-1

政府是万能的？政府的作用无处不在？

2）职能重心的转变

政府工作重心的转变是由社会基本矛盾变化决定的。中华人民共和国成立初期，阶级职能是政府职能的重心。其后，随着社会主要矛盾的变化，政府职能的重心由阶级职能逐步转向经济管理职能。党的十一届三中全会决定，把党和国家工作的重心转移到经济建设上来。从发展趋势看，政府管理社会公共事务的职能，逐步从以经济职能为主向经济、其他社会事务管理以及公共服务职能并重的方向发展，以促进经济和社会协调有序地发展。

3）职能方式的转变

我国实行的是社会主义市场经济体制，市场在国家宏观调控下对资源配置起决定性作用，这就要求政府的管理方式发生根本性的变化：①由以行政手段为主转向以经济手段为主，并将经济手段与法律手段、行政手段结合起来；②由以微观管理、直接管理为主转向以宏观管理、间接管理为主；③由重计划、轻市场转向充分发挥市场在资源配置中的决定性作用，更好发挥政府作用，推动有效市场和有为政府更好结合。

4）职能关系的转变

职能关系的转变，即政府系统内部纵向层级和横向部门之间的职能重新划分和配置。中央与地方政府之间的职能划分和配置，应遵循必要的集中和适当的分散相结合的原则，合理划分中央与地方政府的职能范围，明确各自的权力和责任。凡属国家事务和全国性公共事务管理职能，应由中央政府行使，与之相应的机构设置、人员编制、经费支付等也应由中央政府负责；凡属地方性公共事务管理职能，应归地方政府行使，与之相应的机构设置、人员编制、经费支付等均应由地方政府负责。横向部门之间的职能划分和配置，应遵循相同或相近的职能由一个部门承担的原则，合理划分和配置政府各职能部门之间的职能，形成协调配合、完整统一的部门职能体系。

案例解读 3-1   《关于公布汶上县赋予乡镇（街道）行政执法权事项清单的通知》解读

根据《山东省人民政府关于印发〈山东省赋予试点县（市、区）所辖乡镇（街道）行政执法权指导目录〉的通知》《省委编办省司法厅关于同意济宁市任城区、汶上县开展赋予乡镇（街道）行政执法权试点工作的函》《济宁市人民政府关于同意汶上县赋予乡镇（街道）行政执法权事项的批复》要求，汶上县人民政府于2024年6月17日印发了《关于公布汶上县赋予乡镇（街道）行政执法权事项清单的通知》，正式公布了赋予乡镇（街道）行政执法权的事项清单。这一举措旨在破解基层治理"看得见管不着"的难题，促进乡镇（街道）权责对等，切实提升基层治理水平。

事项清单共赋予乡镇（街道）行政执法权事项106项，其中行政处罚100项，行政强制6项；行政处罚涉及6个领域：交通运输3项、农业农村13项、城乡建设33项、水务15项、自然资源28项、应急管理8项。同时，将15处乡镇（街道）划分为4类：汶上街道、中都街道、南站街道、康驿镇、义桥镇为第一类，106项执法权事项全部承接，承接率100%；次邱镇、寅寺镇、郭楼镇、杨店镇、白石镇、苑庄镇为第二类，承接97项，承接率92%；南旺镇、刘楼镇、郭仓镇为第三类，承接87项，承接率82%；军屯乡为第四类，承接81项，承接率76%。

事项清单的颁布以解决基层有责无权、"小马拉大车"社会治理困局为导向，将基层迫切需要且能有效承接的县级行政权力赋足赋到位，最大程度满足基层实际需求，提升基层治理能力和服务效能；建立权责统一、权威高效、适应经济社会发展要求的乡镇（街道）综合行政执法体制，实现"一支队伍管执法"。

资料来源 汶上县人民政府办公室. 文字解读|汶上县人民政府关于公布汶上县赋予乡镇（街道）行政执法权事项清单的通知［EB/OL］.（2024-06-17）［2024-12-24］. http://wenshang.gov.cn/art/2024/6/17/art_68529_2774821.html.

分析：政府应该做什么和不应该做什么、怎么做和坚持怎样的原则和尺度，是政府职能定位和依法履职的基本问题。党的二十大报告指出，坚持大抓基层的鲜明导向。《关于公布汶上县赋予乡镇（街道）行政执法权事项清单的通知》的发布，对于贯彻落实党的二十大精神，推进基层职责权限法定化，完善基层综合执法体制机制，提高乡镇（街道）行政执法规范化水平，具有重要意义。

3.3.2 政府职能转变的重点

1）政企分开

（1）政企分开是转变政府职能的关键，是建立社会主义市场经济体制的内在要求，也是政府机构改革成功的必要条件。政府与企业的关系，要按照社会主义市场经济的要求实行政企分开，管行业不管企业。政府主要管行业的规划、政策、法规，行业组织则对企业进行约束和内部协调，企业在行政上不再隶属于专业部门。政府与国有企业的关系：一是政府只对投入企业的资本享有所有者权益，对企业债务承担相应的有限责任；二是企业自主经营、自负盈亏、照章纳税，追求市场份额与经济效益；三是企业对国有资产负有保值、增值的责任，政府监督企业资产的运营和盈亏状况。

（2）政企分开条件下，政府的职能定位。转变政府职能的根本途径是实行政企分开，要坚决把属于企业的权力放给企业，把应该由企业解决的问题，交由企业自己去解决。政府的职能应集中在保护产权，以及维护市场秩序、促进公平竞争方面。

一是保护产权。受到法律保护的产权是市场交易的前提。与传统计划经济不同，今天的产权主体已经多元化。在这种情况下，不仅要保护国有资产、其他各种公有财产的产权，更要严格保护公民的私有产权。在目前的中国，除了保护产权外，还有一个规范产权的任务，使企业的产权既规范又名副其实。

二是维护市场秩序，促进公平竞争。对正处于经济转轨阶段的中国来说，当前最迫切的任务是反垄断。垄断是市场竞争的大敌，在一些成熟的市场经济国家，垄断往往被视为一种犯罪行为。除了反垄断之外，我国政府还要下大力气整顿市场经济秩序、建立市场信用体系。可以毫不夸张地说，能否形成良好的信用氛围，不仅关乎经济能否持续快速增长，也关乎我国改革的成败。

2）政市分开

（1）市场失灵与政府失灵。通常，人们使用"市场失灵"与"政府失灵"来概括凯恩斯经济理论之后关于市场与政府关系争论过程中几乎截然相反的价值取向。

所谓市场失灵，主要是指市场机制在实现资源配置方面存在许多局限性或缺陷性，因而不能达到帕累托最优，不能实现预期社会经济目标。市场失灵的主要表现有：①公共产品的供给不足；②市场经济中的垄断；③市场经济的外部性；④市场波动与经济的不稳定性；⑤市场经济下的收入不平衡。市场失灵是主张实行政府干预的强有力的理由。

所谓政府失灵，主要是指政府的政策干预措施不能实现预期的调节市场的作用，在某些条件下甚至导致比"市场失灵"更坏的结果。政府失灵的表现有：①成本和收益的分离导致生产过剩和成本提高；②政策的低质和目标偏离；③缺乏竞争而形成的低效率；④不公正分配；⑤寻租等。政府失灵是主张实行更为彻底的市场经济的基本依据。经过大的历史反复之后，问题不再集中于是否需要市场或是否需要政府干预，而是集中在如何实现市场对资源的基础配置与政府对市场的合理干预之间的平衡方面。

（2）有关政市分开。在规范的市场经济当中，政府的作用主要不在于替代市场的作用，而在于增进市场的作用，也就是主要通过制定和执行规则来维护市场秩序，保持公平竞争，为市场机制正常发挥作用创造条件。凡是通过市场机制能够很好解决的问题，政府就不必插手，而通过市场机制不能解决的问题，政府则必须负起责任，二者之间实现一种有效的平衡。在需要由政府发挥作用的地方，如果政府不能有效发挥作用，同样会损害市场机制的正常作用。根据这样的原则，需要政府发挥作用的领域主要有三个：一是制定并执行规则，包括产权的界定与保护、监督合同的执行以及公正执法等；二是进行宏观经济的总量调控和收入再分配，防止收入差距过大，维持稳定的经济和社会环境；三是提供公共产品，政府应当围绕创造一个有效率的市场环境，行使好调控、培育、维护、监督和服务的职能。

3）政社分开

从总体上看，我国行政管理的价值取向正由"政府本位"走向"社会本位"，政府职能也相应地从"全能政府"的包揽一切，向有所为有所不为的"有限政府"转变。这就意味着政府要把相当一部分职能转移给社会，使政社分开、社会自治，进而构建起新型的政府与社会的关系。近年来，我国的各种社会性中介组织，如行业协会、商业协会、仲裁机构、公证机构、会计师事务所、律师事务所、咨询机构、资产评估机构等，已有了相当规模的发展，承接了相当部分原来由政府行使的职能，但政府仍然承担了大量的本可以由社会组织行使的职能。在当前形势下，要正确处理政府与社会的关系，加快公共服务社会化进程。

党的二十大报告指出，"转变政府职能，优化政府职责体系和组织结构，推进机构、职能、权限、程序、责任法定化，提高行政效率和公信力"。政府职能转变的重点主要有：要在前期改革基础上，进一步厘清政府和市场、政府和社会关系，推动有效市场和有为政府更好结合；完善经济调节、市场监管、社会管理、公共服务、生态环境保护等职能；健全宏观经济治理体系，创新和完善宏观调控；完善共建共治共享的社会治理制度，夯实基层社会治理基础；健全基本公共服务体系，提高基本公共服务均等化水平；构建生态文明体系，推动经济社会发展全面绿色转型；深入落实《优化营商环境条例》；全面实行政府权责清单制度，落实和完善行政许可事项清单，坚决防止清单之外违法实施行政许可；全面落实监管责任，加快建立全方位、多层次、立体化监管体系，提升监管的精准性和有效性；全面提升政务服务水平，坚持传统服务与智能创新服务相结合，为人民群众和市场主体办事提供更多便利。

行政视野 3-2　　　　　　处理好政府和市场关系这个核心问题

2024 年 7 月，中国共产党第二十届中央委员会第三次全体会议审议通过《中共中央关于进一步全面深化改革　推进中国式现代化的决定》（以下简称决定）。

决定明确了进一步全面深化改革的重大原则，要求坚持系统观念，处理好政府和市场这个重大关系。习近平总书记指出："决定稿围绕处理好政府和市场关系这个核心问题，把构建高水平社会主义市场经济体制摆在突出位置，对经济体制改革重点领域和关键环节作出部署。"聚焦构建高水平社会主义市场经济体制进一步全面深化改革，需要处理好政府和市场关系这个核心问题，更好发挥经济体制改革牵引作用。

决定对"构建高水平社会主义市场经济体制"作出战略部署，提出"必须更好发挥市场机制作用，创造更加公平、更有活力的市场环境，实现资源配置效率最优化和效益最大化，既'放得活'又'管得住'，更好维护市场秩序、弥补市场失灵，畅通国民经济循环，激发全社会内生动力和创新活力"。这为处理好政府和市场关系这个核心问题提供了根本遵循。"放得活"，就是要通过进一步全面深化改革来充分发挥市场在资源配置中的决定性作用，调动经营主体的积极性和创新性来激发市场活力、释放市场潜力。"管得住"，就是要围绕更好发挥政府作用，更好维护市场秩序、弥补市场失灵，同时积极应对外部冲击，熨平经济波动，保证经济平稳运行和可持续增长。

资料来源　方福前. 处理好政府和市场关系这个核心问题［N］. 人民日报，2024-09-13（9）.

3.3.3　政府职能转变的进一步思考

政府职能转变不是简单地"弱化、淡化"政府管理，而是"精化、强化"政府管理，让政府作用的定位和范围更为合理、有效，向精干政府、优势政府过渡。

在今天的市场经济条件下，人们已经取得了共识，政府过分干预经济和社会事务，或者社会、经济的发展过分依赖政府职能的作用，显然是行不通的。政府职能的范围应该取决于市场和社会的需要，市场的需要来自矫正政府失灵的需要，而社会的需要则来自对公平的需要。确定政府职能转变的因素是多方面的，既要考虑政府所依存的经济基础，又要考虑所依存的社会基础，还要考虑政府自身的能力。从当前我国经济改革和社会发展的实践来看，政府职能转变已呈现出新的趋势。

1）政府职能向市场的分化，即政府职能转变的市场化走势

（1）政府将职能中应该由市场主管的事项还给市场，由市场自由调节，政府不再直接干预市场。

（2）对于应由政府主管的事项尽可能地引入市场竞争的机制，公平竞争，合理配置资源，逐步消灭行业垄断。政府职能的作用要充分体现在创造有效益的市场环境、维护并培育市场上。

（3）政府内部职能分配也将逐步引入市场竞争模式，在政府内部形成多中心的服务供给和消费模式。

2）政府职能向社会的分化，即政府职能转变的社会化走势

政府职能中可以由社会性组织承担的，政府应将这部分职能转移给社会性组织，或者有些社会性事务政府不要去管，而由社会自由调节。具体来说，就是交由社会性公共组织行使一定的原本属于计划经济体制下的政府职能。我们把社会性公共组织称为"第三只手"，而"第三只手"的内涵就是处于政府和市场之间的中介领域的、属于社会性公共领域的组织。社会性公共组织应该逐渐成为政府职能分化的载体，这些组织包括社会性的经济组织、服务组织和文化组织等，我们也将这类组织统称为非政府组织或非营利组织。

对于社会性公共领域的众多事务，如社会服务、市场交易与监督、会计审计事务、资产评估、资信评定、质量检测、计量监测、就业与再就业服务、劳动中介、扶贫脱困、防灾救灾、社区建设、物业管理、民办学校、职业与成人教育、大众媒体、文化、艺术、体育、健身、娱乐、旅游、俱乐部、医院、康复中心、养老院、孤儿院、社会保障、保险、社会调查、心理咨询、政策咨询、法律咨询与服务、劳动仲裁、消费者保护、动物保护、环境保护、基金会、行业协会与学会、志愿者组织、国际交流、国际援助等，政府应改变"全包"和"万能"的形象，将其交由社会性公共组织去管理和操作，充分发挥社会性公共组织的作用。政府应该把精力放到建立与维护市场、社会的环境和秩序上，制定政策与法规，加强指导、引导和监督、检查，提供好公共物品、公共设施和公共服务。

3）政府职能转变的规范化、法治化趋势

长期以来，我国的行政组织法律制度没能完全建立起来，因此，在政府职能转变过程中，还应该重视规范化和法治化的问题。政府职能转变的规范化是指政府转换过程中应该遵循一定的方法、步骤和方式，而不是随意的、无序的。我国历次机构改革中的恶性循环已经告诉我们，政府职能转变应该结合我国的实际情况，循序渐进，有计划、有

步骤地进行。政府职能转变的法治化是指在条件成熟的情况下，将政府职能通过法律、法规的形式固定下来，而不是朝令夕改，应该保持政府职能的相对稳定性。同时，要建立起政府各级公务人员的法治观念，完善依法办事的程序，增强依法办事的能力。

总之，政府职能不是固定不变而是与时俱进的，它总是随着政治体制的变革、经济的发展、社会的进步等客观情况的变化而不断转变，随着人们思想认识的改变而不断转变。我们应当运用科学手段，正确认识和准确把握历史发展的进程，以及经济和社会的需求，以确定政府管理的力度和底线。更重要的是要着眼于未来，根据国家发展的战略目标与要求来界定政府职能，加快政府职能的转变，这应该是我们目前行政管理体制改革中政府职能转变的重点。

价值引领3-1　　　　　党的二十届三中全会精神权威解读

2024年7月19日上午，中共中央举行新闻发布会，介绍和解读党的二十届三中全会精神。全会审议通过的《中共中央关于进一步全面深化改革　推进中国式现代化的决定》专门用一个部分来部署党的领导和党的建设制度改革。

一是坚持党中央对进一步全面深化改革的集中统一领导。（1）强调党中央领导改革的总体设计、统筹协调、整体推进，鼓励各地区各部门结合实际开拓创新，创造可复制、可推广的新鲜经验。（2）提出要走好新时代党的群众路线，把社会期盼、群众智慧、专家意见、基层经验充分吸收到改革设计中来。（3）提出要围绕解决突出矛盾设置改革议题，优化重点改革方案生成机制，及时发现问题、纠正偏差。

二是深化党的建设制度改革。（1）强调以调动全党抓改革、促发展的积极性、主动性、创造性为着力点，加强党的创新理论武装，深化干部人事制度改革，鲜明树立选人用人正确导向，全面提高干部现代化建设能力，树立和践行正确政绩观，着力解决干部乱作为、不作为、不敢为、不善为问题。（2）强调落实"三个区分开来"，激励干部开拓进取、干事创业。（3）提出增强党组织政治功能和组织功能，探索加强新经济组织、新社会组织、新就业群体党的建设有效途径，完善党员教育管理、作用发挥机制。

三是深入推进党风廉政建设和反腐败斗争。（1）强调健全政治监督具体化、精准化、常态化机制，锲而不舍落实中央八项规定精神，坚决反对形式主义、官僚主义，切实为基层减负。（2）强调深化运用监督执纪"四种形态"，综合发挥党的纪律的教育约束、保障激励作用，完善一体推进不敢腐、不能腐、不想腐工作机制，着力铲除腐败滋生的土壤和条件。（3）强调完善党和国家监督体系，强化全面从严治党主体责任和监督责任。（4）强调加强诬告行为治理等。

资料来源　佚名. 进一步全面深化改革300多项重要举措，中共中央发布会最新解读［EB/OL］. （2024-07-19）［2024-11-11］. https://content-static.cctvnews.cctv.com/snow-book/index.html?item_id=18060856962204794757&track_id=E0A9FE69-BC2C-4EC3-AC0F-219D0AADC5D3_743067440142.

感悟：党的二十届三中全会通过的《中共中央关于进一步全面深化改革　推进中国式现代化的决定》着眼党所处的历史方位和肩负的使命任务，对当前和今后一个时期深化党的建设制度改革作出战略部署，充分体现了以习近平同志为核心的党中央坚持用改革精神和严的标准管党治党、以党的自我革命引领社会革命的高度自觉，必将有力推动新时代党的建设新的伟大工程向纵深发展，为以中国式现代化全面推进强国建设、民族复兴伟业提供坚强保证。

任务实施与评价

◉ 任务实施

【背景资料】

组织多方力量驰援河南

2021年7月下旬，河南遭遇历史罕见特大暴雨，多地发生严重洪涝灾害。国家多个部门、行业等及时采取措施支持河南防汛救灾工作。

国家防总秘书长、应急管理部副部长兼水利部副部长周学文带队的工作组在7月21日抵达河南郑州，现场指导郭家咀水库和常庄水库险情处治，现场察看了南水北调中线工程运行情况、郑州市地铁5号线沙口路站内涝情况，协调中国安能抢险救援队伍34人赴郭家咀水库支持除险工作、88人携带29台装备赴黄河大堤备勤。

财政部7月21日紧急下达1亿元救灾补助资金，支持河南做好防汛救灾工作。其中，中央自然灾害救灾资金6 000万元，用于支持灾区开展应急抢险救援和受灾群众救助工作；中央财政农业生产和水利救灾资金4 000万元，用于支持灾区开展灾后农业生产恢复和水毁水利工程设施修复等工作。

工业和信息化部启动应急预案，组织基础电信企业连夜开展应急通信保障工作。7月21日1时、8时30分两次组织召开视频调度会，2支国家应急通信一类保障队伍以及多支应急抢修队伍已抵达米河镇等受灾较重地区，开展通信抢修恢复工作。

国家卫生健康委指派正在郑州开展工作的雷海潮带队，由卫生防疫、心理健康、社区卫生等专家组成工作组赶赴河南，支援指导当地全力开展紧急医学救援，组织开展医疗卫生机构灾害风险排查，确保正常诊疗秩序，加强心理抚慰和疏导，做好灾后卫生防疫，确保"大灾之后无大疫"。

同时，安排河南周边6省份的国家卫生应急队伍做好应急准备，随时增派力量，支援河南开展卫生应急救援和规范处置工作。

中国银保监会办公厅（现为国家金融监管总局办公厅）7月22日发布关于支持防汛救灾加强金融服务工作的通知，要求保险机构按照"特事特办、急事急办"原则，集中调配查勘人员、救援设备，建立理赔服务绿色通道、简化理赔流程、提高理赔效率，做到应赔尽赔、早赔快赔。特别是对因灾受伤人员，要通过减少医院等级限制、直赔、一站式结算等方式提高理赔效率。对受汛情影响暂时难以查勘定损的，可结合实际预付赔款，让受灾群众、受灾企业感受到金融服务温度。

应急管理部于7月22日22时启动第二轮消防救援队伍跨区域增援行动，调派北京、上海、江苏、山东、湖南5省（市）消防救援水上救援专业队伍510名指战员、64台远程供水和排涝车辆，以及100艘橡皮艇，赴河南开展排涝抢险救灾。国家防办、应急管理部会同国家粮食和物资储备局22日紧急调用中央防汛物资玻璃钢冲锋舟、救生衣等，支持河南抗洪抢险救援，同时紧急调用拖车柴油发电机组等，支持黄河水利委员会排涝抢险。

交通运输部加强统筹协调，指导河南当地加强交通基础设施安全防护。交通运输部会同财政部紧急安排1 500万元公路应急抢通资金，对河南因灾受损公路基础设施抢通予以支持。铁路部门通过调整列车运行、加开临时客车转运旅客、做好滞留旅客服务等工作，全力恢复运输秩序。

资料来源　蔺丽爽. 应对严重洪涝灾害 多方力量驰援河南［EB/OL］.（2021-07-23）［2024-11-12］. http://society.people.com.cn/gb/n1/2021/0723/c1008-32167052.html.

要求：分析案例，说明下列问题：哪个部门？做了哪些工作？体现了哪项职能？这一职能的主要内容是什么？将分析结果填在表3-3中。

表3-3　　　　　　　　　　　　　　　　任务分析表

部门、行业名称	开展的工作	体现的职能	职能内容

◉ 任务评价

任务评价见表3-4。

表3-4　　　　　　　　　　　　　　　　任务评价表

评价项目	评价要点	权重（%）	自评	师评
能够写出部门名称（20分）	能够正确写出××部门的名称	20		
能够说明履职情况（25分）	能够正确写出该部门开展具体工作的内容	25		
能够说明工作所体现的职能名称（25分）	能够分别写出上述各项工作体现的具体行政职能的名称	25		
能够描述职能内容（30分）	能够正确描述各项职能的主要内容	30		
总分		100		

任务测试与应用

◉ 任务测试

1.选择题（将正确的选项填在括号内）

随堂测验3-1

任务3

1.1 单选题

（1）以下不属于行政职能特征的是（　　）。

A.阶级性　　　　　B.执行性　　　　　C.动态性　　　　　D.强制性

（2）以下不属于社会职能内容的是（　　）。

A.劳资协调职能　　B.公共建设职能　　C.优抚安置职能　　D.发展教育职能

（3）关于政府失灵表现表述有误的是（　　）。

A.成本和收益的分离导致生产过剩和成本降低

B.政策的低质和目标偏离

C.缺乏竞争而形成的低效率

D.不公正分配

（4）行政机关围绕行政目标，具体筹划和安排行政活动的过程是（　　）。

A.计划　　　　　　B.组织　　　　　　C.领导　　　　　　D.控制

（5）政府为确保市场交易的正常进行、维持公平竞争、维护企业合法权益而对企业和市场进行的管理监督是（　　）。

A.宏观调控职能　　　　　　　　B.国有资产管理的职能

C.市场监管职能　　　　　　　　D.社会保障职能

1.2 多选题

（1）以下属于行政职能作用的有（　　）。

A.行政职能是认识行政管理的前提

B.行政职能是建立行政机构的主要依据之一

C.行政职能的转变是政府机构、人员编制改革的关键

D.行政职能是科学地组织管理过程的重要依据之一

（2）以下属于政府职能转变基本内容的有（　　）。

A.职能内容的转变　　　　　　　B.职能重心的转变

C.职能方式的转变　　　　　　　D.职能关系的转变

（3）组织职能主要包括（　　）。

A.创造良好的环境　　　　　　　B.组织人、财、物、信息

C.授予权力，明确责任　　　　　D.分解目标

（4）市场失灵的主要表现有（　　）。

A.公共产品的供给不足　　　　　B.市场经济的内部性

C.市场波动与经济的不稳定性　　D.市场经济下的收入不平衡

（5）政府职能转变的趋势有（　　）。

A.市场化　　　　　B.社会化　　　　　C.规范化　　　　　D.法治化

2.判断题（在题后的括号内打"√"或"×"）

（1）政企分开是转变政府职能的关键，是建立社会主义市场经济体制的内在要求。

（　　）

（2）政府工作重心的转变是由社会基本矛盾变化决定的。（　　）

（3）政府的作用主要不在于增进市场的作用，而在于替代市场的作用。（　　）

（4）行政职能决定着行政机构的设置、规模、层次、数量及运行方式。（　　）

（5）政府职能方式的转变由以宏观管理、间接管理为主转向以微观管理、直接管理为主。（　　）

3.简答题

（1）政府的基本职能有哪些？

（2）要实现政府职能的转变，就必须正确界定政府在社会中的角色，要做到这一点，你认为政府需要处理好哪些关系？

（3）我国政府职能转变的内容是什么？

（4）举例说明当前政府维护市场秩序，促进公平竞争的相关政策和措施。

◉ 技能应用

【案例分析】

杨凌加力推动政府职能转变

杨凌示范区管委会办公室印发《2024年杨凌示范区推进政府职能转变工作要点》，从持续提升行政审批效能、建立完善高效协同监管体系、加快推进政府数字化转型、大力优化营商环境4个方面聚焦15条举措，持续推进政府职能转变，加快效能政府建设，以求真务实的态度、严谨扎实的作风，为谱写示范区高质量发展新篇章助力赋能。

持续提升行政审批效能

聚力实施"高效办成一件事"。按照《陕西省建立政务服务效能提升常态化工作机制推动"高效办成一件事"实施方案》要求，统筹推进"高效办成一件事"落实落地，协调解决有关重大问题。从企业和群众视角出发，把"高效办成一件事"作为优化政务服务、提升行政效能的重要抓手，积极推动线上线下政务服务能力整体提升。

强化行政许可事项清单管理。动态调整《示范区行政许可事项清单》《示范区行政备案事项清单》，全面实施行政许可事项清单管理，加快制定行政许可实施规范、常态化组织动态更新政务服务事项办事指南，依法严格把关，防止出现扩大审批范围、增设许可条件、设置变相许可等行为。加强业务培训，提升职业素养，促进高效审批服务。

持续做好项目建设服务保障。创新投资管理和服务方式，推进企业投资项目"告知承诺+并联审批+事中事后监管"改革。推行项目全程帮办代办制度，支持组建"项目管家"服务团队。全面推行市场监管领域"证照联办"。深化工程建设项目审批制度改革，大力推进"多测合一""极简审批"。

组织编制示范区权力清单和责任清单。依法编制完成权责界限清晰的市、县两级权力清单和责任清单，常态化推进权责清单动态调整，厘清部门权责边界，夯实部门主体责任，切实做到"法无授权不可为，法定职责必须为"。

建立完善高效协同监管体系

提升跨部门综合监管效能。持续落实《陕西省人民政府办公厅关于深入推进跨部门综合监管的实施意见》（陕政办发〔2023〕11号），全面梳理示范区、杨凌区两级跨部门综合监管事项清单，实施动态更新管理。完善"通用+专业"分级分类监管模式，创新实施服务型执法模式，推进企业信用风险监测预警。常态开展企业乱收费乱罚款乱摊派专项整治行动。探索建立综合监管"一业一册"告知制度，积极推进"综合监管一件事""综合查一次""一业一查"等改革。

积极推进信用监管。认真落实《杨凌示范区2024年社会信用体系建设工作要点》，以深化政务诚信建设、服务实体经济发展、扩展信用应用为主线，大力营造良好信用氛围，不断完善市场经济基础制度。

优化改进监管执法方式。在市场监管领域探索建立"预防为主、轻微免罚、重违严惩"的服务型执法模式，推行约谈告诫、行政指导、责令改正等执法方式，开展柔性执法，指导经营主体主动纠正违法行为。

加快推进政府数字化转型

提升政府数字化履职能力。充分发挥"秦政通"全省外网协同办公平台总枢纽作用，推动协同办公系统全量接入，行业应用系统"应接尽接"，全面融入一体化协同办公平台。

构建智能集约支撑体系。加快推进示范区政务云资源和电子政务外网扩容提质，提升数据服务支撑能力。加速对接省级政务云，夯实网络基础，逐步形成全省一体化云资源管理体系。

大力优化营商环境

打造精准的政策体系。认真组织实施《杨凌示范区深化营商环境突破年行动方案》，以政府有为促进市场有效，以重点突破带动整体提升，加快建设市场化、法治化、国际化一流营商环境。

积极组织营商环境参评。充分运用完善后的指标体系，积极组织参与营商环境评价并用好评价结果，推动以评促改、以评促优，推进营商环境提质增效、迭代升级。

以点带面重点突破。推进企业开办注销便利化改革，提升跨境贸易便利化水平，创新不动产登记服务，以重点领域突破带动营商环境整体提升。

持续强化营商环境体验感知。定期开展营商环境满意度调查，不断巩固活动成效，强化结果分析运用，切实增强企业和群众的体验感、满意度。

开展改革创新和典型案例复制推广。围绕企业群众办事、项目服务保障、产业发展生态等方面，创新开展水电气网联合报装、镇街村居联审联办等小切口改革，常态化开展"坐窗口、走流程、跟执法"活动，复制推广典型案例。

及时解决营商环境诉求问题。加强12345政务服务便民热线营商环境类反馈问题数据分析，健全跟踪督办机制，定期通报企业和群众诉求办理情况。建立全区营商环境问题仓，构建热点问题研判机制和诉求难题联动机制，不断提升问题线索办理质效。

资料来源 杨凌农科传媒集团. 4方面15条措施！杨凌加力推动政府职能转变［EB/OL］.（2024-07-09）［2024-11-12］. https://www.yangling.gov.cn/xwzx/bdyw/1810579178930384898.html.

问题：（1）说明杨凌政府机构职能改革的具体内容。

（2）分析各项职能转变的作用和效果。

分析提示：运用政府职能类型、政府职能转变的基本内容和重点知识进行分析。

【实践训练】

请选择当地政府的某一职能部门进行调研，完成以下任务：

（1）记录该部门的职能。

（2）了解该部门履行职能的实际情况。例如，在政府职能转变、政策制定、发展规划、政策落实、监督执行等方面都做了哪些工作，组织了哪些活动等等。

（3）分析该部门履行职能的社会反响及取得的社会效益。

要求：从政府的基本职能和政府职能转变两个视角进行调研分析。

任务4　行政组织

任务目标	**知识目标**	·了解行政组织的特点及构成要素 ·明确行政组织的纵向结构与横向结构 ·熟知行政组织设置的依据和原则 ·掌握行政组织的概念和行政组织的类型
	技能目标	能够设计行政组织的纵向结构和横向结构及组织结构图
	素质目标	·能够以责、权、利统一原则规范自己的行为 ·增强权责统一意识
任务重点		·行政组织认知 ·行政组织结构 ·我国的行政组织体系

知识导图4-1

行政组织

行政组织建设，一个创新性概念

国家行政管理工作活动，离不开相应的组织和组织体系。行政组织的结构体系，首先是将行政组织的基本要素和细胞——职位与人员排列组合，构成一个行政部门，然后再组成一个行政单位、一个行政机构，最后形成国家的行政机构序列。行政组织体系是国家行政体系的载体和实体，由行政机构具体承担国家的行政管理工作活动。改革开放40多年来，中国的行政机构已经进行了八次改革。尤其是2018年的深化党和国家机构改革，涉及党政军群四大方面，涵盖了多个领域的机构改革。这次改革对职能相近、管理分散、分工过细的机构，对职责交叉重复、相互扯皮、长期难以协调解决的机构，进行整合调整、综合设置，形成了科学合理、精干高效的管理体系。第八次机构改革方案实施后，各行政部门内部的整合也随即展开，按照新的职能定位，实现业务重组、系统重构、业务流程再造，重新按照管理流程分配管理职权，整合重组各子系统和各类人员，使改革后的行政机构成为有机的整体。尽管我国的机构改革已取得了重大进展和成果，但机构改革仍是一项长期持续的任务，必须继续转变政府职能，推进机构改革，优化机构设置，积极稳妥地实施大部门制改革，树立不断自我革命的精神品质，做到为人民服务，突出自身优势，始终不忘初心、牢记使命。

资料来源　许耀桐. 国家行政体系：一个创新性概念［EB/OL］．（2021-02-08）［2024-11-12］．http：//www.xinhuanet.com/politics/2021-02/08/c_1127079029.htm.

这一案例表明：行政组织及其机构承担着国家行政事务的管理职能，其组织结构体系建设状况关系国家事务管理的效率和水平，关系社会稳定发展和人民福祉创造。在行政环境和管理工作日益艰巨复杂的背景下，改革组织机构，转变政府职能，创新组织管理体系和机制，是一项长期持续艰巨的任务。

知识准备

4.1　行政组织认知

在国家政治上层建筑的范畴里，行政组织具有突出的地位和作用，是国家机器的主要组成部分之一。国家行政组织以其特有的公共行政管理方式，最直接地表现国家职能的性质。一方面，在本质上，它是占据国家统治地位的阶级推行其意志的工具，保证反映国家性质的宪法和法律全部、正确地实施；另一方面，在形象上，它是社会和公众利益的正式代表者，要实现国家对广泛社会生活的有效领导和管理。

行政组织是日常的、大量的、繁重的国务活动的直接承担者，其管理思想、管理行为和管理方式，直接关系到国计民生、国富民强以及社会的稳定与发展。组织是管理的物质存在形式，任何行政管理的问题都与行政组织相联系，所以行政组织始终是行政管理学的最基本问题之一，也是关于国家组织的最重要的法律范畴之一。

4.1.1　行政组织的含义

行政组织（administrative organization）有广义和狭义之分。广义的行政组织泛指一切具有计划、指挥、协调和控制等功能的组织机构，包括政治组织、经济组织、社会团体和宗教团体等部门中的行政事务管理机构。狭义的行政组织仅指国家机构中的执行机构，是行使国家行政职权、履行国家行政职能的法定主体，是各类国家行政机关的统称。本书研究的行政组织是狭义的行政组织。

当代，世界各国的政治体制多种多样，但基本上都从国家机构中分化出相对独立的行政执行系统，如美国联邦政府中以总统为代表的行政系统（总统府或联邦政府），英国和日本以首相为首的内阁及其庞大的办事机构。根据我国宪法的规定，我国的行政组织就是国务院、省（自治区、直辖市）、市（地）、县、乡（镇）等各级政府及其职能部门、办事机构和派出机构等。

4.1.2　行政组织的特征

国家行政组织的法权地位和与之相一致的公共行政管理的广泛性及其对国民承担的责任，决定了国家行政组织的以下特征：

1）阶级性

在阶级社会中，国家是统治阶级用来维护本阶级利益的工具，国家的意志就是统治阶级的意志。行政组织建立及运行的根本目的就是维护和推行统治阶级利益以及实现统治阶级的意志。行政组织作为国家意志的执行者，其活动过程必然表现出鲜明的阶级性特征。

2）社会性

国家职能的两重性决定了行政组织必须承担管理社会公共事务的社会职能，它体现了行政组织的社会性。任何国家的行政组织在行使管理社会公共事务职能时，都需要为全社会提供服务，其行为都具有维护社会公共利益的属性。

3）服务性

首先，行政组织作为管理国家服务的机构还必须履行发展和完善各种公共事务的服务职能，即政府必须努力发展经济、文化、教育及各种公共福利事业，为整个社会提供服务。其次，行政组织作为上层建筑的重要组成部分，必须为经济基础服务。它要根据国家政治、经济、文化等事业的需要，制定各项法规、政策，发挥其管理职能的作用，巩固经济基础、促进社会的发展。

4）权威性

行政组织作为国家权力的合法代表，以国家的名义管理社会公共事务，拥有凌驾于整个社会之上的权威，并用强制力来保证其政策、法令的实施。全社会的团体、公民都有义务服从行政组织合法的管理与指挥，并不许与之抗衡；否则，行政组织可用法律和政纪对其加以惩戒与制裁。

5）法治性

首先，国家行政组织是依据宪法和法律的精神、原则、规范、程序所建立的国家组织系统，其组织宗旨、人员编制、机关设置、财政预算等都必须符合宪法和法律的规定。这些方面的变更也必须经过法定的程序，由立法机关予以重新审批。其次，国家行政组织行政行为或行政管理的内容和方式必须遵从宪法和法律的要求，一切重大的方针和政策都必须取得立法机关的同意，即使是行政裁量行为，也必须符合宪法和法律的精神或原则。超越权限的行为，将受到追究和制裁。

6）系统性

系统性是指国家行政组织具有极强的整体性，其权力关系、组织结构和工作流程具有上统下属、上下贯通、左右联系、纵横交错、头尾相接、政令归一的特征。在这个体系中，不同的机关司掌不同的社会行为主体或行业，实施相应的行政管理，并由行政首脑在各机关之间进行整体性协调。同时，组织体系形成以授权为基础的序列和等级，表现为各级行政首长或机关职责与权力的统属关系。所以，国家行政组织通常可以划分为中央政府与地方政府、上级机关与下级机关、行政首长与普通公务员等。

7）动态性

动态性是指国家行政组织永远处在动态之中。国家行政改革，如机构和人员的调整、决策力的增强、行政职能的扩展、新技术和新设备的采用等，都是在一个持续不断的动态过程中完成的。离开了动态的过程，行政组织就将失去社会意义。

4.1.3　行政组织的构成要素

行政组织的组建及其权力是宪法和法律规定的，是由国家权力机关或上级国家行政机关授予的。行政组织的构成要素主要包括以下几个：

1）职能目标

职能目标是指行政组织的职责功能和工作目标，是组建政府机构的前提，也是行使相应行政权力的依据。职能目标体现了行政组织在整个政府管理中的地位和功能。职能目标不明确，在外部将会造成消极行为或无所作为的行为倾向，在内部则将引发纠纷和冲突，混淆行政组织关系。

2）机构设置

依据行政组织的职能目标，设置一定的组织机构及相应的职位，包括横向的部门安排和纵向的层级设置；同时，要考虑组织间的沟通和协调，以及对组织效率的影响。

3）人员构成

人是组织中的决定要素。根据行政管理的需要，有选择地吸收、调派和配备素质、能力与职位要求基本相称的人员，是行政管理的一项重要内容。恰当的人事组合和人员调派是实现政府职能目标和提高工作效率的关键要素。

4）权责体系

具有公共权力是行政组织履行职责的必要条件。根据职能需要和授权原则赋予不同层级、类型、区域的行政组织以必要的行政权力，设定必要的责任是行政组织结构的基础。要明确权力的界限，有权必有责，权力与责任是统一的。有权无责必然会导致权力的滥用，有责无权则难以保障行政管理职能和目标的实现。

5）规则体系

规则体系包括法律规范和管理制度。法律规范不仅是行政组织得以设置和实施行政管理的基础，同时也是其依法有效行政的根本保证。而灵活的管理制度能够保证组织行为的有效性，进而实现社会目的。

6）行政经费

行政经费是行使权力、履行职责的物质基础。政府没有充足的经费，就无法购置必要的办公设备和其他设施，无法完成行政目标，并且也难以吸纳优秀人才。

4.1.4 行政组织的类型

政府复杂的行政管理功能是通过不同行政机关功能的整合体现的。按照各种机关的功能和作用范围，行政组织大体可以分为以下几种类型：

1）首脑机关

首脑机关又称领导机关或决策中心，是指中央政府或地方政府统辖全局的领导机关。首脑机关是政府的指挥、决策和督导核心，在西方多数国家中称为内阁，在形式上一般是指由政府首脑召集主持的内阁会议、部长会议或国务会议。首脑机关的职能是对辖区内的重大行政问题进行集中领导和决策，并督导决策的实施。它是行政组织的中枢，是政府效能的关键。美国和英国行政系统的国家领导机关是由总统或首相主持的内阁会议，我国中央人民政府的决策中心是国务院常务会议和国务院全体会议。

2）职能机关

职能机关是隶属于领导机关或行政首长、执掌一定的专业行政事务、由本身或督率其所属机构实际实施的机关。例如，我国国务院所属的各部、委、办及各地方政府负责专业行政管理的厅、局、处、科等，其中大部分行政机关都是职能机关。

3）辅助机关

辅助机关也称办公机关，指为行政首长或为自身机关服务的机构。它对各专业职能部门没有直接的指挥和监督权力。辅助机关可分为综合性或专业性、政务性或事务性几类，通常指协助行政首长处理日常事务的综合性办事机关。各级政府的办公厅（室）就属于综合性的辅助机关。幕僚机关没有特定的专业性，不能离开行政首长而独立存在，其活动直接听从行政首长的指挥和要求。辅助机关在授权条件下可以代表行政首长。由于它是紧靠行政首长且完全受命于首长的一个组织环节，事实上也参与政务、协助决策、沟通关系、协调活动、汇集信息、处理纠纷，因此，它的状态直接关系到首脑机关的功能发挥，历来被认为是一种重要的行政机关。各行政机关里的人事、财务等部门是专业性辅助机关，政策调研室是政务性辅助机关，机关事务管理部门是事务性辅助机关。

4）咨询机关

咨询机关也称智囊机关或参谋机关，也被称为"外脑"或"思想库"。由于它在行政管理中具有特殊的作用，故作为行政组织的一种专门类型来加以研究。咨询机关是一种现代政府组织形态，通常指汇集专家学者和有实际经验的政府官员、专门为政府出谋划策、提供论证和较佳政策方案的行政机关。咨询机关既不是执行机构，也不是秘书班子，具有业务独立的地位，其基本职能是研究咨询、参与决策、协调政策、培训人才和宣传科学知识等。现代行政对咨询的依赖程度是逐步加深的。从世界各国的情况看，咨询机关在政府中的地位日益重要，其设置数目已经超过职能机关。咨询机关在我国表现为各级政府的政策研究部门等。

5）派出机关

派出机关是一级政府或政府职能部门根据政务管理的需要，按管辖地区授权委派的代表机关。首先，派出机关不构成一级政府行政机关，其权力是委派机关的延伸，因而以委派机关授权的性质、程度和范围为转移。派出机关的职能也比较单一，主要是承上启下实行管理，即督促检查辖区行政机关贯彻、执行行政上级的决议和指示，同时向委派机关报告辖区行政机关的情况和意见，并完成委派机关交予的其他事项。其次，派出机关可以代表一级政府，如代表城区政府的街道办事处；也可以代表某一职能部门，如中华人民共和国审计署驻各地特派员办事处。

4.1.5　行政组织设置的依据

1）法律依据

行政组织必须依法设置。首先，行政组织必须按法律规定的原则设置。我国宪法、国务院组织法、地方各级人民代表大会和地方各级人民政府组织法等法律和法规，对行政组织设置的宗旨、性质、地位、职权、人员编制、内部结构、领导制度等都做了原则性的规定。任何行政组织都必须坚决遵守，不得违背。其次，行政组织要按法律规定的程序设置。中央政府和地方行政机构的组织法规，对政府工作部门的设立、合并、增加、减少，都规定了严格的审批程序。各级行政组织必须严格执行这些审批程序，凡是不按审批程序增加或减少的机构都是不合法的，国家是不予承认的。最后，行政组织的编制必须依法审定。行政编制，是指行政组织内人员的配置和定员人数。我国宪法规定，国务院有审定行政机构编制的权力。审定行政组织的编制是国务院的职权。编制就是法规，编制一经审定，就具有法律效力。任何单位或部门都无权随意确定和变更行政编制，以保证行政编制的法制性和严肃性，从而将行政组织的设置纳入法治化轨道。

具体来说，行政组织设置的法律依据包括以下三个方面：

（1）宪法。世界各国的宪法，通常都有关于国家行政组织即政府原则的规定，它是行政组织成立的基础和根本依据。

（2）相关法律，指各国有关国家行政组织的专项法律，其中以国家行政组织法最为常见。1982年12月10日第五届全国人民代表大会第五次会议通过《中华人民共和国国务院组织法》，1982年12月10日全国人民代表大会常务委员会委员长令第十四号公布施行。

（3）法律授予的自由裁量权，即在法律授予的权限内由政府根据需要，自行裁定设置机构。具体又可以分为两种情况：一是法律特别授权政府组建某些组织，二是政府根据法定职权自行建立某些机构。但在多数情况下，政府基本职能部门的设置都需要依据法律的规定，行政裁量通常只适用于某些委员会、临时机构或过渡性行政单位。

2）职能依据

设置行政组织，除了要严格依法进行以外，还必须与政府的职能相适应，必须根据社会政治、经济和文化发展现状的要求进行。现代各国政府职能对行政组织机构变化的影响，大体有如下方面：

（1）传统职能的状况。各国政府总有一些传统的较为稳定的管理职能，如财政、治安、交通、教育、国防、外交等，执行这些职能的机构一般也较为稳定，各国都大体继承这些传统的机构设置。

（2）职能内容的变化。这是引起政府机构变化的根本原因。这里有多种情况：一是新的社会问题的出现，随着经济社会的发展，社会保障、环境保护、国土治理、市场秩序等已成为国民普遍关心的新的社会问题，政府也就需要建立相应机构进行管理。二是新产业部门出现，需要政府参与管理协调。科学技术的发展，催生了许多新的产业部门，如化工、电子、核能、航空、航天等，其在一定时期需要政府重点扶持，需要建立相应部门进行管理。许多国家的机构增长，多是由于新兴产业部门的增加。但是，也有一些产业部门日渐成熟或市场化，从而导致原有的机构被取消或合并。三是解决临时的特定管理任务，也需要政府设立一些临时性或较长期的机构。

（3）职能方式的变化。当政府履行职能的管理方式发生变化时，也会引起行政组织相应的调整。我国从计划经济向市场经济转变，管理方式由微观转向宏观，由直接转向间接，行政组织机构也要转轨变型。裁减、合并微观管理部门，合理配置宏观调控部门，正是适应职能方式变化而采取的措施。

（4）职能权限的变化。由于社会分工或利益格局的变化与调整，政府行政管理权限需要集中或分散、上收或下放，这也会直接影响行政机构的变化。例如，我国实行政企分开、下放权力，这就需要减少政府专业管理机构，适当加强基层管理机构。

4.1.6 行政组织设置的原则

1）精简与高效原则

所谓精简，就是指国家行政机构及其工作人员要少而精，这样既有利于节省政府开支，又有利于减少内耗，提高政府效能。所谓高效，是指行政组织履行行政职能实现国家行政目标的能力较强。精简和高效组成一个完整的概念，反映了行政组织的人、财、物与其工作绩效之间的关系要求，即精简促进高效，高效是精简的必然结果。其主要包括三层意思：一是机构设置要精简；二是人员编制要精干；三是办事程序要简化。

2）职、权、责一致原则

行政组织内各部门、成员职责与权限必须协调一致，既要明确每一管理层次的职责范围，又要赋予其完成职责所必须具有的管理权限，以保证职责的履行和任务的完成。其具体要求是：第一，职责确定，即明确规定各个行政组织的职责范围和相应的权限与责任；第二，权责一致，即权力与责任要统一，消除并避免有责无权或有权无责的现象；第三，管人与管事统一，这是落实权责一致的重要措施。

3）完整统一原则

完整统一原则是指一个国家的政府各层级、各部门组织是一个上下贯通、左右协调的统一整体。这就要求行政组织体系中的每一个机构，都必须是整体的有机组成部分。同时，各个机构本身也都应该配套完整、功能齐全，以形成一个统一完整的权力体系；反之，如果机构设置出现短缺或重复，势必出现事权冲突或相互推诿，影响行政管理任务的完成。另外，行政组织内部各级管理机构必须服从它的上级管理机构的命令。一个下级只能服从一个上级的指挥，以避免多头领导与多头指挥。

价值引领 4-1　　　　　　　　　机构编制做减法，行政效率做加法

"中央国家机关各部门人员编制统一按照5%的比例进行精简，收回的编制主要用于加强重点领域和重要工作。"在国家机构改革方案中，中央国家机关人员编制精简一事备受瞩目。

从机构管理的规律出发，政府机构人员编制并非"越多越好"。俗话说"龙多乃旱"，如果政府部门人员冗余、机构臃肿，就有可能发生"九龙治水"，多头管理和"三不管"并存，人员权责出现重叠、不清、缺失等问题。长此以往，政府职责体系和组织结构得不到优化，就会阻碍国家治理体系和治理能力现代化的进程。

政府机构人员编制是否合理，不仅体现行政效能的高低，也关系到政府在人民群众心目中的形象。政府机构一旦"人浮于事"，不仅难以实现既定目标、办好该办成的事，还可能弱化民众享有行政服务的体验，"门难进、脸难看、事难办"卷土重来。精简和科学调配机构编制，无疑是提高行政效率和公信力的内在要求。

本次中央国家机关改革，追求机构设置更加科学、职能配置更加优化、体制机制更加完善、运行管理更加高效的目标。按照5%的比例进行精简，彰显了党和国家坚持锐意改革、苦干实干的决心和力度。

该减的要坚决减下来，该加强的也要加强。此次收回编制并非"一裁了之"，而是将收回编制用于加强重点领域和重要工作。当前，我国发展仍然处于重要战略机遇期，但机遇和挑战都有新的发展变化，面对百年未有之大变局和诸多不确定性因素，政府职能和工作重点也要适时调整。钱要用到刀刃上，人也要用到紧要处。

机构人员编制缩减，要求每一位工作人员进一步尽职担当，高效完成职责范围内的事，涵养忠诚干净担当的政治品格。中央和国家机关是党和国家政治架构和组织体系的中枢，处在重大政策全面实施的"第一棒"位置，尤其要抓牢主责主业，推动党中央决策部署不折不扣落实见效，做到思想不乱、工作不断、队伍不散、干劲不减。

资料来源　佚名. 机构编制做减法，行政效率做加法［EB/OL］.（2023-03-08）［2024-11-12］. https://t.m.youth.cn/transfer/baobao/ybvMV0c5.html.

感悟：政府坚持轻装上阵，改革才能快马加鞭。机构编制缩减了，衙门"变小了"，社会治理的精准度却提升了。政府更有底气接受风高浪急甚至惊涛骇浪的重大考验，与人民群众齐心协力、同舟共济，越过千道关，闯过万重山。

4.2　行政组织结构

4.2.1　行政组织结构的含义和标准

1）行政组织结构的含义

行政组织结构是指行政组织各机关、各部门及各层级之间，为履行行政职能而建立起来的一种相互关系模式，由纵向结构和横向结构交叉而成。在行政机制的运行中，良好的行政组织结构是完成行政组织目标、提高行政效率的物质基础，它有着重要的行政功能。合理的组织结构能有效地满足行政组织目标的需要，既有利于稳定工作人员的情绪，调动工作人员的积极性，又能使组织保持良好的沟通关系，是提高微观和宏观行政效率的前提条件。组织结构不同，其作用和效能的发挥也就不同。研究行政组织结构的目的，在于找到优化的结构模式，以便更好地发挥其职能。

课程动画 4-1

行政组织结构

2）合理行政组织结构的标准

为了充分发挥行政组织的职能，必须建立合理的组织结构。那么什么是合理的组织结构呢？一般而言，合理的组织结构应具备如下几个主要条件：

（1）任务与组织平衡。每个职位、单位、部门一级行政组织的设置，刚好与所要行使的职能、任务相平衡，既能充分地满足工作的需要，又能使每个组织和个人工作量饱和，使事有人做、人有事做，人与事得到最佳组合。

（2）各个组织、人员之间按比例配置。按照各个单位之间、各人员之间的工作衔接关系及工作量的比例关系来设置单位和人员，使整个行政工作的流程能够畅通地、按比例地协调发展。如此一来，各个行政组织的工作刚好是互相衔接的，没有因漏设或工作量轻重不均而使工作流程中断或阻塞的现象发生。

（3）分工明确，合作良好。行政组织结构的实质是以职能为内容进行分工——个人之间、单位之间、部门之间、各级之间的职能分工。分工的目的，一是使各个具体职能能够得到最好的执行，分工要明确、清楚，实现专业化，以便于精通业务。二是为了更好地合作，使整个行政组织的职能因分工而得到更好的、相互密切配合的执行。如果分工的目的仅在于前者，不利于后者，那就是破坏整体职能的分工，是行政组织所不允许的。

（4）适应环境，具有弹性。现代行政组织是一个适应环境的开放系统，组织系统能否适应环境，并且具有弹性，是衡量组织结构是否合理的又一标准。组织结构是组织环境与组织内各系统之间联系的纽带、网络，组织环境制约着组织结构特性，不同的社会环境尤其是经济环境，要求行政组织内部有不同的职责分工关系，即要求有不同的组织结构。因此，任何行政组织结构都是稳定性与可变性的统一。为了保持合理性，组织结构必须随着环境的变化适时地加以调整，使其具有适应性、伸缩性和应变性，以适应变化了的新环境的需要。

4.2.2　行政组织的纵向结构和横向结构

1）行政组织的纵向结构

纵向结构又称组织的层级化。行政组织的纵向结构指的是其纵向分工，是行政组织内部各层级之间的纵向等级模式，即在行政组织各机构内按上下层级关系，设立若干层次，上下层次之间构成领导与被领导的垂直关系。纵向结构具体表现为：一是不同层次的行政机关上下级的主从关系，二是同一行政机关内设置的各行政组织之间的上下级关系。

行政组织纵向结构的基本问题是确立各层级之间的隶属关系。要解决这个问题，必须处理好行政层次与行政幅度两个因素。

（1）行政层次，指的是行政组织中的层次数目。按层级组建的行政组织，被划分为若干层次，形成一个等级分明的金字塔结构，处在塔尖的行政高层通过一个等级垂直链控制着整个行政体系。任何国家的政府组织都是按层级化设计的，无论是联邦制国家还是单一制国家都不例外。一般来讲，纵向结构的等级层次有四个，即高、中、低、基层。大体上，在我国，中央政府属于高层，省级政府属于中层，市和县级政府属于低层，乡镇政府属于基层。组织的高层负责总目标、方针政策的制定；中层负责分目标的制定，执行上层决策，协调下层活动；底层负责完成上级的决定，协调基层组织；基层组织落实上级决定和政策。层级化的主要问题是行政层次的数目是否适当，就提高行政组织的运作效率而言，要尽量减少行政层次的数目。层次过多，既造成人力、物力、财力的浪费，又影响整个行政管理的运营，从而降低行政效率，产生官僚主义弊端。当然，这并不是提倡层次越少越好，而应本着精简、高效的原则，以取得最佳的行政效能为尺度，合理设置行政层次。

（2）行政幅度，又称行政控制幅度，指的是一个层次的行政机构或一位行政领导所能直接、有效控制的下级机构或人员的数目。科学的行政幅度没有统一标准，它的宽窄与四个因素有关：①行政层次。在一个特定的组织内行政幅度与行政层次成反比关系，行政层次越多，则每一行政机构的行政幅度就越窄；反之，行政层次越少，则每一行政机构的行政幅度就会越宽。②组织内权责划分程度。权责明确，监督范围就可以扩大；权责不清，则行政幅度相应会缩小。③组织成员的素质。如果成员受过良好训练，有良好的判断力和创造力，行政幅度可适当增宽。④组织机构的合理化程度以及物资设备和技术传送的先进程度。

2）行政组织的横向结构

行政组织的横向结构，又称行政组织的部门化，是指行政组织的横向分工，是行政组织内同级行政机构之间和机构内部各同级部门之间平衡分工、相互合作与协作的关系模式。横向分工的形成源于行政工作的日益复杂、行政组织的日益庞大。为提高行政组织的运作效率，不得不分设单位，分工管理。行政组织的横向结构，可按不同角度和标准进行划分：

（1）按区域划分。它是指根据政治、经济、文化、人口、环境、历史等不同因素划分行政区域，组成不同层次的行政组织。例如，我国将全国划分为若干个省（自治区、直辖市）；省（自治区）划分为若干个市、县、旗（自治县、自治旗）；市划分为若干个区等。

（2）按管理职能划分。它是指将政府在一定时期内负有的职责和功能进行组合分解，组成若干个职能部门，承担各种专业职能，每级政府可划分为综合部门、职能部门和直属部门。例如，我国的国务院办公厅是综合部门；各部委是职能部门，如农业农村部；专利局等属于直属部门。这些部门之间地位平等，不存在隶属关系。

（3）按管理程序划分。它是指根据行政管理流程的需要，将管理的各个环节划分开来，交由各个部门掌握，如决策、执行、信息、监督、辅助等部门。程序划分使得各环节职责明确，分工清晰，科学性较高。

行政组织的部门化是层级化的基础，有利于整体分工与协作，突出管理专业化、程序化特征，有利于行政效率的提高。但部门林立、机构臃肿也会带来一定的问题，需加以重视。传统行政组织结构是以等级分明、分工严密为特征的层级制结构，是当代行政组织的基本结构形式。然而，20世纪70年代以来，传统的层级制结构形式受到了严峻挑战，这是因为，层级制结构造成众多组织机构臃肿，官僚作风盛行，效率低下，公共行政的能力和信誉受到严峻挑战，而且，新技术革命的兴起、管理信息系统的建立，减少了对组织管理层次的过分依赖。因此，改革旧的结构形式已成为时代的必然。

4.3　我国的行政组织体系

4.3.1　中央人民政府机构

1）中华人民共和国国务院办公厅
国务院办公厅是协助国务院领导同志处理国务院日常工作的机构。

2）国务院组成部门
国务院组成部门相当于内阁组成单位，是在国务院统一领导下，负责领导和管理某一方面的行政事务，行使特定的国家行政权力的行政机构，其设置由全国人民代表大会或其常务委员会决定。

3）国务院直属特设机构
国务院国有资产监督管理委员会是根据第十届全国人民代表大会第一次会议批准的国务院机构改革方案和《国务院关于机构设置的通知》设置的，为国务院直属正部级特设机构。

4）国务院直属机构
这是国务院根据工作需要设立、由国务院直接领导的职能机构。它们负责领导和管理某一方面的行政事务，其业务具有独立性和专门性，工作量较小或比较单一，在一定范围内也可以发文件。它们的设立、撤销、合并，由国务院常务会议决定。各直属机构的名称为局或署等，凡涉外的机构，都冠以"中华人民共和国"字样，其机构的行政级别一般为副部级。

5）国务院办事机构
这是国务院根据工作需要设立、协助总理办理专门事项、其工作直接向国务院总理

拓展学习4-1

国务院机构
设置

负责的机构。目前，包括国务院港澳事务办公室和国务院研究室。国务院港澳事务办公室的职能是：①贯彻执行"一国两制"方针和中央对香港、澳门的政策规定，执行香港特别行政区基本法、澳门特别行政区基本法；②了解香港、澳门的有关情况，提出政策建议；③负责与香港、澳门特别行政区政府的有关工作联系；④承办国务院交办的与香港、澳门有关的法律事宜，就基本法实施涉及的相关法律问题进行研究并提出意见；⑤负责指导和管理内地与香港、澳门因公往来的有关事务，协同有关部门和地方推动与香港、澳门在经济、科技、文化等领域的交流与合作；⑥参与拟定对驻香港、澳门中资机构有关管理的政策，参与内地企业和中资机构在香港、澳门的有关协调工作；⑦对中央驻香港、澳门机构提出的有关事宜提供意见、建议和工作协助；⑧承办国务院交办的其他事项。

6）国务院直属事业单位

国务院直属事业单位是指以增进社会福利，满足社会文化、教育、科学、卫生等方面需要，提供各种社会服务为直接目的，由国务院直接领导的社会组织。国务院直属事业单位不以营利（或积累资本）为直接目的，其工作成果与价值不直接表现或主要不表现为可以估量的物质形态或货币形态，是国家机构的分支。

7）国务院部委管理的国家局

国务院部委管理的国家局是由国务院组成部门管理的、主管特定业务、行使行政管理职能的国务院行政机构，它不是组成部门的内设司局，因此具有相对独立性。部委管理的国家局根据工作需要，可以代拟其业务范围内的法律和行政法规草案，在报经主管的组成部门审核同意后，由组成部门报国务院审议。国家局可以根据法律和国务院的行政法规、决定、命令，在其权限内拟定部门规章、指示、命令，经主管的组成部门审议通过后，由组成部门或国家局发布。部委管理的国家局的设立、撤销或者合并程序与国务院直属机构相同，其行政首长人选由国务院决定。

8）国务院议事协调机构

国务院议事协调机构是国务院行政机构根据职能划分的一种机构类型，承担跨国务院行政机构的重要业务工作的组织协调任务。

国务院议事协调机构的设立、撤销或者合并，由国务院机构编制管理机关方案，报国务院决定。国务院议事协调机构根据工作的需要，分为长期性议事协调机构和暂时性议事协调机构，其中暂时性议事协调机构在工作任务完成后就会适时撤销。

议事协调机构的配置规格都是比较高的，一般由国务院分管领导担任议事协调机构负责人，有关国务院部办委局或者中央军委所属机关单位负责人担任领导成员。

4.3.2　地方各级人民政府

地方各级人民政府是地方各级国家权力机关的执行机关，是地方各级国家行政机关。地方各级人民政府实行省长、市长、县长、区长、乡长、镇长负责制。民族自治地方的自治机关是自治区、自治州、自治县的人民代表大会和人民政府。

1）省级政府机构

省级政府机构包括省、自治区、直辖市人民政府及其所属行政机构。在行政级别上，省级政府与中央政府的组成部门相当，统称为"省部级"，是地方最高一级政府机构，对领导区域经济和社会的发展起着重要作用。与中央人民政府相比，省级政府的机构相对少一些，无国防、外交行政机构，国务院设立的有些职能部门位于省级政府所辖行政区域内，但由国务院主管部门垂直管理与领导，不列入省级政府的行政序列，如民航局、邮电管理局等。

2）市级（地区、州、盟）政府机构

在我国，城市与其他地区相比有其特殊性，而且各城市之间差别较大，人口数量、产业结构、城市建设及管理任务也不尽相同。因此，城市与其他地区之间、各类城市之间，在政府机构的设置和人员编制上，均有所不同，应区别对待。

3）县级政府机构

县域作为具有独立性和完整性的基础行政区域，其机构齐全、功能完备、承上启下，是中央政府、省级政府与乡镇、村联系的中间环节，是城乡之间的接合部，是整个国民经济和社会发展的基础层次。县域在整个国民经济和社会发展中占有重要地位。

4）乡镇级基层政府机构

乡镇是农村的基层政权组织，担负着具体领导、组织农业生产和农村工作的繁重任务。乡镇机构设置总的要求是，围绕农村经济建设这一中心，健全功能，强化服务，精兵简政，提高效率。从1998年开始，我国开展了乡镇撤并、精简机构工作，到2002年底，全国有25个省份基本完成了第一轮较大规模的乡镇撤并工作。截至2024年第二季度，全国乡镇总数合计38 672个。

5）特别行政区政府机构

香港特别行政区和澳门特别行政区是中华人民共和国享有高度自治权的地方行政区域，直属于中央人民政府。中央人民政府负责管理与香港特别行政区、澳门特别行政区有关的外交事务和两个特别行政区的防务。特别行政区的行政长官是特别行政区的首长，代表特别行政区，并依照特别行政区基本法的规定对中央人民政府和特别行政区负责。我国地方政府的层级系统如图4-1所示。

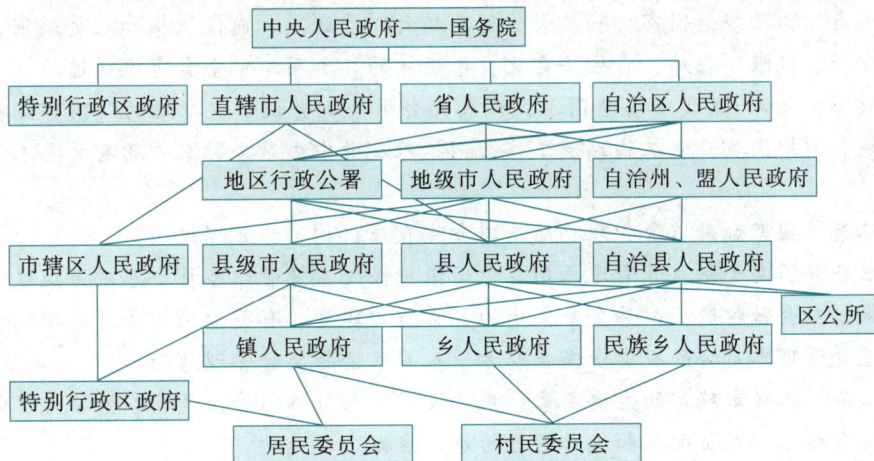

图 4-1　我国地方政府的层级系统图

4.3.3   中央政府与地方政府的关系

（1）中央政府或国家政府是全国事务主管机构的总称，中央政府负责全国事务，如起草国家宪法和适用全国的法律，负责国防、外交以及代表本国和其他国家签署条约等。中央政府常简称为"中央"，相对中央政府而言有地方政府，简称"地方"。中华人民共和国的中央政府是中华人民共和国国务院，是最高国家权力机关的执行机关，是最高国家行政机关。由最高国家权力机关，即全国人民代表大会产生，对它负责并报告工作。

（2）地方政府是指一个国家的特定地方内，具有规范性之自我治理能力的政权团体，与中央政府相对。广义的定义是管理特定行政区域内公共事务的政府机构的总称，狭义的定义则专指地方的行政机关。地方各级人民政府对本级人民代表大会和它的常务委员会以及上一级国家行政机关负责并报告工作，受国务院统一领导，管理本行政区域内的各项行政工作。

（3）地方政府相对于中央政府来说，是统一国家的中央政府不可分割的组成部分。地方政府的概念表明中央政府与地方政府关系。有中央政府，才有地方政府；反之亦然。地方政府享有中央政府不能干预的地方特权，如财政权、治安权、教育权等。尤其是财政权，是保证地方政府得以正常运转的物质基础。地方政府财政税收权大小决定其自治范围和程度，中央政府控制地方政府财政便是中央控制地方最有力的手段。

任务实施与评价

◉ 任务实施

【背景资料】

国家金融监督管理总局职能配置、内设机构和人员编制规定

第一条   为了规范国家金融监督管理总局的职能配置、内设机构和人员编制，推进机构、职能、权限、程序、责任法定化，根据党的二十届二中全会审议通过的《党和国家机构改革方案》、第十四届全国人民代表大会第一次会议审议批准的《国务院机构改革方案》和《中国共产党机构编制工作条例》以及党中央对金融工作的有关要求，制定本规定。

第二条   国家金融监督管理总局是国务院直属机构，为正部级。

第三条   国家金融监督管理总局在中国银行保险监督管理委员会基础上组建，将中国人民银行对金融控股公司等金融集团的日常监管职责、有关金融消费者保护职责，中国证券监督管理委员会的投资者保护职责划入国家金融监督管理总局。

第四条   本规定确定的主要职责、机构设置、人员编制等，是国家金融监督管理总局机构职责权限、人员配备和工作运行的基本依据。

第五条   国家金融监督管理总局负责贯彻落实党中央关于金融工作的方针政策和决策部署，把坚持和加强党中央对金融工作的集中统一领导落实到履行职责过程中。主要

职责是：

（一）依法对除证券业之外的金融业实行统一监督管理，强化机构监管、行为监管、功能监管、穿透式监管、持续监管，维护金融业合法、稳健运行。

（二）对金融业改革开放和监管有效性相关问题开展系统性研究，参与拟定金融业改革发展战略规划。拟定银行业、保险业、金融控股公司等有关法律法规草案，提出制定和修改建议。制定银行业机构、保险业机构、金融控股公司等有关监管制度。

（三）统筹金融消费者权益保护工作。制定金融消费者权益保护发展规划，建立健全金融消费者权益保护制度，研究金融消费者权益保护重大问题，开展金融消费者教育工作，构建金融消费者投诉处理机制和金融消费纠纷多元化解机制。

（四）依法对银行业机构、保险业机构、金融控股公司等实行准入管理，对其公司治理、风险管理、内部控制、资本充足状况、偿付能力、经营行为、信息披露等实施监管。

（五）依法对银行业机构、保险业机构、金融控股公司等实行现场检查与非现场监管，开展风险与合规评估，查处违法违规行为。

（六）统一编制银行业机构、保险业机构、金融控股公司等的监管数据报表，按照国家有关规定予以发布，履行金融业综合统计相关工作职责。

（七）负责银行业机构、保险业机构、金融控股公司等的科技监管，建立科技监管体系，制定科技监管政策，构建监管大数据平台，开展风险监测、分析、评价、预警，充分利用科技手段加强监管、防范风险。

（八）对银行业机构、保险业机构、金融控股公司等实行穿透式监管，制定股权监管制度，依法审查批准股东、实际控制人及股权变更，依法对股东、实际控制人以及一致行动人、最终受益人等开展调查，对违法违规行为采取相关措施或进行处罚。

（九）建立除货币、支付、征信、反洗钱、外汇和证券期货等领域之外的金融稽查体系，建立行政执法与刑事司法衔接机制，依法对违法违规金融活动相关主体进行调查、取证、处理，涉嫌犯罪的，移送司法机关。

（十）建立银行业机构、保险业机构、金融控股公司等的恢复和处置制度，会同相关部门研究提出有关金融机构恢复和处置意见建议并组织实施。

（十一）牵头打击非法金融活动，组织建立非法金融活动监测预警体系，组织协调、指导督促有关部门和地方政府依法开展非法金融活动防范和处置工作。对涉及跨部门跨地区和新业态新产品等非法金融活动，研究提出相关工作建议，按要求组织实施。

（十二）按照建立以中央金融管理部门地方派出机构为主的地方金融监管体制要求，指导和监督地方金融监管相关业务工作，指导协调地方政府履行相关金融风险处置属地责任。

（十三）负责对银行业机构、保险业机构、金融控股公司等与信息技术服务机构等中介机构的信息科技外包等合作行为进行监管，依法对违法违规行为开展调查，并对金融机构采取相关措施。

（十四）参加金融业相关国际组织与国际监管规则制定，开展对外交流与国际合作。

（十五）完成党中央、国务院交办的其他任务。

第六条 职能转变。加强和完善现代金融监管，转变监管理念和监管方式，坚持既管合法又管非法，持续提升监管的前瞻性、精准性、有效性，强化中央和地方监管协同，消除监管空白和盲区，加强金融消费者权益保护，加大对违法违规行为的查处力度，牢牢守住不发生系统性金融风险的底线。

加强金融监管内部治理，强化对权力运行的有效制衡，规范政策制定、市场准入、稽查执法、行政处罚、风险处置等工作流程，强化对重点岗位和关键环节的监督制约，打造一支政治过硬、专业精湛、清正廉洁的监管铁军。

第七条 与其他部门的职责分工：

（一）打击非法金融活动职责分工。1.国家金融监督管理总局牵头建立打击非法金融活动工作协调机制，组织建立非法金融活动监测预警体系，组织协调、指导督促有关部门和地方政府依法开展非法金融活动防范和处置工作。2.国家金融监督管理总局、中国人民银行、中国证券监督管理委员会、国家外汇管理局依据各自职责对相关非法设立金融机构、从事特许金融活动等组织调查认定，采取相关措施或予以取缔。3.教育、养老、房地产、商贸服务等行业主管部门在职责范围内开展本行业本领域非法集资等非法金融活动的防范和配合处置工作。4.互联网信息内容管理部门、电信主管部门、市场监督管理部门等相关职能部门在职责范围内开展非法金融活动防范和配合处置工作。5.地方政府负责辖内非法集资等非法金融活动防范和处置工作，开展风险排查、案件查处、善后处置和维护稳定等工作。6.对涉及跨部门跨地区和新业态新产品等非法金融活动，国家金融监督管理总局负责提出相关工作建议，按程序报批后组织实施，并及时采取应急措施。

（二）金融消费者权益保护工作职责分工。1.国家金融监督管理总局统筹负责金融消费者权益保护，牵头建立金融消费者保护工作协调机制和金融消费纠纷多元化解机制。2.国家金融监督管理总局统筹制定金融消费者权益保护发展规划、建立健全金融消费者权益保护制度、开展金融消费者教育等工作，中国人民银行、中国证券监督管理委员会予以支持配合。3.国家金融监督管理总局牵头建立统一的金融消费者投诉举报流程和标准体系。国家金融监督管理总局、中国人民银行、中国证券监督管理委员会按分工落实或督促相关机构落实投诉举报处理主体责任，依法查处侵害金融消费者合法权益的行为。

（三）行政执法与刑事司法衔接机制。1.国家金融监督管理总局与公安部、最高人民检察院建立行政执法与刑事司法衔接工作机制，实现案件信息共享、协同办理。2.国家金融监督管理总局发现违法行为涉嫌犯罪的，按照有关规定移送公安部，同时抄送最高人民检察院。公安机关经调查发现依法需要由国家金融监督管理总局作出行政处罚的，由公安部向国家金融监督管理总局提出建议。3.检察机关决定不起诉的案件，需要由国家金融监督管理总局作出行政处罚的，由最高人民检察院向国家金融监督管理总局提出检察意见。

第八条 国家金融监督管理总局根据本规定第五条所明确的主要职责，编制权责清单，逐项明确权责名称、权责类型、设定依据、履责方式、追责情形等。在此基础上，制定办事指南、运行流程图等，进一步优化行政程序，规范权力运行。

第九条 国家金融监督管理总局设下列正司局级内设机构：

（一）办公厅（党委办公室）。负责机关日常运转，承担信息、安全、保密、信访、政务公开、新闻宣传等工作。承担国家金融监督管理总局党委办公室日常工作。

（二）政策研究司。承担金融业相关改革开放政策研究与组织实施具体工作。对国内外经济金融形势、国际金融监管改革及发展趋势、监管方法和运行机制等开展系统性研究，提出相关监管政策建议。

（三）法规司。起草相关法律法规草案。拟定相关监管制度。承担合法性审查、法律咨询服务、行政复议、行政应诉等工作。

（四）统计与风险监测司。拟定监管统计制度。承担监管报表编制、信息披露、数据共享以及行业风险监测分析预警等工作。统筹非现场监管工作。

（五）科技监管司。拟定相关信息科技发展规划和信息科技风险监管制度并组织实施。按分工承担网络安全、数据安全、关键信息基础设施监管等工作，推动数字化信息化建设。

（六）公司治理监管司。拟定公司治理监管制度。开展股权管理和公司治理监管等工作，承担金融控股公司、保险集团等机构的非现场监测、风险分析和监管评价等工作，根据风险监管需要开展现场调查，采取监管措施，开展个案风险处置。

（七）普惠金融司。督促金融机构落实普惠金融政策要求，拟定监督管理的规章制度并组织实施，指导金融机构开展对小微企业、"三农"和特殊群体的金融服务工作，规范普惠金融秩序。

（八）金融机构准入司。拟定银行业机构、保险业机构、金融控股公司等的准入制度，研究结构布局，对机构及其业务范围实行准入管理，审查董事、高级管理人员等任职资格。

（九）大型银行监管司。承担政策性银行、开发性银行和国有控股大型商业银行的非现场监测、风险分析和监管评价等工作，根据风险监管需要开展现场调查，采取监管措施，开展个案风险处置。

（十）股份制和城市商业银行监管司。承担全国性股份制商业银行、城市商业银行、民营银行的非现场监测、风险分析和监管评价等工作，根据风险监管需要开展现场调查，采取监管措施，开展个案风险处置。

（十一）农村中小银行监管司。承担农村中小银行机构的非现场监测、风险分析和监管评价等工作，根据风险监管需要开展现场调查，采取监管措施，开展个案风险处置。

（十二）财产保险监管司（再保险监管司）。承担财产保险机构、再保险机构、保险中介机构的非现场监测、风险分析和监管评价等工作，根据风险监管需要开展现场调查，采取监管措施，开展个案风险处置。

（十三）人身保险监管司。承担人身保险机构的非现场监测、风险分析和监管评价等工作，根据风险监管需要开展现场调查，采取监管措施，开展个案风险处置。

（十四）资管机构监管司。承担信托公司、理财公司、保险资产管理公司的非现场监测、风险分析和监管评价等工作，根据风险监管需要开展现场调查，采取监管措施，开展个案风险处置。

(十五) 非银机构监管司。承担金融资产管理公司、企业集团财务公司、金融租赁公司、汽车金融公司、消费金融公司、货币经纪公司的非现场监测、风险分析和监管评价等工作，根据风险监管需要开展现场调查，采取监管措施，开展个案风险处置。

(十六) 银行机构检查局。拟订银行机构现场检查计划并组织实施。承担现场检查立项、实施和后评价等工作。提出现场检查意见，采取监管措施，提出行政处罚建议。

(十七) 保险和非银机构检查局。拟订保险业机构、金融控股公司及其他非银行机构的现场检查计划并组织实施。承担现场检查立项、实施和后评价等工作。提出现场检查意见，采取监管措施，提出行政处罚建议。

(十八) 机构恢复与处置司。拟定相关高风险机构风险处置制度、标准、程序，对出现严重风险、难以持续经营的机构开展风险处置等工作。

(十九) 金融消费者权益保护局。拟定金融消费者权益保护发展规划和制度，开展金融消费者教育工作，承担相关金融产品合规性、适当性管理工作，组织调查处理侵害金融消费者合法权益案件，构建金融消费者投诉处理机制和金融消费纠纷多元化解机制。

(二十) 打击非法金融活动局。建立非法金融活动监测预警体系和公开举报渠道，组织协调、指导督促有关部门和地方政府依法开展非法金融活动防范和处置工作，开展相关宣传教育、政策解释和业务指导等工作。对涉及跨部门跨地区和新业态新产品等非法金融活动，研究提出相关工作建议。拟定小额贷款公司、融资性担保公司、典当行、融资租赁公司、商业保理公司、地方资产管理公司等地方金融组织监管制度，指导和监督地方金融监管部门相关业务工作。

(二十一) 稽查局。拟定稽查工作制度。组织对违法违规金融活动相关主体进行调查、取证，提出处理意见；涉嫌犯罪的，提出移送司法机关的建议。指导、检查金融机构安全保卫工作。

(二十二) 行政处罚局。承担行政处罚案件审理等工作，提出审理意见，组织听证和集体讨论，送达行政处罚决定并执行。

(二十三) 内审司 (党委巡视工作领导小组办公室)。拟定系统内审和巡视工作制度、办法，监督检查系统贯彻落实有关重大决策部署情况，组织开展系统内审和巡视工作，对发现的问题及责任人提出处理建议，指导、监督、检查系统内审和巡察工作。

(二十四) 国际合作司 (港澳台办公室)。承担外事管理、国际合作和涉港澳台地区相关事务。承担外资银行的非现场监测、风险分析和监管评价等工作，根据风险监管需要开展现场调查，采取监管措施，开展个案风险处置。

(二十五) 人事教育司 (党委组织部)。承担机关、派出机构和直属单位等的干部人事、机构编制、劳动工资、教育培训和离退休干部管理工作。指导行业人才队伍建设工作。

(二十六) 财务会计司。承担财务管理工作，负责编报系统年度财务预决算。依法强化对银行业机构、保险业机构、金融控股公司等财会监督工作的督促指导。

(二十七) 党建工作局 (党委宣传部)。承担国家金融监督管理总局党委落实全面从严治党主体责任相关工作。承担系统党的建设工作,指导系统基层党组织建设、党员队伍建设、党风廉政建设和反腐败工作。负责系统党的宣传工作。领导系统统战、群团组织工作。

机关党委。负责机关及在京直属单位党的建设和纪检工作,领导机关群团组织的工作。机关党委设立机关纪委,承担机关及在京直属单位纪检、党风廉政建设有关工作。

第十条　国家金融监督管理总局机关行政编制910名。设局长1名,副局长4名;司局级领导职数114名(含首席风险官、首席检查官、首席律师、首席会计师各1名,机关党委专职副书记1名,机关纪委书记1名)。

第十一条　国家金融监督管理总局设立稽查总队,作为直属行政机构,正司级,负责相关案件的调查、取证,提出处理意见等。稽查总队的编制和领导职数另行规定。

第十二条　国家金融监督管理总局对派出机构实行垂直管理。国家金融监督管理总局地方派出机构、所属事业单位的设置、职责和编制事项另行规定。

第十三条　本规定由中央机构编制委员会办公室负责解释,其调整由中央机构编制委员会办公室按规定程序办理。

根据机构编制管理权限,由国家金融监督管理总局党委决定、报中央机构编制委员会办公室备案的机构编制事项,按照有关规定执行。

第十四条　本规定自2023年10月29日起施行。

资料来源　国家金融监督管理总局. 国家金融监督管理总局职能配置、内设机构和人员编制规定[EB/OL].(2023-11-10)[2024-11-12]. https://www.gov.cn/zhengce/202311/content_6914739.htm.

要求:阅读背景资料,完成表4-1中的任务。

表4-1　　　　　　　　　　　　任务分析表

任务类型	任务内容	内容要求
分析《规定》制定的依据	分析《规定》中内设机构设置的依据是什么,并说明该依据的内容	根据行政机构设置依据的知识,结合背景资料具体说明所问问题
分析《规定》设置内设机构的原则	分析《规定》关于"职能配置、内设机构和人员编制"体现了机构设置的哪条原则,并说明该原则的内容	根据行政组织设置原则的知识,结合背景资料具体说明所问问题
分析《规定》符合哪项职能转变的要求	分析《规定》符合哪项职能转变的要求,并说明该要求的具体内容	根据行政组织职能转变的内容,结合背景资料具体说明所问问题
画出组织结构图	划分行政层次和行政幅度,准确画出横向、纵向关系结构图	根据组织结构划分的相关知识,结合背景资料画出该机构横向、纵向关系结构图

◉ 任务评价

任务评价见表4-2。

表4-2   任务评价表

评价项目	评价要点	权重（%）	自评	师评
能够说出《规定》机构设置的依据（25分）	（1）能够正确说出《规定》符合内设机构设置的依据	10		
	（2）能够说明该依据的内容	15		
能够说出《规定》机构设置的原则（25分）	（1）能够正确说出《规定》机构设置的原则	10		
	（2）能够说明该原则的内容	15		
能够说出《规定》职能转变的要求（25分）	（1）能够正确说出《规定》符合哪项职能转变的要求	10		
	（2）能够说明《规定》符合职能转变要求的具体内容	15		
能够画出《规定》涉及的组织结构图（25分）	（1）能够正确划分行政层次和行政幅度	10		
	（2）能够准确画出横向、纵向关系图	15		
总分		100		

任务测试与应用

● 任务测试

随堂测验4-1

任务4

1.选择题（将正确的选项填在括号内）

1.1 单选题

（1）以下不属于行政组织特征的是（   ）。

A.阶级性   B.社会性   C.服务性   D.多样性

（2）组建政府机构的前提，也是行使相应行政权力的依据是（   ）。

A.职能目标   B.机构设置   C.权责体系   D.人员构成

（3）由于社会分工或利益格局的变化与调整，政府行政管理权限需要集中或分散、上收或下放，这说明需要政府进行（   ）。

A.职能内容的变化   B.职能方式的变化

C.职能权限的变化   D.传统职能的变化

（4）农村的基层政权组织是（   ）。

A.县级政府机构   B.乡镇级基层政府

C.省级政府机构   D.市级政府机构

（5）我国将全国划分为若干个省（自治区），形成不同的组织结构，是按照（　　）进行划分的。

  A.区域　　　　　　　B.管理职能　　　　　C.管理程序　　　　　D.管理人员

1.2　多选题

（1）行政组织的构成要素包括（　　）。

  A.职能目标　　　　　B.机构设置　　　　　C.规则体系　　　　　D.行政经费

（2）行政组织设置的原则包括（　　）。

  A.精简与高效原则　　　　　　　　　　B.职、权、责一致原则

  C.完整统一原则　　　　　　　　　　　D.细而多原则

（3）按照各种机关的功能和作用范围，行政组织大体可以分为以下几种类型：（　　）。

  A.首脑机关　　　　　B.职能机关　　　　　C.辅助机关　　　　　D.咨询机关

（4）合理行政组织结构应具备的条件有（　　）。

  A.任务与组织平衡　　　　　　　　　　B.各个组织、人员之间按比例配置

  C.分工明确，合作良好　　　　　　　　D.适应环境，具有弹性

（5）科学的行政幅度的宽窄与（　　）因素有关。

  A.行政层次

  B.组织内权责划分程度

  C.组织成员的素质

  D.组织机构的合理化程度以及物资设备和技术传送的先进程度

2.判断题（在题后的括号内打"√"或"×"）

（1）行政组织建立及运行的根本目的就是维护和推行统治阶级利益以及实现统治阶级的意志。　　　　　　　　　　　　　　　　　　　　　　　　　　（　　）

（2）合理行政组织结构分工的目的仅是使各个具体职能能够得到最好的执行。
　　　　　　　　　　　　　　　　　　　　　　　　　　　　　　　　　（　　）

（3）行政组织内部各级管理机构有时不用服从它的上级管理机构的命令。（　　）

（4）任何行政组织结构都是稳定性与可变性的统一。　　　　　　　　（　　）

（5）新产业部门的出现需要政府参与管理协调，说明政府机构职能内容发生了变化。　　　　　　　　　　　　　　　　　　　　　　　　　　　　　　　（　　）

3.简答题

（1）行政组织与其他社会组织相比有什么不同？

（2）行政组织设置与行政职能有什么关系？

（3）行政组织的类型有哪些？

（4）行政组织的设置应遵循什么原则？

◉ 技能应用

【案例分析】

北京顺义行政调解组织实现全覆盖

建立行政争议化解中心，成立区行政调解委员会和行政调解工作室……日前，顺义

区在全市创新推出"1+2"行政调解体制，实现全区行政调解全覆盖，近半数行政纠纷在初期被成功调解。3年来，顺义区不断完善行政调解机制，推动行政争议实质化解，努力将矛盾纠纷化解在基层、解决在萌芽状态，取得了较好的法律效果和社会效果。据统计，3年来，顺义区通过调解结案的行政复议案件达448件，占案件总数的40.1%。

随着疏解整治促提升专项行动的深入开展，涉及群众切身利益的矛盾纠纷不断涌现，为了提高调解效率和水平，顺义区从综合治理、源头治理入手，专门建立了一个行政争议化解中心，并打造了区行政调解委员会和40余家行政调解工作室两级行政调解组织。

"区行政调解委员会统筹行政调解人员与行政调解专家库的人力资源，而行政调解工作室直接负责调解行政争议和民事纠纷，两级组织各司其职。"相关负责人介绍："顺义区还组建了由10名行政调解辅助人员和近20名社会专家、律师构成的专业调解团队，为各行政调解工作室调解疑难复杂案件提供理论支持和政策指导。"

顺义区行政调解委员会自成立以来，已经参与了拆除违法建设、信息公开、工伤死亡、治安处罚、交通处罚等与民生息息相关纠纷的调解310件，成功结案262件；各行政调解工作室累计调解纠纷1 900余件，成功结案830余件，最大限度消除不和谐因素，做到"小事不出村、大事不出镇、难事不出区、矛盾不上交"。

资料来源　李凤. 顺义行政调解组织全覆盖［EB/OL］.（2019-10-15）［2024-11-12］. https: //www.sohu.com/a/347047494_114731.

问题：

（1）北京顺义行政调解组织机构是怎样设置的？请画出组织结构图。

（2）在上述组织机构中有辅助机构吗？辅助机构的人员构成及其职能作用是什么？

（3）各层级机构的职能是怎样确定的？

（4）改革取得哪些成效？你从中得到什么启示？

分析提示：从行政组织设置与政府管理目标和政府职能相适应的角度进行分析。

【实践训练】

某局办公室现有工作人员4人，其中主任1人，干事3人。随着工作任务的增加，3名干事筋疲力尽。办公室主任老李感觉到，办公室的工作长期这样干下去总不是办法，按照编制来看，办公室还可以增加2名工作人员（1名是办公室副主任，1名是干事）。于是，老李向局人事处提出了增加1名办公室工作人员的要求。

要求：请你根据某局办公室的实际情况分析一下是增加1名办公室副主任，还是增加1名干事，并说明理由。

任务5　行政领导

任务目标	知识目标	·了解行政领导艺术的内容 ·明确行政领导的素质和能力要求 ·熟知行政领导的权力和责任 ·掌握行政领导的含义、方式和类型
	技能目标	·能够运用行政领导权力与责任、领导素质和能力等知识，分析实际问题 ·能够运用领导方式和领导艺术理论解决矛盾和问题
	素质目标	·培养学生树立责任意识，养成廉洁清明、勤政为民的优良品格 ·培养学生正确处理职位、职权与责任三者关系的理念和态度
任务重点		·行政领导认知 ·行政领导者的权力与责任 ·行政领导者的素质与能力 ·行政领导艺术

知识导图5-1

行政领导

引例　　　　　　　　　　　官员问责制度化

改革开放以来，特别是党的十六大以来，党中央、国务院对问责的推进提出了明确的要求，作出了具体的部署。

2001年，出台了《国务院关于特大安全事故行政责任追究的规定》，对安全事故领域问责作了规定。

2004年，中央批准实施《党政领导干部辞职暂行规定》，对"因公辞职""自愿辞职""引咎辞职""责令辞职"作出了规范，并列举了应该"引咎辞职"的九种情形。

2006年施行的《中华人民共和国公务员法》也列举了对公务员问责的相关内容。

2009年7月，中共中央办公厅、国务院办公厅联合印发了《关于实行党政领导干部问责的暂行规定》，对实施党政一体化问责的事由、方式、程序作出了明确规定，标志着我国的官员问责步入了制度化轨道。

2010年3月，中共中央办公厅印发了《党政领导干部选拔任用工作责任追究办法（试行）》，使我国的官员问责制度进一步配套，并走向实践。

2013年11月，《中央党内法规制定工作五年规划纲要（2013—2017年）》明确提出："适时修订《关于实行党政领导干部问责的暂行规定》，进一步明确问责情形、规范问责方式。"

2016年6月28日，中共中央政治局召开会议，审议通过《中国共产党问责条例》，该《条例》对问责主体与对象、问责情形、问责方式、问责程序作出相关规定。

2019年4月，中共中央办公厅印发了《党政领导干部考核工作条例》。同年中共中央办公厅、国务院办公厅印发了《法治政府建设与责任落实督察工作规定》。

2021年3月，中共中央组织部公务员三局编著了《〈党政领导干部考核工作条例〉问答》，就《条例》的主要精神、条款内容和需要重点把握的问题作出系统、准确的介绍。

2022年9月，《中国共产党问责条例》对党内问责工作的原则、情形、程序、方式等作出进一步规范和完善，是党内问责工作的基础性法规。《中华人民共和国监察法》第十一条和第四十五条对监察问责的主体、对象、情形等作出规定，是监察问责工作的基本依据。

2023年12月，中共中央印发了修订后的《中国共产党纪律处分条例》，主要对纪律处分种类与适用对象、重点查处内容、新增与修订内容、执纪要求与程序以及实施与监督等进行更新。

至此，官员问责制度化的内容不断完善。

资料来源　根据相关资料整理。

这一案例表明：对行政官员问责制度化，有利于增强官员的责任心，促进干部作风转变，促进政府依法行政；打破干部"能上不能下"的陋习，有利于整肃吏治；促进领导干部提高政治素养和领导能力。行政问责制度化，其目的是建立责任政府、有为政府，亲民政府。政府及其部门的权力是人民赋予的，必须对人民负责，接受人民监督。对行政官员进行问责，表明政府同样要接受责任的约束。

知识准备

5.1 行政领导认知

行政领导在国家行政管理中处于主导地位。行政管理活动是由众多公务员共同协作对社会事务进行管理的活动，必须有统一指挥，才可能实现行政目标。我国是个地广人多的发展中国家，行政领导的正确与否，关系到人民群众的幸福和国家的兴衰。

5.1.1 行政领导的含义、特点和作用

1）行政领导的含义

行政领导，指国家行政组织系统中的各级行政领导者和行政领导集团通过决策、指挥、监督、协调等手段依法行使其权力，以完成行政目标的活动过程。行政领导贯穿于行政管理的各层次、各方面和全过程，在整个行政系统中处于主导地位，起着非常关键的作用。

行政领导的要素有：①行为主体，即行政领导者，包括个体领导者和群体领导者；②行为客体，即行政领导者的部属和行政管理的部分对象；③行为内容，包括决策、指挥、控制、协调、监督、检查等行政活动。

2）行政领导的特点

行政领导是国家公共行政活动中的领导活动，它既有一般领导的共同特点，又有自身的特点，主要表现为：

（1）政治统治。从行政领导活动的社会属性来看，其具有鲜明的政治性。行政领导是国家发展的产物，其目的是执行国家的职能，实现国家的意志。任何行政领导的管理活动都要服从于国家，服务于统治阶级。行政领导在本质上是为国家服务的，代表政府为国家的利益开展活动。

（2）法定权威。行政领导的职权由宪法、法律和法规赋予，受到法律的认可和保障。对于行政领导的命令、指挥，其管理对象必须服从和认真执行，否则将受到惩处。这种权威主要来自法律、制度的规定，来自上级机关的授权。同时，行政领导作为行政组织的对外代表，在社会公众中有着很高的威望。

（3）公共服务。21世纪，在人类走向后工业社会的过程中，工业化步伐的加快、信息时代的迫近，必然带来行政领导对社会公共事务治理理念与治理方式的变革。随着政府公共服务核心价值理念的确立，政府以及它的各级领导不再是管制主体，而逐渐成为服务主体；不再是高高在上、指手画脚的统治者，而逐渐成为平易近人、脚踏实地的服务者。这种服务主要体现在为市场服务和为公民服务上。

3）行政领导的作用

（1）行政领导是政治领导的贯彻执行。政治与行政是国家生活中两个最基本的功能。政治领导主要是政党和国家权力机关的活动，它通过路线、方针和政策的制定，规定了一个国家和社会的发展方向。行政领导则以推动政务为主要工作内容。

（2）行政领导是公共行政协调统一的保证。公共行政是由许多组织和人员共同进行的管理活动，要保证行政活动的协调和统一，就必须有统一的意志和指挥，就需要行政领导。

（3）行政领导贯穿于公共行政的全过程。行政领导是一种具有管理性质的社会活动，公共行政过程与行政领导过程是交叉的。就具体过程来看，公共行政是由各环节连接起来的链条，其中主要环节有建立行政组织、选用人才、收集信息、确立目标、制订计划、组织实施、检查监督、调节完善等。

（4）行政领导对行政效能具有决定性作用。公共行政的目标之一在于提高行政效能，以高质量、高效率实现行政目标。从公共行政的社会效益来看，效益的好坏直接取决于行政领导的决策活动。从公共行政的效率来看，效率的高低也有赖于行政领导的组织、指挥行动。从一定意义上讲，行政领导是公共行政成败的关键，对公共行政的效能会产生决定性影响。

5.1.2　行政领导的方式和类型

1）行政领导的方式

领导方式是关系领导行为有效性的基本问题之一，领导方式的选择与领导行为的合理程度直接相关。因此，领导方式选择得正确与否，是决定领导行为有效与否的关键性因素之一，同时也反映领导的领导水准、领导风格以及个性特征。

（1）强制方式。一个行政组织要协调一致、高效率地完成组织目标，必须建立组织成员都执行的指示或命令。采取有权威性、非执行不可的指示或命令的领导方式，就是强制方式。强制要以相应的纪律和惩罚作保障，才能使被领导者不违抗指示、命令。强制方式是任何行政领导都要采取的一种方式。

（2）说明方式。这是指领导者在工作中通过启发、劝告、诱导、商量、建议等，使被领导者接受并贯彻自己的意图。这种方式的优点在于：通过说明可以使被领导者从思想上认识到工作的意义和目标，明确达到目标的途径和方法，以及业务、纪律的要求等。说明方式还能沟通上下级的情感。所以，在大多数情况下，领导者应尽量采用说明方式。需要指出的是，说明不是万能的，说明方式在有些情况下也是不适用的。

（3）激励方式。这是指领导者运用物质或精神鼓励的手段激发被领导者的工作积极性，以实现工作目标。激励包括普通激励和特殊激励。前者是针对所有成员的，如提供较好的工作条件和支付合理的工作报酬；而后者则是针对工作成绩突出者的，可以给贡献大、成绩突出的人以更高的报酬和荣誉，使其加倍努力工作，并为他人树立榜样。激励方式是行政领导者必须采取的一种领导方式。

（4）示范方式。这是指领导以身作则，率先垂范，树立榜样。这种领导方式古已有之，中国古训中有所谓的"身教重于言教"，也就是说，行政领导的示范往往可以起到其他领导方式所起不到的有效作用。因此，领导者作风正派，遵纪守法，不徇私情，不图私利，就会在组织中形成好的风气，起到积极的作用，使工作得以顺利开展。

在实践中，这四种领导方式应该综合使用，不可偏废。

2）行政领导的类型

行政领导的类型，按照行政决策者的参与范围、行政执行权的控制、行政监督的方式，可分为集权型、分权型和放任型三种。

（1）集权型，又称领导者自决型或独裁型。这种领导类型是将决策权高度集中，完全由行政首长独自决定，下属完全处于被动地位。决策的执行也是在行政首长高度集权的控制下进行，下属只能绝对服从，没有讨论余地。在执行过程中，对下属的监督、检查也是由行政首长亲自主持，或者通过对其负责的监督检查系统来进行。它的优点是职权集中、责任明确、步调一致、行动迅速；缺点是一旦决策失误，就将隐患无穷，积重难返。这种领导类型适用于任务简单，内容带有例行性或重复性，完成任务的步骤、方法能事先作出明确安排的工作。

（2）分权型，又称下级参与型或民主型。这种领导类型在整个决策过程中吸收下属参与制定政策，决策权上下分享。决策的执行采取分权的方式，领导授权下属分工负责。对下属工作的检查、监督主要依靠有一定自主权的部门来进行，通过相互间的制约，以及执行者的努力工作来实现。它的优点是集思广益、分工合作，下属的积极性、创造性得以发挥；缺点是决策过程缓慢，分权过度会导致工作上的混乱。这种领导类型一般适用于任务复杂、内容具有创新性、事先又难以对工作步骤和方法作出明确安排的工作。

（3）放任型，又称无为而治型或领导者放手型。这种领导类型不把持决策权，对下属采取自由放任的态度。对决策的执行不干预，对下属工作的检查和监督也没有一定的规章制度。行政首长只是执行例行公务，只有在下属发生矛盾、冲突时，或工作中出现重大事故时，才注意协调解决。它的优点是能充分地发挥下级的主观能动性；缺点是极易完全失控，造成工作被动。这种领导类型在绝大多数行政组织中是不适用的，仅适用于个别行政组织，即小团体和个人的独立性与主动性较强的行政组织。

在实际的领导活动中，一个高明的行政首长，应当审时度势，从实际出发，综合优化各种领导类型，运用有效的方法，去达到已确立的行政目标。

案例解读 5-1　　　　　　　　　**宓子贱的"放任型"领导艺术**

宓子贱，春秋末年鲁国人、孔子弟子。《史记》载："子产治郑，民不能欺；宓子贱治单父，民不忍欺；西门豹治邺，民不敢欺。"由此可以看出三种治理方法的不同。子产治郑，不毁乡校，让人们自由发言，议论时政，颇有民主作风，所以他的领导方式可称为"民主型"。由于决策民主，自然得到人民的拥护，所以"民不能欺"。西门豹治邺，采取铁腕政策，把巫婆们扔进波涛滚滚的大河里，让她们去见龙王，革除了"为河伯娶妇"的陋习，其手段类似法家，可称为"集权型"领导方式，所以"民不敢欺"。而宓子贱治单父，靠的是"弹鸣琴"，这里隐喻着儒家一贯的德治思想，即依靠礼乐教化。子贱为政清静，唯弹琴，三年不下堂而化，是人见思，故民不忍欺。巫子期，孔子的弟子，与宓子贱都曾治理过单父，但他的治理方法与宓子贱形成了鲜明的对照。宓子贱是悠闲逸乐、自然无为"弹鸣琴"而治；巫子期是日夜操劳事必躬亲，"星出、星入"而治。方法不同，结果却是一样，即"单父治"。

不要认为宓子贱什么也没有做，其实这是一种高明的领导艺术。

（1）他关心民众的疾苦，不仅注意减轻当地老百姓的负担，而且当他们生活发生困难时，还及时开仓赈济，因此而得民心。

（2）他赏能、招贤、退不肖，整顿了吏治，做到了是非和赏罚分明，因此得士心，即得到部下的拥护。

（3）他提倡孝敬父母，尊重兄长，即以孝悌为百行之先，实际上是在搞精神文明建设，以取得"家和万事兴"的效果，从而达到了人际关系和谐、社会秩序井然的目标。

（4）广交朋友，这就等于在自己身边形成了智囊团。

（5）他聘请一个人做老师，等于现代意义上的聘请顾问。

（6）协调好与上级的关系，使上级放手让自己做事。

分析：实践证明，从效率的角度来看，三种领导类型各有千秋，说不上哪一种最好，哪一种最差。领导者在选择适合自己的领导类型时，自然要考虑到自己的知识结构、能力特点、涵养功夫，而最重要的是应首先考虑自己独具魅力的气质。

5.2　行政领导者的权力与责任

5.2.1　行政领导者的权力

行政领导者一般是指各级行政组织中承担计划、组织、指挥和协调等领导职能的人。在我国，凡是中华人民共和国公民，依照法律规定，通过选举或任命等程序，在国家行政机关中担任行政职务的干部，都是国家行政领导干部。任何一个行政领导干部都有一定的职位、职权和职责。行政职位是指行政领导者所担任的行政领导职务，以及根据有关法律和规定赋予该职务的地位；行政职权是行政职位派生而来的，受国家法律的保护；行政职责是指担任某一职务所应承担的责任和义务。三者相辅相成，有机统一。行政职位是行政领导行使职权、履行职责的前提，没有一定的职位，就不存在职权和职责。可见，职、权、责是联系在一起的。

行政领导权力是指行政领导者在行政管理活动中，利用其合法地位以不同的激励方式和制约方式，引导下属同心协力达成行政目标的影响力。行政职权是依法来自行政职位上的权力，实质上是一种政治上的强制力。凡是担任了某一领导职务，就有一定的强制力。行政领导者的职权大小要受到职务高低、职责轻重的制约。行政领导者除了因履行职责拥有必要的职权以外，没有任何其他特权。行政领导的职权主要有：

1）法定权力

国家法律、行政法规、规章确定了行政组织的领导职位，规定了相应的领导权力，是合法权力产生的法律渊源。部属必须服从合法权利，否则将构成违法或违抗命令，会受到法律、法规的制裁。在合法组织中服从合法的权力，是行政管理领域公认的价值观念，也是行政组织层级控制体系成立的前提条件。

2）奖惩权力

奖惩权力的行使是指行政领导者根据激励理论，针对部属的有关组织行为，给予适当和必要的奖惩措施。为了增强工作人员的信心，提高工作效率，伸张正义，鼓励先进，一个高明的领导者应该重视表扬和批评、奖励和惩罚的艺术，做到赏不避仇、罚不避亲、按章办事、适时适度。

3）专家权力

现代行政管理事务的复杂化和广泛性，要求行政领导者具备专门的知识、能力和技术。行政领导者，不仅要广泛联系社会各界的专家，由其提供公共决策咨询意见，也要通过专业学习和专门训练，成为行政管理方面的专家。在行政组织中，具有较高专业知识水平、能力全面、经验丰富的人员，往往被其他成员所推崇和信赖，成为组织中众望所归的"领军人物"。

4）归属权力

归属权力又称为关系的权力。行政组织中的某些杰出人物，因其人格、情感、意志、道德等个性魅力，会给其他成员以深刻的印象和影响。这种个性魅力对组织成员具有感召力和亲和力，能够产生和加强组织的凝聚力，使这些成员对其产生认同感、归属感，愿意接受其领导。归属权力可能基于成员对行政领导者拥有的法定权力的敬畏，或者基于成员对行政领导者掌握的组织资源的需要和依赖，但是，更多来自对行政领导者个性魅力的认同和信服。

相比较而言，行政领导权力的四种来源中，法定权力和奖惩权力主要是基于权力性影响力，而专家权力和归属权力主要是基于自然性影响力，四者的结合成为行政权力的共同来源，行政领导者依靠这些权力对其部属产生全面而深刻的影响。

5.2.2　行政领导者的职责

行政职责是行政领导者在行使职权的过程中所必须尽的义务。各级行政领导都有具体的职责，一般说来，有以下共同职责：

（1）制定目标。这是领导者的首要任务。他必须在周密的调查研究的基础上，从实际出发，在自己的职权范围内，主持制定和负责审批本地区、本部门发展总体目标和大体计划；同时，在制定目标时，必须使本组织目标和上一级总目标一致，以保证总目标的实现。领导者目标制定得正确与否，往往决定所领导系统或单位的兴衰存亡。

（2）制定规范。它是指制定各种全局性的管理法规。规范包括法律法规和各种奖惩、用人制度等，制定合理而有效的规范，是保证组织目标实现的必要条件。

（3）组织协调。行政领导者抓好组织协调工作，就是合理地组织和使用本单位人力、物力和财力资源，协调好内外部关系，采取有效措施，激励下属工作的积极性和创造性。

（4）指导监督。领导者要对下级实行正确的指导、监督和考核，奖优罚劣是领导者有效领导的标志。

案例解读 5-2

2021年11月30日国务院发布了《国务院关于同意在澳门特别行政区维护国家安全委员会设立国家安全事务顾问和国家安全技术顾问的批复》。全文如下：

国务院关于同意在澳门特别行政区维护国家安全委员会
设立国家安全事务顾问和国家安全技术顾问的批复

国函〔2021〕121号

澳门特别行政区行政长官：

《关于提请中央人民政府在澳门特别行政区维护国家安全委员会设立国家安全事务顾问和国家安全技术顾问的报告》收悉。现就有关事宜批复如下：

一、中央人民政府同意澳门特别行政区行政长官的报告，决定在澳门特别行政区维护国家安全委员会设立一名国家安全事务顾问和三名国家安全技术顾问。

国家安全事务顾问由中央人民政府驻澳门特别行政区联络办公室主任担任；国家安全技术顾问由中央人民政府驻澳门特别行政区联络办公室相关人员担任。

二、国家安全事务顾问的职责是：监督、指导、协调、支持澳门特别行政区开展维护国家安全工作。国家安全技术顾问的职责是：协助国家安全事务顾问开展相关工作；就澳门特别行政区维护国家安全委员会办公室履行职责相关事务提供意见。

国家安全事务顾问列席澳门特别行政区维护国家安全委员会会议。国家安全技术顾问列席澳门特别行政区维护国家安全委员会办公室会议。

三、澳门特别行政区行政长官应根据《中华人民共和国澳门特别行政区基本法》第五十条第五项以及本批复的要求，对澳门特别行政区相关规定作相应修改。

国务院

2021年11月30日

资料来源　国务院. 国务院关于同意在澳门特别行政区维护国家安全委员会设立国家安全事务顾问和国家安全技术顾问的批复［EB/OL］.（2021-11-30）［2024-12-26］. https://www.gov.cn/gongbao/content/2021/content_5661981.htm.

分析：《国务院关于同意在澳门特别行政区维护国家安全委员会设立国家安全事务顾问和国家安全技术顾问的批复》中，中央人民政府有审批权和任命权，澳门特别行政区行政长官有"报告"权和"修改"权，这些权力都是政府领导职位赋予的法定权力。法定权力由国家法律、行政法规、规章确定，依法行使，并接受法律的约束。在授权的同时，要明确职责，职责与职位对等，不能泛用，也不能滥用。

5.2.3　行政领导的责任

行政领导的责任是行政组织公共责任的集中表现，行政领导者作为行政组织的负责人，应当对行政组织的行为及其后果承担领导责任，这种领导责任意味着最高和最终的责任。按照责任的性质，行政领导责任分为法律责任、行政责任、政治责任和道德责任。在现代法治国家，这四种责任常常交织在一起，但它们在基本意义、责任对象、责任范围、问责原则、问责方式等方面又不尽相同。

1）法律责任

法律责任有积极和消极之分。积极意义上的法律责任指的是通过法律、法规、规章等加以规定和认可的法定义务；消极意义上的法律责任，是指行政领导者由于没有履行或未完全、妥善地履行法律义务而应当承担的相应法律后果。行政领导者的法律责任的特点是：第一，法律责任为法律明确规定，如刑法对公务人员渎职罪、玩忽职守罪等罪种构成要件的规定。追究法律责任只能依据法律。法律责任一般只限于违法者本人承担，不能扩大追究法律责任的范围。第二，法律责任主要从责任主体、归责原则、责任的追究主体以及责任的内容等方面认定。第三，法律责任具有强制性，以国家强制力为后盾。

2）行政责任

行政责任是行政领导者违反有关法律、法规的规定，但未构成犯罪，依据行政法规、规章等应当承担的后果。对行政领导者行政责任的追究方式是行政处分，由所在单位或其上级主管机关给予制裁性处理。行政处分的种类、适用条件和执行方式等由行政法律、法规规定，如《中华人民共和国监察法》《中华人民共和国公务员法》（以下简称《公务员法》）等。我国《公务员法》规定的行政处分包括警告、记过、记大过、降级、撤职、开除。

3）政治责任

政治责任是行政领导者违反特定的政治义务导致的政治后果。现代民主政治要求行政领导者的行为必须符合政治目的，即维护国家利益和社会公共利益，如果行政决策、命令、指挥等行政领导行为有损于国家利益和社会公共利益，虽不受法律追究，但也要承担政治责任。对违反政治义务的后果的确认和追究，往往与执政党、国家立法机关、社会公众团体等的政治压力有关。在实行"代议制"的国家，议会是国家的权力机关，要求政府对议会负责，议会对政府首脑和部门负责人可以依法采取调查、质询、弹劾、罢免等追究方式。在实行"责任内阁制"的国家，政府组成人员对其主管的部门和事务的失误，要负单独政治责任，对政府的共同决策失误要负连带责任。可见，政治责任是一种信任责任，其内容和形式是宽泛的、非特定的，当执政党、议会、社会公众要求行政领导者承担政治责任时，其结果往往是行政领导者引咎辞职。

4）道德责任

道德责任是行政领导者根据行政伦理的价值理念和行政伦理规范而承担的道德义务。它既是外在的制约机制，往往与法律责任、行政责任和政治责任联系在一起，又是内在的自律机制，建立在行政领导者对其职责的高度责任感和负责精神之上。道德责任的实现形式，一般是行政领导者对自身行为的自觉检点、约束，对决策指挥失误的公开检讨乃至引咎辞职等。

行政领导者的四种责任既有相对独立性，又相互联系。比如，我国《公务员法》第八十七条规定："领导成员因工作严重失误、失职造成重大损失或者恶劣社会影响的，或者对重大事故负有领导责任的，应当引咎辞去领导职务。领导成员因其他原因不再适合担任现任领导职务的，或者应当引咎辞职本人不提出辞职的，应当责令其辞去领导职务。"这就将行政领导者的政治责任、道德责任、行政责任通过法律形式加以规定，并且统一于法律责任中，对"引咎辞职"的适用条件作出了法律规定，设定了"引咎辞职""责令辞职"的强制性规范。

5.3　行政领导者的素质与能力

5.3.1　行政领导者的素质结构

拓展学习 5-1

优秀领导者的
基本素质

领导者是组织活动的率领者、引导者，是组织中的主要角色。在特定的条件下，领导者素质的高低、修养的优劣，决定着领导活动成效的好坏。所谓行政领导者的素质结构，是指从事领导工作所必须具备的基本条件，以及在领导工作中经常起作用的内在要素的总和。

作为行政领导者，应该具备比一般行政人员更高的素质条件，即具有胜任领导职责的素质。

1）政治素质

当代领导者的根基在于政治上的成熟，无论在什么时候，处于什么环境，都要有坚定的政治信仰，都要保持清醒的政治头脑，都要把握正确的政治方向。在我国，每一个行政领导者都必须坚定不移地坚持党的基本路线和四项基本原则，在思想上、行动上同党中央保持高度一致，坚定不移地走中国特色社会主义道路；努力在实践中增强政治敏锐性，提高政治鉴别力，经受住各种考验；始终做到解放思想，实事求是，坚持改革开放和发展社会生产力；有高度的事业心和责任感，有良好的民主作风，具有"领导就是服务"的思想观念；为政清廉，奉公守法，自觉地接受社会监督。

2）品德方面

一是要有尊重科学、实事求是的精神，重事实、重科学，不唯上、不唯书；对上、对下负责一致，敢于坚持真理，修正错误。二是待人真诚，宽宏大量，以谦虚、公正、诚实的态度，广泛听取不同意见；不计较个人恩怨，以大局为重，团结与使用反对过自己的人，使组织保持正常、和谐的人际关系。三是要顾全大局，严于律己。不争功诿过，敢担风险，敢负责任，不迁怨他人，不以势压人，必要时不惜忍辱负重，委曲求全。四是遵纪守法，不以权谋私。行政领导者是国家机关的公职人员，其手中的权力是为了履行自己的职责，不能用于其他方面，绝不能用手中的权力谋求私利，违法违纪。

3）知识素质

知识素质是行政领导者胜任工作所必备的基本条件。领导者要胜任工作，必须具备的科学文化知识包括：马克思主义的基本理论；现代管理学中的行政管理学、经济学（尤其是市场经济方面的知识）、法学、社会学、心理学、统计学、市政学、公关学等。此外，还必须具备管理技术知识，如决策技术、网络技术知识；社会生活知识，如风土人情、社交知识以及丰富的生活、工作经验等。

4）能力素质

领导者要做好所领导范围内的工作，应具备综合分析能力，即统筹全局、把握关键的能力；决策控制能力，即善于预测判断、衡量利弊、择优选取、追踪监督的能力；组织指挥能力，即选人、用人、正确使用权力等的能力；沟通协调能力等。行政领导者的能力大体可分为三个层次：知识能力（统筹和决策）、组织能力（综合协调）和技术能力（解决实际问题）。但不同层级的领导者，对其领导能力的要求也有所不同。

5）作风方面

一是要有民主的作风，能处理好上下级关系，认真听取和集中下属的意见，不主观武断。二是平等待人、平易近人。行政领导者应尊重下属的人格，这样有利于和下属建立融洽的关系，使下属更加努力地工作。三是善于调查研究，了解真实情况，掌握第一手资料，得出正确结论，作出科学的决策。四是以身作则，言行一致。行政领导者既是领导者，又是教育者、示范者，领导者的言行举止对下属会有潜移默化的影响和作用。因此，领导者的地位和作用要求其能够处处以身作则，为人师表。

6）性格方面

行政领导者应具备积极主动的性格，具有较强的自信心，避免决策中优柔寡断，增强下属对上级的信赖。工作上能独立自主，独当一面，不依赖上级；能控制自己的情绪，工作受挫时不气馁、不灰心、不怨天尤人，勇于承担责任，善于吸取教训；工作顺利时不自满，善于总结经验，百尺竿头，更进一步。

7）身心健康

一个行政领导者必须有健康的身心素质。身体健康，才能保持充沛的精力、强健的记忆力和丰富的创造力，保持清醒而冷静的头脑，准确无误地观察和判断事物。同时，领导者还必须有健康的心理。这样办事才能从实际出发而不是从主观愿望出发，才能有良好的人际关系和民主作风，才能有较强的自我控制力，忙而不乱，是非明确，宽宏大量，有胆有识，勇于自我批评，与不同意见的人真诚合作，搞好事业。

公共行政领导者负有行使公共权力、维护公共利益、履行公共责任的使命，追求的是社会公平与正义，因此自身的品德非常重要。同时，随着知识经济时代的来临，社会进步速度加快，社会公共生活中的科技含量不断提高，因此，公共行政领导者必须加强学习，不断汲取新的业务知识，成为一名学习型领导。这样才能把握本行业工作的规律和特点，成为管理工作的内行，带领下属完成工作任务，提高工作效率。所以，德才兼备是我国对行政领导者最根本的素质要求。

价值引领 5-1　关键时刻，他挺身而出——追记辽宁建昌县黑山科乡小台子村党支部书记李清学

洪水冲刷过的路上满是泥泞。一个大铁箱、几块沥青板零落堆放路旁，树干上钝物撞击的痕迹依然清晰，可见当时洪水之大……这里，是李清学救人的地方，也是他牺牲的地方。李清学，小台子村党支部书记、村委会主任。2024 年 8 月 20 日凌晨，在防汛抗洪救灾中营救 3 名被困儿童后，不幸牺牲，年仅 49 岁。

8 月 19 日起，建昌县遭遇有气象记录以来的最强降雨，多个乡镇受灾严重。8 月 20 日 2 时许，雨势加大，李清学冒雨和村妇联主席臧春英一起巡查河道。途中接到求救电话，他们立即赶往事发地。洪水中，村民田百凤及 3 名儿童被困在一辆微型面包车中。面对当时危急的情况，李清学立即冲进水里，将年龄最小的孩子抱出来送到岸边。当他准备返身再救时，水已涨至齐腰深。村民从家中找出绳子在岸边固定好，另一头扔给李清学。李清学托着 12 岁的孩子，拽着绳子艰难向岸边挪动。快到岸边时，绳子的接头突然断开，幸好孩子被顺利拽上岸，可李清学却摔倒呛了水。"再去找绳子！"他奋力起身冲回到车边，向岸边的村民呼喊，准备营救第三个孩子。不久，洪水涨至肩膀高，李清学在激流中几乎站不稳，人和面包车又被向下游冲了五六米远，到了一棵小树旁。他用断绳将车和小树绑在一起，接过岸边村民甩来的两根绳子，把一根绑在树上作为索绳，另一根牢牢绑在孩子身上，自己身上却没有绳索。

实施救援两个多小时，看到孩子成功上岸，无力站稳的李清学，勉强抓到村民甩过的绳子缠在身上。突然，洪水裹挟着一个大铁箱直冲下来，从侧面重重砸在李清学和他抱着的小树上。李清学倒在湍急的洪水中。这时，水中又有一大块水毁沥青路面压了过来。村民们大声呼喊，奋力拉拽，却再也没见到李清学重新站起来。

8月24日，辽宁省委追授李清学"辽宁省优秀共产党员"称号，号召全省党员干部向李清学学习；辽宁省政府评定李清学为烈士。2021年担任村党支部书记后，李清学通过"党建引领＋科技创新＋示范农户"模式，带领村民发展特色种植。此外，李清学多方协调，推动维修村庄道路2 000多米；他将村干部联系方式印成联系卡，发放到每家每户；他的笔记本上，记录每个低保户的名字……

"勿忘我"，这是李清学的微信名字。8月26日，李清学同志追悼会举行，干部群众自发前往吊唁，人们撑伞站在雨中，为李清学送行。

资料来源　刘佳华. 关键时刻，他挺身而出——追记辽宁建昌县黑山科乡小台子村党支部书记李清学[EB/OL]．（2024-08-30）[2024-11-12]．http：//paper. people. com. cn/rmrbwap/html/2024-08/30/nw. D110000renmrb_20240830_3-06.htm.

感悟：行政领导只有心里装着人民，才能全心全意为人民服务，踏踏实实地造福人民。

5.3.2　行政领导者的能力

行政领导者的能力是由领导者在社会中的特殊职责所决定的，是指领导者有效地实施领导、完成组织目标所必须具备的知识和才能条件的总和。

1）把握全局的能力

把握全局就是指领导干部要时刻胸怀全局，坚持以大局为重，不折不扣地贯彻执行党的路线、方针、政策，并把它们与本地区、本部门、本单位的实际工作联系起来；同时把握住本地区、本部门、本单位总的发展态势，抓住事物的本质，解决矛盾，因势利导，作出正确决策。现代领导学有一条重要原则叫作"领导者要做领导的事"。"做领导的事"就是指"议大事、懂全局、管本行"，能够把握大局。一个领导者，能否把握全局、树立全局观点，是政治成熟与否的重要标志。

2）科学决策能力

决策是领导活动中最重要的一项内容，决策能力是衡量领导者能否胜任本职工作的一个关键指标。因此，领导者必须善于发现和提出问题，并发动组织成员集思广益和利用"外脑"进行决策。领导决策能力主要体现为预见能力、判断能力、制订方案能力及组织实施能力。

3）组织协调能力

领导干部要学会"弹钢琴"，既要抓住主旋律，又要注重其他因素的彼此平衡、相互协调。抓主旋律就是要抓中心工作，并紧紧扭住不放，使职工群众能够心往一处想、劲往一处使。抓住中心工作是协调各种关系的前提与基础。抓主旋律，绝不是只要一个音符，还要注重各种因素的相互协调。为完成中心工作任务，需要有整体合力，而这种整体合力的形成，需要良好的外部环境、良好的人际关系，以及部门之间、上下级之间的关系协调。这就要求领导者必须有较好的组织协调能力、高超的领导艺术，特别是要有科学的公关能力，因为公关能力在当今社会已成为衡量一个干部能力、经验的重要参数。要坚决克服本位主义思想。本位主义实质上是落后的小农经济思维定式的产物，它必然造成各自为政、闭关自守、各行其是、相互牵制等现象的出现，必然带来内耗不断、矛盾丛生、各自为政、人心涣散的后果。本位主义盛行，就不可能形成统一步调和整体合力。

4）应变与解决复杂矛盾的能力

领导活动本身就是一个不断应变和解决复杂矛盾及问题的过程，衡量一个领导者是否成熟和高明，首要的就是看他是否具备在复杂尖锐的矛盾中审时度势、随机应变、辨明方向、把握大局、沉着应对、化险为夷的能力。

5）创新能力

创新能力是新时代对行政领导者行政能力的一个突出要求。知识经济的兴起不仅对社会的生产方式、生活方式产生了重大的影响，而且对领导者的思维方式、领导观念形成了新的挑战。社会的进步和发展要求领导者具有相当的变革和创新能力。创新能力是行政领导者在自身生理基础上，以感知、记忆、判断、想象力为心理基础，由抽象思维能力、分析判断能力、逆向思维能力、灵感直觉能力等多种能力复合构成的创造性思维能力和创造性技能。在现实领导活动中，创新能力具体表现为独立发现新事物的能力、独立提出新见解的能力、解决新问题的能力、创造新成果的能力。

6）学习能力

21 世纪是一个经济全球化、知识信息化、网络化的时代，在这个时代，科学技术日新月异，新事物、新矛盾层出不穷，领导者只有具备终身学习并学以致用的能力，才能抓住机遇，迎接挑战，发展自己并引导组织与社会进步。

5.4 行政领导艺术

行政管理不仅需要科学的理论和方法，而且需要运用领导的技巧，这种应用技巧就是领导艺术。换言之，领导艺术是指领导者在实施领导活动中，运用科学理论，熟练而有效地实现行政目的的技巧、手段与特殊方法。它是领导者的智慧、胆识、才能、经验的综合反映，并贯穿于行政领导过程的各个方面，随时间、环境的变化而变化。领导艺术是丰富多彩的，下面仅举两种常见的领导艺术以供参考。

1）用人的艺术

一个国家的强盛，要靠人民齐心协力；一个领导者的成功，要靠部属的表现，精明的行政领导者都把优秀人才视为单位最重要的资源，因为任何领导者都不是全才。用人的艺术最复杂，也最难掌握。一个行政领导者必须在工作实践中细心地体会和摸索，不断地提高用人艺术。

（1）平等待人。任何单位都是由人组成的，领导者和被领导者共处于一个统一体中。人既是行政的领导和对象，又是事业的主体。如何对待人，是行政领导的关键。公平待人，才能人心向上，众志成城。领导心中要树立"群众是真正英雄"的观点、"领导就是服务"的观点，努力为部属员工创造良好的工作环境和条件，努力搞好党群、干群关系。要做到平等待人必须注意以下几点：一要热情待人。有人说"热情能成大事"，热情具有传染性，它会如野火般迅速蔓延开来。主管领导的热情和积极的人格会渗透到整个组织之中，对整个团体具有强烈影响。领导对下属的热情可有数种方式表达，如非言语性的手势、眼睛暗示、会心微笑、声调高低等，都会给人以蕴含的热情和鼓舞。二要掌握倾听的艺术。一个最成功的领导者通常是最佳的倾听者。常言道："偏听则暗，兼听则明。"倾听必须做到直视对方，全神贯注，不能心不在焉；不要随意在第三者面前公开批评。一位领导者在第三者面前责备某个人，不仅会打击士气，也使领导者显得冷酷。平等待人是正确用人的基础和条件，领导者只有与被领导者相处融洽、感情融通，才能了解人、识别人，从而为正确用人打下基础。

（2）正确用人。具体表现为：一是知人善任，即用心地考察干部，确切地了解干部，善于把每个干部安排到适当的岗位上，使他们充分发挥自己的聪明才智，把工作做得更好；二是人尽其才，即领导者要善于协调人际关系，有效地处理下级之间的矛盾、冲突，解决内耗问题，使下级密切配合，产生较好的整体功能；三是才尽其能，即领导者要善于运用自己的影响力，关心、支持、信赖、尊重下级，不断地满足他们的需要，并进行有效的沟通，从而最大限度地激发每个人的能量。

行政视野 5-1　　　　　　　　　失街亭，谁之过

事业的成败往往并不取决于人才的得失，而在于人才是否有效使用。世上只有错位的人，没有无用的才，问题的关键在于如何量材使用。

据史载，马谡自幼熟知兵法，才气过人。诸葛亮十分器重他，行军打仗，二人常常促膝长谈，彻夜谋划。针对南人难以驯服的特点，马谡提出了"攻心为上，攻城为下；心战为上，兵战为下"的攻心策略。这一策略被诸葛亮运用后"七擒孟获"，保证了南方边境的长治久安。针对蜀国"兵马疲敝"、民怨沸腾的形势，马谡适时提出了"只宜存恤，不宜远征"的休养策略。北伐前夕，靠马谡的计谋，诸葛亮成功地离间了魏国曹叡、司马懿君臣，为北伐奠定了胜利的基础，才使得诸葛亮败夏侯，收姜维，破羌兵，灭王朗，紧接着连克南安、安定、天水三郡，曹魏举国震惊。

善于小征小战的能手不一定能成为运筹帷幄的将军，一个运筹帷幄的将军也不一定能征善战。汉高祖说："夫运筹帷幄之中，决胜于千里之外，吾不如子房；镇国家，抚百姓，给馈饷，不绝粮道，吾不如萧何；连百万之军，战必胜，攻必取，吾不如韩信。"人各有其才，在"运筹帷幄，决胜千里"方面，马谡是一个具有战略眼光的高参。因而，诸葛亮评价马谡为"旷世奇才"并不过分。过分的是作为上级领导的诸葛亮明知马谡缺少一线的经验，却不顾众人的反对，违反常规，硬要马谡这个机关兵一线挂职锻炼。培养人才的主观愿望是好的，但好心办坏事，结果导致人才严重错位。先锋总司令一职，理应由久经沙场的老将魏延、吴懿、赵云等人担当，然而诸葛亮不顾众人的反对，"逆天行事"，一意孤行，让一个没有实战经验的机关兵担任先锋军总司令，同魏国名将张郃的大军对阵，显然是以卵击石。由于魏军来势凶猛，东线老将赵云尚且抵挡不住，马谡失街亭亦在所难免。

资料来源　根据相关资料整理。

2）授权的艺术

拓展学习 5-2

运用授权管理艺术，培育下属提升能力，高效实现目标

一个成功的领导者，并不需要事事亲为，而是要通过适当的授权，让下级充分发挥积极性和创造力，从而实现自己的目标。这样做看似是权力的转移，实际上是使权力更加集中，它体现了"大权独揽，小权分散"的领导方法，从而以更多的精力把握方向、抓住中心，做好全局工作。领导者要掌握授权的艺术。

（1）授权的定义。授权是指领导者将自己一定的职权授予下属去行使，使下属在其所承担的职责范围内有权处理问题、作出决定，为领导者承担相应的责任。授权下属参与管理的形式，是下属实现自我领导的有效途径。

（2）授权的原因。它包括以下几个方面：一是间接性原因。由于领导行为与领导目标的间接性，领导只有授权下属，才能调动下属的积极性，有效地达成组织目标。二是专业性原因。由于组织活动的多样性和专业化，领导不可能事事精通，因此只有授权给具有管理能力的专才，才能达成组织目标。三是复合性原因。由于现代行政领导是下属与领导者融为一体的参与型活动，领导者、执行者区分不明显，因此必须通过授权，才能更好地达成组织目标。

（3）授权的类型。它主要包括以下几种：①刚性授权：对所授权力、责任、完成任务的要则、时间均有明确规定与交代。被授权人必须严格遵守，不许有任何逾越。刚性授权适用于重大事项。②柔性授权：只需出一个大纲或轮廓，让被授权人有较大的自由作随机应变的处理。柔性授权适用于领导不甚清楚、复杂多变的事项，而且被授权人又精明强干。③惰性授权：领导者将自己不愿也不必处理的繁杂事务或领导者本人也不知如何处理的事务，交由下属处理。④模糊授权：与柔性授权相似，只是权力限度和权力容量比较模糊。

（4）授权的原则。它主要包括以下几点：①因事择人，视能授权。什么事由什么人来负责，必须作全面的分析和衡量，要使所授权力适得其所，不能因用人失察而使权力被滥用。授权的对象不仅应该有积极热情的态度，敢于付出、敢于承担责任，而且应具备真才实学，不然就可能导致"马谡失街亭"的悲剧。②明确权责，适度授权。下属履行其职责，必须有相应的权力。责大于权，不利于激发下属的工作热情。如果处理职责范围内的问题也需不断请示，就势必会造成下属的压抑。权大于责，又可能会使下属不恰当地滥用权力，最终会增加领导管理和控制的难度，因而授权要适度。③授权留责，监督控制。领导者授权以后，下属如果在工作中出了问题，下属要承担责任，领导者也负有责任，不能推卸责任只处罚下属。"士卒犯罪，过及主帅"，就是这个道理。授权不是卸责，更不是撒手不管，领导权力下授，也需负一些责任。因此领导者要随时进行指导、考核以及监督，发现偏差，及时引导和纠正。

（5）授权应注意的问题。它主要包括以下几点：①谨防"反授权"。"反授权"就是下属把自己的责权反授给上级，即把自己职权范围内的工作问题、矛盾推给上级。②防止"弃权"，就是领导者所拥有的决策权、奖惩权、监督权，在任何时候都不能放弃。③防止"越权"。"越权"就是大权旁落，下属行使了上司的职权。"越权"主要体现为：第一，先斩后奏，做了事才向领导汇报；第二，片面反映情况，设好圈子让上级领导钻，出了问题责任由上级负责；第三，斩而不奏，封锁消息，自己说了算；第四，多

头或越级请示。

任务实施与评价

◉ 任务实施

【背景资料】

问责制在中国政坛发力走实

纵观中国的问责之路，经历了多次大发展，每一次发展都是一个渐进和完善的过程。

2004年2月15日，浙江省海宁市大火致40人死亡，海宁市市长张宁贵因此引咎辞职。

2005年8月7日，因大兴煤矿透水事故，梅州市副市长蔡小驹、兴宁市市长曾祥海被撤职。

2006年，哈医大二院"天价医药费"事件中，卫生部、国务院纠风办通报，给予哈医大二院院长、党委委员张岂凡撤销院长、党委委员职务处分，给予党委书记王国良撤销党委书记职务处分。

2007年12月19日，因山西省洪洞县"12·5"特大煤矿事故，临汾市市长李天太被免职。

2008年，陕西省林业厅两名副厅长因"华南虎照风波"受行政记过处分，并被免去副厅长职务，陕西省林业厅信息宣传中心主任受行政撤职处分，林业厅厅长张社年受行政警告处分。

2009年，中共中央政治局审议并通过的《关于实行党政领导干部问责的暂行规定》（以下简称《暂行规定》），使官员问责制度化达到了"高峰"。《暂行规定》通过一周之后，国务院即对问题官员进行问责，对山西临汾溃坝事件、胶济铁路交通事故等5宗特别重大生产安全事故作出批复，对包括铁道部部长刘志军、副部长胡亚东和山西省人大常委会副主任靳善忠3名省部级高官在内的169名官员给予党纪、政纪处分，并追究了131名涉嫌犯罪的责任人的刑事责任。其中，山西省临汾市副市长苗元礼一审被判处有期徒刑14年；济南铁路局常务副局长、局党委常委郭吉光等人被移送司法机关；山西省国土资源厅总工程师刘书勇、山西省安监局副局长苏保生等人被追究刑事责任。

2010年中共中央办公厅发布的《党政领导干部选拔任用工作责任追究办法》明确规定，领导干部引咎辞职和受到责令辞职、免职处理的，两年内不得提拔。

2015年6月30日教育部印发《严禁中小学校和在职中小学教师有偿补课的规定》明确提出6条禁令。

2018年中共中央办公厅、国务院办公厅印发的《地方党政领导干部安全生产责任制规定》要求：坚持党政同责、一岗双责、齐抓共管、失职追责，坚持管行业必须管安全、管业务必须管安全、管生产经营必须管安全。对存在本规定第十八条情形的责任人员，应当根据情况采取通报、诫勉、停职检查、调整职务、责令辞职、降职、免职或者处分等方式问责；涉嫌职务违法犯罪的，由监察机关依法调查处置。

2019 年中共中央办公厅、国务院办公厅印发了《法治政府建设与责任落实督察工作规定》，于 4 月 15 日起施行。

2023 年 11 月 16 日 6 时 30 分许，吕梁市离石区永聚煤业有限公司联合建筑办公楼二层浴室发生火灾，造成 26 人死亡，38 人受伤，过火面积约 900 平方米，直接经济损失 4 990.26 万元。山西省公安机关已对永聚煤业实际负责人等涉嫌违法犯罪的 18 名企业人员采取刑事强制措施。山西省纪检监察机关依规依纪依法对吕梁市、离石区、城北街道党委政府及能源、住建、消防救援、自然资源、应急管理、矿山监察等部门的 42 名公职人员进行严肃问责。

2023 年 7 月 23 日 14 时 52 分许，位于黑龙江省齐齐哈尔市龙沙区的齐齐哈尔市第三十四中学校体育馆屋顶发生坍塌事故，造成 11 人死亡、7 人受伤，直接经济损失 1 254.1 万元。黑龙江省应急管理厅公布了齐齐哈尔三十四中坍塌事故调查报告，共 51 人被追责。其中 6 人已被司法机关采取强制措施、5 人被建议移送司法机关处理、33 名公职人员被追责问责、另有 7 人被行政处罚。

2024 年 9 月 24 日，贵州省山脚树煤矿发生重大火灾事故，造成 16 名矿工遇难。根据重大火灾事故调查处理情况，共对 75 名责任人员进行追责问责。其中，嫌疑犯罪被移送司法机关立案查处 12 人；给予行政处罚、纪检监察机关追责问责人员 63 人，主要包括煤矿及其上级公司 49 人，县级监管部门 6 人，市级监管部门 4 人，地方党委政府 4 人。

问责制实施范围越来越广，力度越来越大。在高压问责形势下，领导干部的作为和作风有很大改善，但失职渎职事件仍有发生。治理病根除了法律约束和教育之外，从体制机制上压实责任，保障领导干部不能失职渎职；从领导干部内心和意识上强化法律意识和责任担当，使其不敢失职渎职；以提升素养和能力保证他们不会失职渎职或降低失职率，进而避免或减少危机事件发生，应是各级政府重点研究的问题。

资料来源　根据相关资料整理。

要求：阅读背景资料，查阅相关信息，回答表 5-1 的问题。

表 5-1　　　　　　　　　　　　　　　任务分析表

任务类型	任务内容	内容要求
分析行政领导的特点	分析行政领导不再是高高在上、指手画脚的统治者，而应成为平易近人、脚踏实地的服务者，这体现了行政领导的哪个特点？怎么理解这个特点？	根据行政领导特点的知识，结合背景资料具体说明领导特点的内容
分析领导的作用	选择案例中的 2 位领导者，分析其应该发挥什么作用？其没有发挥什么作用？	根据行政领导作用的知识，结合背景资料具体说明领导作用的内容
分析行政权力与责任的关系	分析背景资料中体现的行政权力与责任的关系是什么？	根据行政权力与责任关系的相关知识，结合背景资料具体说明二者关系

续表

任务类型	任务内容	内容要求
分析领导的责任	问责制不仅是对官员职权的政治、行政、法律责任约束,更是对官员内在道德和责任修炼的一种警示。选择案例中的2位领导者,分析其应该承担什么责任?说明该责任的内容	根据行政领导责任的相关知识,结合背景资料具体说明领导责任的具体内容
分析行政领导者素质和能力	选择案例中的2位领导者,分析其在素质、能力方面存在哪些问题,应如何改进	根据行政领导素质和能力的相关知识,结合背景资料具体说明领导应具备的素质和能力的具体内容

◉ 任务评价

任务评价见表5-2。

表5-2　　　　　　　　　　　　　　　任务评价表

评价项目	评价要点	权重（%）	自评	师评
能够说出领导的特点（15分）	（1）能够正确说出案例中体现的领导的特点,如政治统治、经济管理、法定权威、公共服务等	5		
	（2）能够具体说明该特点的内容	10		
能够说出领导的作用（25分）	（1）能够正确说出案例中的2位领导者应该发挥的领导作用的内容,如贯彻执行、协调统一、行政效能、组织沟通	20		
	（2）能够具体说明没有发挥作用的名称和理由,如没有落实上级要求,搞变通、打折扣等	5		
能够说出行政权力与责任的关系（15分）	能够准确说明领导权力与责任的关系及其内容,如有权必有责、权责对等,用权受监督,责任重于权力等	15		
能够说出行政领导的责任（25分）	能够正确说出案例中的2位领导者应承担的责任及该责任的内容	25		
能够说出行政领导者的素质和能力（20分）	（1）能够正确说出案例中的2位领导者在素质方面的问题,如政治素质,知识素质,能力素质,品德、作风、性格等方面的问题	10		
	（2）能够正确说出案例中的2位领导者在能力方面存在的问题,如把握全局的能力、科学决策能力、组织协调能力、应变与解决复杂矛盾的能力、创新能力、学习能力等	10		
总分		100		

任务测试与应用

任务测试

1.选择题（将正确的选项填在括号内）

随堂测验5-1
任务5

1.1 单选题

（1）领导者在工作中通过启发、劝告、诱导、商量、建议等，使被领导者接受并贯彻自己的意图，这属于行政领导方式中的（　　）。

A.强制方式　　　　B.说明方式　　　　C.激励方式　　　　D.示范方式

（2）相比较而言，行政领导权力的四种来源中，（　　）主要是基于权力性影响力。

A.法定权力和专家权力　　　　　　B.奖惩权力和归属权力

C.法定权力和奖惩权力　　　　　　D.专家权力和归属权力

（3）行政领导的职责中领导者的首要任务是（　　）。

A.制定目标　　　B.制定规范　　　C.组织协调　　　D.指导监督

（4）知识经济的兴起不仅对社会的生产方式、生活方式产生了重大的影响，而且对领导者的思维方式、领导观念也形成了新的挑战。社会的进步和发展要求领导者具有（　　）。

A.把握全局的能力　B.科学决策能力　　C.组织协调能力　　D.创新能力

（5）对所授权力、责任、完成任务的要则、时间均有明确规定与交代的授权类型是（　　）。

A.刚性授权　　　B.柔性授权　　　C.惰性授权　　　D.模糊授权

1.2 多选题

（1）行政领导的作用包括（　　）。

A.行政领导是政治领导的贯彻执行　　B.行政领导是公共行政协调统一的保证

C.行政领导贯穿于公共行政的全过程　D.行政领导对行政效能具有决定性作用

（2）行政领导的类型包括（　　）。

A.集权型　　　B.分权型　　　C.放任型　　　D.民主型

（3）按照责任的性质，行政领导责任分为（　　）。

A.法律责任　　B.行政责任　　C.政治责任　　D.道德责任

（4）关于用人艺术中正确用人的表现包括（　　）。

A.用心地考察干部，确切地了解干部

B.领导者要善于协调人际关系

C.领导者要善于运用自己的影响力，关心、支持、信赖、尊重下级

D.满足下属任何需求

（5）授权的原则主要包括（　　）。

A.因事择人　　　B.明确权责　　　C.权大于责　　　D.授权留责

2.判断题（在题后的括号内打"√"或"×"）

（1）任何行政领导的管理活动都要服从于国家，服务于统治阶级。　　　　（　　）

（2）集权型领导一般适用于任务复杂、内容具有创新性、事先又难以对工作步骤和方法作出明确安排的工作。　　　　　　　　　　　　　　　　　　　（　）

（3）从公共行政的社会效益来看，效益的好坏直接取决于行政领导的决策活动。

　　　　　　　　　　　　　　　　　　　　　　　　　　　　　　　　（　）

（4）行政领导的要素中的行为内容，包括决策、指挥、控制、协调、监督、检查等行政活动。　　　　　　　　　　　　　　　　　　　　　　　　　　　　　（　）

（5）行政领导者的四种责任相互独立。　　　　　　　　　　　　　　　（　）

3.简答题

（1）行政领导的方式和类型有哪些？

（2）行政领导权力有哪些？权力与责任之间的关系如何？

（3）如何理解行政领导责任和其行政职位、行政职权是统一的？

（4）对行政领导的素质和能力有何要求？

◉ 技能应用

【案例分析】

甘肃山丹做好领导班子和领导干部平时考核　量化具体指标　纪实客观评价

近年来，甘肃山丹县坚持把考核功夫下在平时，通过科学设置指标、着力优化方式、强化结果运用，做实做细县管领导班子和领导干部平时考核工作，推动领导干部奋勇争先、担当作为。

按照精准化、差异化要求，将班子运转情况、主要领导及班子其他成员履职情况等作为领导班子平时考核重要内容，科学设置考核指标，重点从思想政治建设、执行民主集中制、贯彻党的群众路线、科学决策、完成重点任务、党风廉政建设6个方面进行评价，实现德、能、勤、绩、廉全方位考核。对领导干部工作实绩和人岗相适度分析研判，从政治态度、担当精神、工作思路、工作进展4个方面进行评价，做到既看发展又看基础，既看显绩又看潜绩。通过以班子分析个人、以个人反观班子的形式，考准考实领导班子和领导干部的综合表现和工作实绩，防止平时考核"上下一般粗""左右一个样"等情况。

坚持正面了解与侧面掌握相印证、定量评价与定性分析相结合，采取日常随机了解、半年自查评价、集中分析研判、重点督查考核等方式，深入一线近距离观察干部，综合日常督查通报、表彰奖励、违纪违法等情况，了解干部在招商引资、乡村振兴、征地拆迁等急难险重任务中的真实表现。围绕考核指标构建《半年自查评价表》，每半年开展一次工作自查评价，领导班子和领导干部填写后，由县四套班子主要领导及县委、县政府班子成员对领导班子和主要负责人工作实绩等情况进行评价打分，班子主要负责人对副职及其他科级干部进行评价打分，实现由"印象"考核向"精准"考核转变。

坚持考用结合，将领导干部平时考核结果与年度考核相挂钩，按40%的权重计入年度考核综合得分，将平时考核与干部日常监督管理深度融合。对考核中发现的苗头性倾向性问题，及时提醒纠偏，督促整改；对存在的短板和弱项，有针对性地开展培训调训、实践锻炼，不断提高干部队伍的综合素质。

资料来源 靳建辉. 甘肃山丹做好领导班子和领导干部平时考核 量化具体指标 纪实客观评价 [EB/OL]. (2024-08-12)[2024-11-12]. https: //www.gzdj.gov.cn/gbgz/109463.jhtml.

问题:

（1）对领导班子和领导干部考核的重点内容有哪些不同？

（2）考核方法有哪些？考核结果的呈现形式有哪些？

分析提示: 主要考查对行政领导的素质能力考核的重点内容；重点考查对行政领导的素质能力考核结果的应用价值。

【实践训练】

某医院在管理方面存在如下问题：行政部门人浮于事；职工纪律松散，迟到早退现象屡见不鲜；医疗事故时有发生；本位主义盛行，形成了一些小团体，并且小团体间各自为政；医院效益较差，医生待遇较低，工作热情不高。上级主管部门任命王某到该院任院长，希望他上任后，能大胆改革，争取在较短时间内开创新局面。

请结合该医院的实际情况和有关行政领导素质、能力、领导方式和艺术等方面的知识，谈谈新院长应如何改变这个局面。

要求: 抓住主要矛盾，针对不同问题采用不同的领导方式和艺术。

任务 6 行政决策

◉ 任务目标	**知识目标**	• 掌握行政决策的含义和类型 • 了解行政决策的原则与体制 • 熟知行政决策的程序与方法 • 明确行政决策科学化、民主化的重要意义
	技能目标	能够运用决策原则、方法和步骤等知识分析决策问题，提出决策方案
	素质目标	• 增强科学决策、民主决策、依法决策的意识 • 树立决策的出发点和落脚点都是增进百姓福祉的价值观
◉ 任务重点		• 行政决策认知 • 行政决策的原则与体制 • 行政决策的程序与方法 • 行政决策的民主化、科学化与法治化

知识导图6-1

行政决策

引例　国家重大决策项目：南水北调工程

我国水资源时空分布不均，长期呈现"夏汛冬枯、北缺南丰"的时空分布特征。为缓解这一状况，国家于20世纪50年代启动了跨流域跨区域配置水资源的南水北调战略工程。

南水北调工程开展初期，国家组织各方面专家对南水北调工程进行了长期的勘察、调查与可行性研究，经过数十年的努力，将南水北调工程总体格局确定为西、中、东3条路线，但在3条输水线工程方案的讨论中，专家提出了一系列问题：①东、中、西3条线路各有各的供水范围，不能互相替代，但目前国情不允许3条供水线路同时开工，应分步实施。②东线可利用旧运河，大量减少耕地占用，且移民数量少，能节省投资，并能对黄淮海平原东部地区生态农业的发展产生巨大的影响，但控制水面小，所调水质差，逐级提水成本高，管理上亦有难度。③中线调水水质较好，可满足湖北、河南、河北、北京、天津5省市的工农业用水与城市生活用水，但淹没损失大，移民多，施工难度大。④西线可满足青海、甘肃、宁夏、内蒙古、山西、陕西6省区的部分地区用水需求，水质好，资源丰富，但施工难度巨大，不能解决北方经济中心城市的干旱问题。所以，专家争议发生在先东线后中线还是先中线后东线的问题上。为此，国务院办公厅关于贯彻落实《全面推进依法行政实施纲要》的实施意见中要求完善行政决策程序。对于南水北调工程建设管理中涉及调水区、受水区经济社会发展的重大决策事项以及专业性较强的事项，应事先组织专家进行必要性和可行性论证。涉及面广、与人民群众利益密切相关的决策事项，应当向社会公布，或者通过举行座谈会、听证会、论证会等形式广泛听取意见，并报请南水北调工程建设委员会批准。重大行政决策在决策过程中要进行合法性论证。国务院也提出相关意见，认为分步实施，国力可以承受，能有效推动国内需求，促进经济良性循环，但必须认识到此项工程十分浩大，涉及面广，任务艰巨，应再做深入的研究论证，继续听取各方面专家及社会各界的意见，以便作出科学决策。

该项目从启动至今，中线工程、东线工程（一期）已经完工并向北方地区调水。西线工程尚处于规划阶段，没有开工建设。截至2022年5月，南水已成为京津等40多座大中城市280多个县市区超过1.4亿人的主力水源。截至2024年9月，南水北调东、中线一期工程累计调水752亿立方米。

资料来源　欧阳易佳. 南水奔流见证中国力量［EB/OL］.（2024-10-02）［2024-11-12］. http：//finance.people.com.cn/n1/2024/1002/c1004-40332519.html.

这一案例表明：重大行政决策必须建立在充分调研的基础上，遵循民主、法治、优化、效益、系统等原则，按照科学程序进行。建立健全科学民主的决策机制对推动并保证国家重大工程的顺利实施起着至关重要的作用。高层次的行政决策既应立足长远，做好长期规划，又要做好相关组织管理、运行机制、人力、物力、财力等层面的战术决策，确保项目的可行性和效益性。

拓展学习6-1

南水北调的世纪答卷

6.1 行政决策认知

行政决策是行政管理的核心内容，是最重要的管理活动。它贯穿于一切行政管理过程中，行政管理各项职能作用的发挥和各种行政行为，都离不开行政决策；没有行政决策，具体的行政管理活动就不会开展，其他职能也就失去了存在的前提。所以，行政决策是行政管理中最本质的东西，是最重要的管理功能，是一切行政管理活动的基础。

6.1.1 行政决策的含义与特征

1）行政决策的含义

行政决策是指国家行政机关及公务员为履行国家的行政职能对所要解决的问题出主意、作决定的活动。其表现为国家的方针、政策、法规、决议等具有普遍约束力的决策和行政机关在行政管理过程中针对特定对象、特定行为作出的具体决定。行政决策是行政管理过程的开始，是行政管理的首要环节和各项管理功能的基础，决策水平直接关系到行政管理工作的成败。正确、科学的决策是成功管理的关键。

2）行政决策的特征和作用

（1）行政决策的特征。

①行政决策也称政府决策，它既具有一般决策的共性，同时又具有自身的一些特点。

②行政决策的主体主要是中央及地方各级国家行政机关及行政领导。

③行政决策的内容涉及整个国家和社会公共事务中的各种问题。行政管理的范围和对象极其广泛，包括国家的政治、经济、文化教育以及社会生活等各个方面的重大事务。

④行政决策体现的是国家的利益和政府的意志，必须得到贯彻实施。它以国家权力为后盾，以行政方式作用于社会中的个人和团体，具有强制性的约束力。

⑤行政决策的依据是法律、党和国家的政策，具有很强的法律和政策方面的规定性。

⑥行政决策的目的是以公共利益为出发点，为社会提供更多、更好的公共服务。行政决策虽然也讲经济效益，但更注重社会效益，不以直接营利为目的。

⑦行政决策性质上属于政治决策范畴，具有鲜明的政治性。国家行政机关把执政党的政治原则或国家权力机关的法治原则转化为政府部门的具体措施和行动，这一决策和执行的过程突出体现了政治的作用。

（2）行政决策的作用。

①行政决策在行政管理中居于核心地位。行政管理始终是围绕着行政决策的制定、修改、实施和贯彻而进行的，行政管理总是通过一定形式的行政决策来实现的。每个行政机构和主管行政的人员，都要面对大量的问题，需要准确、及时地进行决策；否则，

就会对行政管理产生不利影响，就会使行政管理寸步难行，陷入被动的局面。行政决策在行政管理中的核心地位，决定了它在整个行政管理的发展中起决定性作用。因此，没有行政决策就没有行政活动，整个行政过程就是不间断地制定决策和实施决策的过程。

②行政决策正确与否直接关系到行政管理目标能否实现，行政决策水平高低会影响到行政工作是否有生机和活力，因为任何行政决策都决定着不同范围行政活动的发展方向。国家作出的重大行政决策是统筹全局的、治国兴邦的经纶大计，它的正确与否，影响极为深远，直接关系到社会主义事业的成败，关系到国家的长治久安和繁荣昌盛，也关系到亿万人民的生活安定和幸福。决策一旦失误，其损失往往是难以补偿的。

③行政决策是行政领导者的重要职能和技能，行政领导者的素质可以用其决策水平来衡量。当社会对行政机构提出一定的需求时，行政领导者的责任就在于果断地制定政策，以满足客观的社会需求。行政决策与行政活动中的其他功能不同，它是行政领导者一种能动的主观思维活动，在很大程度上取决于行政领导者的智慧、才能、灼见和判断力，同时也取决于行政领导者的思想意识、工作作风和责任感。因此，各级行政领导者都处于决策地位，经常面临决策的任务。学会决策和善于决策是各级行政领导者的基本功，是胜任领导工作的重要条件，也是彰显现代领导水平的重要标志。

④行政决策是实施国家行政管理职能的必要措施，也是提高行政管理效率的最重要手段。国家各级行政机关和管理人员在履行行政管理职能时，都要制定规划，确定目标，只有选择最优的途径和方法，才能有效地实现这些规划和目标。研究行政决策的目的在于提高行政管理效率。

6.1.2　行政决策的类型

根据不同的标准和角度，可以对决策活动进行多种划分。

课程动画 6-1

行政决策的
类型

1）群体决策与个人决策

依据决策权限的制度安排，行政决策可以分为群体决策与个人决策。群体决策是指决策权由集体共同掌握的决策，一般由两个或两个以上的决策主体对决策问题根据一致意见、少数服从多数的原则投票或表决来作出决定，如历史上的寡头政治和当代的各种委员会制。个人决策是指决策权集中于个人，由行政首长单独掌握决策权力，决策方案的选择以首长的拍板决定为终结，其他行政官员有提出建议和进行讨论等参与决策的权利。

2）常规决策和非常规决策

依据决策所遇到的问题类型可以将行政决策分为常规决策和非常规决策。常规决策又叫程序性决策，是针对行政管理中的一般常规性问题，即结构和形式基本相同或相近的、重复出现的问题所作的决策，是按常规处理办法和程序作出的例行性决策，如国家每年节日放假的决策、全国高等学校统一招生考试的决策等。

非常规决策又称非程序性决策，一般指在具有大量不确定因素、缺乏可靠数据条件下或在常规条件下无法作出的决策。非常规决策往往面对的是首次出现、结构不稳定、无旧章可循、无现成的经验可供参考、需要以创造性思维进行研究才能解决的问题。

3）确定型决策和风险型决策

依据决策条件和决策对象所处状态的不同，可以把行政决策分为确定型决策和风险型决策。确定型决策是指决策环境和自然状态基本确定、可以预计到结果的决策。这种决策的作出较为容易，只要对各个备选方案进行评估分析、比较选择，即可作出决策。风险型决策是指在决策环境和自然状态不确定的条件下所作的决策。正因为条件与环境不确定，所以决策的效果或结果也是不确定的。作出这类决策往往承担着较大的风险，事情的成败取决于事物发展、变化的概率。

4）战略决策和战术决策

依据决策涉及问题的规模和影响的不同，可以把行政决策分为战略决策和战术决策。战略决策是指具有宏观指导意义、事关全局、作用巨大、影响深远的决策，如国家的体制改革、国民经济的中长期发展规划等都属于战略决策。战术决策是处理局部性、个别性、短期性问题的决策，具有具体性、可操作性和技术性的特点。例如，2021年全国水利工作会议提出"十四五"时期将以建设水灾害防控、水资源调配、水生态保护功能一体化的国家水网为核心，解决水资源时空分布不均问题。其中，构建国家水网是国家战略决策，而水灾害防控、水资源调配、水生态保护等具体决策则是战术决策。

5）原有决策和追踪决策

依据行政决策之间的先后关系和内在联系，可以把行政决策分为原有决策和追踪决策。原有决策是指独立于先前决策的初始决策。追踪决策是指为修正、完善、补充原有决策的后续决策。决策一经作出并付诸实施，常常会发现存在这样那样的问题，如有的是原有决策本身存在重大失误，有的是主客观条件发生了重大变化。这时，为避免继续执行原有决策而造成重大损失，就需要对原有决策作重大或根本的修正，即进行追踪决策。

6）理性决策与渐进决策

理性决策的根本特征是追求行政决策的理性化，即决策主体为实现一定的行政目标，利用一切可能搜集到的资讯，经过客观准确的计算或衡量，以追求最佳的决策手段和最大的决策效益。这类决策寻求的是实事求是，一切从实际出发，反对感情的、宗教的、迷信的东西。

渐进决策是指分步实施、逐渐到位的决策。面对涉及面广、难度大、对社会触动较深的重大问题，决策不可能也不应该一步到位，而必须从现实环境出发，逐步探索，积极稳妥、分阶段、分步骤地实现决策目标。现代决策不仅取决于决策者对问题的认识水平和决策水平，而且受制于客观的决策环境和决策对象。渐进决策的优势在于，可以减缓和弱化改革所带来的社会压力和社会震荡，逐步化解新政策可能产生的负效应。现代大型的社会变革决策往往采取渐进决策模式。我国改革开放的决策，就属于典型的渐进决策。从社会主义劳动竞赛，到社会主义有计划的商品经济，再到社会主义市场经济，再到加入世界贸易组织，实现与国际社会的全面接轨等，都说明我们的改革是一个逐步深化的过程。

行政视野6-1   中国智库

　　智库，也称思想库、智囊团、智囊机构，主要是指以公共政策为研究对象，以影响政府决策为研究目标，以公共利益为研究导向，以社会责任为研究准则的专业研究机构。智库是一个国家软实力的重要组成部分，对决策科学化具有不可或缺的作用。

　　中国智库，包括党政军及社会科学智库、高校智库、科研智库、单位和企业智库以及民间智库等。从国家治理体系和治理能力现代化来说，当代中国智库作为现代国家政府决策体系不可缺少的组成部分，既是社会治理体系中一个重要主体类型，是实现决策科学化、民主化的重要制度建设，同时在实际执行层面也具有操作性流程特征。中国智库在国家治理体系中需要履行和实现的是其自身不可或缺的功能。其主要功能有：决策智力资源的聚合功能，连接体制内外的桥梁功能，联系其他各类社会群体的延伸性管道功能，思想竞争性市场功能，国外同类机构对应性平台功能。从现实情况看，要保证这些决策及时作出且达到应有的质量要求，政府组织在能力、精力、信息和知识方面的有限性问题十分突出。中国智库建设首要而紧迫的任务，来源于现实中国发展内外环境和条件的复杂性，来自当前国家发展面临的各种内外部挑战的决策需要。在南水北调工程论证中，中国科学院、中国工程院、全国政协人口资源环境委员会等许多智库都参与其中，提出过许多问题和决策建议。

　　资料来源 周宏春. 中国智库现状与促进建议［EB/OL］.（2024-03-29）［2024-11-12］. https://cj.sina.com.cn/articles/view/2622928957/9c56b83d0010159rv.

6.2　行政决策的原则与体制

6.2.1　行政决策的原则

　　行政决策是一项高度综合的复杂活动，要使行政决策准确无误，就应遵循一定的原则。行政决策的原则是指行政决策过程中固有的客观规律反映和要求，它是正确的行政决策过程中必须遵守的准则。一般而言，行政决策中应遵循的主要原则有：

1）民主原则

　　现代行政决策所面临的复杂性与日俱增，绝非最高行政首长个人或少数人所能胜任。每一项行政决策都需要许多学科的知识和数据，需要许多部门和人员的共同努力，都是集体智慧的结晶。可以说，没有民主化也就没有科学化。因此，行政决策需实行以上级和下级、专家和公众相结合为主要特征的民主化决策过程。行政首长必须发挥领导集团和专家集团的作用，可以同时利用几个智囊团，对其分别提出的决策方案进行比较分析，选出最佳方案。

2）法治原则

　　依法决策是现代社会对政府提出的基本要求，同时也是政府合法性的基础和前提。行政决策及其执行都应在国家法律框架内进行，无论是机构设置、人员组成、资源配备，还是权责划分、操作程序、制度安排，都必须符合国家宪法、法律和法规的相关规定。下级要服从上级，地方要服从中央，不能另起炉灶或与上级政府的决策唱对台戏。

3）公正原则

对社会公共利益进行选择、平衡和分配是行政决策的本质特征。政府出台的每一项政策都会涉及"把利益分配给谁"这样一个问题。在现代市场经济社会，人的利益需求越来越呈现出多元化特征，而社会资源却是有限的，因此，行政决策对利益的分配不可能同时满足所有人的需要，往往是一部分人从中获得了较多的利益，另一部分人却不能从中获取利益。为减少社会成员之间的利益摩擦，政府需要站在公正的立场上，用政策来调整现实的利益关系。

4）可行原则

决策是对主客观条件进行可行性分析，进而作出决定并加以实施的过程。要实施就得具备实施的现实条件，只强调需要而不考虑实际可能，不适当地估计有利因素和忽视不利因素，任何决策方案都只能是一纸空文。决策的可行性，取决于决策方案与各种客观条件和因素的统一性。要使决策有的放矢，行之有效，就应当对决策方案所需要的现有人力、物力、财力及科学技术能力等进行认真审定，做到有备无患。如果片面追求高指标、高速度，再好的决策也只能是水中月、镜中花。可行原则主要包括政治上可行、经济上可行、社会上可以承受以及技术上可行等。

5）优化原则

决策总是在几个方案中进行对比选择。如果只有一个方案，没有选择，无从优化，就难以作出最好的决策。科学的行政决策必须拟订多种方案，经过筛选至少留下两个方案，本着择优的原则，权衡利弊，全面对比，最后择优确定，从而切实做到利中取大、弊中取小，努力将行政决策实施后的消极影响和不良后果控制在最小范围。

6）动态原则

任何一项行政决策的制定、执行、修改都是一个长期的动态过程。而行政现象是随着社会经济的进步而变化的，各个因素之间有着有机的密切联系。忽视行政决策的任何一个细节，都有可能造成巨大的影响。因此，任何一项行政决策的制定都必须着眼于未来，保持一定可调节的弹性，以辩证的思维方式进行决策，留有余地，准备应变性措施。同时，在行政决策实施中，要注意信息反馈，随时检查、调节、验证，一旦发现决策与客观情况不相适应，应及时调整、修正。

7）效益原则

行政决策的根本目的在于追求良好的社会效益与经济效益。对效益的价值取向，应以国家利益和人民利益为标准，把当前效益与长远效益、局部效益与整体效益、有形效益与无形效益有机结合起来，通盘考虑，全面安排，合理决策。要树立正确的决策价值观念，克服短期行为和地方保护主义，不能"见利忘义"或者把决策失误当"交学费"而任意践踏国家和人民的财富。

8）系统原则

社会实践中的任何事物都不是孤立的，彼此间总是相互联系、相互渗透、相互影响、相互制约，有着十分复杂的交叉效应。因此，在进行行政决策时，务必对整体与局部、内部条件与外部环境、当前利益和长远利益、主要目标和次要目标以及它们之间的相互关系、相互作用加以综合分析，然后进行决策。

行政视野6-2　　　　　　　　　　　"三先三后"原则

南水北调工程的规划和实施要建立在节水、治污和生态环境保护的基础上，务必做到"先节水后调水、先治污后通水、先环保后用水"。此后，"三先三后"成为指导南水北调工程规划、建设和运行的基本原则。

根据"三先三后"原则，《南水北调工程总体规划》强调南水北调的根本目标是改善与修复黄淮海平原和胶东地区的生态环境，同时在保证调水区可持续发展的基础上，高度重视调水区的生态建设与环境保护；把节约用水、生态建设与环境保护放在更加突出的位置，突出节水，降低用水定额，加强污染治理和水环境保护；在全面编制调水沿线城市水资源规划，以及保障调水区生态环境保护目标，科学配置调水区、受水区水资源的基础上，合理确定调水规模；按照统筹兼顾、全面规划、优化比选、分期实施的原则，开展工程建设；建立适应社会主义市场经济体制改革要求的建设管理体制和水价形成机制。

资料来源　南水北调中线干线工程建设管理局．"三先三后"原则是什么［EB/OL］．（2021-06-24）［2024-11-12］．https://www.nsbdjhsw.com.cn/show-1154.html.

6.2.2　行政决策的体制

行政决策体制是指由行政决策机构和人员所形成的组织体系以及制定决策的有关制度。行政决策是指行政组织（行政机关）和行政工作人员依法处理政务所作出的决定，它是行政管理活动的前提和依据。现代行政决策体制是由行政决策中枢系统、咨询系统、信息系统组成的民主决策体制。

1）行政决策体制的机构构成

（1）中枢机构，即拥有行政决策权的领导机构，是行政决策的核心部门。其主要任务是：确定决策目标，评估决策方案，选择最终方案，领导、协调和控制整个决策过程。

（2）咨询机构，即由政策研究组织及有关方面专家组成的辅助性机构。其主要任务是：辅助决策中枢机构发现问题并加以界定，论证并确定决策目标，拟订并评估决策备选方案，为拍板决策者提供科学依据。咨询机构只有"谋"的功能，而无"断"的权力。

（3）信息机构，即搜集和处理行政信息的决策服务性机构。其主要任务是：保证行政信息通道畅通，掌握有效的信息工具和手段，加工和处理行政信息，为决策中枢机构和咨询机构服务。

2）行政决策体制的基本类型

（1）独裁制。其主要特点是通过传统继承或政变等方式产生的权威人物享有最高决策权。独裁制主要有下列三种表现形式：

第一，宗教领袖型。在一些神权制国家中，议会和政府的活动受制于某种教义。与此相对应，宗教领袖掌握最高决策权，其可以不受任何机构或法律的约束。

第二，君主亲政型。这是传统君主专制在现代社会的延续，君主既是国家领袖又是政府首脑，君主之下设大臣会议，它类似于内阁，拥有立法和行政权。君主往往通过运用对大臣的选择权和监督权而把最高决策权牢牢控制在自己手中。

第三，军人独裁型。军人政权的建立往往需要借助于"军事政变"等形式。军人掌权后有两种可选择的方式：一是由军队最高长官始终控制国家最高决策权，并以暴力手段镇压持不同政见者；二是还政于社会，通过举行大选来建立新的"民主"程序。

（2）议会制。公民选举自己认为能够代表自己利益的议员，然后由议员代表公民发表政见、参与决策。议会制主要有下列三种形式：

第一，议会-总统制，以美国为典型代表。国会议员和总统都由选民直接选出，各自对选民负责；总统负责组阁，他既是国家元首，又是政府首脑，具有最高行政决策权；内阁成员不得兼任国会议员；国会通过的决策方案在总统签署后方能生效，总统对国会的决策方案具有否决权；国会有权弹劾总统，但总统无权解散国会；总统在国家事务中的一些重要决策要受国会制约。

第二，议会-内阁制，以英国为典型代表。议会是国家最高的权力中心，内阁由议会产生，对议会负责并受议会监督；内阁掌握国家行政权，国家元首只是名誉"虚位"；内阁的重大决策，需得到议会多数支持；内阁首脑由议会多数党领袖担任，内阁成员通常都是议会多数党成员；议会可对内阁提出不信任案，内阁也可提请国家元首解散议会，由重新大选所产生的议会决定内阁的去留。

第三，议会-委员会制，以瑞士为典型代表。议会至上，既有立法权，又有行政权；议会推选产生的委员会主持日常行政事务，委员会作为议会的执行机构，其成员能够为议会最终决策提供咨询；委员会无权解散议会，议会同样不能解散委员会；委员会所作的决策，须经委员会集体讨论通过，主席和副主席的权限与其他委员会成员无异。

（3）人民代表大会制。它是一种民主集中制的决策体制，既不同于建立在"三权分立"基础上的西方议会制，也不同于苏联在十月革命后建立的"苏维埃"式决策体制，而是一种具有中国特色的民主决策体制。

我国的权力机关是在国家机构中居最高地位的全国人民代表大会和地方各级人民代表大会，而国务院是最高国家权力机关的执行机关，地方各级行政机关是地方各级权力机关的执行机关。行政机关必须执行人民代表大会所作出的决定和决议，执行人民代表大会所制定的法律、法规。从宪法的规定上看，我国各级人民代表大会及其常务委员会是我国的决策机关，而国务院及各级人民政府是它的执行机关。从实际的行政决策与执行过程方面来看，我国行政决策体制的运行并非完全如宪法规定中所述。这主要表现在两个方面：

第一，国务院及各级地方人民政府并非只是宪法中所规定的那样仅为全国人大及地方各级人大的执行机关，它们也依法享有法律规定的各项独立决策职权和在执行过程中的自由裁量权等。同时，由于各级人大自身建设以及行政工作的专业性和灵活性较强，我国的各级人大实际发挥的作用和影响还远没有达到权力机关所应有的程度。

第二，由于我国是由中国共产党领导的社会主义国家，我国行政决策的核心结构实际上是中国共产党的各级党委。各种决策实际上是由党的各级委员会作出的，再由人大及政府予以执行。中国共产党的决策核心作用主要通过党的组织领导来保证：①各级党委向各级人大及政府部门推荐重要领导干部；②在各级人大和政府部门建立党组织，指导机关党组织的工作；③各级人大和政府的主要领导多为各级党委委员，有的党委书记兼任同级人大常委会主任，而政府首长则一般兼任党委副书记。

价值引领6-1　　　　　　　　**大力弘扬南水北调精神**

南水北调精神是经过社会主义革命和建设时期、改革开放和社会主义现代化建设新时期、中国特色社会主义新时代三个时期形成的民族精神和时代精神，集中体现了我们党以人民为中心的发展理念和党的根本宗旨。

南水北调精神是时代的丰碑，承载着中华儿女的理想信念和精神追求。弘扬南水北调精神，要在创造性转化和创新性发展中赋予其具有时代气息的内涵，这也是赓续红色血脉，用伟大精神滋养伟大事业的内在要求。

弘扬南水北调精神，要回答好我是谁，解决好为了谁的问题。"调水为民"是南水北调精神鲜明的价值旨归。中国共产党是为人民谋幸福、为民族谋复兴、为世界谋大同的政党。习近平总书记指出，"人民是我们党的工作的最高裁决者和最终评判者""全党同志无论职位高低，都要把人民拥护不拥护、赞成不赞成、高兴不高兴、答应不答应作为衡量一切工作得失的根本标准"。

弘扬南水北调精神，要回答好从哪里来，解决好依靠谁的问题。"我们党来自于人民，为人民而生，因人民而兴，必须始终与人民心心相印、与人民同甘共苦、与人民团结奋斗。"人民是党执政的最大底气，是建国立国兴国的坚实根基、强党兴国的根本所在。必须始终坚持人民立场、群众观点。南水北调由战略构想变成现实，创造了不可能的人间奇迹，依靠的是群众力量和智慧。

弘扬南水北调精神，要回答好到哪里去，解决好怎么办的问题。我们党肩负实现中华民族伟大复兴的使命，伟大事业始于梦想而成于实干。"社会主义是干出来的"，"撸起袖子加油干"也正是南水北调精神的落脚点。坚持发展为了人民、依靠人民、发展成果由人民共享，就会有正确的发展观、现代化观。要弘扬南水北调精神和以人民为中心的发展理念，提升为民服务本领，锐意改革，踔厉奋发，推动中国式现代化建设河南实践不断取得新突破，为强国建设、民族复兴伟业作出新的更大贡献！

资料来源　刘明定.弘扬南水北调精神，谱写新时代中原更加出彩的绚丽篇章［EB/OL］.（2024-09-29）［2024-11-12］.https://theory.dahe.cn/2024/09-29/1824380.html.

感悟："人无精神则不立，国无精神则不强。"推动中国式现代化建设河南实践不断取得新突破，要弘扬南水北调精神，在强国建设、民族复兴新征程上奋勇争先、更加出彩。

6.3 行政决策的程序与方法

6.3.1 行政决策的程序

行政决策程序，也称为行政决策过程，即进行行政决策的步骤。我国行政学界一般把决策程序划分为四个阶段八大步骤：

1）情报活动阶段——发现问题，确定目标

（1）发现问题。问题是指行政运行中出现的偏离或背离既定目标的现象或情况。问题是引发行政决策的起因，解决问题则是行政决策的出发点或目的。决策的过程就是认识问题、解决问题的过程。要解决问题，首先就应明确问题。其第一步是界定问题，即了解问题的性质、范围、程度和特征，以及它的价值、影响等。第二步是分析原因，即找出产生问题的原因，包括主要原因和次要原因、客观原因和主观原因。把问题的原因弄清楚了，等于把问题解决了一半。发现问题要求信息渠道畅通、掌握实情，搞清问题的性质、时间、地点、范围、原因等，抓住全局性的、主要的、重点的问题。

（2）确定目标。明确问题后，就要为决策确定目标。确定目标要根据客观需要和现实可能，不能凭主观愿望。目标定得太高，超过客观需要和现实可能，可能实现不了；目标定得太低，则不利于发挥潜力和解决问题。决策目标应当错落有致、主次分明，分清轻重缓急和从属关系，并清晰可行。也可以把全部目标分为"最低目标"和"期望目标"两类，按轻重缓急排好顺序，以便于决策。目标的表述应当明确，一般应包括一定的数量概念、时间概念和约束条件，尽量地具体化、标准化、定量化。确定目标是行政决策的前提，它能为决策提供明确的准则和方向，统一组织内部各类人员的思想观念，为方案的优选提供标准。行政目标有以下几个来源：一是人大制定的法律；二是上级机关下达的目标；三是党的政策规定的目标；四是行政机关自身确定的目标。

2）设计活动阶段——科学预测，拟订方案

（1）科学预测。预测是对客观事物未来发展趋势和状况的预见和推测。决策总是面向未来的，为提高决策的成功率，决策者必须坚持实事求是的原则，从国情和地区的实际出发，掌握第一手资料。在掌握大量相关信息的基础上，运用科学的预测方法，通过丰富的想象、严密的分析、周详的论证、准确的判断，预测出决策对象及其环境与条件在未来的发展趋势和状况。在科学技术高度发达、社会发展变化越来越快的情况下，对决策进行科学预测不仅非常必要，而且具备了条件和手段。

（2）拟订方案。这一阶段就是根据确定的目标和调查资料拟订解决问题方案的阶段。要尽量把能想到的方案都列出来，这就需要有广阔的思路和创新精神。有的要依靠并发挥参谋咨询系统的作用，集思广益。也可采用已被管理学界广泛采用并已证明是行之有效的创造方法和启发思维的组织形式，如头脑风暴法、德尔菲法、对演法以及调查会、诸葛亮会、"三结合"现场会等。设计方案一般要分三步走：一是广开思路，探索和搜集一切可能的途径和方法；二是精心设计，严密分析；三是对全部备选方案可能的后果进行对比评价，对比的直接目的是显示不同方案的特点和优势，作为选择的依据。

3）抉择活动阶段——分析评估，择定方案

（1）分析评估。它是抉择的基础，指对各种备选方案进行全面分析。其主要包括：①可行性分析。从政治、经济、行政、法律、财政、技术等各个方面分析方案是否具有实施的可能性，并对方案的目标、根据、方法、人员、时间、空间的可行性进行全面的分析。②优劣性权衡比较。分析方案的政治影响、社会效益、经济效益、行政效率和操作难度，对各个方案的利害轻重进行权衡比较。③风险性及化解能力分析。估计每个方案实施过程中可能会出现的问题及影响，分析相应的应变和防范措施是否得力与得当，估计对可能出现的风险损失的化解能力。

（2）择定方案。依据决策目标、价值标准，权衡"最优"与"满意"。选择方案是行政决策的关键，即在对各种可行方案分析比较、评估权衡的基础上，选择或综合选出一个最佳方案，形成决策。在此阶段，应抓好以下环节：第一，确定优选方案的标准。不同的决策内容在具体标准上有所差别，其基本标准有价值标准（即各项价值指标的价值系统，包括经济效益、社会效益、学术效益等）、优化标准（即最理想的标准应是投入量小、副作用小）、时效标准（即不失时机）等。第二，组织专家评选方案。必须组织专家，运用科学知识、现代技术和设备，对备选方案做进一步分析、评价、论证，充分比较各方案的优劣。

4）审查活动阶段——实施反馈，追踪决策

（1）实施反馈。行政决策作出后，决策活动并没有完结，还必须有一个反馈、评价和调整的过程。这就要求建立决策跟踪反馈制度，对行政决策的社会效果进行跟踪，搜集社会对行政决策的评价，并根据实施过程中反映出来的问题，适时进行调整和完善。同时，经济社会变动不断，形势变化了、决策依据的前提改变了，决策也需要适时作出调整。

（2）追踪决策。当发现决策环境发生变化或决策存在缺陷时，要及时进行调整。如果决策实施效果与决策目标要求基本一致，只是在某些局部问题上有偏离，那么可对原有决策作出局部调整；如果偏离太大，就需要对原有决策作出重大修改；如果在决策实施过程中出现了不可预见的重大事件，导致事物发展方向和发展进程发生改变，使原有决策无法继续实施，那就必须重新进行决策。

上述行政决策程序是就复杂决策活动的一般逻辑顺序而言的，对于相对简单的决策问题，也可参照上述决策程序，加以灵活地把握和运用。

案例解读6-1　　　　　**南水北调工程追踪决策——目标调整**

国务院南水北调工程建设委员会（2018年并入中华人民共和国水利部）第二次全体会议研究确定的建设目标是：东线一期工程2007年通水、中线一期工程2010年通水。国务院南水北调办公室根据东、中线一期工程可行性研究总报告的总工期和当时黄淮海地区水资源短缺的形势，结合南水北调工程建设实际及征地拆迁工作需要，研究编制了东、中线一期工程建设网络计划和建设目标，将南水北调东、中线一期工程建设目标调整为：东线一期工程2013年通水；中线一期工程2013年完成主体工程，2014年汛后通水，后经国务院南水北调工程建设委员会第三次全体会议研究通过。

资料来源　根据中华人民共和国水利部网站资料整理。

分析：这仅是南水北调项目追踪决策的一例。事实上，在决策技术受限、决策信息不对称、决策环境发生变化等诸多情况下，决策存在缺陷在所难免，采用追踪决策进行修订格外重要。

6.3.2 行政决策的方法

课程动画 6-2

行政决策的方法

1）调查研究方法

调查研究是人们有目的、有意识地认识社会事务和社会现象的一种自觉的活动。调查就是通过对客观事物的考察、度量，来搜集反映社会现象和社会事务的数据、资料与信息，从而获得对客观事物的感性认识，也就是客观事物的"实然"，即客观事物与现象的实际状况。研究就是通过对感性材料的审查和思维加工，以求得对客观事物本质规律的认识，即客观事物的"应然"，也即社会事务、社会现象应当发展与变化的规律性。

（1）抽样调查法。它是非全面调查的一种主要方法，是按照随机原则从总体中抽取部分单位作为样本进行观察，并用观察结果推断总体数量特征的一种调查方法。抽样调查与其他非全面调查相比，具有如下特点：①按照随机原则抽取被调查单位；②以推断总体为目的，而且能够对推断结果的可靠性作出数学上的说明。

（2）问卷法。它也称问卷调查法，是调查者运用统一设计的问卷向选取的调查对象了解情况或征询意见的调查方法。其中，问卷是社会调查研究中搜集资料的一种工具，是一份精心设计的问题表格，用以测量人们的特征、行为和态度，以及社会事务、社会现象的有关情况。根据问卷分发和回收形式的异同，问卷法可分为直接发送法（访谈发送法）和间接发送法（报刊发送法、电话发送法、网络发送法和邮政发送法）。问卷调查的实施步骤包括设计问卷、选择调查对象、分发问卷、回收问卷等。问卷法在社会调查研究中发挥着重要作用，现代社会抽样调查使用的主要方法就是问卷法。

（3）观察法。它是指人们在一定的理论指导下，根据一定的目的，用人的感觉器官（主要是视觉器官）或借助于一定的观察仪器和观察技术，对社会生活中与人们行为相关的各种资料进行搜集的过程。科学的观察法应具有如下特点：①是具有研究目的的观察；②是在一定理论指导下进行的观察；③是对物质世界的客观观察。

（4）文献法。利用各种文献记录所隐藏的大量资料来进行社会学研究的方法就是文献法。文献资料主要有三个来源：①政府和各种机构的各种统计资料和档案；②大众传播媒介，包括电影、电视、广播、报刊等介绍的信息；③在实践中积累的社会学方面的研究资料。

（5）访谈法。它的实质就是研究性交谈，是以口头形式，根据被询问者的答复搜集客观的、不带偏见的事实材料，以准确地说明样本所要代表的总体的一种调查方法。用访谈法搜集信息资料是通过调查者与调查对象面对面直接交谈的方式实现的，具有较好的灵活性和适应性。访谈广泛适用于社会热点问题调查、专项改革调查、咨询等，既有事实的调查，也有意见的征询，更多用于个性、个别化研究。

拓展学习 6-2

决策要多些
"听而善纳"

2）预测研究方法

（1）专家会议法。这是指以专家为索取信息的对象，通过会议讨论的形式，对决策对象未来的发展趋势和状况进行分析和判断的预测方法。专家会议法往往被用于项目规模宏大且环境条件复杂的预测情境，是一种经常使用的预测研究方法。其最明显的优势在于当缺少足够的统计数据和没有类似经验可以借鉴时，它能够获得非常好的预测效果。但是如果权威人物影响较大，容易出现"乐队效应"，表现出从众倾向。

（2）头脑风暴法。它又称畅谈会法，是公关策划中最常用的产生创意的方法。头脑风暴法是指利用群体共同探讨和研究，通过相互间的某些激励形式，以提供能够相互启发、引起联想的机会和条件，使大脑处于高度兴奋状态，不断地提出新颖、新奇的有创意的思维方法。实施头脑风暴法的关键环节是群体激励，遵循"无批评"的原则，即在讨论中让大家畅所欲言，不能评论别人的意见，即使是非常荒诞无稽的看法也应受到尊重，不存在权威的意见，与会者人人平等，谁也无权得出结论。

（3）德尔菲（Delphi）法。德尔菲是古希腊的一个地名，是阿波罗神殿的所在地。后人用德尔菲比喻神的高超预见力，由美国兰德公司命名并首先使用，是对传统专家会议法的改进和发展。德尔菲法采用匿名通信和反复征求意见的形式，使专家们在互不知晓、彼此隔离的情况下交换意见，这些意见经过技术处理后会得出预测的结果。一般来讲，经过三轮或四轮调查后，专家意见会比较集中，这时就可以把最后一轮调查得到的结果作为专家小组的意见。

（4）回归分析法。在现实生活中，人们发现某些变量之间存在着一定的因果关系，一个变量的变化总会引起另一个变量的变化。当人们能够准确地测定其数量关系时，变量间就表现为函数关系。所谓回归分析法，就是根据相关因素的大量实测数据来近似地确定数量间函数关系的分析方法。

（5）趋势外推法。这是一种把对象从过去到现在的发展外推到未来的预测方法。其基本理论是：决定事物过去发展的因素，在很大程度上也决定该事物未来的发展，其变化不会太大；事物发展过程一般都是渐进式的变化而不是跳跃式的变化，掌握事物的发展规律，并依据这种规律推导，就可以预测出它的未来趋势和状态。利用趋势外推法预测有 6 个阶段：①选择应该预测的参数；②搜集必要的数据；③用图解形式处理这些数据；④趋势外推；⑤预测说明；⑥利用统计方法，预测结果的可能性。

3）方案研究方法

（1）列举筛选法。它是指将所有已知的思路和办法全部列举出来，首先从中淘汰那些不符合决策目标和现行法律规定的内容，然后淘汰那些客观条件不允许的内容，最后淘汰主观条件难以达到的内容。

（2）发散思维法。它是指从给定的信息中产生出新的信息。其侧重点是从同一来源中产生各种各样的为数众多的信息输出，并使其发生转换作用。通俗地说，发散思维法是针对一个问题，沿着各种不同的方向思考，从多方面提出解决问题的方案，寻求各种各样的解决办法，以求得解决问题的最佳答案的思维方法。

（3）逆向思维法。它也是一种求异思维方法，要求从已知方向的反面提出问题并解决问题。"欲擒故纵"就是一种典型的逆向思维模式。

（4）决策树法。它适用于风险决策，是风险决策问题直观表示的图示法。因为图的形状像树，所以被称为决策树。决策树法方便简洁，层次清楚，能形象地显示决策过程。决策树法把决策过程用树状图来表示，树状图一般由决策点、方案分支、自然状态点、概率分支和结果点等几个关键部分构成。

（5）方面排除法。它是一种对决策方案进行同时性选择的有效方法。一般来说，决策方案的选择都是多属性的。例如，就选购汽车的决策来讲，可以根据价格、座位数、速度、颜色等属性来进行选择。根据方面排除法的要求，在选择过程的每一阶段，都要根据重要程度的差别从多种属性中挑选出某一属性，以此为标准对方案作出评价。不符合这一属性要求的就要予以排除，即不在以后阶段的比较选择中继续考虑这些方案。

（6）组合排列法。它是在工作任务的不同组合排列中进行选择，以取得满意结果的一般性决策方法。

行政视野 6-3　　　　　　　　　　　　　　**决策方法应用**

南水北调工程论证期间，政府邀请国家智库、专业机构和各领域的110多名院士，采用调查研究、预测研究和方案研究方法进行反复调查论证，尤其是对涉及面广、与人民群众利益密切相关的决策事项，通过举行座谈会、听证会、专家论证会等形式广泛听取社会各界的意见，最终作出根据国力、分步实施的决策。

4）借助智能决策支持系统辅助政府决策

智能决策支持系统（IDSS）是计算机管理系统向智能化和产业化发展的第四代产物。其特点是：将人工智能的概念、方法和技术，如专家系统、知识工程模式识别、图像处理、神经网络引入计算机管理系统，以提高系统的智能水平。在办公信息系统 OA、决策支持系统（DSS）和管理信息系统（MIS）的基础上扩展计算机管理系统的功能，开发具有全方位管理的集成化系统。

（1）智能决策支持系统有利于解决信息孤岛问题。人工智能决策系统能把企业信息化的数据孤岛整合起来，提供一个全局的视图，在各个领域各个部门中找到政府与社会团体、政府与市场、政府与企业需求间的关系，以降低决策失误的风险性。

目前政府管理都面临三个决策难题：信息孤岛仍然存在，由于认识能力有限和决策技术单一造成内、外部信息没有较好地实现系统集成和共享；决策者的知识储备和决策能力有限，影响对决策机会细节的分析和把握；经验型为主的决策使决策的科学性和合理性大打折扣。选择适用的人工智能决策辅助系统帮助决策，可以不同程度地帮助决策者解决上述难题。

（2）智能决策支持系统的应用。目前，许多政府已经引入和应用了一些人工智能决策系统辅助决策，并建设了一些决策平台，取得了不错的决策效果。这样的系统目前有很多，政府需要根据自己的实际进行量身定制。

政府决策智能化是大势所趋，借助智能决策支持系统辅助政府决策和执行，对提高决策的科学性和有效性大有益处。

案例解读 6-2　　　　　　　**金华开发区创新推出"智会通"决策平台**

2021年6月26日，金华开发区"智会通"决策平台在开发区各部门、8个乡镇街道、6家国资公司全面投入使用。经过8个月试运行，这一通过数字赋能有效缩短决策时长、减少会议次数的自主研发创新平台，在全区推广运用。

会议多、会时长，是当前各级领导干部反映的焦点问题之一。然而许多决策型会议，按照程序必须开。如何破解这一矛盾？金华开发区从网络视频会议中得到启发，开发了"智会通"决策平台，通过错时开会，让领导干部随时随地利用碎片化时间参与议题研判。

作为网络实时视频会议系统的升级版，该决策平台通过互联网云端搭建，由议题提请单位把需要决策事项的视频、音频、文字等相关资料以及通过大数据对该议题进行分析、比对的结果上传后，领导干部可以随时随地通过手机端收听收看不低于平台设置的最少时限，充分吃透议题后，根据自己对该议题的研判发表意见。会议主持人在意见统一后对补充完善后的议题进行表决，最后形成决议。审议通过的议题，相关部门可以及时予以组织实施。目前，开发区的普通议题走决策流程用时从平均9天下降到3天，紧急议题一天办结，决策效能明显提高。

"智会通"决策平台是开发区创建省高能级战略平台推出的数字化改革组合拳之一，通过"平台+大脑"对需要决断的事项进行相关数据和信息智能分析、研判评价，推动科学决策和高效执行，同时把干部从会议中解脱出来，可以有更多时间"更自由"地跑基层、跑招商。

开发区党政办主任金承祎说，以往办公室安排开会最难的就是人难凑。开发区体制机制特殊，领导干部人少事多，许多工作又都是机会不等人，很多时候会期需要一改再改；好不容易开会了，因为往往是会前才发放资料，议题多的时候，有的领导干部连情况都来不及熟悉就要发表意见、参与表决。有了"智会通"决策平台，这一难题迎刃而解。

线下会议虽有会议记录，但记录不全、偏差也偶有发生。"智会通"决策平台对所表决议题音频、文本等资料进行整理存档，实现云端和纸质双备份，并通过大数据留存云端，翻查起来明明白白、清清楚楚。同时，"智会通"决策平台通过的议题，还要在线下会议时进行确认，既提高议事效率，又确保程序合规，切实推进决策的科学化、民主化、规范化。

"智会通"决策平台试运行8个月以来，开发区书记会、党工委会议、主任办公会议的简单议题会上研究讨论时间缩短90%以上，单次会议决策议题增加两倍，会议次数下降一半以上，领导干部有更多的精力投入招商引资、经济社会事业发展。今年一季度，该区生产总值同比增长23.1%，两年平均增幅7%；截至4月底，该区吸引43个重点优质企业项目落户，总投资99亿元。

资料来源　周星亮，许新云. 金华开发区创新推出"智会通"决策平台［EB/OL］.（2021-06-28）［2024-11-12］. http://www.rmlt.com.cn/2021/0628/617473.shtml

分析：智能决策平台可以弥补人脑和人力决策的"有限性"，解放人力去做更多的学习、调研、思考、规划、落实工作，既有助于提高决策质量和效率，提升经济和社会效益，同时也有助于公务人员的身心健康和"大脑"发展。机器"专家"系统需要与时俱进，人的"大脑"在情境差异和变化中得到丰富和完善，二者结合才能使决策更科学合理，更有效，使服务对象更加满意。现阶段决策应注意机器与"大脑"结合的问题。

6.4　行政决策的民主化、科学化与法治化

行政决策是行政管理的首要环节和各项管理功能的基础。随着社会主义市场经济的发展和科学技术的影响，民主化、科学化已成为现代行政决策的必然要求和有效决策形成的重要保证。历史经验告诉我们，决策的失误是最大的失误。在我国，各级行政机关行使着很大的权力，掌握着许多资源，决策稍有不慎，就会造成不可挽回的损失。特别是在当前各级政府的经济社会发展任务十分繁重的情况下，只有把行政决策纳入规范化、制度化、法律化的轨道，坚持科学民主决策，集中全国人民的智慧，团结一切可以团结的力量，调动一切积极因素，确保行政决策的正确性，才能建成法治政府。党的二十大报告指出："坚持科学决策、民主决策、依法决策，全面落实重大决策程序制度。"深入研究和探讨行政决策体制的民主化、决策程序和方法的科学化，对我国现代行政决策的发展具有一定的理论意义和实践意义。

拓展学习6-3

决策科学方能确保改革落实有力

6.4.1　行政决策的民主化、科学化与法治化的含义

行政决策的民主化是指决策者在实施行政决策过程中应充分发扬民主，充分听取广大群众、咨询系统和专家的意见，保障人民群众充分参与决策过程，体现和反映人民群众的意愿和要求，代表他们的根本利益。

行政决策的科学化是指行政决策应当遵循行政管理的客观规律，严格按照决策科学的理论、决策程序、决策原则和决策方法来进行。也就是说，决策的内容必须是科学的，要符合经济、社会发展规律，有利于解放和发展生产力，并得到广大人民群众的普遍认同和拥护。决策的方法也必须是科学的，从实际出发，运用科学的方式，选择最佳的决策方案。

行政决策的法治化意味着在决策领域必须建立、健全一系列法律规范，明确界定各级政府、政府各部门的行政决策权，确立完善的内部决策规则。决策的整个过程都必须严格地遵循法律的制约和规范，必须坚持法律保留和法律优先的基本原则，确保各种决策以及决策的各个环节都在法律规定的范围内进行。

依法决策、科学决策、民主决策是行政决策的基本要求，其中依法决策是前提和基础，科学决策是核心和目标，民主决策是保障。最重要的是要建立决策责任制度，以避免行政决策失误、错误的发生。若没有责任追究制度，政府依法决策就是一句空话，科学决策和民主决策也将失去保障。

6.4.2　实现行政决策的民主化、科学化与法治化的途径

1）建立、健全公众参与、专家论证和政府决定相结合的民主决策机制

要实现决策的科学化、民主化，就必须完善深入了解民情、充分反映民意、广泛集中民智、切实珍惜民力的决策机制。其中，关键是要实行公众参与、专家论证和政府决定相结合的民主决策机制。

首先，要保障人民群众参与决策。不断增加人民群众实际参与政府决策的机会，完善人民群众参与政府决策的制度。对于社会涉及面广、与人民群众利益密切相关的决策

事项，应当向社会公布。在社会公示的前提下，通过听证会、论证会、座谈会等多种方式征求意见，确保民众参与度，广泛听取各领域和各阶层公众的意见，尤其是采集反馈和论辩意见，推进决策合法化和科学化。

其次，要发挥专家在决策论证中的作用。实现决策的合法化、民主化和科学化，要求有强有力的专家咨询来支撑。必须建立有效的协调和沟通机制，使行政决策和专家咨询很好地结合起来。在西方发达国家，政府往往借助社会咨询机构帮助政府决策，各种官方和非官方的咨询机构在政府的决策过程中都发挥着重要的作用，这种做法值得我们借鉴。在健全我国的行政决策机制的过程中，我们要加强研究咨询机构建设，充分发挥专业咨询机构在行政决策中的作用，为科学民主决策提供依据。

最后，要提升行政机关的决策能力和水平。行政机关是行政决策的主体，是行政决策的最终决定者。因此，必须提升行政机关特别是各级行政首长的科学、民主决策能力和水平。决策前，要走群众路线，深入调查研究，广泛听取意见，特别是基层的意见，进行反复比较、鉴别和论证；在决策过程中，要严格执行民主集中制，充分发扬民主，认真听取不同意见，在民主的基础上实行正确的集中，防止久拖不决；在作出决策后，必须坚决执行，防止各行其是。为此，必须建设一支合格的、素质较高的决策干部队伍，选拔那些德才兼备、为人民服务、有科学民主决策素质和能力的干部。

2）遵循科学决策的程序和方法，提升行政决策的质量

行政决策是一个过程，决策过程需要严格的程序来控制，才能产生科学决策。要规范领导决策程序，防止决策权的滥用。古今中外，众多决策实践已经充分证明，没有严格、规范的决策程序就会造成决策行为的混乱和决策权的滥用，严格、规范的决策程序是领导决策科学化的可靠保证。从决策议题的提出，到调查研究、开会讨论形成多种决策备选方案，以及聘请专家咨询、论证和进行可行性分析以选出最优方案，再到决策领导层表决通过，各个环节都必须有严格的规范，以使行政决策过程有例可循。

同时，在行政决策中，要不断扩大计算机技术、现代通信技术和数学分析方法在行政决策领域的应用范围，编制行政决策数学模型和领导决策管理软件，对具体决策对象的大量复杂信息进行综合性定量分析，提供多种行政决策备选方案，从多种决策备选方案中选择最优方案，以提高行政决策的可行性、时效性和准确性。

3）建立、完善行政决策的监督和责任追究制度

加强对行政决策活动的监督，严格责任追究制度，这是堵塞决策漏洞、避免利用决策权力搞腐败的重要途径。只有人民群众监督政府，政府才不会滥用手中的决策权力。只有加强监督，政府才能更好地聚民意、集民智、凝民心，提高决策水平和效率，减少和防止决策失误，也才能保证行政机关清正廉洁。改革开放以来，我国已经建立了不少监督制度，有权力机关的监督、政协的民主监督和司法监督、行政系统内部监督以及新闻舆论监督等。目前的迫切任务是要使这些监督制度有效运作起来，并落到实处。要按照"谁决策，谁负责"的原则，建立、健全决策责任追究制度，实现决策权和决策责任相统一。明确每个决策者在决策中的作用和权限，以及应当承担的相应责任。哪个环节发生决策失误，就在哪个环节追究责任。对于超越法定权限，违反法定程序，损害国家、集体的利益和公民合法权益的决策行为，要严肃追究决策者的党纪责任、政纪责任

和法律责任。

任务实施与评价

◉ 任务实施

【背景资料】

南水北调工程决策过程

1.决策过程

（1）项目建设前期

1952年，毛泽东同志在视察黄河时首次提出南水北调的宏伟构想，1953年2月亲自到武汉视察汉水两岸。1958年8月《中共中央关于水利工作的指示》第一次正式提出南水北调。1959年中科院、水利电力部在北京召开的"西部地区南水北调考察规划工作会议"确定南水北调指导方针。1978年五届全国人大一次会议通过的《政府工作报告》正式提出："兴建把长江水引到黄河以北的南水北调工程。"历时27年，经过众多机构、部门对我国水资源分布情况的深入调查了解，经过对北方地区用水危机问题的长期思考和论证，通过对整体与局部、经济发展和生态平衡关系的长期谋划后，作出南水北调的战略决策。

（2）项目研究论证阶段

1979年12月，水利部正式成立南水北调规划办公室，统筹领导协调全国的南水北调工作。1987年7月，原国家计委正式下达通知，决定将南水北调西线工程列入"七五"超前期工作项目。1991年4月，七届全国人大四次会议将"南水北调"列入"八五"计划和十年规划。1992年10月，中国共产党第十四次全国代表大会把"南水北调"列入中国跨世纪的骨干工程之一。1995年12月，南水北调工程开始全面论证。2000年6月5日，南水北调工程规划有序展开，经过数十年研究，南水北调工程总体格局定为西、中、东三条线路，分别从长江流域上、中、下游调水。通过三条调水线路与长江、黄河、淮河和海河四大江河的联系，构成以"四横三纵"为主体的总体布局，以利于实现中国水资源南北调配、东西互济的合理配置格局。

（3）项目规划制定及审批阶段

1972年水利电力部组织有关部门研究东线调水方案，1976年提出《南水北调近期工程规划报告》并上报国务院。

1990年提出《南水北调东线工程修订规划报告》，后经多次修订，最终由淮河水利委员会会同海河水利委员会编制了《南水北调东线工程规划（2001年修订）》。

2001年5月《南水北调城市水资源规划》经过多次论证后基本完成。

2002年年初水利部编制完成了《南水北调工程总体规划》，10月10日经中共中央政治局常务委员会会议审议通过，12月23日获国务院正式批复。

（4）项目实施阶段

东线工程于2002年12月27日正式开工，标志着南水北调工程进入实施阶段。

2003年12月30日中线一期工程正式启动。

2008年9月28日，中线京石段应急供水工程建成通水。11月25日，中线丹江口库区移民试点工作全面启动，2012年9月搬迁全面完成。

2009年2月26日，东、中线七省市全部开工。

2010年3月31日，丹江口大坝54个坝段全部加高到顶，标志着中线源头工程取得重大阶段性胜利。

（5）试运行验收阶段

2013年5月31日—12月25日，南水北调东线一期工程全线通水验收，工程正式通水运行，中线干线主体工程基本完工。

2014年6月5日—12月27日，分别对中线黄河以北和以南总干渠、穿黄工程隧洞开始充水试验，中线工程一期正式通水运行，来自丹江口水库的江水正式进入北京市民家中，北京市南水北调调水运行管理中心开启24小时不间断值守。

2016年，北京市平原地区地下水位实现止跌回升，至2019年储量增加13.9亿立方米，该市直接受益人口超过1200万。

2020年6月1日，南水北调中线干线工程正式完成"体检"，全面恢复通水，密云水库水源逐步切换成南水北调中线水源。

2. 项目管理体制

南水北调工程管理体制总体框架分为3个层次：

第一层次：成立国务院南水北调工程项目领导小组，国务院总理任组长，有关部门、省直辖市政府负责人为成员。领导小组下设办公室，办公室依托在水利部，负责日常工作。领导小组的主要职能是制定南水北调工程建设、运行的有关方针和政策，负责协调决策工程建设与管理的重大问题。2020年以前，项目由水利部代表国务院管理。2020年10月23日，伴随国有独资企业中国南水北调集团有限公司正式揭牌，项目转归国务院国资委管理。

第二层次：按照政企分开、建立现代企业制度的要求，由中央政府授权的出资人代表和地方政府授权的出资人代表共同组建有限责任公司，作为项目法人，负责主体工程的筹资、建设、运行、管理、还贷，依法自主经营。在这个公司中，中央资本金大于沿线各地共同出资，实现中央控股。

第三层次：工程沿线各省、直辖市组建地方性供水股份公司，作为项目法人，负责其境内与南水北调主体工程相关的配套工程建设、运营与管理，以及境内南水北调工程的供水与当地水资源的合理调配。2021年11月9—10日，南水北调东线山东干线有限责任公司，在东线一期山东境内调度运行管理系统完成项目法人验收工作。

3. 风险决策与预期效益

对南水北调项目存在的风险，决策层组织专家作了充分调研和评估，制定了防范预案。例如，对人们担心的冬季渠道结冰、可能引发冰塞/冰坝事故的风险，从输水管线地下深度、冰期输水方式、防冻设备、除冰方法等层面制定了技术防范和管理措施。

南水北调决策，从1952年提出伟大构想，到2014年东、中线一期工程建设目标全面实现，其预期效益已经在社会效益、经济效益和生态效益三个方面得到体现，该工程也成为功在当代、利在千秋的战略性基础设施。如今，南水已成为包括北京在内的多个北方重要城市生活用水的主力水源。截至2021年4月初，南水北调累计调水418.55亿立方米，相当于超过2 989个西湖的水量，1.2亿人口直接受益。

4.后续工程建设

南水北调西线工程要继续规划和组织实施，各个阶段的管理制度需要完善，调水区水源污染需要防范和治理，调水沿线和受水区城市的高耗水工业及服务业需要合理布局和有效控制，后续工程建设都要求科学化、民主化、智能化决策来保证。

资料来源　根据中华人民共和国水利部网站资料整理。

要求：阅读背景资料，回答表6-1中的问题。

表6-1　　　　　　　　　　　　　　任务分析表

任务类型	分析问题	内容要求
分析行政决策机构的类型	分析案例中涉及的决策机构中哪些是中枢机构？哪些是咨询机构？哪些是信息机构？	请根据决策机构类型的知识，结合背景资料具体说明所问问题
分析行政决策的特征	从南水北调项目决策中你看到了决策的哪些特征？	请根据行政决策特征的知识，结合背景资料具体说明所问问题
分析行政决策的原则	案例中体现的决策原则有哪些？具体内容是什么？	请根据行政决策原则的相关知识，结合背景资料具体说明所问问题
分析行政决策与计划的程序	南水北调决策过程是完全按照决策程序进行的。决策程序的阶段和步骤是怎样划分的？结合案例说明决策程序的内容	请根据行政决策程序的相关知识，结合背景资料具体说明所问问题
分析行政决策和计划的方法	举例说明背景资料中都使用了哪些决策和计划方法？	请根据行政决策和计划方法的相关知识，结合背景资料具体说明所问问题

◉ 任务评价

任务评价见表6-2。

表6-2　　　　　　　　　　　　　　任务评价表

评价项目	评价要点	权重（%）	自评	师评
能够描述决策机构的类型、职能和管理体制（20分）	（1）能够应用行政决策体制的机构构成的知识、结合案例素材准确说出南水北调项目决策的机构，如中枢机构的名称及其职能、咨询机构的名称及其职能、信息机构的名称及其职能	15		
	（2）能够说出项目管理体制的内容	5		
能够分析决策的特征（20分）	能够根据行政决策的特征的知识，准确分析并说出南水北调项目决策的主要特征，如决策主体、决策内容、决策实施、决策依据、决策性质	20		

评价项目	评价要点	权重（%）	自评	师评
能够说明行政决策原则的内容（22分）	能够根据行政决策原则的知识、结合案例素材分析南水北调项目决策遵循了哪些决策原则，并分别说出这些原则的具体内容，包括民主原则、法治原则、公正原则、可行原则、优化原则、动态原则、效益原则、系统原则	22		
能够说明行政决策程序的内容（20分）	能够说明决策程序每个步骤包含的具体内容，包括情报活动阶段——发现问题，确定目标；设计活动阶段——科学预测，拟订方案；抉择活动阶段——分析评估，择定方案；审查活动阶段——实施反馈，追踪决策的具体内容等	20		
能够说明行政决策的方法（18分）	能够根据行政决策方法的知识，结合案例素材，分析南水北调项目决策中使用的方法及其具体内容，包括调查研究方法、预测研究方法、方案研究方法、智能决策、专项规划法、计划评审法等	18		
总分		100		

任务测试与应用

⊙ 任务测试

1.选择题（将正确的选项填在括号内）

1.1　单选题

（1）中国政府每年发布的节假日放假安排的决策属于（　　）。

A.常规决策　　　　B.非常规决策　　　C.确定型决策　　　D.原有决策

（2）内阁掌握国家行政权，国家元首只是名誉"虚位"的制度是（　　）。

A.宗教领袖型　　　B.议会-总统制　　　C.议会-内阁制　　　D.议会-委员会制

（3）按照随机原则从总体中抽取部分单位作为样本进行观察，并用观察结果推断总体数量特征的一种调查方法是（　　）。

A.抽样调查法　　　B.问卷法　　　　　C.观察法　　　　　D.访谈法

（4）实施（　　）的关键环节是群体激励，遵循"无批评"的原则，即在讨论中让大家畅所欲言，不能评论别人的意见。

A.专家会议法　　　　　　　　　　　B.头脑风暴法

C.德尔菲（Delphi）法　　　　　　　D.回归分析法

（5）智能决策支持系统（IDSS）是计算机管理系统向（　　）发展的第四代产物。

A.科学决策　　　　　　　　　　　　B.民主决策

C.依法决策　　　　　　　　　　　　D.科学决策和民主决策

随堂测验6-1

任务6

1.2 多选题

（1）行政决策的原则包括（　　　）。

A.民主原则　　　　　B.优化原则　　　　　C.动态原则　　　　　D.效益原则

（2）方案研究方法包括（　　　）。

A.列举筛选法　　　　B.趋势外推法　　　　C.决策树法　　　　　D.回归分析法

（3）实现行政决策的民主化、科学化与法治化的途径包括（　　　）。

A.保障人民群众参与决策

B.发挥专家在决策论证中的作用

C.加强对行政决策活动的监督，严格责任追究制度

D.遵循科学决策的程序和方法

（4）在分析评估中对各种备选方案进行全面分析，主要包括（　　　）。

A.可行性分析　　　　　　　　　　B.优劣性权衡比较

C.简便性分析　　　　　　　　　　D.风险性及化解能力分析

（5）行政决策的作用包括（　　　）。

A.行政决策在行政管理中居于核心地位

B.行政决策正确与否直接关系到行政管理的目标能否实现

C.行政决策是行政领导的重要职能和技能

D.行政决策是实施国家行政管理职能的必要措施

2.判断题（在题后的括号内打"√"或"×"）

（1）行政决策是行政管理中最本质的东西，是一切行政管理活动的基础。　（　　）

（2）行政决策是行政管理过程的开始，但不是各项管理功能的基础。　　（　　）

（3）2021年全国水利工作会议作出的"十四五"时期将建设以水灾害防控、水资源调配、水生态保护功能一体化的国家水网的决策，是一种战术性决策。　　（　　）

（4）任何一项行政决策的制定都必须着眼于未来，保持一定可调节的弹性，以辩证的思维方式进行决策，留有余地，准备应变性措施。　　（　　）

（5）信息机构是行政决策的核心部门。　　（　　）

3.简答题

（1）行政决策的类型包括哪些？

（2）完整的行政决策过程包括哪些环节？

（3）如何实现行政决策的民主化和科学化？

（4）结合实际说明如何使行政决策可行。

◎ 技能应用

【案例分析】

《重大行政决策程序暂行条例》出台——让行政决策权在阳光下运行

《重大行政决策程序暂行条例》（以下简称《条例》）自2019年9月1日起施行。

《条例》分6章共44条，对重大行政决策事项范围、重大行政决策的作出和调整程序、重大行政决策责任追究等方面作出了具体规定。

　　《条例》明确了重大行政决策事项范围，包括制定有关公共服务、市场监管、社会管理、环境保护等方面的重大公共政策和措施，制定经济和社会发展等方面的重要规划，决定在本行政区域实施的重大公共建设项目等5个方面重大行政决策事项，同时允许决策机关结合职责权限和本地实际确定决策事项目录、标准，经同级党委同意后向社会公布并根据实际情况调整。

　　《条例》细化了重大行政决策的作出程序，把公众参与、专家论证、风险评估、合法性审查、集体讨论决定作为重点，逐一明确、细化这五大法定程序的具体要求。《条例》还对重大行政决策的启动、公布等作了规定。

　　《条例》规范了重大行政决策的调整程序。《条例》在建立健全决策执行中的问题反馈机制和决策后评估制度基础上，规定依法作出的重大行政决策，未经法定程序不得随意变更或者停止执行，需要作出重大调整的，应当履行相关法定程序。

　　此外，《条例》还完善了重大行政决策责任追究制度。

　　资料来源　张雪.《重大行政决策程序暂行条例》出台——让行政决策权在阳光下运行［N］. 经济日报，2019-05-17.

　　问题：学习《重大行政决策程序暂行条例》，分析重大行政决策的事项范围、作出和调整程序、责任追究制度的内容。

　　分析提示：主要考查行政决策程序的相关内容。

【实践训练】

　　近年来，许多地区都在开展"六水共治"工程。例如，海南省治水办编制了《海南省"六水共治"实施方案（2023—2026年）》，明确了治污水、保供水、排涝水、防洪水、抓节水、优海水六项工作42项任务。

　　"治污水"任务14项，包括：攻坚顽固水体和不达标断面水体治理、全面推进黑臭水体治理、推进生态小流域综合治理、持续提升城镇生活污水收集效能、全力推动建制镇污水处理设施全覆盖、推进重点园区"污水零直排"建设、推进农村生活污水治理、统筹推进厕污一体化治理、加快补足污泥处理处置能力、集成推进农业面源污染防治、加快养殖尾水治理和水产养殖转型、开展入河排污口排查整治、开展三大流域水生态评估监测、加强主要河流生态流量保障。

　　"保供水"任务6项，包括：完善省市（县）两级水网、优化饮用水水源地布局、实施饮水提升工程、推动高品质饮用水建设、加强饮用水水源地管理、提高供水检测与应急能力。

　　"排涝水"任务4项，包括：实施蓄滞洪空间建设、实施排涝通道建设、开展管网和泵站建设与改造、提升排水防涝工作管理水平。

　　"防洪水"任务6项，包括：强化三大江河流域防洪综合整治、加快完善重点中小河流系统治理、补齐山洪灾害防治短板、推进重点海堤达标建设、常态化开展水库水闸安全鉴定及治理、升级海南智慧水网平台。

　　"抓节水"任务7项，包括：强化水资源刚性约束、推进农业节水增效、加强工业节水减排、加强城镇节水降损、推进非常规水资源利用、推进农业水费征收、创建节水型社会。

"优海水"任务5项，包括：重点海湾污染整治和美丽海湾建设、增强港口船舶污染防治能力、全面开展入海排污口排查整治、健全重点海域排污总量溯源管控制度、落实"海上环卫"制度。

资料来源　海口市水务局.《海南省"六水共治"实施方案（2023—2026年）》解读［EB/OL］.（2023-11-29）［2024-11-12］. http：//swj.haikou.gov.cn/hksswj/sjjd/202311/6942f369b1f04a54b8b4398eb7251f3f.shtml.

要求：请你应用行政决策的调查研究方法，调查了解你所在地政府在治污水、保供水、排涝水、防洪水、抓节水、优海（河、湖）水过程中做过哪些重大决策，以及决策落实的情况，并写出调查报告。

根据所学的行政决策方面的知识，对决策方案进行全面分析、评估。调查报告撰写应具有针对性、系统性、准确性。

任务7 行政执行

任务目标	**知识目标**	·了解行政执行的特点和作用 ·明确行政执行中可能出现的问题 ·熟知行政评估的步骤和原则 ·掌握行政执行的含义及执行的一般过程
	技能目标	提高编制行政计划、指挥、沟通、协调、控制的职业技能
	素质目标	·提高执行中把目的性与原则性、灵活性与创造性紧密结合的职业素养 ·提高大局为先、令行禁止的自觉性
任务重点		·行政执行认知 ·行政执行的过程 ·行政评估 ·行政执行中存在的问题

知识导图7-1

行政执行

引例　2024年第一批旅游市场秩序整治典型案例发布

2024年，文化和旅游部部署开展旅游市场秩序专项整治行动，指导各地聚焦未经许可经营旅行社业务、"不合理低价游"等突出问题，集中查办了一批旅游市场案件，有力维护了旅游者和旅游经营者合法权益，营造了公平竞争的市场环境。

案例一：未经许可经营旅行社业务案

2024年2月，云南某国际旅行社有限公司在其旅行社业务经营许可证已被吊销的情况下，接受组团社委托，接待41名旅游者赴昆明、大理、丽江旅游，安排导游张某提供导游服务，并将丽江段旅游行程接待业务委托给丽江某旅行社有限公司。当事人的行为违反了《中华人民共和国旅游法》第二十八条的规定。依据《中华人民共和国旅游法》第九十五条第一款的规定，丽江市文化和旅游局对当事人作出没收违法所得、罚款100 000元的行政处罚，对直接负责的主管人员黄某作出罚款20 000元的行政处罚。

案例二：未经许可经营旅行社业务案

2024年1月，郝某某通过微信朋友圈发布"万人自制猪头肉、休闲乐购一日游69.9元"的旅游产品，并进行宣传、招徕，组织45名旅游者赴平遥旅游。当事人的行为违反了《中华人民共和国旅游法》第二十八条的规定。依据《中华人民共和国旅游法》第九十五条第一款的规定，寿阳县文化和旅游局对当事人作出没收违法所得、罚款10 200元的行政处罚。

案例三：以不合理的低价组织旅游活动，诱骗旅游者，并通过安排购物或者另行付费旅游项目获取回扣等不正当利益案

2024年3月，湖南某国际旅行社有限公司宁乡分公司以699元/人的团费招徕18名旅游者参加"秀美湖北，情迷恩施"5天4晚旅游活动，向旅游者隐瞒行程中包含购物店和自费旅游项目的情况，并以低于接待和服务成本的标准向地接社支付费用，以此获取差价利润。在旅游行程中，地接社委派的导游安排旅游者前往某特产综合超市购物，并另行收取499元/人自费旅游项目费用。当事人的行为违反了《中华人民共和国旅游法》第三十五条第一款的规定。依据《中华人民共和国旅游法》第九十八条的规定，宁乡市文化旅游广电体育局对当事人作出没收违法所得、责令停业整顿15日、罚款30 000元的行政处罚，对直接负责的主管人员龙某作出罚款2 000元的行政处罚。

案例四：未经与旅游者协商一致指定具体购物场所案

2024年3月，重庆某国际旅行社有限公司组织旅游者参加"重庆武隆四天三晚游"。在实际行程中，导游李某某根据该旅行社的指令，在未与旅游者协商一致的情况下，将旅游者带入约定行程以外的购物场所进行购物。当事人的行为违反了《中华人民共和国旅游法》第三十五条第二款的规定。依据《中华人民共和国旅游法》第九十八条的规定，重庆市文化和旅游发展委员会对当事人作出吊销旅行社业务经营许可证的行政处罚，对直接负责的主管人员赵某某作出罚款人民币14 000元的行政处罚，对其他直接责任人员李某某作出罚款人民币2 000元、暂扣导游证30日的行政处罚。

案例五：未经与旅游者协商一致指定具体购物场所案

2024年2月，贵州某旅行社有限公司组织旅游者参加贵州5日游。在旅游行程中，该旅行社安排导游舒某某将旅游者带入约定行程以外的购物场所进行购物。当事人的行为违反了《中华人民共和国旅游法》第三十五条第二款的规定。依据《中华人民共和国旅游法》第九十八条的规定，安顺市文体广电旅游局对当事人作出责令停业整顿15日、罚款30 000元的行政处罚，对直接负责的主管人员邹某某作出罚款2 000元的行政处罚，对其他直接责任人员王某作出罚款2 000元的行政处罚。

资料来源 中华人民共和国文化和旅游部. 2024年第一批旅游市场秩序整治典型案例发布［EB/OL］.（2024-09-23）［2024-11-12］. https://www.mct.gov.cn/whzx/whyw/202409/t20240923_955397.htm.

这一案例表明：从行政执行角度看，文化和旅游部对旅游市场秩序的整治展现了高效、严谨的行政作风。依托相关法律法规，严厉打击各类违法违规行为，确保执法有力、有效；通过跨部门协作，形成执法合力，提升整治行动的覆盖面和执行力；注重源头治理与长效管理，强化旅行社和导游的内部管理，提升服务质量；加强信息公开和舆论监督，提高整治行动的透明度和公信力。

知识准备

7.1 行政执行认知

7.1.1 行政执行的含义和特点

1）行政执行的含义

行政执行是政府机关及公务人员实施法律、贯彻落实国家权力机关的决策（包括执行党的路线、方针、政策）、推行国家政务和执行行政决策，以达到预期行政目标的过程。这一定义通常包含以下几层意思：

（1）行政执行的主体是行政机关及行政人员。行政执行是一种行政执法行为，只有具有特定行政权力的行政机关或行政人员才能实施一定的行政执行行为。

（2）行政执行是管理过程的重要环节。决策与执行具有明显的差别：决策主要体现为一种谋略活动，需要重视咨询机构的作用，采用集思广益、协商讨论的方法作出；而行政执行则是一种实施活动，指挥命令是其最突出的工作方法。

（3）行政执行是一种具有目标导向的活动，是公共决策的后继。行政执行要求依据决策所规定的目标、方向、步骤进行，而不是机械地执行。执行过程还要求对决策进行进一步的修正，要把决策细化为一个个任务，为每个任务提供相应的组织、人力和资源。

（4）行政执行是一种实施性质很强的活动，是务实性的、付诸实际的行动，它需要通过一定的具体步骤来落实政策。行政执行包含了从决策实施到完成目标的全过程。执行过程包括领导、指挥、实施、沟通、协调和监控等各个功能环节。

2）行政执行的特点

（1）目的性和时效性。行政执行具有较强的目的性，是按照既定决策的要求进行的一种有特定目的的活动。行政执行的各环节包括协调、指挥、控制、沟通，都是以严格服从决策目标、实现决策目标为宗旨的。同时，行政目标的实现，也有着特定的时限要求。行政执行必须在规定的时限内，迅速、果断、高效、及时地实现行政决策的目标，完成行政执行的任务。

（2）经常性和连续性。行政执行是行政管理活动的重要组成部分，是国家行政机关及公务员的日常活动，也是一项经常性的活动。同时，行政执行又具有连续性的特点，即行政执行行为必须连续直至既定行政目标实现。

（3）灵活性和创造性。行政执行是把决策目标具体化的过程。由于各地区、各部门存在差异，因此，在行政执行中，一方面，要因时、因地制宜，具体问题具体分析，切忌千篇一律搞"一刀切"；另一方面，必须根据自己所处的特定条件，按照行政决策和执行计划的要求，发挥各自的积极性、主动性和创造性，作出适合本地区、本部门的最佳选择。这意味着行政执行既要忠实于政策，使贯彻执行不走样，又要从实际出发，灵活地、创造性地实施决策。

（4）原则性和强制性。行政执行具有很强的原则性。作为一种执行性活动，行政执行首要的是保证政策的统一性、严肃性和权威性，严格按照政策要求去实现政策目标。同时，行政执行是一种具有强制性的活动，是依靠行政权力，贯彻、落实国家方针政策和法令、法规的活动。一方面，上级的行政命令或决策下达后，下级必须无条件地贯彻执行；另一方面，行政执行过程中，行政领导者和行政机关在必要时还可以采取一些强制性手段和制裁性措施。

7.1.2 行政执行的原则和作用

1）行政执行的原则

（1）公正原则。行政机关的重要职能之一是维护社会的公正。行政机关所从事的一切活动，都直接或间接地与集合、分配公共资源和机会相关。因此，行政执行活动必须遵从公正原则。公正原则要求行政机关在行政执行活动中站在公正的立场上执行国家的法律、法规以及政策，在办事程序上应做到工作制度与程序公开、执法依据与结果公开相结合。

拓展学习7-1

深入推进依法行政

（2）依法行政原则。依法执行是实现行政决策目标的基础，是行政管理工作的重要组成部分。按照依法行政的要求，行政机关及公务人员在行政执行过程中应按照法律、法规的规定，在法定权限范围内，依法定的程序来开展行政管理活动。依照法律、法规的规定开展行政执行活动是行政管理工作规范化、法治化的要求，是提高行政效率的保证，同时也是公民和社会组织的合法权益不受行政权非法侵犯的保障。

（3）效能原则。行政执行的任务在于以最快的速度，在最短的时间内圆满地实现决策目标。效能原则要求行政执行活动用尽可能少的人力、物力和财力，在尽可能短的时间内完成既定的工作任务。因此，在行政执行活动中，行政机关一方面应尽量减少人员、财政费用的支出；另一方面应科学、合理地组织行政执行活动，最终使行政执行活动达到最高效率。

2）行政执行的作用

行政执行作为行政机关及工作人员经常性、现实性的管理活动，在行政管理过程中占有十分重要的地位。行政执行所产生的效果对整个行政管理过程乃至整个社会的影响都是最直接和最现实的。行政执行的作用具体体现为：

（1）行政执行决定了决策方案能否实现及实现的程度。行政决策是针对现实生活中存在的重大问题作出的，只有将决策及时正确地付诸实施，行政决策才具有实际意义，政府的工作目标和任务才能真正完成。离开行政执行，无论是国家法律政策还是行政决策，都不可能产生真正现实的社会效应。

（2）行政执行效果是检验、修正和完善行政决策的途径。在行政执行的实践活动中，可以发现行政决策中的漏洞，及时修正和完善，以克服决策的某些局限，提高行政领导的正确性。在行政管理过程中，行政决策正确与否最终必须由行政执行来检验。

（3）行政执行的效果是评价行政管理工作好坏的最主要依据。行政管理工作做得好不好，固然可以从不同方面进行评价，但是无论从哪一个方面来说，行政执行的效果都应该是评价行政管理工作的最主要依据。

案例解读7-1　　向前延伸聚力依法行政，做好复议监督效能"除法"

新修订的《中华人民共和国行政复议法》于2024年1月1日起正式施行，徐汇区行政复议局于1月2日同步在新建成的徐汇区公共法律服务中心开展工作，并提供一站式复议服务。立足新起点，徐汇区行政复议局以复议护航营商环境、服务基层民生、赋能一线执法为目标，主动适应新法实施后的各项新问题、新挑战，勇于担当，积极作为，踔厉步稳推动行政复议体制改革"加减乘除"，以行政复议改革的"小切口"推动法治政府建设"大格局"。

亮点一：提倡以案促改实现标本兼治。对案件审查中发现的执法问题，通过制发行政复议意见书、向行政机关上级主管部门抄告复议决定、月度通报等形式，"点对点"提醒行政行为被纠错、存在瑕疵情况，倒逼行政机关改进执法工作。同时，采用"主动监督+定期回访"的做法对案件的履行情况监督到底，在复议决定作出后主动向行政机关确认履行情况。如在纠错绝对数较高的交管类案件领域，定期对需撤销的罚单进行回访复核，对于应撤未撤的处罚查漏补缺，确保复议决定履行到位。

亮点二：注重引导为先强化执法指导。编写行政执法"指引册"与"错题集"，整理汇总改革三年来行政执法的正面和负面典型案例，对行政执法兼具示范意义和示警作用。为更好应对涉电梯加装信息公开案件增长趋势，编写《街道镇既有多层住宅加装电梯相关政府信息依申请公开答复工作指引》，为街镇处理类案问题提供答复建议和典型案例参考。

亮点三：强化数字监督促进规范执法。上线试运行全市首个区级综合执法平台"阳光执法"场景，将复议诉讼与执法贯通数据链接，实现科技赋能行政执法监督新模式。对全区行政执法案件开展日常巡检，对城市管理、市场监管、卫生健康、建设管理领域的案件受理、答复、执行等关键时效进行及时提醒，对权利义务告知、文书制作送达等执法易错点做好实时跟踪反馈，形成信息互通、资源共享、相互支持、密切配合、无缝衔接的协调联动格局，持续提升执法精细化水平。

资料来源　章佳玲. 向前延伸聚力依法行政，做好复议监督效能"除法"［EB/OL］.（2024-10-13）［2024-11-12］. https://www.thepaper.cn/newsDetail_forward_29023271.

分析：徐汇区行政复议局强化指导监督，力争提升一线执法规范性及合理性，取得了良好效果。发挥行政复议"公正高效，便民为民"的制度优势，强化行政复议监督职能，以个案监督推进源头规范，激发行政复议监督新效能，有助于法治政府建设向纵深推进。

7.2 行政执行的过程

通常来说，行政执行的过程包括准备、实施和总结三个阶段。

7.2.1 准备阶段

1）编制实施计划

"凡事预则立，不预则废"。由承担执行任务的主体根据所具备的条件，为达成行政决策的目标而制订的具体行动方案，叫作行政执行的实施计划。编制实施计划的主要工作包括：对决策整体目标进行分解；计算并筹划人力、物力、财力；确定实施步骤、方法及有关的制度、规定等。编制实施计划要做到：

（1）切合实际，积极可靠。对人力、财力、物力的计算要具体精确，各项安排要具有较强的可操作性。

（2）要有灵活性，留有一定的变化调整余地。

（3）要全面顾及，统筹安排，能够前后衔接，左右平衡，切忌顾此失彼。

2）做好"三落实"

在行政执行的准备阶段，除了要认真编制好实施计划之外，还必须从组织上、思想上和物资上做好充分的准备。"三落实"就是指对行政决策的实施要做到组织落实、思想落实、物资落实。

（1）组织落实。它是指要把决策的执行明确落实到具体的机构和人员身上，并为此建立必要的管理制度。

（2）思想落实。它是要求行政执行的相关人员，包括领导、一般工作人员和人民群众，对执行任务的目的、意义、内容、做法等，都有充分的了解，形成必要的共识。

（3）物资落实。它要求及时安排好行政执行所必需的材料、设备、经费等物件和资金。

7.2.2 实施阶段

准备工作就绪之后，行政执行便进入实施阶段。实施阶段是行政执行的重要阶段，是行政执行过程中持续时间最长、内容最丰富、活动最复杂的阶段。实施阶段是由行政管理工作的若干功能性环节所组成的，这些环节主要包括行政指挥、行政沟通、行政协调、行政控制等。在这一阶段内，诸环节效率的高低、成效的大小对整个执行过程有着极为重要的影响。可以说，行政执行能否达到预期目的，取决于行政执行实施阶段各环节的绩效状况。

1）行政指挥

行政指挥是行政执行过程中的主要环节之一，是行政领导者在行政执行过程中，按照既定的决策目标和实施计划，命令、指导、调度和协调下属实施行政管理活动的过程。

（1）行政指挥的作用。它包括：①保护作用。行政指挥是保证行政执行活动协调一致的重要手段，是保证各种行政资源得以充分利用的必要条件，是高质量地实现行政决策目标的根本保证。②推进作用。行政指挥对高效地贯彻执行行政决策具有重要的推进作用。③效标作用。行政指挥是衡量行政领导者的政策水平与领导能力的重要标准。

（2）行政指挥的原则。它包括：①统一指挥原则。一方面，行政指挥主体只能对其直属下级发布命令和指示，一个下级只能服从一个上级的指挥；另一方面，指挥主体所发出的指挥命令应保持稳定统一、协调一致。②法定权威原则。行政指挥是一种具有强制性的管理形式，行政领导者必须拥有一定的强制权力，才能够命令下级。因此，行政机关在授予行政指挥者一定的行政职位的同时，应明确赋予其相应的法定权力，包括指挥权、命令权、审批权、奖惩权等，并规定统一的纪律和制度。③果断有力原则。行政指挥者必须意志坚定、信心十足、雷厉风行、百折不挠、处变不惊；推动各项工作要坚定有力，迅速及时。④准确权变原则。行政执行要全面落实行政决策，这就要求按照决策目标和决策标准开展执行工作。同时，根据现实情况和环境变化因时、因地、因人、因事灵活应对，精准施策。⑤合理授权原则。授权就是上级授予下级一定的权力和责任，使其在一定范围内有处理问题的自主权。

（3）行政指挥的方式。它是指挥者向下属发出命令、指示的方法。行政指挥的方式有如下几种：①口头指挥；②书面指挥；③会议指挥；④现代通信指挥。这是一种运用现代信息网络系统传达上级意图、下达工作任务的指挥方式，是一种高效率的现代化指挥方式。

价值引领 7-1　　　　　　　　**以人为本、精准指挥**

2024年9月15日，根据气象部门预测，台风"贝碧嘉"预计最强可达强台风级，对上海带来的风雨影响正在逐步加大，全市各方面严阵以待，压实责任、落实措施、严密防范。按照市委统一部署，市委、市政府相关领导分别带队前往全市16个区及临港新片区坐镇检查督导，推动形成全市合力，坚决打好打赢台风防御的遭遇战、总体战。上海市委书记陈吉宁在市防汛指挥部对全市防汛防台工作再作调度部署，实地检查排水闸口、人员转移安置点，强调要深入贯彻落实习近平总书记关于防汛救灾工作的重要指示精神，始终把保障人民群众生命财产安全放在首位，坚决克服麻痹思想和侥幸心理，落实落细防汛防台各项措施，责任要更压实、值守要更警觉、处置要更高效、保障要更有力，全力维护好城市安全、社会安定、人民安宁。

9月15日一早，陈吉宁来到市防汛指挥部，听取台风最新走向及影响的预测分析、本市台风防御应对工作推进落实情况的汇报，视频连线国家电网上海市电力公司，了解电力供应保障及应急抢修预案，对进岗待命、坚守在防汛防台一线的全市广大干部职工表示慰问和感谢。陈吉宁表示，全市各级领导干部要在岗在位、履职尽责，敢于担当、敢于决策，切实当好"一线指挥员"。相关部门、区要向前一步、通力协作，抓住时间窗口，持续查漏补缺，完善指挥机制，加强应急响应、转移避险、抢险救援、救灾救助的协同联动，针对交通、供电、供水、供气、通信等城市保障以及急救急诊等医疗服务，进一步完善应急预案，保证力量配备，确保关键时刻派得出、用得上、打得赢。

下午，陈吉宁来到位于浦东新区东部的沥马河出海闸检查，关切询问当前水位、排水安排及值班值守情况，就巡查除险、应急预案、设施保障等作了具体了解。

随后，陈吉宁来到泥城新科园安置点，检查人员转移避险、安置服务保障等工作。这处点位接收安置了来自临港新片区5个在建工地的2 600多名人员，现场设有后勤保障、医疗救护、安全保卫等工作组，配置了大型风扇、流动厕所等设施设备。陈吉宁走到转移安置人员中间，同大家亲切问好，关切询问还有什么困难需要解决，感谢大家理解支持配合防汛防台工作，提醒大家提高安全防范意识，耐心等待台风过去、预警解除。

晚上，陈吉宁再度来到市防汛指挥部，检查调度重点地区台风防御和值班值守工作，要求结合各自区域实际和台风发展趋势，把防汛防台各项任务措施不折不扣落实到人、落实到岗、落实到位，更有针对性地查风险、除隐患、补短板。全市上下齐心协力，把台风可能造成的损失降到最低，把对市民群众的影响降到最低。

资料来源　张骏. 坚决打好打赢台风防御遭遇战总体战 陈吉宁全天调度部署台风防御工作并赴一线检查 市委市政府领导带队赴16区及临港新片区坐镇检查督导［EB/OL］.（2024-09-16）［2024-11-12］. https://www.shanghai.gov.cn/nw4411/20240916/db6bf058643d4400bd43ff95bb5e6d9d.html.

感悟：以人为本、精准指挥是对政府公务人员履职的基本要求。工作中的每名成员都以大局为重、以全局为先，根据实际情况精准执行，才能带领民众形成抗击自然灾害的强大合力。

2）行政沟通

所谓行政沟通，是指在行政管理活动中，行政组织与外界环境之间，行政组织内部各个部门和各个层级之间，以及各种人员之间所进行的信息交流与传递。

就行政管理而言，行政沟通可以看作是行政组织的血液，正是行政沟通赋予行政机构以生命力。因此，行政沟通在行政管理过程中具有特别重要的作用，主要表现为：①行政沟通是行政执行各环节顺利进行的重要基础，是提高行政管理有效性的保证；②行政沟通是实现行政决策科学化、民主化的重要基础，是提高政府工作透明度、推动社会主义民主建设的有效途径；③行政沟通是所有行政人员参与管理、改善人际关系、鼓舞士气、增强组织凝聚力的重要手段；④行政沟通是行政检查和监督的重要依据。

（1）行政沟通的分类。它包括：①按沟通的确定性划分，有正式沟通和非正式沟通两种。正式沟通是一种通过正式的组织程序和组织所规定的正式渠道进行的沟通，是沟通的一种主要形式。其特点是正式、严肃、约束力强，有一定的连续性和稳定性。非正式沟通是一种通过正式规章制度和正式组织程序以外的其他各种渠道进行的沟通，如组织成员私下交换意见、传播消息等都属此类。②按沟通的线路划分，有单向沟通和双向沟通两种。单向沟通是一种一方只发出信息，另一方只接收而不反馈信息的沟通，故亦称无反馈沟通；双向沟通是一种有反馈的信息沟通，它可以多次进行，直到双方满意为止。③按信息流向划分，有下行沟通、上行沟通和平行沟通三种。下行沟通是一种自上而下的沟通，即上级向下级传递信息；上行沟通是一种自下而上的沟通，即下级向上级反馈信息、反映意见和情况，其目的就是下级向上级汇报工作、请示、反映情况、提出建议，做到"下情上达"；平行沟通是一种同级部门或同事之间的信息沟通，亦称横向沟通。④按沟通工具划分，有口头沟通、书面沟通和线上沟通三种。

（2）行政沟通的改善。①行政沟通的障碍。行政沟通要取得良好的效果，就要弄清影响沟通效果的障碍，分析其各自的成因、程度，以便对症下药，找出消除障碍的办法。公共组织中的沟通往往难以达到预期的效果，其原因归纳起来主要有以下三个方面：心理与语言障碍、职位与专业障碍、组织结构障碍。②改善行政沟通的途径：第一，全面提高行政人员的素质；第二，明确沟通目的，建立沟通的规章制度，使行政沟通规范化；第三，建立信息反馈系统，进行信息的核查和监督。

3）行政协调

行政协调是指调整行政系统与行政环境之间以及行政系统内各机构之间、人员之间、行政运行各环节之间的关系，使之分工协作，相互配合，以提高行政效能，有效实现行政目标的管理活动。

行政协调贯穿于行政执行的全过程，是行政管理的一项重要职能。它与组织、计划、指挥、控制等共同构成完整的行政执行职能体系，是行政执行不可缺少的环节。行政协调的根本目的在于提高行政系统的整体效能，即通过行政协调来减少行政系统内部各种因素间的功能损耗，使行政系统内部有序地运转，建立和谐、相互依存、相互配合的关系，优化行政系统的整体功能。

（1）行政协调的原则。它包括：①依法协调的原则。政府和有行政权的社会组织进行协调时，必须以法律、法规和政策为依据，这是行政协调的首要原则。②统筹兼顾、顾全大局的原则。统筹兼顾是协调各方面关系、解决重大问题的一条准则，因为只有各方利益要求得到合理满足，才能调动其积极性。协调是顾大局，识大体，突出重点，但并不是牺牲局部和一般，而是兼顾局部和一般。③求同存异、动态协调的原则。求同存异原则是指行政协调必须善于寻求和促成有关各方在重要问题方面的共识和统一，暂时搁置在细小问题上的分歧，在坚持原则的前提下，作出一定的让步和妥协，做到求大同、存小异；动态协调原则是指行政协调必须根据客观条件的变化及时协调公共行政管理过程中出现的新问题。行政领导者必须充分认识行政协调的动态性和经常性，增强协调工作的自觉意识，做到及时发现问题、及时解决问题。④公正合理、实事求是的原则。公正合理的原则是指行政协调必须公正对待有关单位和人员，合理解决各种矛盾与冲突；实事求是的原则是指行政协调要从实际出发，尊重历史，遵循事物的发展规律。

（2）行政协调的类型及机制。根据行政协调对象的不同，可将其划分为不同的类型。不同类型的行政协调，其协调机制也各不相同。其主要有如下三种划分：①系统-环境的协调及机制。这种协调主要解决行政系统与其外部环境之间的不协调问题，政府管理要根据外部环境的变化，适时调整自己的功能、结构和方式，以不断保持与外部环境的动态平衡关系。②系统-结构的协调及机制。它是以提高行政组织整体效能为目标的协调，主要在于谋求国家行政机关系统内部各层级、各部门之间的一致与统一，包括纵向结构的协调与横向结构的协调两个方面。③行政人员的协调及机制。这种协调主要在于解决国家行政机关内部人与人之间的隔阂与冲突，从而创造良好的人际环境，增强组织凝聚力。

4）行政控制

行政控制是指行政领导者运用一定的控制手段，按照目标规范对行政决策的执行情况进行监督检查，及时发现和纠正执行中的偏差，以确保实现行政目标的活动。

行政控制贯穿于行政执行全过程，其作用体现为：行政控制是完成决策的重要手段，行政控制是行政工作方向正确的重要保障，行政控制是贯彻依法行政的重要体现，行政控制是保证行政目标实现的重要机制。

（1）行政控制的类型。它包括：①根据控制方式的不同，行政控制可分为正式控制和非正式控制。正式控制又叫强制性控制，指行政组织依据有关法律、法规、制度等，通过有计划、有组织的方式所进行的控制。正式控制具有直接性、权威性和强制性的特点。非正式控制又叫非强制性控制，指行政组织根据自己的理解，无须按照正规或法定的控制渠道所进行的控制。在现代法治社会，正式控制越来越重要，非正式控制的重要性相对减弱。但非正式控制仍是一种不可忽视的控制手段，如果运用恰当，可弥补正式控制的不足。②根据控制是否需要借助外在力量，行政控制可分为内在控制和外在控制。内在控制又叫自我控制，指行政组织及其成员自觉地用行政管理规范指导、约束、检查自己的行为；外在控制指行政组织运用各种力量从外部规范、约束组织成员的行为，如法律、规章制度、组织纪律等。③根据控制实施时间的不同，行政控制可分为预先控制、过程控制和成果控制。预先控制指在计划实施的准备阶段所进行的控制。其目的是做好准备工作，避免不该发生的事情发生，做到未雨绸缪，防患未然。过程控制指在计划实施过程中，对计划执行情况进行检查，发现问题及时纠正、解决。成果控制指根据预期目标对行政实施的结果进行检查，衡量最终结果是否有偏差，并对出现的问题进行可能的补救。与预先控制和过程控制不同，成果控制主要不是为了保证现行决策的完满实现，而是为了有利于下一个环节工作的顺利开展。

（2）行政控制的过程。它大体上可分为以下三个相互衔接的步骤：①确定控制标准。它是行政控制过程的起点。控制标准就是根据整体的工作目标和计划制定的对工作成果进行计量和考评的规范和准则。②衡量成效。它是指根据确定的控制标准衡量和比较实际执行情况，并对执行情况进行客观评估，获取偏差信息。③纠正偏差。这是行政控制过程的最后环节，也是最为关键的环节，即在衡量工作成效的基础上，对那些已经发现的失误和偏差进行纠正和补救，以保证行政工作按照原定目标进行。

7.2.3　总结阶段

总结阶段是行政执行活动的最后一环，但又是一系列新的行政执行活动的开始。一项行政执行任务基本完成后，要对整个执行情况进行全面的衡量评价，以肯定成绩、总结经验、找出不足，并提出下一步工作设想，以利于发扬成绩、修正错误、不断前进。

1）总结工作的基本内容

工作总结一般都在决策目标实现之后进行。有些大的决策项目的完成需要较长时间，可划分为若干个阶段，分别作出阶段性的工作总结。一般说来，工作总结应包括以下三方面内容：

（1）对行政执行任务的完成情况进行全面对照检查。看是否达成了目标，完成了任务，以及执行进度、经费支出、人员使用、机构效能等方面是否达到了预期要求。

（2）对行政执行单位和人员进行实事求是的考核和奖惩。

（3）针对行政执行情况总结经验、吸取教训，使之上升为理论认识，以提高今后工作的科学性。

2）总结工作的基本方法

（1）民主的、群众性的总结方法。充分发动参与执行的全体人员和相关的群众参加总结，可以广开言路，博纳见闻，集思广益。

（2）自下而上和自上而下相结合的总结方法。在一般情况下，行政执行总结应自下而上地进行，即由基层执行单位先总结，上级部门再集中。但有时也需要自上而下地总结，给下面的总结作出指导。

（3）领导亲自动手的总结方法。领导亲自部署、亲自指导总结，并尽可能亲自动手写总结，这样可以更充分地发挥工作总结的功能，更有利于领导干部掌握实情、取得经验、吸取教训，能更好地发扬成绩、修正错误、以利再战。

案例解读7-2　　　　**"三步"组合拳　垃圾分类见实效**

杭州市西湖区蒋村街道深入推进垃圾分类工作，不断探索可持续发展的生活垃圾分类模式，坚持以党建为引领，建立了一套"三步"组合拳，有效地提升了垃圾分类管理水平，进一步提高了群众对于垃圾分类的满意度与参与度。

第一步："自查+自纠+执法"，完善垃圾分类管理体系。蒋村街道组建垃圾分类自查小组，根据杭州市及西湖区考核方案制订了蒋村街道生活垃圾分类工作考核方案，明确了各部门职责，确定了"自查+自纠+执法"闭环形态，形成了责任明确、协调配合的工作机制。同时，落实小区及单位管理责任，加强网格化管理，将垃圾分类工作纳入日常工作考核，确保垃圾分类工作取得实效。

第二步，强化宣传促分类，让垃圾分类"深入人心"。蒋村街道通过多种形式，积极开展垃圾分类宣传活动，提高居民垃圾分类意识。一是通过社区宣传栏、悬挂横幅等方式，让居民了解垃圾分类的重要性和必要性；二是通过开展垃圾分类培训活动，提高居民垃圾分类的准确性和熟练度；三是通过微信群、公众号等平台，发布垃圾分类知识，方便居民学习，多渠道、全方位、常态化传播垃圾分类理念，提高居民对垃圾分类的知晓率、参与率和准确率。

第三步，创新举措，推进垃圾分类管理数字化。蒋村街道积极探索垃圾分类数字化管理，通过运用互联网、大数据等技术手段，提高垃圾分类工作效率。一是建立垃圾分类小程序，实时掌握垃圾分类巡查工作进展情况；二是通过线上直播平台进行云课堂学习，以最小的时间成本让各物业单位能够学习了解最新考核方案及日常工作技巧，提升了物业人员管理效率以及确保垃圾分类工作的确实落地。

通过以上"三步"组合拳，蒋村街道的垃圾分类工作取得了显著成效。居民垃圾分类意识明显提高，垃圾分类准确率不断提升，垃圾分类管理水平进一步提高。下一步，蒋村街道将继续加大垃圾分类工作力度，深入推进垃圾分类工作，努力为居民创造一个整洁、优美、和谐的生活环境。

资料来源　陈宇琪，卞方超. 杭州市西湖区蒋村街道："三步"组合拳 垃圾分类见实效［EB/OL］.（2023-11-16）［2024-11-12］. https://town.zjol.com.cn/czjsb/202311/t20231116_26450358.shtml.

分析：蒋村街道在推进垃圾分类工作中，首先通过构建"自查+自纠+执法"的管理体系，明确了责任分工，强化了执行力度，确保垃圾分类工作的有效实施；其次注重宣传教育，通过多渠道、全方位的方式提高居民对垃圾分类的认知度和参与度，为垃圾分类工作的顺利推进奠定了坚实的群众基础；最后到积极探索数字化管理手段，运用互联网、大数据等技术提高垃圾分类工作的效率和准确性，展现了创新能力和技术实力。蒋村街道在垃圾分类工作中的行政执行过程体现了明确的目标导向、严格的责任落实、广泛的宣传动员和创新的数字化管理，取得了显著成效，为居民创造了更好的生活环境。

7.3　行政评估

7.3.1　行政评估的含义和作用

1）行政评估的含义

行政评估是指对行政执行活动的进展情况和效果进行评价和总结，包括行政执行过程评估和行政执行效果评估两个方面。一般意义上所说的行政评估主要是指行政执行效果评估。

2）行政评估的作用

行政评估作为衡量政府管理成效的工具，其重要作用在于：

（1）行政评估是合理配置社会资源的有效手段。

（2）行政评估是检验政策的效果、效益和效率的基本途径。

（3）行政评估是决定政策走向的重要依据。政策走向一般分为三种情况：政策继续、政策调整、政策终结。行政评估是开始新的政策运行的必要前提，也是公共政策科学化、民主化的必由之路。

7.3.2　行政评估的原则与方法

1）行政评估的原则

（1）客观性原则。行政评估要树立科学思想，运用科学方法，实事求是，客观公正。

（2）系统性原则。行政评估需要注重系统的理论与方法，考虑各方面的情况，照顾各种利益关系，注意政策运行整体功能和效果的分析评估。

（3）可比性原则。有比较，才有鉴别。所谓政策优劣，总是在比较后才能确定。行政评估的重要工作是对政策及其运行进行纵向和横向的比较。

（4）准确性原则。行政评估涉及事实的分析、价值的评判、责任的归属和利益关系的调整。因此，行政评估要力求科学准确，坚持原则性与灵活性，以及定量分析与定性分析相结合。

（5）实用性原则。行政评估的实践性非常强，因此，所选定的行政评估标准必须具有可操作性和实用性，不能神秘化、复杂化和太理论化，而要切合实际、大众化、简便易行。

（6）导向性原则。行政评估对政策及政策运行乃至社会的发展都有一定的导向作用，因此，所选定的评估标准也应遵循导向性原则，以使行政评估服从和服务于一个国家的政治、经济、道德、文化和社会的发展。

2）行政评估的方法

由于行政执行内容的多样性，评估行政执行绩效的方法很多。行政评估方法的选择取决于问题的性质和资料的可行性。在日常工作中，主要有以下几种方法：直接质询法、民意调查法、标准衡量法、历史比较法、对象比较法、案例类比法。

案例解读7-3　　　　　　　**镇海推进重大行政决策后评估机制**

2023年以来，浙江省宁波市镇海区建立重大行政决策后评估责任追究机制，探索重大行政决策全链式闭环管理。政策实不实、有没有效，政策涉及的对象最了解。镇海区通过"村民说政策"、"政策监督有我在"、决策事项"色域化"管理等形式，让老百姓参与评价政策实施后的效果，也让专家对政策执行成果进行分析。这些宝贵的建议，不仅成为重大行政决策优良与否的试金石，更为下一轮政策完善提供了依据。同时，镇海区将重大行政决策程序规范性纳入法治巡察重点，以执法监督、法治督察等外部监督为抓手，强化监督检查，已实现全区各镇（街道）和党政机关全覆盖。

下一步，镇海区将借助数字化手段，建立"可视化、便捷化、直观化"的重大行政决策程序。镇海区正在打造在线重大行政决策后评估平台，将在评估预警、公众参与、数据综合利用、评估报告运用等多方面进行探索，形成更加高效畅通闭环的决策程序。

资料来源　李华. 镇海推进重大行政决策后评估机制　政策实不实用，老百姓说了算［EB/OL］.（2023-11-28）［2024-11-12］. https://news. hangzhou. com. cn/zjnews/content/2023-11-28/content_8650300. htm.

分析：镇海区推进重大行政决策后评估机制，对进一步提高行政决策水平、推进法治政府建设具有重要作用。

7.3.3　行政评估的内容与程序

1）行政评估的内容

行政执行总会带来一定的影响和后果，行政执行的绩效就是行政执行后解决某一社会问题、满足工作对象需求的程度以及对政治系统、经济系统、社会系统及其环境产生影响的总称。由此可见，行政评估的内容具体包括以下几个方面：

（1）行政执行的直接效果。这是指对执行对象直接产生作用的效果。

（2）行政执行的连带效果。这是指行政执行可能对执行对象以外的事物或人所产生的影响。

（3）行政执行的历时效果。这是指行政执行影响的时效长短。

（4）行政执行的系统性影响。一项行政执行活动实施后，将通过社会的诸多联系对个人、团体产生初步与后续的影响，也会对整个社会系统产生影响。

2）行政评估的程序

（1）评估准备阶段。评估准备阶段的主要任务包括：

一是确定评估对象。这是评估工作的第一步。只有确定好评估什么，才能把评估的目的、标准与方法等要素随之确定下来。行政执行的复杂性和综合性，决定了在确定行政评估对象时要有所选择，不能随意或胡乱评估。这就要求做到：一方面，选择的评估对象必须确有价值，能够通过评估达到预定的或可能的目的；另一方面，所选择的评估对象又必须是可以进行评估的，即从时机、人力、物力、财力看均能满足评估所需要的基本条件。

二是明确评估目的。所谓明确评估目的，就是确定为什么要进行评估的问题。评估目的可能不止一个，但往往要确定其主要目的。评估目的决定了行政执行效果评估的基本方向。

三是选择评估标准。评估标准有一般标准，也有具体标准，有国外的标准，也有国内的标准，要根据情况作出适当的选择。

四是培训评估人员。评估人员是行政评估系统构成要素中最主要的，其素质的高低、专业化程度、评估态度、敬业精神、评估立场等都直接影响评估的质量。因此，培训和选择评估人员、提高他们的业务水平及综合素质至关重要。

五是评估方案的撰写。一个完整的评估方案应包括：①阐述评估对象；②明确评估的目的、意义和要求；③提出评估的基本设想，根据评估目标，确定评估的内容与范围；④确定评估标准，决定评估类型，并选择评估的具体方法；⑤写明评估的场所、时间，规定工作进度的有关计划；⑥写明评估经费的来源及筹措与使用等；⑦其他内容。

（2）评估方案的实施。其具体包括：

首先，采集评估信息。行政评估的过程，实际上是一个信息搜集、整理、反馈、再搜集、再整理、再反馈的过程。所以，信息的采集评估十分重要，可以说是评估中一项基础性的工作，其主要任务是利用各种社会调查手段，全面搜集行政执行的第一手资料。

其次，分析评估信息。这是对采集到的评估信息进行统计、分析、处理的阶段。由于采集所获得的信息都是原始数据，比较分散、杂乱，所以需要对其进行系统的整理、分类、统计、综合和分析。

最后，形成初步结论。在综合分析评估信息之后，紧接着就是要运用直接比较法、综合比较法、成本效益分析法、前后对比分析法或统计抽样分析法等具体的方法，给出一个初步的评估结论。

（3）评估的总结。总结工作包括：

首先，撰写评估报告。撰写评估报告是出成果的阶段，可以说特别重要。为此要注意两点：一是对初步结论要再作一次简明扼要、提纲挈领的分析总结，然后给出一个正式的结论；二是评估报告中，除了要写好价值判断部分外，还必须写好政策建议部分及对整个评估工作的说明。

其次，总结评估工作。在撰写好评估报告之后，接下来就是对评估工作进行系统的总结。总结是对本次评估活动进行一番全面的回顾，分析工作中的优缺点，总结经验，吸取教训，为以后的行政评估活动打下基础。这一阶段通常的做法是写一个《关于××行政评估的工作报告》。至此，行政评估工作全部结束。

7.4　行政执行中存在的问题

1）行政执行中的偏离和歪曲

行政执行环节中的偏离分为主动偏离和被动偏离两种情况。主动偏离是行政执行者主观上对政策有抵触情绪，或受到了所属局部利益的驱动，因而采取了某种"对策"，有意识走形的做法。被动偏离是因为执行者素质不高，政策领会水平太低而吃不透政策精神，导致把政策理解偏了、执行偏了。造成行政执行偏离的原因主要有：一是政策本身有空子，使之有偏离的可能；二是利益的驱动；三是缺乏有效监督；四是领导权威不够。行政执行中针对偏离的对策有：一是政策制定尽量细致、可行；二是加大监控力度；三是强化上级领导和管理机构的权威。

2）行政执行中的教条主义现象

这主要是指在行政执行中缺乏想象力、创造力和政策执行的活力。原因在于：一是欠缺政策分解能力，二是欠缺政策立案能力。政策分解能力是指下一级执行机构与人员将上一级较为宏观、原则性的政策分解为具体、可实施、可操作性政策的能力，达到原则性与可行性的统一。政策立案能力是指不是教条机械地对待上级政策，而是立足于本地实际，找出政策在本部门、本地区的结合点。

行政执行中的教条主义有其主观原因。首先是不能摆正上下级之间的关系，把自己摆到了上级领导附庸的位置上，认为只要是上级领导的决定，哪怕错了也要执行；其次是缺乏实事求是的思想方法，不能因地制宜、因条件制宜，不能把政策理解"活"、执行"活"。行政执行中的教条主义又有其客观原因，这可能来自上级机关领导的水平和风格。

要避免行政执行过程中的教条主义，一是在政策执行方面，要提高政策执行水平和领导能力，确立实事求是的思想方法和政策方法；二是在上级领导部门方面，要在政策制定和付诸实施的同时，建立反馈机制。

3）行政执行中的低效现象

这主要表现为在行政执行中消极被动、左顾右盼、敷衍塞责、互相推诿、层次繁复、信息迟钝、繁文缛节、官僚主义等，阻碍了行政计划准确、简捷、及时、有效地执行。产生这类现象的原因有：其一，从责任方面看，是分工不明确，缺乏责任机制，从而也就没有了衡量功过是非的依据，导致干和不干一样，干多干少一样；其二，从责任监督机制看，可能会有欠缺或不健全的情况，处于完全放任自流状态；其三，从激励方面看，缺乏奖惩机制；其四，从机构方面看，部门职能重叠，层次繁复和冗员过多，人浮于事。

要避免行政执行中的低效现象，一是要实行下级对上级的有限目标责任制；二是要有责任监督机制，包括对行政行为和行政效率、效果的监督；三是要有奖惩机制；四是机构设置要合理。

4）行政执行中的寻租行为

寻租行为是政府机构及其工作人员，在局部利益或个人利益的驱使下，用自己掌握的职权资源与社会个别利益交换以获取私利的行为。其中一些是犯罪行为，如行贿受赂、权钱交易等；另一些是灰色腐败行为，如乱摊派、乱收费、乱罚款及变相盈利等行业不正之风。

产生寻租行为的原因主要有：一是拥有权力的人本身存在谋求私利的潜在可能性；二是缺乏制度的外在约束和职业道德的内在约束机制。

要解决行政执行中的寻租行为，一是要创造条件，减少腐败，主要是尽快完善市场经济体制和机制，建立现代企业制度，实行政企分开。二是要完善规范，约束腐败，为约束公职人员的公务行为建章立制。三是要加强监督，制约腐败，有效运用纪检、监察和新闻媒体等工具，监督公共职权行为。四是要加大惩处力度，威慑腐败。行政腐败的主体总会进行腐败成本与效益的分析，如果发案率太低，且发案后惩处太轻，那就会鼓励行政人员以权谋私。加大惩处，目的在于威慑腐败和提高腐败的风险成本。

5）行政执行中的形式主义和弄虚作假

执行中的形式主义和弄虚作假主要表现为行政领导对绩效的浮夸、哄骗和做表面文章。这方面的主要动机在于利益问题。解决的对策主要包括：一是对上一级主管部门和领导来说，计划和决策目标首先要可靠，可靠根据主要来自下面，不能靠"拍脑袋"下指示、作决策，从客观上消除诱导或迫使下级弄虚作假的土壤；二是制定全面、合理的绩效衡量标准；三是强化政府的审计监督，同时设立虚假政绩惩罚规定。

6）行政执行中的行政垄断问题

所谓行政垄断，是指政府及其所属部门滥用行政权力限制正当竞争的行为。直观地讲，就是行政机关超出法律规定范围和程序而限制经营者的市场准入，实质上是通过滥用权力造成经营者或消费者的机会不均等和经济不平等，干扰经济自由。行政垄断的主要表现形式有：地方保护与封锁、部门分割和垄断、政府限定交易、不合理的利益倾斜行为、设立行政公司等。产生行政垄断问题的原因主要在于行政利益。改革进程使计划经济体制下的全局性国家垄断结束，出现了中央与地方之间、地方与地方之间、部门与部门之间的多元利益格局。一方面为了某种直接或间接的经济利益，另一方面为了增强或维护自己的权力、地位或影响，就容易导致行政垄断的发生。

要解决行政执行中的行政垄断，可采取的对策有：一是从行政部门的自律做起，主动限制与杜绝这类行为。二是建立外部约束制度，这是解决问题的根本途径。这有赖于经济体制改革的到位和政治体制改革的深入，使权力经济的制度性影响和观念性影响尽快消除。三是需要立法部门认真贯彻实施《中华人民共和国反垄断法》，从而真正保证经济自由。

拓展学习7-2

如何提升基层
干部政策
执行力

价值引领7-2　　　　　　　　**全面提升行政执法质量效能**

2023年，国务院办公厅印发《提升行政执法质量三年行动计划（2023—2025年）》（以下简称《行动计划》），就全面提升行政执法质量和效能提出明确要求。

如何整治群众反映强烈的执法突出问题？

近年来，各地区、各部门全面落实行政执法三项制度，深入推进行政执法体制改革，加强行政执法协调监督，行政执法能力和水平有了较大提高。但行政执法不作为乱作为、执法不严格不规范不文明不透明等问题仍时有发生，侵害了人民群众合法权益，损害了政府公信力，亟须加强顶层设计，采取系统性、整体性、针对性措施加以解决。对此，《行动计划》提出，全面推进严格规范公正文明执法，强力整治行政执法突出问题，建立健全行政执法标准规范，完善行政执法工作机制。

如何提升行政执法人员能力素质？

行政执法人员的工作面广量大，是群众打交道最多的政府工作人员，其能力素质直接影响着执法公信力。《行动计划》从提升政治能力、业务能力及完善管理制度等方面，加强行政执法队伍建设。在行政执法人员的政治能力方面，各级行政执法机关要把加强党的政治建设放在首位，切实践行习近平法治思想，坚定拥护"两个确立"、坚决做到"两个维护"，正确把握政治方向，严格遵守政治纪律，推进行政执法队伍的革命化、正规化、专业化、职业化建设。在行政执法人员的业务能力方面，各地区、各部门要开展分类分级分层培训，对本地区、本部门行政执法队伍全员轮训，切实提升一线执法人员运用法治思维和法治方式开展执法、维护稳定、化解矛盾的能力。同时，严格落实行政执法人员资格管理和持证上岗制度，完善行政执法人员年度考核制度，建立健全行政执法人员退出机制。

如何加强行政执法监督？

为了让行政执法监督的"牙齿"更锋利，《行动计划》从完善制度、健全机制、创新方式等维度提出一系列要求。比如，加快出台行政执法监督条例，完善行政执法监督配套工作制度，推进行政执法案卷评查、行政执法案例指导等工作。强化上级行政机关对下级行政机关行政执法工作的全方位、全流程监督，严格履行常态化、长效化监督。县级以上人民政府司法行政部门要综合运用行政执法工作报告、统计分析、评议考核等方式，对行政执法工作情况开展经常性监督，督促行政执法机关全面履行行政执法职能。

资料来源　白阳. 全面提升行政执法质量效能 这份三年行动计划明确了"进度表"[EB/OL].（2023-10-14）[2024-11-12]. http://www.xinhuanet.com/mrdx/2023/10/14/c_1310745287.htm.

感悟：党的二十大报告指出："深化行政执法体制改革，全面推进严格规范公正文明执法，加大关系群众切身利益的重点领域执法力度，完善行政执法程序，健全行政裁量基准。"行政执法活动与群众切身利益密切相连，关系到群众对行政机关依法行政的直观感受，提升行政执法质量有利于提升行政执法的权威性和公信力，更好保护人民群众合法权益，维护公平竞争市场秩序，加快推进法治政府建设。

任务实施与评价

◉ 任务实施

【背景资料】

一碗麻辣烫助力天水大发展

继淄博和哈尔滨后，甘肃省天水市有望凭借着其特色小吃——天水麻辣烫，成为第三个"网红"城市。自天水麻辣烫出圈后，各地游客纷至沓来。天水从政府到企业再到市民，都在努力迎接"泼天的富贵"。

一、天水召开"麻辣烫"服务保障工作会议

根据《天水日报》新天水客户端发布的消息，2024年3月16日下午，天水市召开"天水麻辣烫"服务保障工作推进会议，安排部署服务保障各项工作。

会议指出，天水麻辣烫火爆出圈，既是扩大城市知名度的难得机遇，更是考验服务水平和保障能力的实践实战。全市上下要把握机遇、乘势而上、全员行动，拿出十足诚意，下足精细功夫，周密安排、精心准备，全力做好各项服务保障工作，努力实现"一碗麻辣烫推动天水大发展"。会议强调，要坚持游客至上，以游客需求为出发点，以游客的满意度、体验感为最高追求，增加旅游供给，提升服务品质，全力打造消费新热点、新场景，让"小资源"持续释放"大效应"。要抓牢抓实抓细安全生产工作，强化交通安全、食品安全、消防安全管理，全面排查整治风险隐患，坚决遏制各类旅游安全事故发生。要加强对机场、车站、城市广场、商业街区、旅游景点，特别是麻辣烫店等重点场所的环境卫生整治，持续做好重点区域、重点街区美化亮化，以优美环境迎接各方宾客。要进一步加大监管力度，规范旅游市场秩序，加强服务行业监管，积极回应游客诉求，用暖心善意的服务、扎实有效的行动、快速解决问题的实效，赢得广大游客的满意认可。要认真做好应急预案，动态研判旅游最大承载量和瞬时最大承载量，全力做好"大客流"应对准备。要加强宣传引导，持续扩大宣传推介效果，营造浓厚氛围，高质量答好旅游服务保障"考卷"。

会议要求，要加强组织领导，建立"市级统筹、两区为主、五县助力、部门协同"工作机制，全面提升服务管理，科学有序引流分流，最大限度将"流量"变为"留量"。要聚焦游客吃住行游购娱全链条需要，全面动员各方力量，举全市之力无微不至做好各环节全方位服务保障工作，让广大游客在天水吃得放心、玩得开心、游得舒心。

二、天水麻辣烫"吃货节"启动

2024年3月16日，由天水市文化和旅游局、天水市商务局和天水市市场监督管理局等单位主办的主题为"天水麻辣烫'吃货节'吃美食、看美景、逛龙城"系列活动在天水古城风云广场启动。

据了解，天水麻辣烫"吃货节"活动将从3月16日持续到3月23日，活动主办方还将在现场为外地游客赠送天水特产、文创产品及景区门票等，全场设置麻辣烫美食展销区、特色产品展销区、美食体验活动区等16个美食特产窗口，共同为全国各地的游客们献上一场热闹非凡的美食盛宴，持续打响"千山万水 就爱天水"文旅品牌，让更多游客因麻辣烫了解天水、喜欢天水。开通麻辣烫公交专线、连夜刷墙、请出社火等，天水全力迎接"泼天的富贵"。

为了让游客体验一站式接送服务，自3月11日起，天水羲通客运公司开通2条麻辣烫专线，在天水南站、天水火车站出站口拉起横幅，举着牌子，专门迎接来天水吃麻辣烫的游客。天水火车站下车的游客，可以乘坐6路公交专线，直接到达兰天城市广场。天水南站下车的游客，可以乘坐1路公交专线，直接到达兰天城市广场。

资料来源　陈霞昌."泼天的富贵"来了！甘肃天水召开"麻辣烫"服务保障工作会议，提出"一碗麻辣烫推动天水大发展"［EB/OL］.（2024-03-18）［2024-11-12］. http://www.stcn.com/article/detail/1148590.html.

要求：仔细阅读背景资料，结合所学知识，回答表7-1中的问题。

表7-1　　　　　　　　　　　　　　　　任务分析表

任务类型	分析问题	内容要求
分析行政执行的特点和原则	从背景资料可以看出相关部门行政执行有什么特点？遵循了哪些原则？这些特点和原则具体包含哪些内容	根据行政执行的特点和原则的相关知识，结合背景资料具体说明
分析行政指挥的基本原则	说明天水市相关部门领导在工作中是否遵循了行政指挥的基本原则	根据行政指挥基本原则的相关知识，结合背景资料具体说明
分析行政沟通的基本原则	如何确保政府内部各部门之间的信息畅通无阻，避免出现信息孤岛和沟通障碍？如何更好地了解民众和游客的需求，以便提供更加精准和贴心的服务？如何在推动经济发展的同时，充分考虑到社会、文化和环境的可持续性	根据行政沟通的相关知识，结合背景资料具体说明
分析行政协调的基本原则	根据天水市政府推动"一碗麻辣烫推动天水大发展"的案例，分析行政协调在促进地方经济发展中应遵循的基本原则有哪些	根据行政协调的相关知识，结合背景资料具体说明
分析行政执行的优势	说明天水市文化和旅游局、天水市商务局和天水市市场监督管理局在行政执行中存在哪些优势	要根据行政执行的作用的相关知识，结合背景资料具体说明

◉ 任务评价

任务评价见表7-2。

表7-2　　　　　　　　　　　　　　　　任务评价表

评价项目	评价要点	权重（%）	自评	师评
能够说出行政执行的特点和原则（25分）	（1）能够结合案例素材分析：某个做法或活动反映了行政执行的哪些特点，并准确说出该特点的内容，如目的性和时效性、灵活性和创造性等	10		
	（2）能够结合案例素材分析：某个做法或活动符合行政执行的哪条原则，并准确说出该原则的内容，如依法行政、效能原则等	15		
能够说出行政指挥的基本原则（15分）	能够结合案例素材分析：某个做法或活动符合行政指挥的哪条原则，并准确说出该原则的内容，如统一指挥原则、法定权威原则、果断有力原则、准确和权变原则、合理授权原则	15		

续表

评价项目	评价要点	权重（%）	自评	师评
能够说出行政沟通的基本原则（15分）	能够结合案例素材分析：某个做法或活动符合行政沟通的哪条原则，并准确说出该原则的内容，如高效率原则、高质量原则、民主化原则	15		
能够说出行政协调的基本原则（15分）	能够结合案例素材分析：某一协调活动符合或不符合行政协调的哪一条原则，并准确说出该原则的内容，如依法协调的原则、统筹兼顾及顾全大局的原则、求同存异及动态协调的原则、公正合理及实事求是的原则等	15		
能够说出行政执行的优势（30分）	能够结合案例素材，分析天水市文化和旅游局、天水市商务局和天水市市场监督管理局在行政执行中存在的优势	30		
总分		100		

任务测试与应用

⦿ 任务测试

随堂测验7-1

任务7

1.选择题（将正确的选项填在括号内）

1.1　单选题

（1）行政执行必须在规定的时限内，迅速、果断、高效、及时地实现行政决策的目标，完成行政执行的任务，体现了行政执行的（　　）。

A.时效性　　　　　B.目的性　　　　　C.经常性　　　　　D.连续性

（2）以下不属于行政执行的原则的是（　　）。

A.公正原则　　　　B.依法行政原则　　C.效能原则　　　　D.简便原则

（3）按沟通的确定性划分，行政沟通可分为（　　）。

A.单向沟通和双向沟通　　　　　　　　B.正式沟通和非正式沟通

C.下行沟通、上行沟通和平行沟通　　　D.口头沟通、书面沟通和网上沟通

（4）行政评估要树立科学思想，运用科学方法，实事求是，客观公正，体现了（　　）。

A.系统性原则　　　B.实用性原则　　　C.准确性原则　　　D.客观性原则

（5）行政评估工作的第一步是（　　）。

A.确定评估对象　　　　　　　　　　　B.明确评估目的

C.选择评估标准　　　　　　　　　　　D.撰写评估方案

1.2　多选题

（1）正式控制的特点有（　　）。

A.间接性　　　　　B.强制性　　　　　C.直接性　　　　　D.权威性

（2）行政协调的原则包括（　　　）。

A.依法协调的原则　　　　　　　　　B.统筹兼顾、顾全大局的原则

C.求同存异、动态协调的原则　　　　D.公正合理、实事求是的原则

（3）要解决行政执行中的寻租问题，可采取的措施有（　　　）。

A.尽快完善市场经济体制和机制，建立现代企业制度

B.完善规范，约束腐败

C.有效运用纪检、监察和新闻媒体等工具，监督公共职权

D.加大惩处力度，威慑腐败

（4）造成行政执行偏离的原因可能有（　　　）。

A.政策本身问题　　　B.利益驱动　　　　C.缺乏有效监督　　　　D.领导越级

（5）一个完整的评估方案应包括（　　　）。

A.阐述评估对象

B.明确评估的目的、意义和要求

C.确定评估标准

D.写明评估的场所、时间，规定工作进度的有关计划

2.判断题（在题后的括号内打"√"或"×"）

（1）行政指挥是高质量地实现行政决策目标的根本保证。　　　　　　　（　　　）

（2）行政执行过程中，行政领导者和行政机关在必要时还可以采取一些强制性手段和制裁性措施，从中体现了原则性的特点。　　　　　　　　　　　　　（　　　）

（3）行政评估是检验政策的效果、效益和效率的基本途径。　　　　　　（　　　）

（4）行政执行是实现行政决策科学化、民主化的重要基础，是提高政府工作透明度、推动社会主义民主建设的有效途径。　　　　　　　　　　　　　　　（　　　）

（5）行政执行的准备阶段，除了要认真编制好实施计划之外，还必须做好"三落实"，"三落实"指的是组织落实、思想落实、物资落实。　　　　　　　　　（　　　）

3.简答题

（1）什么是行政执行，有什么特点？

（2）行政评估的原则是什么？

（3）行政执行的一般过程包括哪些环节？

（4）行政执行中容易出现什么问题？原因是什么？如何解决？

◉ 技能应用

【案例分析】

形式主义、官僚主义典型问题解读

某县为完成中央环保督察反馈的A河黑臭水体整治销号任务，在整治工程未完成情况下，该县水务局违反上级"整治工程未完工不能评估"的要求，擅自决定将未完工项目剔除，仅对部分已完工项目进行第三方评估，并对参与满意度测评的群众提出填写"满意及以上"的要求，且将部分群众测评表由社区工作人员代填，导致第三方测评结果失实，经该县水务局局长张某签批，向上级谎报黑臭水体整治已完成。直至中央环保

督察"回头看"时，A河仍未实质改善，群众反映强烈，张某受到党内严重警告处分。

资料来源 驻部纪检监察组. 形式主义、官僚主义典型问题解读［EB/OL］.（2024-08-02）［2024-11-12］. http://www.gztzb.org.cn/c/tyzx/djfg/40829.jhtml.

问题：结合案例分析该县水务局的做法存在哪些问题。

分析提示：主要考查行政执行中存在的问题。

【实践训练】

某小区外围小商贩占道经营，烧烤、炒饭等油烟弥漫，污染和交通堵塞严重。小区居民日日投诉，城管日日检查，驱赶摊贩。某日，城管在与商贩交涉过程中发生冲突，场面一度混乱。请你从行政执行的角度分析，城市管理部门应如何处理这件事。

要求：按照行政执行的内容，制订一份调查计划，并按照计划组织指挥调查。

任务 8　行政监督

任务目标	**知识目标**	·了解行政监督的基本含义、特点及作用 ·了解行政监督的原则与程序 ·理解行政监督的类型和范围 ·掌握行政监督的体系
	技能目标	能够运用行政监督的基本知识分析行政管理中的实际问题
	素质目标	·增强行政监督意识、责任意识，提高管理素养 ·树立正确的权力观和利益观 ·增强权责统一意识
任务重点		·行政监督认知 ·行政监督体系 ·行政监督的范围与程序

知识导图8-1

行政监督

引例　　　　　　　　　充分发挥群众监督作用

加强群众监督是完善基层监督体系的重要组成部分。各地不断健全基层监督网络，充分发挥群众监督作用，凝聚人民群众参与正风肃纪反腐的强大正能量。

群众担任廉情信息员，延伸监督触角

"今天的村集体经济利润分红，主要是'稻香渔歌'产业项目，共涉及30余户农户……"日前，重庆市綦江区古南街道花坝村进行了产业发展分红，农户代表齐聚一堂，依次领取分红。该村廉情信息员赵应敏十分关注村集体经济利润分红相关事宜，收益是多少，分红发放标准是多少，涉及哪些范围……她都逐一了解，并在本子上记录。"村集体'三资'关系大家的利益，需要严格监管把控、公开透明。"赵应敏平时关注村务公开情况，经常给村干部提意见。

随着乡村振兴战略实施，大量资金和项目涌入村里，为乡村发展增添了动力，也增加了监督难度。为了更好看紧村集体"钱袋子"，綦江区纪委监委选取花坝村为试点，在片区协作、"室组地"联动等监督方式的基础上，让群众担任廉情信息员，常态化参与监督，有效延伸监督触角。群众既是"事中人"，又是"观察员"，对权力运行状况、部门工作状态、干部作风情况最有发言权。在花坝村，像赵应敏这样的廉情信息员共有9名。9个村民小组以"问题找得准、群众信得过、意见说得清"为标准，分别推出1名村民担任廉情信息员。廉情信息员由村务监督委员会主任开展任前谈话，并进行业务指导，通过"定期+日常"入户走访的方式接收群众反馈的意见建议，包括干部作风、惠民资金发放、惠民政策落地等方面。"廉情信息员常态化列席村'两委'会议，对照区级层面下发的小微权力清单，对村'两委'干部是否存在优亲厚友、滥用职权等情况进行监督，每月定期将发现、收集的问题汇总上报。"綦江区纪委监委相关负责同志说，由村务监督委员会研判后，涉及干部作风等问题直报街道纪工委；涉及民生实事等问题则反馈村"两委"，目前已督促解决问题56项，架起了干群"连心桥"。

群众"点"问题，为监督工作明晰重点

"请您在下框20个选项中选取10个热点选题，我们将把得票率靠前的选题作为2024年监督的重点方向。"云南省安宁市纪委监委向全市党员干部、群众发出线上邀请，共商今年重点监督选题。"不少群众反映希望参与到监督工作中，因此我们今年探索开展点题式监督，希望把大家的呼声转变为工作的切入点。"安宁市委常委、市纪委书记、监委主任李颖谈到开展此项工作的初衷时说。

安宁市纪委监委从全市中心工作、监督检查中发现的典型问题以及案件查办中反映出的突出问题和群众关心的实事中，初步筛选出20个拟"入库"的重点监督选题供群众选择，同步发布"您来点题，我来监督"2024年专项监督选题调查问卷二维码，并在清风公园、廉洁文化展示厅等公共场所张贴调查问卷，结合重要会议活动安排广泛宣传，由干部和群众共同参与问卷调查、共商监督选题，最终将群众关注前十的问题纳入监督工作重点、关注前五的问题作为监督专项。

"听说最近清退了一批不符合条件、有房子的住户，房子空出来了，我得跟大伙儿说说，让需要的群众赶紧申请。"家住保障性住房宁和家园的住户刘大爷说。能否公平分配保障性住房一直是群众关心、关注的焦点，也是今年安宁市"票选"靠前的监督重点。此前，有不少群众反映保障性住房存在违规转租转借等问题。

群众"点"的问题，为监督工作明晰了方向。针对群众反映的问题，安宁市纪委监委通过数据比对，发现有房产但仍租住公租房等问题，已督促相关部门清退租户19户，正在清退15户。"后续纪检监察机关将严查背后是否存在作风和腐败问题，及时约谈相关责任人，督促住建部门规范审批、动态调整，并定期向群众公布整治成效。"该市纪委监委相关负责同志说。问题能不能销号、整改好不好，群众说了算。由群众点题，请群众评判，让群众满意。整改整治工作成效如何、效果好不好，同样要由群众评判。

资料来源　徐梦龙. 纪检监察就在身边 ｜ 充分发挥群众监督作用［EB/OL］.（2024-08-16）［2024-11-12］. https://www.ccdi.gov.cn/toutiaon/202408/t20240816_368797.html.

这一案例表明：群众监督是党的群众路线在完善党和国家监督体系中的集中体现。习近平总书记指出，强化群众监督是为了保证权力来自人民、服务人民。党员领导干部干得怎么样，要让群众来监督，由人民来检验。

知识准备

8.1　行政监督认知

8.1.1　行政监督的含义、特点和作用

1）行政监督的含义

行政监督是指各类监督主体（包括政党、立法机关、司法机关、社会组织、社会舆论和公民以及行政系统自身）依法对国家行政机关及其公务员的行政行为的合法性、公平性和有效性所实施的监察和督导活动。

行政监督可以从两方面来理解：从狭义的角度来看，行政监督是指国家行政机关作为监督的主体，按照法定的权限、程序和方式，对行政机关自身的组织行为、行政行为进行的监督活动。这种行政监督属于行政管理的职能范畴。从广义的角度来看，行政监督是将全社会（包括行政机关在内）作为监督主体对行政机关及其公务员进行的监察和督导活动。

2）行政监督的特点

科学的、有效的行政监督一般具有以下特点：

（1）权威性。在权力所有者和行使者相对分离的情况下，监督就意味着一种权力对另一种权力的监控和制约。如果没有权力，监督只能是一种摆设，不会有任何约束力。国家宪法和法律赋予行政监督主体相应的监督权力，这是行政监督最重要的基础。没有这种法定的监督权，或者这种权力被空泛化，行政监督就会处于无效状态。

（2）强制性。行政监督行为不同于其他的经济行为和交往行为，它不是建立在被监

督者自愿的基础之上的。行政监督权在本质上是一种法权。在现代社会，为了增强行政监督的有效性，许多国家都赋予行政监督主体一定的处置权，其强制性色彩更加浓厚。即使有的行政监督主体并不直接惩罚或纠正行政系统的不当行为，但它却能够在社会上形成一种氛围，可以引起拥有相应处置权的主体的重视或注意，在客观上促使问题解决。例如，新闻舆论监督，就可以在社会上形成强大的舆论氛围。

（3）独立性。从行政监督的本身要求来看，行政监督是监督主体对客体的一种限制性活动。因此，监督主体和监督客体绝不能两位一体，更不能让监督主体依附或受制于监督客体，而是必须具有相对的独立性。行政监督主体只有向赋予它监督权的组织和人们负责，才能体现其本身所具有的权威性和约束力。

（4）多样性。随着民主浪潮的不断推进，社会经济和文化水平的不断提高，社会公众参与意识的增强，行政监督主体不再像传统社会那样单一，而是越来越多样化。在现代社会里，社会监督、舆论监督、个人监督、权力监督和司法监督并驾齐驱，构成了多样化、多极化的行政监督主体网络体系。

（5）广泛性。行政监督涵盖了所有的行政行为，从运作过程到运作方式，从合法性、合理性到有效性，几乎无所不包。正是这些多角度、多层次、多元化的监督活动，使行政领域的活动形成了一个相互联系、相互作用的监督系统，从而大大降低了公共领域内违法、违纪和腐败现象的发生率。

（6）整体性。尽管各种监督主体具有自己的独立性，但从其运行过程和运行功能来看，它们又彼此联系、相互衔接、相互照应、相互补充，形成了一个具有某些共同特征的、完备的行政监督体系。因此，在行政监督主体多样和监督内容广泛的情况下，要取得良好的监督成效，不仅要充分发挥各种监督主体的功能和作用，而且要注意各种监督主体之间的协调互补，发挥好行政监督主体之间的整体合力。

3）行政监督的作用

行政监督是对国家行政机关及国家公务员行政行为的合法性、合理性和有效性的监督，是实现控制的主要手段，是行政管理中不可缺少的重要环节。它并不干预行政系统的正常工作秩序，而是通过一定的程序和方式，对行政行为的合法性、合理性和有效性进行督导和检查，从而促进行政机关及国家公务员的行政活动维持合法性，增强合理性，保证有效性。行政监督的作用具体表现在以下三个方面：

（1）预防作用。它就是通过行政监督，预防行政管理的非法行为及错误行为的发生。通过事前监督，可以提前发现在行政系统中存在的各种潜在的或显现的弊端，从而达到防患未然的目的。因此，行政监督不仅要通过各种监督方式和途径及时发现各种已经发生的不规范或违法的行政行为，更为重要的是，要通过各种行政监督制度的设立，增强行政行为的可预见性，使人们对某种行政行为可能带来的后果和问题有比较清醒的认识，并采取相应的防范措施。

（2）补救作用。它是指对监督检查中发现的问题采取得力、妥当的措施，使由其所造成的损失得到弥补或减少到最低限度。现代管理的对象是动态、多变、复杂的社会大系统，不仅决策过程含有大量的不确定因素，而且决策执行过程中会产生许多随机因素，再加上行政机关及其工作人员在思想素质与业务素质方面都难免存在与工作要求不相适应的情况，通过行政监督，可以及时发现问题，采取必要的措施予以补救，从而防止行政管理失去控制。

（3）改进作用。它就是通过对日常行政管理工作的监督，督促行政机关及其工作人员严格执行国家的法律、法规和规章制度，依法办事，通过对行政监督所揭露出的问题的处理，促使有关政府部门认真总结经验教训，不断改进行政管理工作方法，提高工作人员素质，提高行政效率。由于主客观的作用，行政管理工作的失误是难免的，这就需要通过行政监督查出原因，明确责任，从而吸取教训，不断提高行政管理水平。

案例解读 8-1

近日，某县人大常委会主任会议听取了县政府关于代表意见、建议办理工作的汇报。汇报指出，当年的 51 件代表建议中，有 15 件已经办结，18 件正在办理中，14 件列入有关部门的工作计划，4 件受国家政策制约不能办理，代表建议答复率 92%，满意率 90%。会议在肯定县政府工作成绩的同时，要求县政府必须进一步加大办理力度，争取使代表意见、建议办理工作落到实处。一是对已经办结的代表建议，要做好回访复查工作，认真查漏补缺，并及时征求代表意见，争取使办结的意见、建议办好、办实。二是暂不能办理的意见、建议，要积极向代表解释说明，取得代表的谅解，同时要协调有关部门尽快办理。三是不能办理的意见、建议，要向代表提供资料信息，帮助代表修改完善意见、建议，使代表意见、建议和有关法律及相关政策不发生冲突，努力将代表意见、建议纳入办理工作计划。

资料来源　根据相关资料整理。

分析：这一案例表明，行政监督是指各种法定的监督主体依法对国家行政机关及其公务员的行政行为实施的监督与控制。案例中代表的意见、建议以及人大常委会主任会议听取政府工作汇报进而提出要求的行为，阐释了行政监督的含义、特点和作用。

8.1.2　行政监督的原则和类型

1）行政监督的原则

行政监督作为现代公共行政管理的重要组成部分，自然要受到公共行政管理客观发展规律的支配和影响。一般来说，高效的行政监督活动应遵循以下基本原则：

（1）经常性与广泛性相结合的原则。现代公共行政管理活动不仅每时每刻都在进行，而且每时每刻都在变化。因此，行政监督应当贯穿于公共行政管理活动的始终，即在政府决策、组织、协调、执行等各个环节都实行有效的监督。只有坚持经常性的监督，才能揭露行政机关所有管理环节上的缺陷及工作人员的违法失职行为，查明产生这些问题的原因，并为消除这些原因提供依据和意见。要坚持行政监督主体、客体和范围的广泛性，各种监督力量形成"齐抓共管"的局面，使一切行政机关的所有行政管理行为、行政措施、行政法规的实施都受到监督。

（2）民主性与公开性相结合的原则。现代公共行政管理活动与社会公众的关系越来越密切，只有社会公众才能最全面、最真切地了解行政管理是否合理和正确。民主性原则就是要尽可能让更多的、更广泛的人民群众参与对政府行政管理的监督。为了给人民群众监督提供更加便利的条件和机会，必须不断地提高公共行政管理活动的开放程度，增强公开性。公开性原则体现在两个方面：一是政府的各项行政活动要公开，管理和决策活动应在法定范围内向社会公开。二是监督的公开，要求监督主体对政府的行政管理活动实行公开监督。

（3）客观性与公正性相结合的原则。在监督过程中，必须实事求是，客观地对待公共行政管理活动中的每一个人和每一件事，深入群众、深入实际、深入基层，倾听各种不同意见，切实掌握第一手材料，并运用全面的、历史的、辩证的科学方法，去分析研究材料，作出正确判断。与此同时，要求有关监督主体以法律和政策为准绳，以事实为根据，公正廉明，铁面无私，顶住说情风，撕破关系网，作出符合法律规定、体现行政精神、经得起历史检验、客观公正的结论。

（4）确定性与有效性相结合的原则。确定性原则是指监督机关的法律地位、监督职权、监督方式、监督范围以及监督程序都必须是具体的、明确的。如果监督机关的法律地位、工作权限、监督范围、监督程序缺乏明确性，便无法实施有效的监督。与此同时，要根据相应的情报信息，及时、迅速地实施监督行为，发现和查明可能或已经导致违法失职行为产生的原因、条件，消除这些原因和条件，使监督既有效率又有效果。

2）行政监督的类型

依据不同的标准，从不同的角度，行政监督有不同的分类。但由于标准和角度的不同，内容上自然有交叉和重合，它们之间的相互关系、界限并不十分清楚，往往是错综复杂的相互补充的关系。

（1）党的监督、国家监督、社会监督和群众监督。这是从监督的主体上来划分的。党的监督实质是党对行政机关的领导，是通过制定路线、方针和政策来实现的。国家监督包括权力机关、司法机关和行政机关内部的监督，是国家运用国家权力依法对行政机关实行的监督。社会监督和群众监督是指企事业单位、社会团体和广大人民群众对国家行政机关及其工作人员的行政行为实行的监督。

（2）内部监督和外部监督。这是从监督的对象和内容上来划分的。内部监督是指行政机关内部的自我监督，即在有隶属关系的行政机关内部上下级之间、领导与被领导之间互相实行的监督。外部监督是指行政组织系统外部力量对行政组织的监督，如来自国家权力机关、党的组织、社会团体和人民群众的监督。

（3）事前监督、事中监督、事后监督、经常监督和定期监督。这是从决策的角度按监督的时间来划分的。事前监督是决策成立之前实行的预测性监督；事中监督是执行决策过程中所实施的检查性监督；事后监督是决策完成以后的总结性监督；经常监督是对行政机关的日常工作进行经常性的监督检查；定期监督是指在一定时期内对行政机关某一方面的工作所进行的监督检查。

价值引领 8-1　　　　　执法监督，线上运行

进行合理且必要的监督是确保行政机关进行科学行政的关键所在，同时公民有效行使监督权既是对行政机关的监督，也是自身行使监督权，做国家的主人的体现。2020年9月30日，司法部"行政执法监督批评建议"平台在中国法律服务网上线运行，该平

台是根据重组后的司法部"一个统筹、四大职能"中"指导、监督各地区各部门行政执法工作，推进严格规范公正文明执法"的工作职责设立的，是司法部开展"不忘初心、牢记使命"主题教育的一项重要举措。该平台的上线运行，对贯彻落实党中央关于全面推进依法治国、加快法治政府建设的重大决策部署，及时了解广大人民群众反映强烈的执法领域突出问题，切实加强行政执法监督工作，推进严格规范文明执法，完善行政执法监督机制具有重要意义。

该平台不同于投诉举报和案件办理平台，是行政执法监督工作听取群众批评意见建议的平台，将有助于提升各地区各部门行政执法水平，加强和改进行政执法监督工作。重点征集意见建议的范围，将包括各地区、各部门全面推行行政执法"三项制度"，行政执法机关和人员执法不作为、乱作为，选择性执法、执法不公，行政执法人员执法方式不文明、存在不文明执法现象，行政执法队伍规范化制度化建设和行政执法人员培训，指导、监督各地区各部门行政执法工作六个方面。这不仅规范了行政执法的科学性合理性，更加贯彻了习近平总书记依法行政的理念，更好地做为人民服务的政府。

资料来源　佚名. 司法部"行政执法监督批评建议平台"上线运行［EB/OL］.（2020-09-30）［2024-11-12］. https://www.gov.cn/xinwen/2020-09/30/content_5548734.htm.

感悟：这样类似的"平台"在许多政府部门都有设立。设立"行政执法监督批评建议"平台，是开门听取社会各界和人民群众批评意见建议一个窗口，是让人民群众监督自身行政行为的有效措施，是政府自觉接受群众监督的一种态度。政府及其工作人员必须自觉接受群众的监督，增强服务意识和能力。

8.2　行政监督体系

行政监督既包括国家行政机关内部的自我监督，又包括行政系统外部环境对行政系统的监督。

8.2.1　内部监督体系

我国行政系统的内部监督主要包括一般监督和专门监督。

1）一般监督

一般监督是指各行政机关自上而下和自下而上以及相互之间进行的普遍监督，这是行政监督中最主要、最经常、最直接的监督形式。

它主要包括以下四种监督：

（1）上级对下级的监督，指各行政机关按照直接隶属关系，自上而下所产生的监督；

（2）下级对上级的监督，指各行政机关按照直接隶属关系，自下而上所产生的监督；

（3）职能监督，指政府各职能部门就其所分管的工作，在自己的职权范围内对其他有关部门所实施的监督；

（4）主管业务监督，指上级政府的各职能部门和直属机构对下级政府相应的工作部门所实施的业务上的监督。

2）专门监督

专门监督是指行政系统内部设立的专门监督机构，对所有行政机关及其公务员的行政行为所实施的监督。它主要包括以下两种监督：

（1）行政监察。行政监察是指国家行政组织内专司监察职能的监察部门对其他行政机关及其工作人员实行的监督、纠举和惩戒活动，它属于行政机关内部的一种专门监督。行政监察机关是人民政府内行使监督权的职能部门；行政监察的对象是国家行政机关和国家公务员以及国家行政机关任命的其他人员。

行政监察的特点是：①行政监察由政府所属专司监察职能的监察机关实施。②行政监察是范围广泛的综合性的行政监督。③行政监察是一种经常性的具体的行政监督。④行政监察机关享有国家赋予的权力，其监察对象是国家行政机关公务员和国家行政机关任命的其他人员。

根据《中华人民共和国监察法》的规定，我国行政机关的监察权包括检查权、调查权、建议权和决定权。①检查权，即行政监察机关对监察对象贯彻实施国家政策、法律、法规以及决定、命令的情况进行检查。②调查权，即监察机关通过检查或群众举报或其他途径发现监察对象有违反行政纪律嫌疑而展开的调查活动。③建议权，即监察机关依照法律、法规规定的监察职责，在检查、调查的基础上，向被监察部门和被监察人员就其职责范围内的事项提出的具有一定行政法律约束力的建议。④决定权（处分权），即监察机关依据法律、法规所规定的职权，根据检查、调查的结果，就一定事项向被监察部门和人员作出具有行政法律强制力的决定。

根据《中华人民共和国监察法》的有关规定，监察工作必须遵循以下基本原则：①依法行使职权，不受其他行政部门、社会团体和个人的干涉。②实事求是，重证据，重调查研究，在适用法律和行政纪律上人人平等。③教育与惩处相结合，监督检查与改进工作相结合。④依靠群众。

行政监察机关以下列形式履行监察职责：①一般监察。根据监察计划定期或不定期地对被监察部门和人员贯彻执行国家法律、法规、政策以及决定、命令的情况进行检查。②专项检查。根据本级人民政府或者上级监察机关的决定，或者根据本地区、本部门工作的需要，对被监察部门的工作进行专项检查。③立案调查。监察机关的办案方式主要有主办、协办、催办、转办。

（2）审计监督。审计监督是指专门的审计机关和其他受委托的人员依法对有关国家机关、企事业单位的财政及经济活动进行审核检查，以判断其合法性、合理性、有效性的监督、评价和鉴证活动。审计监督是一项专门的财政经济法律监督制度，是一种经济监督，主要目的是维护国家财政经济秩序，严肃财经纪律，加强经济管理，提高经济效益，为打击违法犯罪活动提供事实依据，促进廉政建设，保障国民经济健康发展。

审计监督具有以下特点：①审计监督具有专职性。审计监督的专职性是指审计监督是专司经济监督的，不兼负其他专业经济监督。②审计监督具有独立性。审计监督的独立性是指审计机关依照法律规定独立行使审计监督权，不受其他行政机关、社会团体和个人的干涉。③审计监督的范围具有广泛性。审计监督的对象和所涉及的内容的范围是非常广泛的。凡是具有经济责任关系的单位，包括政府机关、社会团体和企事业单位，都是审计的对象；凡经济活动需要验证真实性、合法性和效益性的事项，都是审计的内容。

我国目前设置的审计机关有中央审计机关（审计署）和地方审计机关两种。我国审计机关实行双重领导体制，地方审计机关同时接受本级政府和上一级审计机关的领导。在行政上，审计机关直接受本级政府行政首长领导；在业务上，地方审计机关接受上级审计机关的垂直领导。

审计监督的内容包括：①财政预算的执行和财政决算；②信贷计划的执行及结果；③财务计划的执行和决算；④基本建设和更新改造项目的财务收支；⑤国家资产的管理情况；⑥预算外资金的收支；⑦借用国外资金、接受国际援助的财务收支；⑧与财政、财务收支有关的各项经济活动及效益；⑨严重侵占国家资产、严重损失浪费等损害国家经济利益的行为；⑩全民所有制企业承包经营责任的有关审计事项；国家法律、法规规定的其他审计事项。

审计监督的方法是审计人员为达到审计目的、完成审计任务所采取的各种具体手段的总称。审计监督方法包括一般方法和技术方法。审计一般方法是指审计人员在执行审计任务时为实现审计目标而采用的最基本的审计方法。审计技术方法是指一个审计项目在整个审计过程中所应用的各种专门方法。在实际工作中，最常用的审计技术方法有：审阅法、核对法、盘存法、查询法、查账法、分析法。

拓展学习 8-1

为推进中国式现代化济南实践发挥审计监督的独特作用

8.2.2　外部监督体系

我国行政系统的外部监督主要包括法治监督和社会监督。

1）法治监督

法治监督是指国家机关对行政机关及其工作人员是否合法、正确地行使职权所进行的监督和控制，是能直接产生法律效力的监督。

（1）法治监督的特点。法治监督不同于其他监督，它具有显著的特点：①法治监督具有国家意志性。法治监督是国家意志的充分体现，是按照国家意志实行的。②法治监督具有国家权力性。法治监督是国家权力的重要组成部分，国家权力在法治监督方面主要通过立法权、司法权和检察权三种形式表现出来。③法治监督具有国家强制性。法治监督是由法律赋予法治监督机构的国家权力性活动，对违反宪法和法律的行为所作出的监督决定具有强制性，监督决定的内容必须严格执行，不允许任何人以任何方式加以变更或违抗。

（2）法治监督的分类。根据监督主体的不同，法治监督可分为权力机关的监督、司法机关的监督两类。①权力机关的监督主要是对行政机关抽象行政行为的监督，在我国是指各级人民代表大会及县级以上人民代表大会常务委员会对行政机关及其工作人员的监督，又称为立法监督。监督内容包括政治监督、法律监督和工作监督。国家权力机关对行政机关及其工作人员的法治监督是最高层次的监督，在国家监督体系中居于核心地位。②司法机关的监督在我国是指国家司法机关依照法定职权和程序对行政机关及其工作人员实施的监督，具有终结性、独立性、中立性、专属性和不可转授性的特点。司法机关的监督主体由人民法院和人民检察院构成。人民法院通过依法审判各种行政诉讼案件和审查行政机关强制执行申请的案件来实施对行政行为的监督。人民检察院通过履行国家法律监督机关的职责来实施对行政的监督，主要是对国家行政机关及其工作人员的职务犯罪和其他犯罪案件实行监督。司法机关的监督内容包括法纪监督、侦查监督、监所监督等。

2）社会监督

（1）社会监督的含义及有效性。社会监督是指非执政党和非国家机关对行政活动的监督。它凭借的是国家宪法和法律赋予的权利，而不是国家权力和政治权力。在我国，人民政协、各民主党派、各社会团体、新闻机构及公民个人对行政管理活动的监督都属于社会监督。社会监督的有效性有两个前提：一是公共行政的透明度；二是社会监督必须与国家权力体系的监督相结合。否则，社会监督不能直接产生法律效力。

（2）舆论监督的含义和特点。舆论监督是社会监督的重要形式，是指公民和社会组织通过公共论坛批评包括权力腐败在内的不良现象，对政府机构和政府官员不当行为的监督与制约。

舆论监督的特点表现为：一是监督方式的公开化；二是监督表达形式的直接性；三是监督效应的及时性；四是监督效果具有社会效应。

案例解读 8-2   加大社区监督员队伍建设   强化干部日常监督

近年来，安徽省固镇县充分发挥群众监督优势，择优选拔16名政治素质较好、原则立场坚定的监督员，构建以社区监督员为主体的"八小时外"干部言行监管网，督促干部时刻守住底线、不越红线。

严格选聘标准，明晰监督职责。出台《固镇县干部选拔任用工作监督员制度》，确立选聘社区监督员的5项基本条件，按照政治素质、工作经历、服从意识、干群声望、身心条件筛选初步人选，通过召开监督员选聘座谈会，进一步研判人选思想意识、能力水平，择优确定最终人员并在线上公示。新聘任监督员由县委组织部统一颁发"干部选拔任用工作监督员聘书"，按照社区划分，分域开展监督工作，重点掌握所在社区干部的生活作风、人格品行，收集群众的各类线索，梳理干部社区报到情况，每季度汇总上报至县委组织部干部监督股，2024年以来社区监督员共计反馈21条线索，出具拟提拔干部社区表现意见43条。

加强教育培训，提升监督能力。社区监督员由干部监督股负责监督员的日常联络、协调和管理。监督员聘任后，开展业务培训，重点学习中央和省市委关于干部选拔任用和监督工作部署要求，定期提供干部监督业务相关文件资料，并结合日常工作加强指导和协助，提升监督力度，今年以来，共计培训监督员23人次，集中培训1次。县委组织部相关科室坚持与社区监督员经常性沟通联系，了解相关工作开展情况，提出工作要求，指导做好相关工作，对监督员反映工作问题及时解答，做到政策理解不偏差、制度执行有成效。

线上线下发力，实现全面监督。社区监督员聘期一般为3年，根据实际情况适时调整。人选从全县党政机关、企事业单位和社会代表人士中选聘，其中，"两代表一委员"占一定比例。每年底召开1次监督员全体人员会议，听取全年监督工作总结，对监督成效明显的给予通报表扬，对参与度较低、工作热情不高的予以调整补选，今年初，对去年度表现不佳、家庭搬迁的2名监督员予以解聘。社区监督员通过线上观察干部网络言行、线下收集梳理"坊间新闻"，择机反馈至干部本人，防微杜渐，让干部自觉做到慎独、慎微、慎言、慎行。

资料来源　佚名. 固镇县：加大社区监督员队伍建设 强化干部日常监督［EB/OL］.（2024-06-20）［2024-11-12］. https://bbxf.bb.ah.cn/xqgz/gzx/9908901.html.

分析：社区监督员属于外部监督中社会监督里的公民个人监督。公民个人最了解也最容易发现管理中出现的问题，能够较好地预防漏洞和纠正管理偏差。

8.3　行政监督的范围与程序

行政监督运行的轨迹是与行政管理运行的轨迹相适应的。行政管理活动的每一个阶段自始至终都伴随着行政监督。

8.3.1　行政监督的范围

行政监督的范围涉及面广，不断变化，目前有两种阐述：

（1）按照行政管理运行的不同阶段划分，包括：对行政组织体制及行政机构设置实行的行政监督；对行政决策实行的行政监督；对行政执行实行的监督；对行政领导人实行的行政监督；对一般行政工作人员实行的行政监督。

（2）从国家行政管理所包含的业务部门来阐述，包括：对经济方面国家行政管理活动实行的行政监督；对人事、军事、外事等方面国家行政管理活动实行的行政监督；对科技、教育、文化、卫生等方面国家行政管理活动实行的行政监督；对其他方面国家行政管理活动实行的行政监督。

8.3.2　行政监督的程序

行政监督的程序寓于行政管理的全过程中，主要包括以下几个环节：

（1）确立行政监督的标准。此环节以法律为依据，遵循行政管理活动的客观规律，结合具体情况确定监督对象、范围、目的和方式等，是有效监督的保障。

（2）调查研究的过程。这是对行政监督作出正确评价的前提条件。

（3）评价过程。此环节是对行政管理活动出现的偏差和失误作出恰当的评价。

（4）纠正偏差和失误的过程。这是行政监督全过程中最关键的环节，是监督主体最主要的任务。

（5）总结经验的过程。此环节的目的是提高行政监督对象遵纪守法的观念，增强接受行政监督的自觉性。

任务实施与评价

◉ 任务实施

【背景资料】

安徽出台意见规范重大行政决策"合法性审查"

为加强重大行政决策合法性审查和行政规范性文件合法性审核（统称合法性审查）工作，安徽省出台了《关于进一步加强合法性审查工作的意见》（以下简称《意见》），按照法治政府建设的部署要求，严格执行合法性审查工作规定，优化工作流程，着力解决审查能力与工作任务不相适应、合法性审查走形式等问题，推进全省合法性审查工作制度化、规范化，加快形成程序完备、权责一致、相互衔接、运转高效的合法性审查机制，推动政府及其部门各项工作始终在法治轨道上运行。

《意见》要求，明晰审查范围，做到应审必审。各地各部门可以依据《重大行政决策程序暂行条例》等规定，结合本地本部门实际和职责权限，确定决策事项目录、标准，按规定程序向社会公布，并根据实际情况动态调整。特别是涉及公民、法人和其他组织权利义务的重大决策事项，均要纳入审查范围，确保实现全覆盖。可以采取负面清单方式，明确不纳入合法性审查范围的事项类型。

《意见》规定，完善审查机制，保证审查时限。各级政府及其部门办公机构、送审稿起草部门要加强与本级政府或者本部门负责合法性审查工作的机构（简称审查机构）协调配合，进一步理顺审查事项的送审、审查、审签、意见反馈等办理环节，完善工作运行机制，优化审查流程。探索审查一般期限和特殊期限的适用范围，留足审查时限，防止大量"急件"影响审查质效。审查机构要即收即办，提高工作效率。对属于重大事项合法性审查提前介入范围的，及时启动提前介入程序。

《意见》要求，明确审查标准，梳理审查要点。审查机构要认真履行职责，从权限、程序、内容三个方面严格进行审查：决策或者制定主体是否合法、是否超越法定职权；内容是否符合法律、法规、规章和国家政策规定；是否违法设立行政许可、行政处罚、行政强制、行政征收、行政收费等事项；是否存在没有法律、法规依据作出减损公民、法人和其他组织合法权益或者增加其义务的情形；是否存在没有法律、法规依据作出增加本部门权力或者减少本部门法定职责的情形；是否违反决策或者文件制定程序等。

资料来源　邵伏胜，彭继友，马冰璐. 安徽出台意见规范重大行政决策"合法性审查"［EB/OL］.（2021-08-09）［2024-11-12］. http://ah.people.com.cn/n2/2021/0809/c358428-34858069.html.

要求：审查是监督的一种方式和方法。应用所学知识，结合背景资料，完成表8-1中的任务。

表8-1   任务分析表

任务类型	任务内容	内容要求
分析行政监督的主体和对象	根据行政监督的含义，分析背景资料中的监督主体和监督对象	具体说明监督主体的名称和监督对象的内容
分析行政监督的特点	根据行政监督特点的知识，分析背景资料中监督的特点	具体说明监督特点的内容
分析行政监督的原则和作用	根据行政监督原则和作用的知识，分析背景资料中行政监督的原则和作用	具体说明监督原则和作用的内容
分析行政监督的类型	根据行政监督类型的相关知识，分析背景资料中的审查属于哪一种类型的监督	具体说明监督类型的名称及其内容
分析行政监督的范围	根据行政监督范围的相关知识，分析背景资料中重大行政决策审查的范围	具体说明监督范围的内容
分析行政监督的标准	根据行政监督程序中确定标准的相关知识，分析背景资料中对重大行政决策的审查标准是什么	具体说明审查标准的内容

⊙ 任务评价

任务评价见表8-2。

表8-2   任务评价表

评价项目	评价标准	权重	自评	师评
能够说出行政监督的主体和对象（20分）	（1）能够根据行政监督的含义，准确说出背景资料中监督主体的名称，如××省政府××机构或部门	10		
	（2）能够根据行政监督的含义，准确说出监督对象的内容，如××政府××机构及其××行为	10		
能够说出行政监督的特点（10分）	能够根据行政监督特点的知识，准确说出背景资料中行政监督特点的内容，如具有权威性、强制性等	10		
能够说出行政监督的原则和作用（20分）	（1）能够根据行政监督原则的知识，准确说出背景资料中监督的原则，如经常性与广泛性原则等	10		
	（2）能够根据行政监督作用的知识，准确说出背景资料中监督的作用，如预防××，补救××，改进××等	10		

评价项目	评价标准	权重	自评	师评
能够说出行政监督的类型（20分）	（1）能够根据行政监督类型的相关知识，准确说出背景资料中的监督是属于政党、政府还是社会、群众监督？是内部监督还是外部监督？是事前、事中还是事后监督？是经常还是定期监督？	10		
	（2）能够具体说明所属类型监督的内容	10		
能够说出行政监督的范围（10分）	能够根据行政监督范围的相关知识，准确说出背景资料中监督的范围，如审查环节、机制、流程等的监督	10		
能够说出行政监督的标准（20分）	能够根据行政监督程序中确定标准的相关知识，准确说出背景资料中对重大行政决策的审查标准，如对决策权限、程序、内容等的审查标准	20		
总分		100		

任务测试与应用

◉ 任务测试

随堂测验8-1

任务8

1.选择题（将正确的选项填在括号内）

1.1　单选题

（1）以下不属于行政监督特点的是（　　）。

A.权威性　　　　　B.独立性　　　　　C.动态性　　　　　D.整体性

（2）现代公共行政管理活动与社会公众的关系越来越密切，只有社会公众才能最全面、最真切地了解行政管理是否合理和正确，所以要尽可能让更多的、更广泛的人民群众参与对政府行政管理的监督，政府的各项行政活动要公开，从中体现了行政监督的（　　）。

A.经常性与广泛性相结合的原则　　　　B.民主性与公开性相结合的原则

C.客观性与公正性相结合的原则　　　　D.确定性与有效性相结合的原则

（3）监察机关通过检查或群众举报或其他途径发现监察对象有违反行政纪律嫌疑而展开的调查活动，体现了我国监察机关拥有（　　）。

A.检查权　　　　　B.调查权　　　　　C.建议权　　　　　D.决定权

（4）行政监督的作用不包括（　　）。

A.预防作用　　　　B.补救作用　　　　C.改进作用　　　　D.批评作用

（5）从监督的主体上来划分，监督可以划分为（　　）。

A.党的监督、国家监督、社会监督和群众监督

B.内部监督和外部监督

C.事前监督、事中监督、事后监督

D.经常监督和定期监督

1.2　多选题

（1）司法机关的监督具有（　　）特点。

A.终结性　　　　　　B.中立性　　　　　　C.独立性　　　　　　D.可传授性

（2）行政监察的特点包括（　　）。

A.行政监察由政府所属专司监察职能的监察机关实施

B.行政监察是范围广泛的综合性的行政监督

C.行政监察是一种经常性的具体的行政监督

D.行政监察机关享有国家赋予的权力

（3）监察工作必须遵循的基本原则有（　　）。

A.依法行使职权，不受其他行政部门、社会团体和个人的干涉

B.实事求是，重证据，重调查研究

C.教育与惩处相结合，监督检查与改进工作相结合

D.依靠群众

（4）审计监督的内容包括（　　）。

A.财政预算的执行和财政决算　　　　　B.预算外资金的收支

C.国家资产的管理情况　　　　　　　　D.财务计划的执行和决算

（5）舆论监督的特点表现为（　　）。

A.监督方式的公开化　　　　　　　　　B.监督表达形式的间接性

C.监督效应的及时性　　　　　　　　　D.监督效果具有社会效应

2.判断题（在题后的括号内打"√"或"×"）

（1）纠正偏差和失误的过程，是行政监督全过程中最关键的环节，是监督主体最主要的任务。　　　　　　　　　　　　　　　　　　　　　　　　　　　　（　　）

（2）法治监督是国家意志的充分体现，是按照国家意志实行的。　　（　　）

（3）要保证社会监督的有效性，只需保证公共行政的透明度就行。　（　　）

（4）各种监督主体从其运行过程和运行功能来看是相互独立的。　　（　　）

（5）凡经济活动需要验证真实性、合法性和效益性的事项，都是审计的内容。

　　　　　　　　　　　　　　　　　　　　　　　　　　　　　　　（　　）

3.简答题

（1）行政监督有什么特点？

（2）行政监督应该遵循什么原则？

（3）行政监督包括哪些类型？

（4）谈谈对我国行政监督体系的认识。

⊙ 技能应用

【案例分析】

深圳市司法局综合施策全面提升行政执法监督质效

为进一步严格规范行政执法公正文明，促进行政执法质量不断提升，近年来，广东省深圳市司法局紧紧围绕新时代行政执法协调监督工作面临的新形势新要求，聚焦深圳法治先行示范城市"率先基本建成法治政府"的目标定位，精心谋划，谱出一套属于自己的"四部曲"：精心谋、大胆干、规范严、勇敢创。

精心谋，高位推动执法监督

为完善行政执法监督法规制度体系，进一步加强行政执法监督机制和能力建设，深圳市人民政府办公厅先后印发制订《深圳市提升行政执法质量三年行动实施计划（2023—2025年）》《深圳市2024年度行政执法监督工作方案》，在全面提升行政执法人员能力素质、推进严格规范公正文明执法等六个方面制定16项具体措施。

为充分发挥行政执法监督对行政执法工作的统筹协调、规范管理、指导监督、激励保障作用，深圳市司法局加快推进深圳经济特区行政执法监督条例的起草工作，锚定街道综合行政执法体制改革"放得下、接得住、管得好、有监督、高质量"的目标。为依法稳妥推进行政执法重心下移，深圳市政府发布公告，推动市区街三级执法监督体系，明确城管和综合执法部门及业务主管部门对街道综合行政执法的日常监督和业务监督职责，连续2年开展全市街道综合行政执法实施情况评估，将下放的职权事项依法由475项调整为464项，依法科学精准做好街道赋权工作，严格规范职权调整程序，建立动态调整机制。

大胆干，严格履行监督职能

针对近年来"任性执法""粗暴执法""小过重罚"等执法乱象问题，深圳市司法局采取了一系列的务实举措，对执法不规范、涉企乱罚款、职权下放重放轻管、执法人员资格管理等问题，组建行政执法专项督查组、开展专项督查整治。深入推行行政执法公示、执法全过程记录、重大执法决定法制审核等"三项制度"，将案卷评查、落实"三项制度"等内容纳入考核范围，充分发挥考评"指挥棒"作用，促进提升行政执法质量。组建一支特殊的监督队伍——深圳市政府特邀行政执法监督员。出台配套制度，建立监督员联络办公室，强化监督员队伍建设。2023年4月以来，监督员共参与执法调研、"伴随式"执法监督等履职活动50余场，参加人数360余人次，提出履职建议71条，有效拓宽群众参与行政执法监督渠道、让行政执法监督的触角延伸至最基层。

规范严，完善行政执法工作体系

为全面提升行政执法人员能力素质，加快推进行政队伍的革命化、正规化、专业化、职业化建设，深圳市司法局联合市委组织部等单位组织开展首届"沙场秋点兵"——"执法深较量 品质圳提升"主题行政执法综合能力与创新竞赛，让担当作为者"有其奖""留其名"。

大力推进包容审慎监管方式，建立健全行政执法减免责4张清单的动态更新机制和适用情况定期报送机制。2023年起截至2024年6月底，全市29个领域编制免予处罚清单事项共431项，14个领域编制减轻处罚清单事项94项，15个领域编制从轻处罚清单事项440项，8个领域编制免强制清单事项37项。各执法部门累计适用行政执法减免责清单（含免处罚、从轻减轻处罚、免强制清单）事项14 197次，减免金额约42 030.93万元。

勇敢创，数字赋能执法监督

强化数字赋能，以"双系统"提升执法及执法监督质效：推广应用市、区、街全覆盖的深圳市行政执法信息系统，推动行政执法全流程线上办理，执法全流程留痕，执法全过程记录；深圳市行政执法综合管理监督系统在整合全市行政执法数据的基础上，依托个案智能预警、案卷评查、执法效能评价等功能应用延伸行政执法监督触角。截至目前，"双系统"已涵盖行政执法机关320家（不含公安），归集了法律法规1 769部、执法依据12.9万条，职权事项2.9万项，共纳管行政检查、行政处罚、行政强制等案件691.4万宗。

针对企业反映的重复检查、多头检查和不必要检查等问题，深圳市司法局行政执法监督处创新开发深圳市行政执法监督码系统，要求行政执法人员开展涉企行政检查前严格执行"扫码入企"，破解重复检查、多头检查等难题，为企业松绑减负，激发市场活力。"执法监督码"分企业端、行政执法端、执法监督端，三者之间双向互通，组成"行政执法监督码系统"："企业端"精准发力，破除企业扰企困扰。"执法端"高效便捷，助力执法主体科学执法。"监督端"全面统筹，保障监督主体精准监督。

未来，深圳市司法局将继续履行行政执法监督职责，持续强化涉企行政执法监督，构建监督"闭环"，使监督的"牙齿"真正"咬合"，实现对行政执法的全过程、全链条、闭环式监督。

资料来源 唐荣，赵靓. 深圳市司法局综合施策全面提升行政执法监督质效［EB/OL］.（2024-10-09）［2024-11-12］. http://www.legaldaily.com.cn/index_article/content/2024-10/09/content_9064885.html.

问题：深圳市司法局全面提升行政执法监督质效的做法给你什么启示。

分析提示：从行政监督原则和类型的视角进行分析。

【实践训练】

为强化社会监督作用，更好动员社会各界参与医疗保障基金监督，切实维护基金安全，国家设立了医疗保障基金社会监督员。请你从一名普通市民的角度考虑如何来进行监督。

要求：根据行政监督体系的内容分析可以实施监督的途径。

项目三
行政行为规范

3

任务 9　人事行政

任务要求

任务目标	**知识目标**	·了解西方国家公务员制度 ·明确中国公务员制度与西方国家公务员制度的不同 ·熟知中国公务员制度的基本内容 ·掌握人事行政的含义和原则
	技能目标	能够运用公务员制度的基本知识分析公务员管理的实际问题
	素质目标	·增强公务员的责任意识，提高工作素养和职业道德 ·树立正确的权利观和义务观
任务重点		·人事行政认知 ·公务员制度

知识导图9-1

人事行政

引例　　　　　　　　　　我国关于干部选任考核的相关政策

1961年6月,毛泽东同志在一份关于中央机关精简情况报告上作了批示。据统计,从1961年11月到1962年5月,全国大约精减干部80万人。这是中华人民共和国成立后第一次成批解决干部"下"的问题。

1979年,中央组织部下发了《关于实行干部考核制度的意见》,要求到1981年把干部考核制度普遍建立起来,纠正在职干部中"干与不干一个样、干好干坏一个样""能上不能下、能进不能出"等现象。

1982年2月,中共中央作出了《关于建立老干部退休制度的决定》。1982年4月,国务院又发布了《关于老干部离职休养制度的几项规定》。这些规定的出台,从制度上解决了领导干部中老干部"下"的问题,废除了实际存在的领导职务终身制。

1986年11月,中共中央办公厅转发了中央组织部《关于调整不胜任现职领导干部职务几个问题的通知》(以下简称《通知》)。《通知》列举了不胜任现职干部的表现并提出了相应的调整办法,强调调整不胜任干部的职务,要从推行干部能上能下的改革出发,根据不同情况使被调整的同志各得其所、各尽其能、各展其长。

1993年,国务院出台了《国家公务员暂行条例》。1995年,中共中央颁布了《党政领导干部选拔任用工作暂行条例》。这两个具有法律效力的条例,明确规定了干部职务任免、升降的具体条件和程序,为全面解决干部能上能下的问题提供了较为规范的法规依据。

1997年9月,党的十五大报告强调,加快干部制度改革步伐,扩大民主,完善考核,推进交流,加强监督,使优秀人才脱颖而出,尤其要在干部能上能下方面取得明显进展。2000年6月23日,中共中央办公厅关于印发《深化干部人事制度改革纲要》的通知(中办发〔2000〕15号)提出深化干部人事制度改革,是建设高素质的干部队伍、培养造就大批优秀人才的治本之策。

2002年,《党政领导干部选拔任用工作条例》颁发,提出选拔任用党政领导干部、优秀年轻干部,必须坚持党管干部原则;任人唯贤、德才兼备原则;群众公认、注重实绩原则;公开、平等、竞争、择优原则;民主集中制原则;依法办事原则。

2004年,《党政机关竞争上岗工作暂行规定》颁发,指出竞争上岗是党政领导干部选拔任用的方式之一。同年,《公开选拔党政领导干部工作暂行规定》颁布,提出公开选拔党政领导干部工作必须遵循《党政领导干部选拔任用工作条例》规定的原则,坚持公开、公平、公正,坚持考试与考察相结合。

2006年,《干部教育培训工作条例(试行)》颁布,提出干部教育培训工作应当遵循下列原则:以人为本,按需施教;全员培训,保证质量;全面发展,注重能力;联系实际,学以致用;与时俱进,改革创新。

2010年,《中国共产党党员领导干部廉洁从政若干准则》由中共中央于1月18日颁布施行,它是加强反腐倡廉法规制度建设、完善惩治和预防腐败体系的重要举措。

2010年,中共中央办公厅关于印发《党政领导干部选拔任用工作责任追究办法(试行)》,目的是健全干部选拔任用工作监督机制,切实加强对干部选拔任用工作全过程的监督。

2010年7月11日，中共中央办公厅、国务院办公厅印发了《关于领导干部报告个人有关事项的规定》，加强对领导干部的管理和监督，促进领导干部廉洁从政。

2013年，中央组织部印发《关于在干部教育培训中进一步加强学员管理的规定》，强调无论什么级别的干部参加学习培训都是普通学员，必须端正学习态度，树立学员意识，严格遵守学习培训和廉洁自律的各项规定，把主要精力放在学习上，认真完成培训任务。

2014年，中共中央印发了修订后的《党政领导干部选拔任用工作条例》，体现了中央对干部工作的新精神、新要求，吸收了干部人事制度改革的新经验、新成果。

2016年，中共中央办公厅印发了《关于防止干部"带病提拔"的意见》，这是贯彻落实全面从严治党、从严管理干部的要求，对切实防止干部"带病提拔"作出具体规定，是做好新时期干部选拔任用工作的基本遵循。

2019年3月，中共中央印发了修订后的《党政领导干部选拔任用工作条例》，对进一步推进干部选拔任用工作制度化、规范化、科学化，提高选人用人质量，建设忠诚干净担当的高素质专业化干部队伍，为新时代中国特色社会主义事业顺利发展提供坚强组织保证，具有重要意义。

2019年5月，中共中央办公厅印发了《干部选拔任用工作监督检查和责任追究办法》，对干部选拔任用工作监督检查内容、机制、方式和责任追究等，进行了规范和完善，为新时代选人用人工作监督提供了重要遵循。

2022年1月，中共中央办公厅印发了《事业单位领导人员管理规定》，加强和改进事业单位领导人员管理，健全选拔任用机制和管理监督机制，建设一支德才兼备、忠诚干净担当的高素质专业化事业单位领导人员队伍。

资料来源　根据相关资料整理。

这一案例表明：干部选任考核的相关政策从制度层面对党政领导干部的政治纪律、职务职级调整、选拔任用、教育培训、考核和激励等方面作出明确规定，体现了党和政府依法规范公务员管理的原则立场。

知识准备

9.1　人事行政认知

9.1.1　人事行政的含义

人事行政有广义和狭义之分。广义的人事行政是指国家人事行政机关依法对国家机关、企事业单位的人事所进行的综合性管理活动，它包括对各类行政人员、专业技术人员以及机构编制工作进行管理；而狭义的人事行政是指各级政府的人事行政机构对国家公务员的选任、培训、考核、奖惩、工资以及福利待遇等方面，通过一系列的规范、制度和措施所实施的管理。本书采用的是狭义的人事行政，特指人事行政机构对政府内部公务员所实施的管理活动，区别于国家人事行政机关对政府外部其他社会组织实施的人事行政管理，也区别于广泛应用于各种社会组织，如企事业单位内部的人事管理。

人事行政的主体是国家各级政府及其专门的人事主管机构，人事行政客体是在行政组织中的国家公务员；人事行政的基本任务是正确处理和协调人与事、人与人、人与组织之间的相互关系；人事行政管理的核心目标是依据人事法律、法规和政策，充分开发和利用政府的人力资源，使人尽其才、人尽其职。

9.1.2　人事行政的地位和作用

1）人事行政在政府行政管理中居于核心地位

人是行政组织的核心要素，即所谓"为政之要在人"。政府的一切行政管理活动从行政决策到行政执行，从行政沟通到行政监督，任何环节都需要人的活动来实现。所以能否科学地选人、用人，是政府行政管理成功与否的关键，直接影响国家机器的运转和效率，关系行政职能的有效行使，关系政权的稳定。

2）人事行政是开发利用人力资源、加强人才队伍建设的重要保证

人事行政通过对公务员的录用、考核、任用、培训等制度的具体实施，可以确保一大批优秀的人才进入公务员队伍，优化公务员队伍结构，提升公务员素质，进而提高政府机关行政工作效率；同时，人事行政通过对公务员职务的任免、升降以及交流制度的实施，尽可能做到"事得其人、人尽其才、人尽其职"，达到人与事、人与岗的完美结合，实现社会人力资源的优化配置。

3）人事行政是促进经济社会发展的重要因素

"人是第一生产力"，是生产力中最基本、最活跃、最关键的因素。也就是说，提高人的素质，开发人的智力，运用科学的管理方法，充分调动人的积极性、创造性，合理利用人力资源，是提高生产力水平、促进经济社会发展的重要手段。现代社会国与国之间的竞争，实质上就是人才的竞争。因此，科学、合理的人事行政能够有效地调动公务员的积极性和创造性，加速经济和社会的发展。

9.1.3　人事行政的原则

1）竞争择优原则

竞争择优是现代人事行政的主要原则，它贯穿于人事行政的各个重要环节中。其根本目的是促进优秀人才脱颖而出，把大量优秀人才吸收到国家公务员队伍中来，使其参与到国家的政治生活之中；把优秀人才留在相应的岗位上，使人尽其才、事得其人、各得其所，最大限度地调动公务员的积极性和创新性，更好地为国家的经济和社会发展服务。

2）晋升唯功原则

功绩是指工作实绩和贡献。晋升唯功原则要求对公务员的管理要注重实绩，按照功绩实施晋升。工作成绩和贡献是一个人的业务水平、工作能力和工作态度的综合反映。以功绩作为考核、评价的标准，有利于对公务员作客观的、实事求是的评价；有利于激发公务员的积极性和创造性，提高工作效率；有利于强化公务员的竞争机制，克服论资排辈的问题；有利于防止人员任用中的不正之风，推进政府的廉政建设。

3）依法管理原则

依法管理要求把人事行政的目的、原则、内容、步骤和方法等通过立法程序规范起来，用法律手段确保人事行政管理的有效实施，避免人事行政过程中的主观随意性和不稳定性。对公务员的管理必须有法可依，做到依法管理。从公务员的入口、中间管理到出口都有严格的法律规定，并按照法定的程序和规定办理。要保证每个公务员都享受到法律规定的身份保障和福利待遇权益，同时对公务员的违法违纪行为要追究相应的法律责任。

案例解读 9-1

2019年修订的《党政领导干部选拔任用工作条例》衔接近年来出台的相关新政策、新法规，回应干部选拔任用中出现的一些新情况、新问题，提出进一步推进干部选拔任用工作制度化、规范化、科学化，对于提高选人、用人质量，建设忠诚、干净、担当的高素质专业化干部队伍发挥了重要作用，为新时代中国特色社会主义事业顺利发展提供坚实的组织保证。

资料来源　根据相关资料整理。

分析：中共中央三次修订印发《党政领导干部选拔任用工作条例》，就是针对实际问题提出的法治办法，体现了依法依规、制度化管理公务员的原则和方略。

9.1.4　人事行政机构

1）人事行政机构的含义

人事行政机构是指根据人事管理职责，按照一定的组织原则建立起来的专门承担人事行政业务的组织机构，在中国是指作为各级政府组成部门的人事机关和政府机关内部的人事行政机构。

2）人事行政机构的类型

（1）部外制。所谓部外制，又称独立制，是指人事行政的管理机构设立于政府组织系统之外，独立掌握整个政府的人事权。这类人事机构不仅负责制定一般的方针政策，而且具体掌管选拔、考核、晋升、培训、工资、退休等实际业务，直接管理国家公务员事宜。这类机构典型的有美国最初的文官委员会、日本的人事院等。部外制是美国用法律制度把政党制度排除在政府之外而产生的一种人事行政机构。这种人事行政机构处于超然地位，使人事行政不受政党制度的干涉，使行政管理摆脱政党分赃制。同时，也避免行政首长直接干涉人事安排。

（2）部内制。所谓部内制，是指人事机构设在政府部门之内，是政府机关的组成部分之一。内阁设有人事机构，负责提出人事行政的一般性原则意见，具体的人事管理事务由各部门内设的人事机构自行负责。实行部内制的国家主要有法国、德国和瑞士等。

（3）折中制。所谓折中制，是部内制与部外制之间的一种类型，是指人事机构既有一些独立于政府部门系统，也有一些附属于政府机关。折中制是英国实行的一种人事行政管理体制。中央人事机构分为独立的两部分，一部分是设在中央政府之外的文官委员会，另一部分是设在中央政府之内的文官部，各自独立行使职权。

（4）执政党统一领导制。这是中国和一些社会主义国家的人事行政体制。在行政系统之外，中共中央设置组织部，制定统一的干部政策，并且直接管理一定行政级别的干部。在各级各类的行政机关中，党委也设置组织部门，除了掌握干部政策之外，也直接管理一定级别的干部。在政府内设置人事部，贯彻执行党的干部政策，负责具体的人事行政工作。各级各类行政机关也设置人事行政部门，在党委组织部门的统一领导下，负责具体的人事管理工作，也直接管理部分干部。

9.2　公务员制度

9.2.1　西方国家公务员制度

1）西方国家公务员制度的含义

现代意义上的国家公务员制度，最初形成于西方资本主义国家。国家公务员制度的出现是人事行政制度走向现代化的标志。

"公务员"一词是外来语，最初译自英文的 civil servant（单称）或 civil service（群体总称），在美国称为 government employee（政府雇员）。19 世纪中期，公务员制度首先在当时最发达的资本主义国家英国确立。1883 年，《彭德尔顿法》的颁布，奠定了美国公务员制度的基础。迄今为止，绝大多数西方资本主义国家都实行了国家公务员制度。

西方国家的政府工作人员由两大类人员组成：一类是政务官，即经选举或任命而产生的官员，其任期有限，通常随政府的进退而进退；另一类是事务官，即文官，是由考试产生的一批职业官员，其去留不受政府更迭的影响，一经择优录用只要无重大过失，就可长期任职，又称常任文官。各国为了对这一类社会群体进行有效的管理，提高政府行政工作的效率，逐步形成了一系列有关的规章制度。这些制度对西方公务员的考试、录用、考核、奖惩、待遇、晋升、退休以及分类管理等作出了系统的规定，这就是西方国家公务员制度，也称文官制度。

2）西方国家公务员制度的特征

西方国家公务员制度经过几十年乃至上百年的历史过程，在实践中不断修正和完善，到现在已经基本上形成了一个比较健全和系统的管理规范体系。总的来说，西方国家公务员制度有以下基本特征：

（1）考试录用，即用人根据才能，保证人们具有均等的任官机会，公开竞争考试，按考试成绩择优录用。可以说，公开考试、择优录用制度的建立奠定了西方国家公务员制度的基础。

（2）职业常任，即把公务员从事的公务工作当作一种职业性工作，把公务员看成像工程师、医生、教师一样，是一种职业性工作人员，他们不随政党选举的更迭而进退，无过失即可长期任职，不得被随意辞退。西方国家公务员制度得以确立的标志之一就是常任职业公务员制的建立。

（3）功绩考核，即严格按照工作任务等较为客观的标准来确定公务员的工作成效，并以此作为决定公务员职务升降和奖惩的参考。

（4）注重专业技术人才。彻底否定政党分赃制的倡导者提出的"政府工作人人皆可为之"的理论，把是否具有现代公务员职位所需要的专门知识和技能作为录用公务员的重要标准。

（5）讲究职业道德。要求公务员具有团结合作精神，增强荣誉感和责任心，要忠于国家、廉洁奉公、严守机密、克制言行，不参加任何营利性活动等。

长期以来，西方国家公务员制度不断完善和发展，对提高政府的行政管理效率、维持多党竞争条件下国家政权的稳定性和国家政策的连续性，加速资本主义商品经济的繁荣和社会生产力的发展等，都起到了积极的促进作用。当然，同任何一种社会政治制度一样，西方国家公务员制度也存在某些局限和弊病，但是从宏观的角度，以科学、理性的标准来衡量它时，可以发现它仍不失为一种有效的现代人事行政制度。

9.2.2 中国公务员制度建立的过程及特征

拓展学习9-1

中组部划定
公务员范围

中国的公务员制度坚持中国共产党领导，坚持以马克思列宁主义、毛泽东思想、邓小平理论、"三个代表"重要思想、科学发展观、习近平新时代中国特色社会主义思想为指导，坚持以公开、平等、竞争、择优为原则任用公务员。1993年颁布的《国家公务员暂行条例》规定，公务员范围就是国家行政机关中除工勤人员以外的工作人员，其他党政机关参照实施。自2019年6月1日起施行的《公务员法》规定，公务员是指依法履行公职、纳入国家行政编制、由国家财政负担工资福利的工作人员。公务员是干部队伍的重要组成部分，是社会主义事业的中坚力量，是人民的公仆。《公务员法》的颁布实施标志着我国干部人事管理步入法治化轨道。

1）中国建立国家公务员制度的过程

中国公务员制度的建立，从立法、试点、正式颁布、全面实施到不断完善，可分为五个阶段。

第一阶段从1984年下半年到1986年上半年，主要是开始起草《国家工作人员法》，后改为《国家行政机关工作人员条例》，并十易其稿，这就是《国家公务员暂行条例》的前身。

第二阶段从1986年下半年到1988年6月。这是国家公务员制度基本形成并经党的十三大和七届全国人大一次会议讨论确定的阶段，提出了在中国建立和推行公务员制度的设想。党的十三大报告和七届全国人大一次会议明确提出要在中国建立和推行公务员制度，这样推行公务员制度从理论探讨、法律的起草阶段，发展到了党和国家的最高权力机关的批准实施阶段。建立国家公务员制度的三大要件是：组建人事部、筹建国家行政学院和制定公务员法规。

第三阶段从1988年7月至1993年9月。这个阶段主要是开始进行具体的实践工作，在一些地方进行了试点。1993年《国家公务员暂行条例》正式颁布，同年10月1日起施行，标志着具有中国特色的社会主义公务员制度正式诞生。

第四阶段从1993年10月至2005年底。这个阶段主要是在全国推行和完善公务员制度，以完善各项配套的法规为重点，以适应社会主义市场经济体制建立和干部人事制度改革深化为背景。

第五阶段从2006年1月1日《公务员法》施行至今。《公务员法》立法起草历时5

年，前后修改 14 稿。2005 年 4 月 27 日，第十届全国人民代表大会常务委员会第十五次会议通过了《公务员法》，这是中华人民共和国成立以来首部干部人事管理的综合法律，标志着中国干部人事管理进入了科学化、法治化轨道。后经 2017 年 9 月 1 日、2018 年 12 月 29 日两次修订。新修订的《公务员法》由原来的 18 章 107 条调整为 18 章 113 条，新增 6 条，实质性修改 49 条，个别文字修改 16 条，条文顺序调整 2 条，自 2019 年 6 月 1 日起施行。其主要变化有：一是突出了政治要求。明确习近平新时代中国特色社会主义思想是公务员制度必须长期坚持的指导思想，以及坚持和加强党的领导、坚持中国特色社会主义制度等一系列政治要求。二是调整完善了公务员职务、职级以及对公务员进行分类管理等有关规定，实行职务与职级并行、职级与待遇挂钩的制度，并对领导职务与职级的任免、升降以及与此相关的条文进行了修改，这是解决一些地方特别是基层单位千军万马挤职务晋升"独木桥"的困境所采取的重大改革举措。三是调整充实了从严管理公务员的有关规定，《中华人民共和国监察法》和新修订的《中国共产党纪律处分条例》等的有关规定在修订后的《公务员法》中得到了充分体现，公务员的行为因法律的清晰规制而更加规范化。四是充实健全了针对公务员的激励保障机制的有关规定，包括奖励机制与社会保险权益等均作出了相应的新规定。五是根据公务员管理实践的需要，进一步完善了公务员分类考录、分类考核、分类培训以及考核方式、宪法宣誓、公开遴选等方面的规定。可见，这次修订《公务员法》不是小修订，而是做了较大幅度的修订，使立法质量大幅提升，标志着我国干部人事制度走向了成熟、定型发展的法治化阶段。

国家公务员制度的建立和完善有利于提高国家公务员的素质，吸引一批人才从事行政管理，形成高效能的行政指挥系统，以适应现代化建设的客观要求；有利于加强人事工作的法治建设和公开监督，使人事工作从"人治"走向"法治"，形成有利于人才脱颖而出的环境，避免用人问题上的不正之风；有利于进一步理顺党政关系，加强和改善党对整个人事工作的领导。

2）中国公务员制度的特征

与西方文官制度相比，中国公务员制度有着鲜明的特征：

（1）坚持党的基本路线，国家公务员不搞"政治中立"。西方国家实行"三权分立"制度，由两党或者多党轮流执政，强调行政与政治分离，公务员严守"政治中立"不参与政治活动。中国则强调国家公务员必须坚持党的基本路线，在政治上与党中央保持一致，在执行公务中要保持坚定的政治方向，并具有政治敏锐性和辨别力。

（2）坚持为人民服务的宗旨，国家公务员不是独立的利益集团。西方国家强调利益分割，公务员是独立的利益集团，可组织工会为自身利益包括工资等问题与政府谈判。中国则强调国家公务员没有自己的特殊利益，公务员的利益与政府利益、国家利益和人民利益一致，目标相同，坚持为人民服务，当人民公仆。

（3）坚持党管干部的原则，国家公务员不搞"两官分途"。西方国家把公务员分成政务官和事务官两种，各自形成封闭的独立集团，待遇不同，升迁途径不同，不能相互转任，即"两官分途"。中国的公务员制度是党的干部制度的一个组成部分，各项具体管理制度是按照党的干部路线、方针、政策来制定的。各级政府的其他重要干部由各级党委管理，他们的任免由党委组织部门考察，经党委研究决定，依法由各级人大选举产生或由政府任命。在中国国家公务员没有政务官和事务官的分类，从办事员到各级人民政府组成人员乃至政府首脑——国务院总理，都是国家公务员，政治待遇平等，升迁途径一致，可以相互转任。

（4）坚持德才兼备的用人标准。西方国家强调对公务员的任用、晋升和培训，比较侧重于才能和技能。在中国，对公务员的录用和晋升强调德才兼备，如干部的"四化"标准，即革命化、年轻化、知识化和专业化。既不重德轻才，也不重才轻德，做到德才兼备，官德高尚，才干出众。

9.2.3　中国公务员制度的内容

《公务员法》共有18章、113条，包括公务员的条件、义务和权利、职务职级、录用、考核、职务任免、升降、奖励、惩戒、培训、交流与回避、工资福利保险、辞职、辞退、退休、申诉控告、职位聘任、法律责任等内容，主要制度包括职位分类制度、新陈代谢制度、激励约束制度、职业发展和保障制度。

1）职位分类制度

人事分类是人事管理的基础。各国的人事分类制度有两种：一种是以"人"为对象进行分类，即品位分类，其分类依据是公务员个人所具备的条件（如资历、学历）和身份（如官职地位的高低、所得薪俸的多少）；另一种是以"职位"为对象进行分类，即职位分类，其分类依据是职位的工作性质、难易程度、责任轻重及所需资格条件。中国的职位分类制度是在吸收和借鉴品位分类和职位分类优点的基础上，根据中国的国情制定的具有中国特色的人事分类制度。

公务员职位类别按照公务员职位的性质、特点和管理需要，划分为综合管理类、专业技术类和行政执法类等类别。国务院根据《公务员法》，对于具有职位特殊性、需要单独管理的，可以增设其他职位类别。国家根据公务员职位类别设置公务员职务序列。

公务员职务分为领导职务和非领导职务。领导职务层次分为国家级正职、国家级副职、省部级正职、省部级副职、厅局级正职、厅局级副职、县处级正职、县处级副职、乡科级正职、乡科级副职。

非领导职务层次在厅局级以下设置。综合管理类的非领导职务分为巡视员、副巡视员、调研员、副调研员、主任科员、副主任科员、科员、办事员。综合管理类以外的其他职位类别公务员的职务序列，根据《公务员法》由国家另行规定。

生活中，大家常听到的说法是"部级""厅级""处级""科级"，而不是"省部级、厅局级、县处级、乡科级"。实际上，这些说法都是一回事。同一个级别，中央称"部、局、处、科"，地方称"省、厅、县、乡"，中央和地方的合起来，就是统一的名称。

公务员的职务应当对应相应的级别。公务员职务与级别的对应关系由国务院规定。

国家公务员的级别分为15级，与12个职务层次相对应，具体对应关系为：

（1）国家级正职：一级。

（2）国家级副职：二级至三级。

（3）省部级正职：三级至四级。

（4）省部级副职：四级至五级。

（5）厅局级正职、巡视员：五级至七级。

（6）厅局级副职、副巡视员：六级至八级。

（7）县处级正职、调研员：七级至十级。

（8）县处级副职、副调研员：八级至十一级。

（9）乡科级正职、主任科员：九级至十二级。

（10）乡科级副职、副主任科员：九级至十三级。

（11）科员级、科员：九级至十四级。

（12）办事员级、办事员：十级至十五级。

2）新陈代谢制度

国家公务员新陈代谢制度主要包括考试录用、调任、聘任、辞职、辞退、退休等内容。

（1）考试录用。所谓国家公务员的录用，是指国家行政机关按照一定的标准，通过法定的方法和程序，从社会上选拔优秀人才到政府机关担任主任科员以下的非领导职务，并使其具有公务员权利和义务的行为。

考试录用的前提条件是：职位出现空缺或者编制未满、空编，根据空缺职位确定资格条件。职务范围包括办事员、科员、副主任科员、主任科员。

录用担任主任科员以下及其他相当职务层次的非领导职务公务员，采取公开考试、严格考察、平等竞争、择优录取的办法。

《公务员法》第十三条规定公务员应当具备下列条件：具有中华人民共和国国籍；年满十八周岁；拥护中华人民共和国宪法，拥护中国共产党领导和社会主义制度；具有良好的政治素质和道德品行；具有正常履行职责的身体条件和心理素质；具有符合职位要求的文化程度和工作能力；法律规定的其他条件。

（2）调任。调任是指国家行政机关以外的工作人员调入国家行政机关担任领导职务或者助理调研员以上非领导职务，以及国家公务员调出国家行政机关任职的制度。

（3）聘任。机关根据工作需要，经省级以上公务员主管部门批准，可以对专业性较强的职位和辅助性职位实行聘任制。职位涉及国家秘密的，不实行聘任制。

机关聘任公务员可以参照公务员考试录用的程序进行公开招聘，也可以从符合条件的人员中直接选聘。机关聘任公务员应当在规定的编制限额和工资经费限额内进行，并按照平等自愿、协商一致的原则，签订书面的聘任合同，确定机关与所聘公务员双方的权利、义务。聘任合同经双方协商一致可以变更或者解除，并应当报同级公务员主管部门备案。聘任合同应当具备合同期限、职位及其职责要求、工资、福利、保险待遇、违约责任等条款。聘任合同期限为1～5年。聘任合同可以约定试用期，试用期为1～6个月。聘任制公务员按照国家规定实行协议工资制，具体办法由中央主管部门规定。机关依据《公务员法》和聘任合同对所聘公务员进行管理。

（4）辞职。辞职是指国家公务员依照法律规定和程序，自愿申请辞去现任公务员职务，终止与行政机关任用关系的制度。

公务员有下列情形之一的，不得辞去公职：未满国家规定的最低服务年限的；在涉及国家秘密等特殊职位任职或者离开上述职位不满国家规定的脱密期限的；重要公务尚未处理完毕，且须由本人继续处理的；正在接受审计、纪律审查，或者涉嫌犯罪，司法程序尚未终结的；法律、法规规定的其他不得辞去公职的情形。

辞职程序是：公务员辞去公职，应当向任免机关提出书面申请；任免机关应当自接到申请之日起30日内予以审批，其中对领导成员辞去公职的申请，应当自接到申请之日起90日内予以审批。

（5）辞退。国家行政机关依照法定条件，基于法律事实，通过法定程序，作出解除国家公务员职务关系的单方行政行为的规定。

有以下五种情形之一的予以辞退：在年度考核中，连续两年被确定为不称职的；不胜任现职工作，又不接受其他安排的；因单位调整、撤销、合并或者缩减编制需要调整工作，本人拒绝合理安排的；旷工或者无正当理由逾期不归连续超过15天，或1年内累计超过30天的；不履行国家公务员义务，不遵守国家公务员纪律，经多次教育仍无转变或者造成恶劣影响，又不宜给予开除处分的。

辞退的程序是：由被辞退公务员所在机关提出，说明辞退的法定事由及依据；所在机关按管理权限报任免机关审批；任免机关批准后，以书面形式通知本人办理公务手续，必要时接受财务审计。

（6）退休。国家公务员达到一定年龄和工作年限，或因公、因病丧失工作能力，根据国家规定办理手续，离开工作岗位，并按月领取一定数额的养老金。

公务员达到国家规定的退休年龄（退休年龄参考2024年9月13日第十四届全国人民代表大会常务委员会第十一次会议通过的《全国人民代表大会常务委员会关于实施渐进式延迟法定退休年龄的决定》），或者完全丧失工作能力的，应当退休。

公务员符合下列条件之一的，本人自愿提出申请，经任免机关批准，可以提前退休：工作年限满30年的；距国家规定的退休年龄不足5年，且工作年限满20年的；符合国家规定的可以提前退休的其他情形的。

公务员退休后享受国家规定的退休金和其他待遇，国家为其生活和健康提供必要的服务和帮助，鼓励发挥个人专长，参与社会发展。

3）激励约束制度

国家公务员激励约束制度包括考核、奖励、惩戒、职务升降、轮换、回避等内容。

（1）考核。它是指国家行政机关根据有关法律、法规，按照管理权限，全面考核公务员的德、能、勤、绩、廉，重点考核工作实绩，并以此作为对国家公务员奖惩、培训、辞退以及调整职务、级别和工资依据的制度。

对国家公务员考核，应当坚持客观公正、领导群众相结合的原则。公务员考核分为平时考核和定期考核，平时考核是定期考核的基础。定期考核的结果分为优秀、称职、基本称职和不称职四个等级。考核结果应当以书面形式通知本人，本人如果对考核结果有异议，可以申请复核。重品德、看实绩、多渠道、听口碑、慎调查、看整改是我国公务员考核的特色。重实绩、看群众评价的考核，是新陈代谢制度的重要体现。考核机制能够激励公务员自觉地为民服务，约束"懒政""庸政"行为的产生。

行政视野 9-1　　　　用精准考核激励广大干部担当作为、不懈奋斗

　　干部考核是坚持和加强党的全面领导、推动党中央决策部署贯彻落实的重要举措，是激励干部担当作为、促进事业发展的重要抓手。只有做到精准考核，真正把好干部选出来，才能把为党选人、为战育人的历史责任承担好，激励广大干部担当作为、不懈奋斗。

　　以考的内容引导干的重点。实践经验表明，各种考核的内容、标准与方向，很大程度上影响着被考核者的工作重点，也决定了考核的科学合理程度。干部考核只有标准清晰、方向明确，才能准确反映干部的综合素养和业务能力；只有紧盯工作实际、抛弃主观虚浮，才能引导干部树立苦干实干的作风，实现考什么与干什么的有机统一。考核指标既要抓住政治建设、廉洁自律、安全稳定等共性指标，也要针对不同职级和岗位的干部，分级分类设置有针对性的考核内容，确保考核指标既能甄别干部的政治忠诚，还能体现其专业能力。设置考核内容，应细化考"绩"的明线，列出考"失"的红线，让干部知道什么该做、什么能做、什么不能做，不该做的坚决不做，在考核时以清晰标准实现精准效果。考核还应把显绩、潜绩同步看，既要突出重点工作和亮眼成绩，也要重视基础建设和长远发展，引导干部不搞所谓的政绩工程、形象工程、面子工程，把精力放到单位基础建设和求实效上来。

　　以考的方式牵引干的方法。干部考核必须坚持考人与考事一体化，做到立体考察、客观评析，进而引导各级干部务实开展工作。其一，注重听实情。干部考核是收集整理信息、鉴别不同声音的去伪存真过程，应多听原单位领导、上级机关、同级班子、下级党组织、基层官兵对被考察干部的评价，从多维度听出"真声音"，以此帮助掌握其政治素养、思想格局、待人态度、业务能力等品质。其二，注重查实况。考核工作应拉近流程距离、空间距离，将干部的"一时"和"一贯"、"横向"和"纵向"相统一，从成长轨迹看思想品质，从单位建设看履职尽责，从任务完成看指挥素养，从历年考核看问题整改，从社会家庭看道德品行，以多方面分析研判精准掌握干部实际情况。其三，注重评实绩。考核必须紧紧围绕忠诚、干净、担当的干部评价标准，建立起个人评、群众评、党委评等渠道，用谈话了解、多维评估与常态纪实、历史延伸进行比对，形成有据可依、互为补充的考评数据链，既全面考核干部的忠诚品格、发展潜质等内在品质，又客观考评干部的工作实绩、胜战本领等外在能力，力求将干部察实考准。

　　以考的结果激发干的劲头。在考核结束后，能否严格依据结果进行奖惩，是影响被考核者今后工作积极性的关键。干部考核如果只是走走过场、流于形式，不仅会影响干部的干劲，还会助长懒政怠政等不良风气。只有把结果与培养教育、激励约束、问责追责、治庸治懒结合起来，让务实肯干的干部受重视、受重用，让那些弄虚作假、不干实事的干部没市场、受惩戒，才能推动形成人人担当作为的良好政治生态。要把考核中发现的"昏官""懒官""庸官"坚决挡在晋升使用的门外，并按规定进行问责处罚；而对那些政治素质好、敢于担当、业务能力强的干部，则应旗帜鲜明地为其撑腰鼓劲，优先

考虑晋升使用。要深度运用考核结果，对那些能力不足的干部，有针对性地运用调学调训、实战历练、换岗锻炼等手段，让他们能够迅速补齐短板；对存在苗头性、倾向性问题的干部，要采取谈心谈话、开展批评教育等方式，及时咬耳扯袖，督促其认真整改，防止小毛病演变成大问题。要把干部考核结果同历年考核、历次测评进行梳理分析，对那些工作起色不大、整改不力的重点关注、列单反馈，提出督改意见建议，真正以干部考核促进日常监督管理。

资料来源　邓军江，郭斌. 用精准考核促进干事担当［N］. 解放军报，2024-05-21（6）.

（2）奖励。它是指国家行政机关对在工作中表现突出、有显著成绩和贡献，以及有其他突出事迹的公务员给予精神或物质鼓励的制度。奖励应坚持精神与物质鼓励相结合的原则。奖励分为嘉奖，记三等功、二等功、一等功，授予荣誉称号。例如，国家为几位航天员记功、授予英雄称号。

（3）惩戒。公务员因违法违纪应当承担纪律责任的，依照《公务员法》给予处分；违纪行为情节轻微，经批评教育后改正的，可以免予处分。对公务员的处分应事实清楚、证据确凿、定性准确、处理恰当、程序合法、手续完备。行政处分分为警告、记过、记大过、降级、撤职、开除。

（4）职务升降。它是指依照法律规定和程序，将国家公务员由原工作职位调任到另一个承担更大或较小责任的职位上，同时其权力相应扩大或缩小、报酬相应提高或降低的制度。

（5）轮换。它是国家行政机关对担任领导职务和某些工作性质特殊的非领导职务的公务员，有计划地调换职位的制度。例如，省部级领导干部两年一轮换。

（6）回避。它是指为了防止公务员因个人利益和亲属关系等因素对公务活动产生不良影响，而在公务员所任职务、所执行公务和任职地区等方面作出一定的限制，使其避开有关亲属关系和公务的制度。回避主要包括任职回避、公务回避和地区回避。

价值引领 9-1　　　　　　　　"弯道超车"年轻干部要不得

近年来，"弯道超车"这个词频繁出现在各类文章讲话中。这个词原是赛车上的一个术语，指参赛车手在拐弯处比直线跑道上更易超越对手。大部分文章的作者所表达的本意，应该是比喻危中有机，要抓住机会实现超越。然而我们绝大多数人的现实人生，处于单向赛车道的机会并不多，多的是日常行驶的双向公路。这种情况下，"弯道超车"走捷径，更容易让自己处于危险的境地。尤其是作为年轻干部，正处在打基础、固根本的关键时期，要切忌在干事创业中"弯道超车"，而是应该把稳方向盘、用好助推器、跑出加速度，脚踏实地走好人生每一步。

坚定信念、明确方向，把稳人生"方向盘"。"为天地立心，为生民立命，为往圣继绝学，为万世开太平！"年轻干部生逢伟大时代，也正处于干事创业历练的关键时期，目标是否明确、方向是否准确，对年轻干部成长具有非常重要意义。当前基层情况复杂多样，作为年轻干部，不能仅关注自己的"诗和远方"，更要坚定理想信念，坚持用党的理论武装头脑，将工作出发点和落脚点放在人民需求、群众关切上，拿出破解难题的真招实招，自觉做共产主义远大理想的坚定信仰者和忠实践行者，为党和国家事业发展注入新的活力。

坚持不懈、持续奋斗，用好成长"助推器"。"合抱之木，生于毫末；九层之台，起于累土；千里之行，始于足下。"水滴石穿、绳锯木断，任何事情都不是一蹴而就的，勤奋、坚持才是人生成长的助推器。年轻干部有文化、思维活跃，但也存在浮躁、缺乏吃苦精神等普遍问题。所以要行稳致远，就必须克服浮躁心态，保持咬定青山不放松的劲头、不达目的不罢休的魄力，"钉子"一锤一锤敲，事业一件一件干，到基层一线困难多的地方，在经风雨、见世面中壮筋骨、长才干，立足岗位实际练就"铁肩膀"，勇挑"千斤担"。以"功成不必在我"的境界和"功成必定有我"的决心，抓细每一件工作，久久为功，一以贯之，激发干事创业新动能。

脚踏实地、真抓实干，跑出青春"加速度"。空谈误国，实干兴邦，不管做什么，若只停留于空谈，不付诸行动，或是虎头蛇尾、半途而废，最终只能是一无所获。要干实事，以求真务实的态度及时发现工作中存在的问题，用创新思维、辩证思维、法治思维、底线思维处理问题；要出实绩，不断虚心学习、提高业务能力，掌握工作制胜的看家本领，从细微之处入手，以踏石留印、抓铁有痕的作风和埋头苦干的精神，创造实实在在的业绩；要求实效，年轻干部不仅要敢于抓落实，也要善于抓落实，抓主要矛盾和矛盾的主要方面，分清主次、合理布局工作力量，在复杂局势和突发事件面前，做到从容不迫、游刃有余。年轻干部要将油门踩实，行稳致远走好每一步，才能跑出青春加速度，用青春和汗水书写无愧于党和人民的华彩篇章。

资料来源 杨娜."弯道超车"年轻干部要不得［EB/OL］.（2024-10-11）［2024-11-12］. https://www.jnnews.tv/pinglun/p/2024-10/11/1080026.html.

感悟：干部是人民公仆，理应勤政为民，一切以满足人民利益需求为尺度，衡量自己是否为国为民真干、实干、精干，解决民众疾苦；是否紧跟时代步伐，创新工作方式、方法，作出利国利民的业绩。

4）职业发展和保障制度

国家公务员职业发展和保障制度包括培训、挂职锻炼、工资、保险、福利、申诉与控告等内容。

（1）培训。它是指国家行政机关为了提高公务员的政治和业务素质，根据经济、社会发展的需要，按照职位的要求，通过各种形式，对公务员采取有组织、有计划的教育活动。培训的类型分为初任培训、任职培训、专门业务培训、更新知识培训等。

（2）挂职锻炼。它是指国家行政机关根据培养锻炼公务员的需要，可以选派公务员到下级机关或者上级机关、其他地区机关以及国有企事业单位担任一定职务，以经受锻炼、丰富经验、增长才干的制度。公务员在挂职锻炼期间不改变与原机关的人事关系。例如，政府机关工作人员到贫困山区担任第一书记的制度，培养了一大批好干部。

（3）工资。它是国家分配给公务员个人消费品的货币表现。公务员实行国家统一的职务与级别相结合的工资制度。公务员工资制度贯彻按劳分配的原则，体现工作职责、工作能力、工作实绩、资历等因素，保持不同职务、级别之间的合理工资差距。国家建立公务员工资的正常增长机制。

公务员工资包括基本工资、津贴、补贴和奖金。公务员按照国家规定享受地区附加津贴、艰苦边远地区津贴、岗位津贴等。公务员按照国家规定享受住房、医疗等补贴、补助。公务员在定期考核中被确定为优秀、称职的，按照国家规定享受年终奖金。公务员工资应当按时足额发放。国家实行工资调查制度，定期进行公务员和企业人员工资水平的调查比较，并将工资调查比较结果作为调整公务员工资水平的依据。

（4）保险。国家建立公务员保险制度，保障公务员在退休、患病、工伤、生育、失业等情况下获得帮助和补偿。公务员因公致残的，享受国家规定的伤残待遇。公务员因公牺牲、因公死亡或者病故的，其亲属享受国家规定的抚恤和优待。

（5）福利。公务员按照国家规定享受福利待遇。国家根据经济、社会发展水平提高公务员的福利待遇。公务员实行国家规定的工时制度，按照国家规定享受休假。公务员在法定工作日之外加班的，应当给予相应的补休。

（6）申诉与控告。公务员对涉及本人的人事处理不服的，可以自知道该人事处理之日起三十日内向原处理机关申请复核；对复核结果不服的，可以自接到复核决定之日起十五日内，按照规定向同级公务员主管部门或者作出该人事处理的机关的上一级机关提出申诉；也可以不经复核，自知道该人事处理之日起三十日内直接提出申诉。原处理机关应当自接到复核申请书之日起三十日内作出复核决定。受理公务员申诉的机关应当自受理之日起六十日内作出处理决定；案情复杂的，可以适当延长，但是延长时间不得超过三十日。复核、申诉期间不停止人事处理的执行。公务员申诉的受理机关审查认定人事处理有错误的，原处理机关应当及时予以纠正。公务员认为机关及其领导人员侵犯其合法权益的，可以依法向上级机关或者有关的专门机关提出控告。受理控告的机关应当按照规定及时处理。公务员提出申诉、控告，不得捏造事实，诬告、陷害他人。

5）公务员的纪律

国家公务员纪律是指国家行政机关在行政管理活动中，依据有关法律，对公务员行为进行指导、调整、约束、规范的准则。对在履行国家公务过程中玩忽职守、贻误工作、违法乱纪的公务员，要给予相应的行政处分，以防止和纠正公务员的违纪失职行为，保障公务员按其职责履行公务，保证国家行政机关正常、高效、有序运转。

公务员必须遵守纪律，不得有下列行为：

（1）散布有损国家声誉的言论，组织或者参加旨在反对国家的集会、游行等活动。

（2）组织或者参加非法组织，组织或者参加罢工。

（3）玩忽职守，贻误工作。

（4）拒绝执行上级依法作出的决定和命令。

（5）压制批评，打击报复。

（6）弄虚作假，误导、欺骗领导和公众。

（7）行贿、受贿，利用职务之便为自己或者他人谋取私利。

（8）违反财经纪律，浪费国家资财。

（9）滥用职权，侵害公民、法人或者其他组织的合法权益。

（10）泄露国家秘密或者工作秘密。

（11）在对外交往中损害国家荣誉和利益。

（12）参与或者支持色情、吸毒、赌博、迷信等活动。

（13）违反职业道德、社会公德。

（14）从事或者参与营利性活动，在企业或者其他营利性组织中兼任职务。

（15）旷工或者因公外出、请假期满无正当理由逾期不归。

（16）违反纪律的其他行为。

6）公务员的权利、义务

国家公务员作为公民，享有宪法和法律赋予公民的各项权利，履行相应的义务；作为服务于公众的公务人员，又因其自身职业特点而享有执行国家公务所需要的法定的特殊权利，履行相应的义务，并与国家行政机关之间建立起一定的权利与义务关系。

（1）权利。公务员的权利是指法律关于公务员可以享受某种利益或可以作出一定行为的许可和保障，它与公务员的义务是有机统一的关系。公务员享有下列权利：①获得履行职责应当具备的工作条件；②非因法定事由、非经法定程序，不被免职、降职、辞退或者处分；③获得工资报酬，享受福利、保险待遇；④参加培训；⑤对机关工作人员和领导人员提出批评和建议；⑥提出申诉和控告；⑦申请辞职；⑧法律规定的其他权利。

（2）义务。公务员的义务是指法律关于公务员在执行国家公务的活动中必须作出一定行为或不得作出一定行为的约束。公务员应当履行下列义务：①遵守宪法和法律；②按照规定的权限和程序认真履行职责，努力提高工作效率；③全心全意为人民服务，接受人民监督；④维护国家的安全、荣誉和利益；⑤忠于职守，勤勉尽责，服从和执行上级依法作出的决定和命令；⑥保守国家秘密和工作秘密；⑦遵守纪律，恪守职业道德，遵守社会公德；⑧清正廉洁，公道正派；⑨法律规定的其他义务。

任务实施与评价

◉ 任务实施

【背景资料】

2024年度河北省省直机关公开遴选公务员公告

根据《公务员法》、《公务员公开遴选办法》和《河北省公务员公开遴选实施办法》等有关规定，河北省公务员局决定开展2024年度省直机关公开遴选公务员工作。现将有关事项公告如下：

一、遴选职位

公开遴选职位为省级机关及参照公务员法管理机关（单位）一级主任科员及以下职级层次公务员（参照公务员法管理机关工作人员）职位。公开遴选职位分为两类，一类面向所有符合条件的公务员，另一类专门面向符合条件的选调生，详见《2024年度河北省省直机关公开遴选公务员职位表》（以下简称《职位表》）。

二、报名范围和条件

（一）报名范围

1.河北省市级及以下机关中已进行公务员登记备案且在编在岗、担任正科级及以下

拓展学习9-2

深化干部人事制度改革让干部"有位""有为""有畏"

领导职务和一级主任科员及以下相当职级层次的公务员。

2.河北省省市级及以下参照公务员法管理机关（单位）中已进行参照登记备案且在编在岗、担任正科级及以下领导职务和一级主任科员及以下相当职级层次的工作人员。

中央驻冀的市级及以下单位、省驻市的市级及以下单位（包括垂直管理单位、派出单位等）符合条件的也可报名。

（二）资格条件

报名人员应当具备下列资格条件：

1.政治立场坚定、政治素质过硬，忠诚捍卫"两个确立"，增强"四个意识"、坚定"四个自信"、做到"两个维护"；

2.具有良好的业务素质，品行端正，实绩突出，群众公认；

3.具有2年以上基层工作经历；

4.除报考专门面向选调生职位外，一般应当在本级机关工作2年以上；

5.近3年年度考核没有基本称职以下等次；

6.除公开遴选职位对年龄有特殊要求外，报考人员年龄一般在35周岁以下（1988年9月以后出生）；

7.具有公开遴选职位要求的工作能力和任职条件，所在机关层级符合公开遴选职位要求；

8.大学本科以上文化程度；

9.具有正常履行职责的身体条件和心理素质；

10.具有公开遴选职位要求的相关工作经历和其他资格条件；

11.法律、法规规定的其他条件。

报考行政机关中行政处罚决定审核、行政复议、行政裁决、法律顾问等职位的，应当取得法律职业资格。

工作经历年限、任职经历年限计算时间截至2024年9月（含9月），此前累计工作时间每达到12个月为1年。现任职务职级以报名前的任职为准。

前文所称"以上""以下"均含本级、本数。

（三）具有下列情形之一的，不得参加公开遴选

1.被开除中国共产党党籍的；

2.被依法列为失信联合惩戒对象的；

3.涉嫌违纪违法正在接受有关专门机关审查调查尚未作出结论的；

4.受到诫勉、组织处理或者党纪政务处分等影响期未满或者期满影响使用的；

5.按照有关规定，到乡镇机关、艰苦边远地区以及定向单位工作未满最低服务年限或者对转任有其他限制性规定的；

6.尚在试用期或者提拔担任领导职务未满1年的；

7.法律、法规规定的其他情形。

报名人员不得报考任职后即构成公务员法第七十四条第一款所列情形的职位，也不得报考与本人有夫妻关系、直系血亲关系、三代以内旁系血亲关系以及近姻亲关系的人员担任领导成员的用人单位的职位。

三、报名程序

（一）职位查询

报名人员可登录河北党建网（http：//www.hebdj.gov.cn），河北省人事考试网（https：//www.hebpta.com.cn）查询遴选职位信息，具体见《职位表》，职位条件由遴选机关负责解释；报考技术问题可拨打电话0311—87908375。

（二）网上报名

本次报名实行网上报名，采取个人意愿与组织推荐相结合的方式，报名时间为2024年9月8日9：00至9月12日12：00。每名报名人员限报1个面向所有符合条件公务员的遴选职位。选调生除报1个专门面向选调生的职位外，还可自愿选报1个面向所有符合条件公务员的遴选职位。

报名步骤如下：

1.报名人员登录河北省人事考试网，进行网上注册报名。

2.报名人员如实填写报考信息，审慎选择报考职位。

3.报名人员上传近期免冠正面证件照（蓝底或白底证件照，JPG或JPEG格式，照片宽度不低于295像素，高度不低于413像素）。

4.报名人员下载打印并填写《2024年度河北省省直机关公开遴选公务员报名推荐表》（以下简称《报名推荐表》），内容须与报名信息一致。

5.报名人员按干部管理权限，将《报名推荐表》报任免机关（单位）党组（党委）审核盖章（任免机关为地方党委的报同级党委组织部门审核盖章）。专门面向选调生的遴选职位，《报名推荐表》须报同级党委组织部门审核盖章。

报名人员将审核盖章后的《报名推荐表》扫描成一个PDF格式文件（内容及盖章清晰，不大于3M），通过报名系统上传。

6."提交审核"后信息将被锁定，在未反馈审核结果前不能修改。

报名人员须诚信报考，对报名信息真实性负责。遴选任何环节发现考生报名信息与事实不符的，取消遴选资格。有弄虚作假者，视情节轻重追究有关人员责任。

报名人员所在机关（单位）应当切实履行把关责任，充分考虑人选的政治素质、专业素养、工作实绩和一贯表现，对不符合报名资格条件的，不得同意或者推荐报名。

本次公开遴选不收取报名费。

（三）资格审查

资格审查截止时间为2024年9月12日18：00。省直遴选机关由专人负责报名资格审核工作。一般情况下，报名人员"提交审核"后24小时内，可通过网上报名系统查询审核结果。"审核未通过"的，考生可根据提示的原因，修改填报信息或改报其他职位并重新提交审核；"审核通过"的，填报信息将不能再修改。报名时间截止后未通过资格审查的，不能再次提交报名申请或改报其他职位。

资格审查贯穿公开遴选全过程。

（四）职位核减与取消

各遴选职位报名人数与遴选计划人数的比例不低于5∶1。达不到规定比例的，经省委组织部批准，适当减少或取消该职位遴选计划，并于9月13日11：00前在河北省人事考试网发布调整职位计划的通知。已通过资格审查，但所报职位因报名人数未达到规定开考比例被取消的报考者，可于9月13日11：00—15：00改报其他符合条件的职位，遴选机关9月13日17：00前按时完成资格审核。改报时间截止（9月13日15：00）后未通过资格审查的，不能再次提交报名申请或改报其他职位。

（五）打印准考证

通过资格审查的报名人员登录河北省人事考试网下载打印《笔试准考证》（A4纸张，黑白、彩色均可）。《笔试准考证》载明笔试的时间、地点和参加考试有关要求。笔试时，考生须持二代居民身份证、打印的《笔试准考证》，按照各考点要求进入考场。

打印时间：9月19日8：00至9月21日9：00。

考生务必牢记：报名时间、打印《笔试准考证》时间、考试时间等重要信息，凡是在规定时间未完成相关操作的，视为自动放弃。同时，报名和考试期间务必保管好个人的证件和信息，因个人原因造成丢失、被他人盗用和信息被恶意篡改而影响报名和考试的，责任自负。

四、笔试

（一）笔试内容。主要测试政策理论水平、分析和解决实际问题能力、文字表达能力等综合素质，满分100分。

（二）时间地点。笔试时间为2024年9月21日（星期六）上午8：30—11：30，考试地点设在石家庄。

（三）公布笔试成绩。2024年9月26日前，在河北省人事考试网公布笔试成绩、笔试最低合格分数线、进入面试人选。

面试人选与遴选计划人数的比例一般为3：1，对在笔试最低合格分数线以上人员，以该职位笔试成绩从高到低的顺序确定面试人选，比例内末位笔试成绩并列的都进入面试。个别职位通过笔试最低合格分数线的人数与遴选计划人数的比例达不到3：1的，组织现有笔试合格人员进行面试。

报考面向所有公务员遴选职位和专门面向选调生职位的选调生，如均入围面试，则只参加专门面向选调生职位的面试，另一职位的面试人选依次递补。

五、面试

（一）资格复审。笔试成绩公布后，考生登录遴选机关网站查看资格复审具体时间和地点，遴选机关对进入面试人选进行资格复审。复审材料包括：本人身份证、报名推荐表、笔试准考证、学历学位证书以及遴选职位要求条件的其他证明材料的原件及加盖单位公章的复印件。资格复审不合格的或未按规定参加资格复审的，取消面试资格，并按该职位笔试成绩从高到低的顺序依次递补符合条件者参加面试。

（二）面试公告。原则上2024年9月30日前完成面试。具体时间、地点等详见遴选机关网站面试公告。

（三）面试组织。面试工作由遴选机关负责。主要测试履行职位职责所要求的基本素质和能力，满分100分。

（四）考试综合成绩计算。面试结束后，遴选机关应及时公布考试综合成绩。综合成绩计算方法为：

综合成绩=笔试成绩×40%+面试成绩×60%

六、体检与考察

遴选机关根据考试综合成绩从高到低排序，按《职位表》中公布的差额比例确定考察人选，组织开展体检和考察工作。考试综合成绩相同的，依次按笔试成绩高者、基层工作经历长者、学历高者的顺序确定，都相同的一并进入体检、考察，遴选机关根据体检、考察情况确定拟遴选人员。参加面试人数与遴选计划人数的比例低于3：1的职位，考生面试成绩须达到遴选机关在面试公告中确定的面试合格分数线，方可确定为体检和考察对象。

（一）体检。参照《公务员录用体检通用标准》，一般在面试结束后进行。

（二）考察。遴选机关派出2名及以上人员组成考察组，对考察对象的德、能、勤、绩、廉情况及其政治业务素质与遴选职位的适合程度进行全面考察，突出政治标准，重点了解政治忠诚、政治定力、政治担当、政治能力、政治自律等方面的情况，注重考察工作实绩，强化专业素养考察，加强作风和廉政情况考察，坚决杜绝政治倾向有问题、道德品行不端正、廉洁操守不过关的人员进入省直机关。要查阅干部（人事）档案，核实公务员或参照公务员法管理机关（单位）工作人员登记表和"三龄两历一身份"等重要信息以及其他需要核实的情况（如违纪违规情况、诚信档案记录、是否需要回避、有无服务年限要求等）。考察对象所在机关（单位）应当积极支持和配合考察组工作，客观真实地反映考察对象的实际情况。

七、公示与办理相关手续

遴选机关根据考察情况和职位要求，按照干部管理权限和人岗相适原则，集体讨论、择优确定拟任职人员，在遴选机关网站和拟任职人员原单位进行公示，公示期为5个工作日。公示内容包括遴选机关名称、职位、拟任职人员姓名、工作单位、职务职级等。

公示期满，对没有问题或反映问题不影响任用的且对拟任职人员未设置试用期的，各部门按照有关规定办理调动和任职手续；对拟任职人员设置试用期的，在遴选机关明确的试用期内，拟任职人员在原工作单位的人事工资关系、待遇不变。试用期满考核合格的，按照有关规定办理调动和任职手续；考核不合格的，回原单位工作。对反映有严重问题并查有实据的，取消遴选资格。考生自愿放弃遴选资格的，须在考察结束后3个工作日内提出，之后放弃资格的，将记入考生诚信档案。

对违反公开遴选纪律的报名人员，按照有关规定处理，并根据情节轻重，依规依纪依法追究责任；涉嫌违法犯罪的，移送有关国家机关依法处理。

特别提示：

河北省省直机关公开遴选公务员考试不指定考试辅导用书，不举办、也不委托任何机构举办考试辅导培训班。任何单位和个人不得借主办方名义举办针对此次考试的任何形式的培训班。

附件：

1.2024年度河北省省直机关公开遴选公务员职位表

2.各遴选机关网站、联系电话

3.2024年度河北省省直机关公开遴选公务员报名推荐表

河北省公务员局

2024年2月20日

资料来源 河北省公务员局.2024年度河北省省直机关公开遴选公务员公告〔EB/OL〕.(2024-09-10)〔2024-11-12〕.http://www.hebgcdy.com/gbyd/system/2024/09/09/030808339.shtml.

要求：阅读背景资料，运用公务员制度的相关知识完成表9-1中的任务。

表9-1 任务分析表

任务类型	任务内容	内容要求
分析公务员职位类型	结合背景资料分析河北省遴选公务员的职位类别	根据公务员职位类别的知识进行分析，并说明我国公务员职位是如何划分的
分析公务员职务和职级	结合背景资料分析河北省遴选公务员属于哪一类职务、哪一层级	根据人事分类制度的内容分析遴选公务员的职务和职级，并说明我国公务员的职务和职级是如何划分的
分析此次遴选公务员的依据	结合背景资料分析河北省遴选公务员依据哪些法律	根据我国公务员制度的内容进行分析
分析此次报考资格条件的依据	结合背景资料分析河北省遴选公务员报考资格条件是依据哪部法律的什么标准制定的	根据我国公务员制度/《公务员法》，查找报考资格条件符合的标准，并说明该标准的具体内容
分析不得报考的依据	结合背景资料分析河北省遴选公务员不得报考的规定是依据哪部法律的哪一条款制定的	根据我国公务员制度/《公务员法》，查找不得报考的依据，并说明该依据的具体内容
分析此次遴选公务员采取的方式	结合背景资料分析此次遴选主要采取了哪种方式	根据我国公务员制度的内容进行分析，并说明制度规定的内容
分析遴选单位考察确定人选的内容	结合背景资料分析对确定的人选都考察哪些内容，依据是什么	根据公务员激励约束制度的内容进行分析
谈谈你对报名、笔试、面试、考察、公示、公开咨询电话等环节信息的理解，以及从中得到的启示	结合背景资料、公务员制度，以及个人职业发展规划来谈谈自己的理解和得到的启发	重点从个人职业发展的角度来谈

● **任务评价**

任务评价见表9-2。

表9-2   任务评价表

评价项目	评价要点	权重（%）	自评	师评
准确说出遴选的职位类型（10分）	（1）能够准确说出遴选职位的类型名称	5		
	（2）能够准确说出我国公务员的三种职位类型	5		
准确说出遴选的职务和职级（15分）	（1）能够准确说出遴选的职务和职级的名称	5		
	（2）能够准确说出遴选的职务对应的职务层级	5		
	（3）能够准确说出我国公务员两类职务中包含的职务名称	5		
准确说出遴选的依据（5分）	能够准确说出遴选依据的制度/法律的名称	5		
准确说出报考资格条件的依据（10分）	（1）能够准确说出报考资格条件中哪一条款符合公务员制度/《公务员法》中的哪一条款的规定	5		
	（2）能够准确说出该条款的具体内容	5		
准确说出不得报考的依据（10分）	能够准确说出不得报考是依据公务员制度/《公务员法》的哪一条款，具体内容是什么	10		
准确说出遴选方式（15分）	（1）能够准确说出遴选方式的名称	5		
	（2）能够准确说出该方式符合公务员制度/《公务员法》的哪一条款	5		
	（3）能够准确说出该制度的具体内容	5		
准确说出考察内容（10分）	（1）能够准确说出对确定人选考察的具体内容	5		
	（2）能够准确说出此次确定考察内容的依据	5		
说明对问题的理解和启示（25分）	（1）能够说明对报名、笔试、面试、考察、公示、公开咨询电话等环节中感兴趣的问题	5		
	（2）能够表述对这些问题的观点和得到的启示	10		
	（3）能够为自己做个职业发展规划	10		
总分		100		

任务测试与应用

任务测试

随堂测验9-1

任务9

1.选择题（将正确的选项填在括号内）

1.1 单选题

（1）既有一些独立于政府部门系统之外，也有一些附属于政府机关之内的人事行政机构的类型是（   ）。

A.部外制   B.部内制

C.折中制   D.执政党统一领导制

（2）我国在全国推行和完善公务员制度是在（   ）。

A.1984年下半年至1986年上半年   B.1986年下半年至1988年6月

C.1988年7月至1993年9月   D.1993年10月至2005年底

（3）旷工或者无正当理由逾期不归连续超过（   ），或1年内累计超过30天的将予以辞退。

A.12天   B.13天   C.14天   D.15天

（4）国家公务员的级别分为15级，与12个职务层次相对应，县处级正职、调研员对应的级别是（   ）。

A.6级至8级   B.7级至10级   C.8级至11级   D.9级至12级

（5）2005年4月27日，第十届全国人民代表大会常务委员会第（   ）次会议通过了《公务员法》，标志着中国干部人事管理进入了科学化、法治化轨道。

A.十三   B.十四   C.十五   D.十六

1.2 多选题

（1）中国同西方国家公务员制度相比较的特色有（   ）。

A.坚持党的基本路线   B.坚持为人民服务的宗旨

C.坚持党管干部的原则   D.坚持德才兼备的用人标准

（2）公务员享有的权利有（   ）。

A.获得履行职责应当具备的工作条件   B.参加培训

C.全心全意为人民服务，接受人民监督   D.保守国家秘密和工作秘密

（3）中国公务员激励约束制度的内容有（   ）。

A.考核   B.奖励   C.轮换   D.回避

（4）西方国家公务员制度的特征有（   ）。

A.考试录用   B.职业常任   C.功绩考核   D.讲究职业道德

（5）中国公务员职业发展和保障制度的内容有（   ）。

A.培训   B.挂职锻炼   C.工资   D.福利

2.判断题（在题后的括号内打"√"或"×"）

（1）国家公务员制度的出现是人事行政制度走向现代化的标志。   （   ）

（2）竞争激励机制贯穿于国家公务员各项制度和管理的环节中，有利于增强国家公

务员拒腐防变的能力。　　　　　　　　　　　　　　　　　　　　　（　　）

（3）在中国，对公务员的录用和晋升强调德才兼备，如干部的"四化"标准，即革命化、年轻化、知识化和专业化。　　　　　　　　　　　　　　　（　　）

（4）人事行政是开发利用人力资源、加强人才队伍建设的重要保证。　（　　）

（5）人事行政的原则包括竞争择优原则、晋升唯功原则、依法管理原则。（　　）

3. 简答题

（1）什么是人事行政？

（2）中国公务员制度的内容包括哪些？

（3）中国公务员制度与中国传统人事制度相比有哪些特色？

（4）人事行政应遵循什么原则？

◉ 技能应用

【案例分析】

用好干部考核评价"指挥棒"

"一刀切""走过场""千人一面"……曾几何时，这样的干部考核消极现象在一些地方和部门时有出现，其广受诟病的同时，也成为一个单位一直着力破解的现实课题。培养选拔优秀干部，是加强领导班子和干部队伍建设的一项基础性、系统性工程，是关系企业高质量发展的重大战略任务。

得人之要，在于考核。如何考核干部，如何鞭策和督促干部，是激励干部担当作为、促进事业发展的重要抓手。"干部考核是干部管理的基础性工作，这个'工具'用得好，能够发挥指挥棒、风向标、助推器作用，有效推动干部员工作风转变。让考核结果成为做好新时代干部工作的'硬杠杠'。"淮北市烟草专卖局（公司）主要负责人说。干部考核要坚持围绕中心、服务大局，突出政治素质考核、推动高质量发展的目标绩效考核、制度执行力和治理能力考核、作风建设考核、党建工作考核，促使各级干部做到忠诚干净担当。

以考促干，激活一池春水。近年来，淮北市烟草专卖局（公司）坚持加强顶层设计、注重规划引领、强化综合分析研判。统筹各类目标和指标，并与绩效考核融合，相继出台《年度民主测评、考核评价和评先评优管理办法》《县级局（营销部）领导班子和领导干部综合考核评价工作办法》等制度，将考核评价结果与工资、晋升、评先评优、选拔任用等方面挂钩，强化正向激励。通过综合运用干部日常考核、年度考核、专项考核和任期考核等结果，从不同维度把表现好的干部识别出来，让公认度高的干部进入组织视野，使考核成为精准识别和了解干部的重要渠道，为党组选人用人提供客观依据和重要参考。

考核不仅是"一面镜"，而且是"一杆秤"，能够量出一个干部在能力素质上缺什么、差什么，为因材施教、有的放矢地加强干部教育培训提供重要参考。据悉，市局（公司）不断总结目标绩效考核的经验做法，从单一考核迭代升级为"三层三级四类一评价"目标绩效考核体系，并重点条线实施专项考核。针对不同部门不同岗位干部的工作特点和承担的工作任务，既要设置共性指标，增强整体性，打造"一盘棋"，又要设置个性指标，增强针对性，制定"千人千面"的指标体系，将"千人一表"的"德、能、勤、绩、廉"的笼统定性指标细化量化。力求做到让考核成为精准识别和了解干部的渠道，为干部提拔任用提供客观依据和重要参考。

平时考核是通过日常工作表现来反映工作实绩的方法。强化平时考核，有助于避免"平时不记账，年底糊涂账"的问题，有助于客观、历史、辩证全面地评价干部，反映出一个干部的知识禀赋、能力水平、责任担当和政治素质。将经济运行、目标绩效、预算执行、对标等纳入平时考核指标体系，真正以实绩论英雄、凭作为判高低，促进职工考核精细化、日常化。

好干部是选出来的，更是管出来的。考核本身不是目的，重要的是将考核评价结果与选拔任用、培养教育、管理监督、激励约束、追责问责等紧密结合起来。只有不断完善干部考核评价，才能做到对优秀者重用、对有潜力者培养、对落后者鞭策的目的，形成激励干部敢于作为、勇于担当、善于成事的正确导向。

资料来源 武路. 用好干部考核评价"指挥棒"[EB/OL]. (2024-09-14) [2024-11-12]. http://cn.chinadaily.com.cn/a/202409/14/WS66e4fabca310a792b3abc2c7.html.

问题：结合案例分析如何做好干部考核工作？

分析提示：运用人事行政的理论原则进行分析。

【实践训练】

如果你在某机关人事部门任职，你的一位亲属找到你，他的儿子今年就要大学毕业了，想到行政机关工作，求你帮忙，并且他认为到你的部门最合适。一来有你在，进也容易些；二来有你的照顾，孩子升官"指日可待"。请你根据公务员制度的相关内容向他解释说明。

要求：从公务员的考试录用制度和权利、义务的角度来谈。

任务 10　依法行政

任务目标	**知识目标**	·了解依法行政的含义 ·理解依法行政的原则和理念 ·掌握依法行政的法律保障
	技能目标	能够运用依法行政的基本知识分析依法行政的实际问题
	素质目标	·增强依法行政意识、权利意识，提高行政管理素养 ·树立正确的改革观和权利观
任务重点		·依法行政认知 ·依法行政的原则与理念 ·依法行政的法律保障

知识导图10-1

依法行政

| 引例 | 全面建设数字法治政府 |

法治政府建设是全面依法治国的重点任务和主体工程，数字政府建设是助力政府职能转变、推进国家治理体系和治理能力现代化的有效路径。习近平总书记强调："要全面贯彻网络强国战略，把数字技术广泛应用于政府管理服务，推动政府数字化、智能化运行，为推进国家治理体系和治理能力现代化提供有力支撑。"《法治政府建设实施纲要（2021—2025年）》（以下简称《纲要》）提出，"健全法治政府建设科技保障体系，全面建设数字法治政府"。统筹推进数字法治政府建设，推动政府治理数字化与法治化深度融合，蕴含着以法治现代化服务和保障中国式现代化的内在要求。

数字法治政府建设是加快构建职能明确、依法行政的政府治理体系的必由之路。数字时代，全面建设数字法治政府，顺应了科技发展对法治政府建设的新要求。法治政府建设的重点任务之一是规范公权力，通过依法科学配置政府职能，严格规范政府履职用权，切实推进政府职能转变。政府既要坚持法定职责必须为，把该管的事务管好、管到位，又要坚持法无授权不可为，深化"放管服"改革，优化市场化法治化营商环境。一方面，加快推进信息化平台建设，有利于推动政府信息公开及权责运行的透明化、标准化；另一方面，通过政府数据的开放共享利用，让传统政务服务向数字化、智能化方向延伸，有利于深入推进"放管服"改革，全面提升"网上办、一次办、自助办、掌上办"等政务服务效能，提高政府管理服务效率和透明度。

数字法治政府建设为打造人民满意的法治政府提供有力保障。《纲要》明确提出建设"人民满意的法治政府"。当前，数字技术正深刻改变着人们的生产生活方式，"人民满意的法治政府"既体现在政府能为公众提供更加便捷、高效的公共服务体验等管理服务能力方面，又体现在保护个人信息、隐私安全、网络安全等关系公众权益的数据治理能力方面。以数字政府引领法治政府建设，通过线上线下联动，既能拓宽公众表达诉求的途径，又能保障公众参与行政立法、行政决策等各项权益，不断提升人民群众的满意度。以法治政府保障数字政府建设，将个人信息数据开放利用、算法决策等纳入法治轨道，依法保护公民个人信息及隐私安全，也是法治政府保障私权利的题中应有之义。

数字法治政府建设有利于提升行政执法的精准化、智能化、标准化和规范化。《纲要》提出要深入推进"互联网+"监管执法，为数字科技在行政执法中的应用提供了制度支撑。构建"互联网+"监管体系，可以打破区域、部门之间的信息壁垒，实现"一网协同"、风险预警、远程监管等功能，形成执法监管合力，提升行政执法的精准化、智能化水平。综合运用数字技术，能够实现执法监管全程留痕，促进行政权力规范透明运行，提升执法监管的标准化、规范化水平。此外，全面建设数字法治政府，有利于实现权力监督的线上线下联通，延伸监督触角、丰富监督主体、形成监督合力，使民主监督、群众监督、舆论监督与其他各类监督有机贯通、相互协调。

资料来源 高莉. 全面建设数字法治政府［N］. 光明日报，2023-12-21（6）.

这一案例表明：数字化和法治化是实现政府现代化必不可少的两重引擎，数字法治政府则是现代化政府的重要形态。加快数字法治政府建设，必将对全面建设社会主义现代化国家、全面推进中华民族伟大复兴提供坚实而重要的制度保障。

知识准备

10.1 依法行政认知

依法行政作为一个原则，是近代资产阶级革命反对封建专制的产物，是法治精神在行政领域的体现，距今已有 300 多年的历史。在我国，从 1993 年党的十四届三中全会作出《中共中央关于建立社会主义市场经济体制若干问题的决定》，明确要求"各级政府都要依法行政，依法办事"，到党的十五大进一步强调"一切政府机关都必须依法行政，切实保障公民权利"，再到 1999 年"依法治国，建设社会主义法治国家"入宪，依法行政走过了一条不平常的路。作为"依法治国，建设社会主义法治国家"的重要组成部分，依法行政不仅是现代政府管理方式的一次重大变革，更是现代政府管理模式的一场深刻革命。总的来看，这些年来，依法行政正在得到贯彻实施，政府工作人员特别是领导干部依法行政的观念和水平有所提高，行政执法队伍的行政执法水平也不断提高，依法行政的状况不断改善。

10.1.1 依法行政的含义

依法行政，简言之，就是行政机关的设立（包括职能确定、组织设立、权力来源）、行政机关的运行（尤其是行使行政权力）都必须依据法律的规定并遵守相应程序，一切行政行为都要接受法律的监督，违法行政应承担法定后果。依法行政的本质是依法规范、约束行政权力，主要包括三个方面的内容：一是行政权的取得必须由法律设定。行政机关只要是法律没有赋予的权力就不能行使，而老百姓的权利只要法律没有禁止的都可以行使。二是行政权力的行使必须遵守法律。首先是遵守实体法，其次是遵守程序法。三是行政机关违法行政要承担法律责任。

法治是与人治相对立的概念，法治是一种治国方略或社会调控方式，是一种依法办事的原则，是一种良好的法律秩序，是具有价值规定的社会生活方式。依法行政是法治在执法领域的具体体现，是国家行政机关的最高准则。法治的终极目的是尊重和扩展人权；法治的根本目的是确认、保障主体的权利和自由。行政机关通过各种抽象和具体的行政行为直接干预公民、法人或者其他组织的权利和自由，行政权行使的广泛性、主动性、强制性和单方面性等都要求依法行政，以使行政权对公民、法人或者其他组织的权利和自由的干涉被限制在法律的范围内，以利于保障人权。在我国的人民代表大会制度下，行政从属于立法，因此行政活动必须依据法律进行。坚持依法行政，既能使行政机关充分行使行政权力，对社会进行有效的管理，又能对行政权力进行有效的制约和监督。

案例解读 10-1   **菏泽坚决纠治暴力执法、吃拿卡要等行为**

记者从相关部门获悉，自 2024 年 8 月 29 日起至 12 月 12 日，菏泽市开展规范行政执法"百日行动"（以下简称"百日行动"），进一步提升行政执法质效，促进营商环境持续优化。

"百日行动"坚持"法定职责必须为，法无授权不可为"理念，规范行政执法行为，及时清理处置和妥善解决执法领域现存及遗留问题，从源头杜绝违法或不当的行政行为，建设人民更加满意的诚信政府、服务政府、法治政府，打造稳定公平透明和可预期的营商环境，助力经济社会高质量发展。

行动期间，将全面提升行政执法人员素质能力，通过加强培训教育，提升业务能力，持续加强行政执法行为规范化建设。加强对执法人员业务水平的能力检验，提升一线执法人员运用法治思维和法治方式开展执法、维护稳定、化解矛盾的能力。全面规范行政执法行为，严格落实行政执法"三亮"标准，严格规范办案程序，坚决纠治暴力执法、吃拿卡要等行为，严格落实行业行政处罚裁量基准适用，严格执行执法活动法制审核，严格审慎落实行政执法检查，规划执法案卷制作管理。

同时，提升行政执法监督质效，加大行业监管监督力度和对违法行政执法行为的查究力度，严格落实行政执法案卷评查制度，加强行政执法问题线索搜集和对行政复议、败诉案件的倒查，加快组建行政执法监督人才库，强化对行政执法工作的综合协调，严格执行罚缴分离和收支两条线制度。

资料来源　佚名. 菏泽坚决纠治暴力执法、吃拿卡要等行为 [EB/OL]. (2024-08-29) [2024-11-12]. https://baijiahao.baidu.com/s?id=1808685946977938509&wfr=spider&for=pc.

分析：行政执法人员从事行政执法活动时，必须"持证上岗、亮证执法"，主动向当事人出示行政执法证件，亮明身份和职责；行政执法人员参加执法活动，必须佩戴执法记录仪，做到执法全过程"留痕留印"，确保执法决定合法、合理、有效。

10.1.2　依法行政的特征

（1）依法行政是对行政主体（即行政机关及其公职人员）的要求，而不是对行政相对人的要求。必须彻底抛弃传统的"官本位"观念，树立"民本位"观念，切实认识到行政权力来源于人民。依法行政的本质是依法规范、约束行政权力。

（2）依法行政中的"行政"是行政法意义上的行政，即国家行政或公共行政，是指一定的国家组织、行政机关为实现国家职能、维护公共利益，依照法律规定的职权和规范，对国家行政事务进行组织和管理的活动。

（3）依法行政中的"法"，首先必须是体现国家和人民整体意志，反映社会进步发展规律的法，而不是长官意志、个人意志、少数利益集团意志的反映。其次，"法"应主要限定在法律、行政法规、部门规章、地方性法规、政府规章，以及民族自治地方的自治条例和单行法规上。其他政策办法不能作为依法行政的法律依据。最后，从法律要素上来看，依法行政之"法"不仅包括法律、法规，还包括法律原则以及法律目的和法律条文背后所隐含的法律精神、法律价值。

（4）依法行政中"行政"和"法"的关系是：法优先于行政，法高于行政；行政必须有法，无法律便无行政；行政必须服从于法。行政作为国家意志的执行工具，主要功能就是执行国家权力机关制定的法律。法律独具的至高无上的强制力和权威性，是约束行政权力任意专断的最有效的手段。

（5）依法行政在我国是一种积极保障（有效行为）与消极防范（防止滥用行政权

拓展学习 10-1

力）的有机结合。依法行政的目的不仅是对政府行政机关的行政行为依法进行规范，防止权力的滥用，并使受到不法行政行为侵害的公民权利及时得到补偿，而且是保证国家行政管理的效果和效率，使其能够最大限度地发挥作用。

坚持依法行政，全面正确履行政府职能

10.1.3　依法行政的意义

依法行政是法治原则的体现和要求，是现代法治国家政府行使权力时所普遍奉行的基本准则，是人类社会文明发展的必然趋势。推行依法行政，在我国具有划时代的进步意义，主要体现在以下方面：

1）依法行政是建设社会主义法治国家的要求

1997 年，党的十五大报告明确提出"依法治国，建设社会主义法治国家"的宏伟目标，并把依法治国确立为"党领导人民治理国家的基本方略"。1999 年，全国人大通过宪法修正案，将这一基本方略写进国家根本大法，上升为宪法的一项基本法律原则，标志着我国正式步入依法治国的历史进程。实行依法治国，建设社会主义法治国家，必然要依法行政。2012 年 11 月 8 日召开的党的十八大对全面推进依法治国作出重大部署，强调把法治作为治国理政的基本方式。

2）依法行政是保障公民权利的要求

人民民主是我国社会主义国家的本质所在，国家的根本任务是保障人民的权利和自由。我国宪法规定："中华人民共和国的一切权力属于人民。人民行使国家权力的机关是全国人民代表大会和地方各级人民代表大会。"党的二十大报告提出发展全过程人民民主，保障人民当家作主。全过程人民民主是社会主义民主政治的本质属性，是最广泛、最真实、最管用的民主。全过程人民民主必须坚定不移走中国特色社会主义政治发展道路，坚持党的领导、人民当家作主、依法治国有机统一，坚持人民主体地位，充分体现人民意志、保障人民权益、激发人民创造活力。

3）依法行政是发展社会主义市场经济的客观需要

建立社会主义市场经济体制，是我国经济体制改革的目标。发展社会主义市场经济，是国家的根本任务之一。市场经济是主要依靠法律规则调整的经济，从这个意义上讲，市场经济就是法治经济。

4）依法行政是保持社会平稳发展的要求

法治国家的特点是一切社会活动在法治规范下都具有统一性、连续性和稳定性。法治强调法律的权威性，否定人治的随意性和隐蔽性，法律具有公正性和公平性，依法行政，严格依法办事，就可以达到办事的公正、公平要求，使人民拥护政府，保持社会的稳定。

5）依法行政是建设廉洁、勤政、务实、高效政府的要求

法律具有公开性和确定性，依法行政要求行政机关行使行政职权必须依法公开，按法办理，接受社会监督，从而防止暗箱操作、权钱交易。历史经验证明，依靠人治，虽可一时处理腐败，但无法消除腐败发生的根本；而依靠法治，即使难于根绝腐败，也有望把腐败控制在最低限度，使其不至于危害社会，或者一有危害，便能及时制止。

6）依法行政是行政管理文明进步的重要标志

只有依法管理、依法办事，才能保证行政管理的统一性、连续性和稳定性。除此之

外，没有别的捷径可走。世界上经济实力强大的国家，无一不是靠行政管理的法治化发展而来的。依法行政，已经成为发达国家政府普遍奉行的基本行为准则，成为衡量行政管理文明进步的主要标志，成为现代社会法治建设发展的大趋势。

价值引领 10-1　　　　　　　　　　　　　　**扎实推进依法行政**

在新时代新征程扎实推进依法行政，关键是要抓住重点任务，切实抓好贯彻落实，推动依法行政和法治政府建设不断取得新进展。

一是进一步落实职权法定，推进机构、职能、权限、程序、责任法定化。职权法定是法治政府的基本要求，各级政府必须严格依法办事，做到法无授权不可为、法定职责必须为。要按照党和国家机构改革精神要求，进一步理顺部门职责关系、优化政府组织结构，使机构设置更加科学、职能更加优化、权责更加协同，着力构建边界清晰、分工合理、权责一致、运行高效、法治保障的政府机构职能体系。进一步完善行政组织法和行政程序法，尽快制定统一的行政基本法典。完善政府经济调节、市场监管、社会管理、公共服务、生态环境保护等职能，厘清政府和市场、政府和社会关系，持续优化法治化营商环境，推动有效市场和有为政府更好结合。

二是推进政府高质量立法。这是依法行政制度体系构建的基础。要坚持科学立法、民主立法、依法立法，提高立法的针对性、及时性、系统性、协同性。加强重要领域立法，健全国家治理急需的法律制度，满足人民日益增长的美好生活需要必备的法律制度。增强政府立法与人大立法的协同性，加强和改进立法论证评估、行政规范性文件备案审查等制度，使政府治理各方面制度更加健全完善。

三是坚持依法决策。行政决策是行政权力运行的起点，行政决策尤其是重大决策行为往往直接关系到人民群众切身利益、国计民生。要严格落实重大行政决策程序制度，严格遵循公众参与、专家论证、风险评估、合法性审查、集体讨论决定等法定程序，切实防止违法决策、不当决策、拖延决策，确保决策制度科学、程序正当、过程公开、责任明确。加强行政决策执行和评估，建立健全重大行政决策跟踪反馈制度，严格落实重大决策终身责任追究制度和责任倒查机制。

四是提高行政效率和公信力。行政效率和公信力是扎实推进依法行政、建设法治政府成效的重要体现。要构建简约高效的基层管理体制，把更多行政资源从事前审批转到事中事后监管上来，完善首问负责、一次告知、一窗受理、自助办理等制度。全面推行清单管理制度，向社会全面公开政府职能、法律依据、实施主体、职责权限、管理流程、监督方式等事项，坚决消除权力设租寻租空间。加快推进政务诚信建设，建立健全政府守信践诺机制，提高依法行政水平，以政务诚信引领社会诚信。

五是深化事业单位改革。事业单位改革是我国行政体制改革的重要组成部分。要在已经基本完成的承担行政职能事业单位和从事生产经营活动事业单位改革的基础上，进一步理顺事业单位管理体制，提高治理效能。

资料来源　周佑勇. 深入理解"扎实推进依法行政"重要内涵［EB/OL］. (2023-05-05)［2024-11-12］. https://baijiahao.baidu.com/s?id=1765096976635497735&wfr=spider&for=pc.

感悟：习近平总书记在党的二十大报告中对"坚持全面依法治国，推进法治中国建设"作出专题论述和专门部署，并将法治政府建设作为全面依法治国的重点任务和主体工程，对"扎实推进依法行政"作出重要部署、提出新的更高要求，为新时代法治政府建设指明了前进方向、擘画了行动指南。深入贯彻落实党的二十大精神，必须牢牢锚定法治政府建设的目标任务，用更高的标准、更大的力度扎实推进依法行政，加快建设法治政府，为全面建设社会主义现代化国家、实现中华民族伟大复兴提供有力法治保障。

10.2 依法行政的原则与理念

10.2.1 依法行政的原则

所谓依法行政的原则，是指贯穿依法行政进程始终，适用于行政机关一切行政活动的基本准则。

1）法律优先原则

法律优先，又称"消极的依法行政"，要求行政不得与现行法律相抵触。在行政机关作出具体行政行为的过程中，它表现为行政机关不得采取与法律相违背的行政措施和行为。例如，行政机关不得突破法律、法规、规章的上限或下限对行政相对人进行处罚，不得在行政相对人满足法定要求的情况下拒绝给予许可等。在行政机关制定抽象性文件的过程中，它表现为行政机关不得制定与法律相抵触的行政法规、规章和规范性文件。例如，规章不得在法定的获得许可的要件之外增设获得许可的条件，不得突破上位法的规定提高处罚幅度、增设处罚种类等。

2）法律保留原则

法律保留，又称"积极的依法行政"，要求行政机关在对公民的人身、财产或自由权利进行干预时，必须获得法律的授权。相对于法律优先"不与现存法律相抵触"的要求，法律保留要求行政机关获得法律的授权方能采取行动，较前者更进一步，因而称为"积极的依法行政"。在具体的行政行为过程中，它表现为行政机关采取某项对公民基本权利形成直接影响的措施时，必须具有直接的法律根据。

3）职权法定原则

职权法定原则有三层含义：一是法无明文规定不可为。行政机关的行政管理活动必须以法律为准绳，在法律授予的职权范围内行使职权，行政机关不能为自身设定职权，如法律未授予计划生育行政部门强制执行权，社会抚养费的强制执行必须申请人民法院执行。二是越权无效，即行政机关行使职权不能超出法律规定的权限，否则无效。对行政机关而言，法律、法规规定的权限，是行政机关行使职权的最大边界；对公民而言，法律、法规禁止的行为，是公民行使权利的最大限制。三是失职违法。对行政机关而言，法定职责必须履行，不得放弃，也不得让渡，否则就是失职；对公民而言，法律、法规规定的权利，公民可以行使，也可以放弃。

4）比例原则

所谓比例原则，是指行政目的和手段之间的关系必须具有客观的对称性。国家行政机关在实现法定目的的前提下，不得采取过度的措施，以使国家活动对公民的侵害降到最低限度。其具体内容包括：一是妥当性，即所采取的措施可以实现所追求的目的。二是必要性，即除了采取的措施之外，没有其他给相对关系人或公众造成更少损害的适当措施。三是相称性，即所采取的必要措施与其所追求的结果之间要相称。这一原则要求行政主体必须在数个可供选择的行政措施中选择对公众不会造成损害或造成损害最小的措施。

5）公开、公平与公正原则

公开原则是政府执法活动受公众监督的基本条件，在一定程度上促进了政府行为效率和水准的提升。除涉及国家秘密以及法律保护的商业秘密、个人隐私外，政府行为均应公开进行。为此，要注意建立政府文件、档案的公开制度，建立政府行为的公示制度等。公平原则要求政府执法在总体上体现一致性、连续性和权威性，同等情况应当同等对待，不同等情况应不同等对待。公平原则还要求政府在执法中确立回避、救济等制度。公正原则是政府执法的核心要求，主要包括说明理由和听取意见两个基本内容。

6）信赖保护原则

行政管理要诚实守信，要遵循信赖保护原则，确保行政管理取信于民。信赖保护原则是指政府管理的对象基于对政府公共权力的信任而作出一定的行为，对此种行为所产生的正当利益应当予以保护。信赖保护原则始于德国，并为日本等国家和地区所接受。它反映了在整体上良好的法律秩序对公民利益保护程度的提高。

7）权力监督原则

行政权是宪法和法律赋予国家行政机关管理政治、经济和社会事务最重要的国家权力。行政权具有管理领域广、主动性强、自由裁量度大、以国家强制力保证实施等特点。它既是与公民、法人切身利益最密切相关的一种国家权力，也是容易滥用的一项权力。因此，制约权力的核心首先是依法监督行政权。

8）权利救济原则

公民、法人和其他组织认为自己的人身权、财产权因行政机关的行政行为受到侵害的，可向有权受理的国家机关提出并要求解决。予以法律救济的方式主要有行政复议、行政诉讼、国家赔偿、民事诉讼。按照我国现行法律规定，公民权利的救济主要有两个方面：一是申请行政复议或者依法向法院提起行政诉讼；二是一旦确定行政机关的行为侵害了公民的合法权益，行政机关要承担赔偿责任。此外，还可通过申诉、信访、行政监察等渠道反映意见，以维护公民的合法权益。

9）程序优先原则

程序优先原则是现代行政法治发展的趋势之一，体现了以人为本、群众权益优先的观念，保护了群众的根本利益。程序不是简单的方法问题，不能认为只要"出发点是好的"，方式、方法不当可以原谅。程序违法无效，即法律、法规、规章规定的程序不得违背，违背法定程序作出的行政行为，包括执法文书的不规范，与违反法律实体内容的行为一样是无效的。

10.2.2　依法行政应具备的理念

与西方建立在深厚的法治传统基础上不同，我国的依法行政脱胎于计划经济时期，受制于转型期种种现实情况的约束，目前在许多方面还带有大量的人治因素和现象，过于注重形式上行政的"合法性"，忽视行政的实质目的，漠视公民的权利，忽视法本身的正当性，这与建立社会主义市场经济、建设社会主义法治国家的要求是不一致的。而法治政府的建设，不单纯是法典的编纂问题，重要的是社会的演进和观念的转变。理念是行动的先导和动力，当前最重要的任务就是努力克服计划经济下人治传统对依法行政的不良影响，真正建立符合市场经济的依法行政，使依法行政的理念实现由政府权力本位的人治到公民权利本位的法治的彻底转变。具体而言，新形势下推进依法行政应树立以下理念：

1）"以人为本"理念

以人为本是建设现代法治政府的核心要求。现代法是维护人的尊严、尊重人的价值、保障人的权利的法。现代法治的核心价值就是保护权利，权利保护程度是衡量一国法治和依法行政发展进程的标尺之一。洛克在《政府论》一书中以"自然法"作为分析权利的逻辑起点。他认为，根据自然法，每个人生来就有追求"生命、自由和财产"的权利。政府和社会的存在以维护个人的这些自然权利为目的。自然权利的不可取消性构成政府与社会权威的限度。在洛克的权利学说中，权利本身就是一个价值，它自始至终都是以一个终极原则出现的。梁启超说过："凡人之所以为人者有两大要件：一曰生命，二曰权利，二者缺一，实乃非人。"人天生就具有本于权利的正当性。

权利本位包含两层含义：一是在权利与权力的关系上，应当树立权力来自权利，权力为权利服务的理念，权力不得侵犯相对人的合法权利，同时又必须积极运作以保障相对人积极权利的实现；二是在权利与义务的关系上，应着重保护相对人的权利，尽量减轻相对人的义务和负担。当前我国的行政现状中，权利得不到应有的保护与重视是较为突出的问题，根源在于对权利的漠视，对现有法律制度缺乏有效的权利保护机制，这是不符合法治原则要求的。

2）法律至上理念

法律至上是法治和依法行政的本质要求。法治发轫于西方，自古希腊柏拉图放弃哲学的统治思想改用法律的统治思想以来，法治成为西方文化中生生不息的主流思想。法治作为人类理性的体现，其对政府权力的警惕与制约，对公民权利的保护，对秩序、自由、正义的关注，使法治超越特定政治、经济和社会制度而成为一项普适性的政治文明。我国市场经济的发展、政治文明的进步均呼唤法治，法治要求政府良法而治，依法行政，建设一个法治政府。

那么，何为良法？自然法认为，自然权利产生于人与世界的自然本性，作为人，我们拥有保护自己人身和财产的权利。真正的法律就是来源于这种权利，而不是全能国家的专横权力。法律的制定和实施源于个人保护基本权利的需要，法律的最终目的是保护公民的基本权利。因此，良法必须规定公民的基本权利和基本自由保障，体现人权精神和标准。

3）社会、市场自治理念

社会自治是市民社会的内在属性，市场自治是市场经济的本质要求。正确处理政府与社会、市场的关系，明确政府职能和权力的界限，是规范行政权力、促进依法行政的前提。树立社会、市场自治理念，是指对待社会和经济事务，应当优先由社会和市场自主进行处理，政府不能代替社会、市场的作用，不得任意干涉社会和市场的自由。

案例解读10-2　　　　　"新官不理旧账"违背依法行政理念

"法院的判决书上盖着有国徽的大红印章，镇政府咋就不认呢？"河南省林州市的老王想不通，在与镇政府的拆迁补偿纠纷中，自己胜诉了，但就是拿不到钱。他去找法院，工作人员答复说，正在执行中。他去找镇政府，领导说，现在没钱。后来找得多了，镇政府领导黑着脸说："又不是我欠你的，谁让你拆的，你去找谁吧。"老王一听来了气："你是政府领导，咋不讲理？领导是换了，但总不能不认账吧。"于是，老王开始信访，先是到管辖林州市的安阳市，再到省里，上级领导要求法院依法执行。"不是不履行法院判决，镇里实在是没钱。"镇政府领导似乎也有难言之隐，但问题总得解决。经林州市人民法院主持调解，镇政府在财政经费紧张的情况下，与老王达成分期还款协议。谈及此案，安阳市中级人民法院执行局一位负责人感叹道："作为被执行人的镇政府，属非经营性、非营利性单位，受财政体制所限，履行能力不强，再加上'新官不理旧账'的错误认识，法院如果贸然采取强制执行措施，不仅会在一定程度上影响政府的工作，而且案件也不能执结。"一位不愿具名的政府负责人坦言："'新官不理旧账'确实存在。就算把政府列为失信被执行人，上了'老赖'黑名单，没钱还是没钱，关键是要找出解决问题的办法。"

资料来源　根据相关资料整理。

分析：新官不理旧账反映了个别乡镇政府领导只关心自己任期内的现实利益，对前任留下的债务久拖不还，只要法院对其采取强制执行措施，他们往往会以前任留下的债为由，甚至以执行会影响政府工作正常开展为由，给法院施加压力。这样的领导干部没有遵守依法行政的信赖保护等原则，挑战的是法治底线，不仅会造成执行难，还影响到政府在群众中的形象，损害的是政府公信力。这部分人确实需要认真学习贯彻习近平法治思想，树立以人为本和法律至上的理念，依法办事。

10.3　依法行政的法律保障

10.3.1　行政立法

1）立法的含义

西方国家一般将"立法"理解为民意代表机关（议会或国会）制定法律规范的活动。我国法学界对"立法"一词的含义，一般有狭义和广义两种解释。狭义的立法，是指国家的最高权力机关及其常设机关依照法定职权和程序，制定法律这种特定的规范性文件的活动。广义的立法，是指国家机关依照法定职权和程序，创制各种具有不同法律效力的规范性文件的活动。

2）行政立法的含义

行政立法是指国家行政机关依照法律规定的权力和程序，制定行政法规和行政规章的活动。我国的行政立法，是行政性质和立法性质的有机结合，行政性质是一种抽象行政行为，立法性质是一种准立法行为。

行政立法的含义具体理解为：行政立法是行政机关的行为；行政立法是行政机关依照法定权限和程序进行的；行政立法是行政机关制定行政法规、行政规章的抽象行政行为。

3）我国行政立法的主体

我国行政立法的主体包括：①国务院；②国务院各部、各委员会；③国务院直属机构；④省、自治区、直辖市人民政府；⑤省、自治区人民政府所在地的市人民政府；⑥经国务院批准的较大的市人民政府；⑦经济特区的市人民政府。

行政视野 10-1　　　　　　　　　　　中国行政立法成就

中国的行政立法涉及行政管理各个领域，既包括行政许可法、行政强制法、行政处罚法等规范行政行为的一般法，也包括环境、教育、科技、文化、卫生、社会治理、国家安全、国防军事等方面的部门行政法。以党的十八大以来全国人大及其常委会立法为重点，中国行政立法在制定和修改完善相关法律，保障、推动党和国家各项事业发展方面取得的新成就主要包括以下几个方面：

一是关于基本行政制度方面的法律。2019 年修改行政许可法，增加"非歧视"作为设定和实施行政许可的原则，明确规定行政机关及其工作人员不得以转让技术作为取得行政许可的条件。2021 年修改行政处罚法，扩大行政处罚设定权限、推进行政执法体制改革、完善行政处罚程序规定，确保行政机关依法有效实施行政管理。2022 年 10 月，全国人大常委会对行政复议法进行了初次审议，拟修改的内容是进一步明确行政复议原则、职责和保障，整合地方行政复议职责，完善行政复议受理及审理程序，加强行政复议对行政执法的监督等。

二是关于环境保护领域的法律制度。制定修改环境保护法、环境影响评价法、海洋环境保护法、水污染防治法、大气污染防治法、噪声污染防治法、固体废物污染环境防治法、土壤污染防治法、放射性污染防治法、防沙治沙法、长江保护法、黄河保护法、黑土地保护法等，通过环境要素治理和流域、区域协同治理立法，加强污染防治，保护生态环境，用法治力量守护好绿水青山、推动美丽中国建设。其中，2022 年 10 月通过的黄河保护法对加强生态环境保护、推进水资源节约集约利用等方面作出针对性规定，加大了保障、监督和处罚力度。

三是关于教育领域的法律制度。通过制定修改教育法、义务教育法、高等教育法、职业教育法、民办教育促进法、家庭教育促进法等，推动教育事业健康发展，促进教育发展成果更多更公平惠及全体人民，办好人民满意的教育。比如，2021 年 10 月制定的家庭教育促进法，明确家庭、国家、社会各方面的责任，建立健全了家庭、学校、社会协同育人的工作机制。2022 年 4 月修改的职业教育法，发挥企业重要办学主体作用，进一步推进产教融合、校企合作，推动职业教育与普通教育相互融通、不同层次职业教育相互贯通，拓宽升学就业渠道，营造职业教育发展良好社会环境。

四是关于科技文化领域的法律制度。先后修改促进科技成果转化法、科学技术进步法，促进科技成果向现实生产力转化，推动科技创新支撑和引领经济社会发展。制定修改公共文化服务保障法、公共图书馆法、电影产业促进法、档案法、反食品浪费法等，弘扬社会主义核心价值观，保障公民基本文化权益，满足人民群众日益增长的精神文化需求。为贯彻落实习近平总书记关于制止餐饮浪费重要批示精神，制定反食品浪费法，聚焦人民群众长期反映强烈的餐饮浪费顽疾，以32条的小篇幅做好立法的大文章，建立反食品浪费长效机制，成为"小快灵""小切口"立法的生动实践，推动形成文明、健康、绿色、环保新风尚；又如，制定公共图书馆法，加强公共图书馆的运行管理，提升服务效能。

五是关于公共卫生和健康领域法律制度。制定基础性的基本医疗卫生与健康促进法，制定修改中医药法、疫苗管理法、医师法、药品管理法、人口与计划生育法、食品安全法、体育法等，积极推进卫生健康立法，强化公共卫生法治保障，保护人民群众生命安全和身体健康，为健康中国建设提供法律制度支撑。比如，基本医疗卫生与健康促进法确立卫生健康工作的基本原则、主要制度和保障促进措施；制定中医药法，保障和促进中医药事业发展，保护人民健康；修改药品管理法，完善药品审评审批和储备供应等管理制度，保障药品安全、有效、可及；制定疫苗管理法，健全完善疫苗研制、生产、流通、预防接种等全过程监管体制。

此外，行政立法还涉及其他一些领域，在完善社会治理法律制度方面，制定了消防救援衔条例、社区矫正法；为构建国家安全法律体系，出台了统领性的国家安全法，制定修改了反恐怖主义法、密码法、生物安全法等；完善国防军事法律制度体系，修改完善了国防法、国防交通法、兵役法、军事设施保护法等。

资料来源　江必新. 中国行政立法的实践发展及体系化建设［J］. 中国法治，2023（2）.

10.3.2　行政许可法

行政许可是一项极为重要的法律制度，是国家为维护经济秩序、社会秩序和公共利益，保护资源和生态环境，保障公民权利等设立的具有多方面功能的法律制度，为各国所普遍重视和广泛适用。

1）行政许可的含义

行政许可是通常所说的行政审批，是指行政机关根据公民、法人或其他组织的申请，经依法审查，准予其从事某种行为、确认某种权利、授予某种资格和能力的行为。

许可，对被授予者来说，是赋予权利，如准予驾驶机动车、准予开办会计师事务所，因此有时称其为授益行为；对更多未被赋予权利的人来说，则是一种禁止，是对行使某种权利的限制，如所有未取得驾驶证者都不得开汽车，未被批准开办会计师事务所者，一律不得开办。因此，从性质上来说，许可是对限制或禁止的解除。

在法治国家，公民可以从事一切活动，除非法律有禁止。许可正是权利与禁止这二者的结合点。例如，为了维护社会秩序和公共利益，对机动车驾驶必须实行许可制度。开车是一件具有危险性的事情，因此一般人不得开车；但开车又是具有利益性的事情，因此又应该允许开车。为了利用其有利的方面，防止损害他人和公共利益的事情发生，就需要国家实行驾驶机动车的许可制度，一般人都禁止开车，但会驾驶汽车、懂得驾驶规则者可以被许可。很显然，对某一事项是否应该设立许可制度，是建立在这样的基础上的：一方面，这一行为具有潜在的危险性；另一方面，这一行为对需要者有利。如果绝对有害，所谓有百害而无一利，就不可能建立许可制度；反之，只有好处，对社会和他人都无不利，完全可以由个人、组织自行决定的，也不可能建立许可制度。许可的这一普遍禁止的性质，使许多国家将其称为管制，日本则称为规制。有利有害，为达到趋利避害的目的，才需要设置许可制度。

2) 行政许可的原则

归纳我国和西方国家的经验或法律规定，以及 WTO 的规则要求，许可制度大致包含以下基本原则：

（1）法定原则。由于许可制度直接关系公民、法人和其他组织的权利，因此许可的设定、实施机关的权限和义务、获得许可的条件和程序等，都必须由法律规定。

（2）公开、透明原则。许可的设定过程、设定许可的法律文件、许可的条件和程序，都必须公开、透明。

（3）公正、公平原则。设定和实施许可，必须平等对待同等条件的个人和组织，不得歧视。

（4）便民、效率原则。许可在程序设置上必须体现方便申请人、提高行政效率的要求。

（5）救济原则。在实施许可时，申请人有权陈述、申辩、申请复议和提起诉讼等。

（6）诚实信用、信赖保护原则。诚实信用是民事行为中最重要的原则，是市场经济活动的基础，它要求对待别人的利益像对待自己的利益一样。这一原则也是政府行政活动的基本原则，它要求政府信守自己的诺言，要求行政活动具有真实性、稳定性和善良性。在诚信的基础上产生信赖保护原则，即公民基于对行政机关的信赖所进行的活动，应得到行政机关的保护，这一原则尤其适用于行政机关的"授益行为"。行政机关不得随意变更或撤销许可。因公共利益的需要，必须撤销或变更许可的，行政机关应负责补偿损失。

（7）监督与责任原则。谁许可，谁监督，谁负责。许可要与行政机关的利益脱钩，与责任挂钩。行政机关不履行监督责任或监督不力，甚至滥用职权、以权谋私的，都必须承担法律责任。

价值引领 10-2　　　　　　　　中国行政立法的经验与启示

伴随中国特色社会主义事业蓬勃发展，中国行政立法用四十多年的时间走完了西方国家要三四百年才走完的立法进程。目前，中国的行政立法涵括了所有行政管理领域和各级行政机关，基本覆盖行政职权、行政程序和监督救济各个环节，将行政立法、行政许可、行政处罚、行政强制、行政征收等各类行政活动都纳入了法治轨道。主要经验和启示有以下几个方面：

一是坚持中国共产党的领导，全面贯彻落实党中央决策部署。我国宪法第一条中规定，中国共产党领导是中国特色社会主义最本质的特征。从历史经验看，党中央通过顶层设计和政治引领，统筹协调各方面的资源和力量，不断推动制度建设和实践创新，是各个时期开展行政立法的重要前提和保证。中国行政立法从起步、发展到完善深化，首要的经验和原则就是坚持党中央对立法工作的集中统一领导，全面贯彻落实党中央在各个历史时期关于行政立法的重大决策部署。全国人大常委会制定的五年立法规划，都要报党中央批准后实施。

二是坚持以人民为中心，积极回应人民诉求。立法机关坚持人民主体地位，践行全过程人民民主要求，在行政立法中紧扣人民对民主、法治、公平、正义、安全、环境等方面日益增长的需求。在法律草案立项、起草、调研、审议过程中，采取问卷调研、委托调研、实地走访、视频座谈、公开征求意见等多种方式，广泛听取人民群众意见。比如修改行政处罚法，在不同的修法阶段先后3次征求虹桥街道基层立法联系点意见；修改噪声污染防治法，开展问卷调查，广泛听取城市和农村、各类声环境功能区、各个年龄段、不同在家时段等居民的意见。通过这些工作，将人民群众所思所想所盼体现在具体的法律制度设计之中，解决人民群众急难愁盼的问题。

三是坚持人民代表大会制度，发挥国家机关分工合作的优势。行政机关、监察机关、审判机关、检察机关都由人民代表大会产生，对人大负责，受人大监督。全国人大及其常委会通过行政立法，在宪法框架内将行政权力具体化，规范行政权的设定和实施，明确行使行政权力对应的责任，既保障行政机关全面有效履职，又监督行政机关依法行政。此外，全国人大及其常委会还通过听取和审议政府工作报告、开展法律实施情况的检查、组织专题询问、备案审查、督促制定法律实施配套规定等形式，推动有关行政法律落实落细、正确有效实施。

四是坚持合理配置，平衡行政权力与公民权利的关系。行政权力是社会发展不可或缺的力量，行政立法应当保证其正常运转，以实现人民安居乐业、社会安定有序、国家长治久安。与此同时，要保障好行政相对人的权利，合理协调与行政权力之间的关系，达到行政法基本关系的平衡。这里所说的行政相对人权利既包括私权利，也包括行政相对人的公权利。一方面要防止行政权力侵犯私权，就私权利而言，法律没有禁止的，原则上就是可以做的，做了不受任何追究和处罚；另一方面要关注行政相对人公权力配置，通过赋予行政相对人知情权、选举权和被选举权、参与权、救济权等，使其能够对行政权力是否合法有效行使进行监督。

五是坚持实事求是，遵循行政法治发展规律。我国行政立法坚持实事求是，一切从实际出发。既赋予政府必要的、充分的权力，又严格规范、严密监督，保障与规范并重，实现国家利益、社会公共利益与公民合法权益之间的动态平衡。同时，适应不同发展阶段的改革发展的实际需要，发挥行政立法积极作用。特别是在当前我国进入法治国家、法治政府、法治社会一体建设新阶段，行政立法紧紧围绕全面依法治国、全面深化改革主题，重视总结各项改革成果和地方成熟经验，及时修改法律、作出授权决定，比如将"放管服"改革成果、各地自由贸易试验区成功经验等上升为法律，为经济社会发展提供有力法治保障。接下来我国行政立法的重要任务之一，即是遵循行政法自身规律完成体系化建构。

资料来源　江必新. 中国行政立法的实践发展及体系化建设［J］. 中国法治，2023（2）.

感悟：新中国成立以来，在中国特色社会主义法治理论的指导下，我国法治建设事业不断迈出重大步伐，取得伟大成就。特别是党的十八大以来，在以习近平同志为核心的党中央坚强领导下，全面依法治国取得历史性成就、发生历史性变革，法治中国建设开创了新局面，开启了新征程。行政法作为数量最为庞大、最为活跃的法律部门，经历了从薄弱到勃发、由原则到严密的发展过程，取得了极大成就，积累了宝贵经验，前景未来可期。在"两个一百年"的伟大征程中，行政立法将以更大的力度融入法治中国、中国特色社会主义法治体系建设中，坚持科学立法、民主立法、依法立法，聚焦重点领域和薄弱环节，着力协同推进和纵深发展，为法治国家、法治政府、法治社会一体建成提供坚实的法律保障。

10.3.3　行政复议

1）行政复议的含义

所谓行政复议，是指公民、法人或者其他组织不服行政主体作出的具体行政行为，依法向法定的行政复议机关提出复议申请，行政复议机关依法对该具体行政行为进行合法性、适当性审查，并作出行政复议决定的行政行为。行政复议是由行政系统内部的行政机关实施的内部监督和纠错的行为，是一种重要的行政救济法律制度，具有以下特征：

（1）行政复议以具体行政行为的存在和争议的存在为前提。

（2）行政复议是一种由作为行政相对人的公民、法人或者其他组织提出申请引起的。

（3）行政复议是一种由上一级行政机关或法律规定的复议机关对作出有争议的具体行政行为进行审查的制度，也是一种行政机关内部的层级审查制度。

（4）行政复议是一种对行政行为的合法性和适当性进行全面审查的制度。它不同于司法审查，法院不能代替行政机关行使行政权，所以司法审查一般审查行政行为的合法性，不审查具体行政行为的适当性。

（5）行政复议是一种严格按法定程序进行的行政活动。复议参加人的构成，参加人的权利和义务，复议活动的步骤、过程、方式、方法，都由《中华人民共和国行政复议法》加以规范，不得偏离法定程序。

2）行政复议的目的

（1）防止和纠正违法的或者不当的具体行政行为。这是行政复议所要实现的直接目的。复议活动是一种依申请对具体行政行为是否合法、适当进行审查的制度，对不合法的或者不当的具体行政行为要加以撤销和纠正。

（2）保护公民、法人和其他组织的合法权益。这是通过复议防止和纠正违法或者不当的具体行政行为所要达到的最终效果。行政机关是人民政府的组成部分，它的一切活动都应该是为了人民，行政复议制度作为一种防止和纠正具体行政行为违法侵权的救济制度，目的在于保护公民、法人和其他组织的合法权益。

（3）保障和监督行政机关依法行使职权。行政机关是行使国家行政权力的机关，行政权是一种法定权力，是公民通过国家权力机关制定的法律授予行政机关行使的。行政机关必须严格依法行政。为保障行政机关依法行政，就必须建立对行政管理权进行监督的各种制度。没有监督的权力，必然会走向腐败。行政复议制度正是这些制度中十分重要的一种。

3）行政复议的原则

行政复议的基本原则是指由宪法和法律规定的，反映行政复议的本质和基本特点，必须在行政复议活动全过程中加以贯彻的具有普遍意义的指导思想和基本准则。行政复议的基本原则可以用来解释行政复议条文的具体含义，而且在《中华人民共和国行政复议法》对某些具体问题缺乏明确规定时，可以依据基本原则体现的精神来加以处理和解决。行政复议的基本原则有：

（1）合法原则。它是指履行行政复议职责的行政机关，必须严格地按照宪法和法律所规定的职责权限，以事实为根据，以法律为准绳，对行政相对人申请复议的具体行政行为，按法定程序进行审查和裁决。合法包括三项内容：①主体必须是有法定复议权限的行政机关；②复议过程要依法定程序进行；③复议决定适用法律是否正确。

（2）公正原则。它包括公平和正确两个方面。公平是指要求复议机关行使复议权时应公平地用一个标准对待双方当事人，不能偏袒。正确是指要求复议机关认定事实、适用法律时都要正确，不主观臆断，不徇私舞弊，不贪赃枉法。

（3）公开原则。它是指复议机关在行政复议过程中，应充分透明，不搞暗箱操作。除涉及国家秘密、商业秘密和个人隐私外，整个过程应当向行政复议申请人和社会公开。

（4）及时原则。它是指行政复议机关应当在法律规定的期限内，尽快完成复议案件的审查，并作出相应的决定。这一原则是对复议机关工作效率的要求。

（5）便民原则。它是指行政复议机关在行政复议程序中应当尽可能为行政复议当事人，尤其是为申请人提供必要的便利，从而确保实现行政复议合法、正当的目的。尽量减少申请人在人力、物力上的耗费，减轻申请人的负担。

（6）有错必纠原则。它是指行政复议机关对被申请复议的行政行为进行全面审查，不论是违法还是不当，也不论申请人是否请求，只要有错误一概予以纠正。这是行政复议不同于行政诉讼的重要之处。

（7）保障法律、法规实施原则。行政复议不同于行政诉讼，其目的不仅是解决行政争议，更主要的目的是保障法律、法规的实施。

（8）司法最终原则。它又称救济原则，是指行政复议机关的复议决定一般不是最终发生法律效力的决定。复议当事人对该决定不服的，除少数法律规定行政机关有终局裁决权的以外，可以在法定期限内向人民法院提起行政诉讼。人民法院经审理后作出终审裁决，才是具有法律效力的终局决定。

10.3.4　行政诉讼

1）行政诉讼的含义

行政诉讼是指公民、法人或者其他组织认为行政机关或法律法规授权的组织的行政行为侵犯其合法权益，依法向人民法院请求司法保护，人民法院通过对被诉行政行为的合法性进行审查，从而解决特定范围内行政争议的活动。在我国，行政诉讼与刑事诉讼、民事诉讼并称为三大诉讼，是国家诉讼制度的基本形式之一。行政诉讼有以下特征：

（1）行政诉讼所要审理的是行政案件。行政诉讼解决的是行政争议，即行政机关或法律法规授权的组织，与公民、法人或者其他组织在行政管理过程中发生的争议。

（2）行政诉讼是人民法院通过审判方式进行的一种司法活动。在我国，行政争议的解决途径不止行政诉讼一种，还有行政复议机关的行政复议等。而行政诉讼是由人民法院运用诉讼程序解决行政争议的活动。

（3）行政诉讼是通过对被诉行政行为合法性进行审查以解决行政争议的活动。其中，进行审查的行政行为是具体行政行为，审查的根本目的是保障公民、法人或者其他组织的合法权益不受违法行政行为的侵害。

（4）行政诉讼是解决特定范围内行政争议的活动。人民法院受理行政诉讼有特定的范围，不属于行政诉讼解决的行政争议只能通过其他救济途径解决。

（5）行政诉讼中的当事人具有恒定性。行政诉讼的原告只能是行政管理中的相对方，即公民、法人或者其他组织；行政诉讼的被告只能是行政管理中的管理方，即作为行政主体的行政机关和法律法规授权的组织。行政诉讼的当事人双方的诉讼地位是恒定的，不允许行政主体作为原告起诉行政管理相对方。

2）行政诉讼对依法行政的重要意义

《中华人民共和国行政诉讼法》（以下简称《行政诉讼法》）自1990年10月1日实施以来，对于保护公民、法人和其他组织的合法权益，依法监督、支持和保障行政机关依法行使职权，推进依法行政发挥了重要作用。实践证明，行政诉讼制度对于推进依法行政、建设法治政府具有重要意义。2014年11月1日，十二届全国人大常委会第十一次会议表决通过了修改行政诉讼法的决定，国家主席习近平签署第15号主席令予以公布。新华社受权播发了这一决定。这是《行政诉讼法》自1989年制定后作出的首次修改。

（1）从行政权力的性质来看，我国行政诉讼制度对推进依法行政具有必要性。行政权力是一把双刃剑，具有双重属性：一方面是行政权力的必要性，即任何一个国家、任何一个社会的正常运转都离不开行政权力；另一方面是行政权力的扩张性，即行政权力具有扩张的本性，如果这种权力不受法律的约束，就有可能走向专横、滥用，甚至腐败。一切有权力的人都容易滥用权力，这是万古不变的一条经验。因此，就需要对行政权力依法进行监督和制约。针对行政权力的双重属性，为推进依法行政、建设法治政府，我们必须继续实施行政诉讼制度。

（2）从《行政诉讼法》实施后行政法治建设取得的成就来看，我国用行政诉讼制度推进依法行政具有可行性。人民法院通过审理行政案件，确实起到了推进依法行政、推动行政法治建设的重要作用。当然，这首先得益于《行政诉讼法》所确立的"民告官"制度。在《行政诉讼法》的促动下，我国相继制定了《中华人民共和国国家赔偿法》（以下简称《国家赔偿法》）、《中华人民共和国行政处罚法》、《中华人民共和国行政复议法》、《中华人民共和国立法法》、《中华人民共和国监察法》、《中华人民共和国行政许可法》和《全国人民代表大会关于修改〈中华人民共和国立法法〉的决定》等重要法律、法规和司法解释，保证了行政立法、行政执法、行政救济与司法审查有法可依。实践证明，行政诉讼制度对推进依法行政、建设法治政府是可行的，效果也是非常明显的。

（3）从依法治国、建设社会主义法治国家的基本方略来看，我国行政诉讼制度与推进依法行政具有一致性。依法治国基本方略的实施，为实现依法行政开辟了道路，创造了前提条件，而依法行政又是依法治国的核心所在。依法行政不是孤立的，依法行政需要权力机关加强立法和进行必要的授权、需要司法机关的保障、需要全国人民有良好的法律素养、需要来自各方面的监督等。没有依法治国的大环境，就谈不上依法行政。

10.3.5 行政赔偿

行政赔偿是国家赔偿制度的重要组成部分，我国的行政赔偿制度最初由1954年宪法确立，现行宪法再次规定，1989年《行政诉讼法》有所发展。1994年《国家赔偿法》以及2010年、2012年《全国人民代表大会常务委员会关于修改〈中华人民共和国国家赔偿法〉的决定》两次修正案的颁布，标志着我国行政赔偿制度的进一步完善。行政赔偿制度的确立与实施将会更有效地保障公民、法人和其他组织的合法权益，促进国家机关依法行使职权。

1）行政赔偿的含义

行政赔偿是指行政主体及行政执法人员违法行使行政职权，侵犯了公民、法人或其他组织的合法权益并造成损害，依法由行政机关（赔偿义务机关）承担损害赔偿责任。

2）行政赔偿的范围及方式

根据《国家赔偿法》第三条、第四条的规定，行政赔偿的范围包括侵犯人身权的违法行政行为和侵犯财产权的违法行政行为两类。其中，对人身权的侵犯仅限于公民，侵犯法人或其他组织的行政行为目前不承担赔偿责任。

侵犯人身权的行为有五种：①违法拘留或者采取限制公民人身自由的行政强制措施的；②非法拘禁或者以其他方法非法剥夺公民人身自由的；③以殴打等暴力行为或者唆使他人以殴打等暴力行为造成公民身体伤害或者死亡的；④违法使用武器、警械造成公民身体伤害或者死亡的；⑤造成公民身体伤害或者死亡的其他违法行为的。其赔偿方式为支付赔偿金。

侵犯财产权的违法行政行为有四种：①违法实施罚款、吊销许可证和执照、责令停产停业、没收财物等行政处罚的；②违法对财产采取查封、扣押、冻结等行政强制措施的；③违反国家规定征收财物、摊派费用的；④造成财产损害的其他违法行为的。其赔偿方式有三种：①返还财产；②恢复原状；③支付赔偿金。

拓展学习10-2

国家赔偿法，让更多受侵害群众及时获得救济

任务实施与评价

◉ 任务实施

【背景资料】

某新能源公司不服浙江省某市生态环境局行政处罚行政复议案

【关键词】

行政复议调解书　生态环境保护　行政处罚　过罚不当变更

【基本案情】

2023年6月24日至7月3日，申请人某新能源公司在厂区露天堆放塑料吨桶，因未及时检查到吨桶上盖未完全密封叠加连日降雨，造成桶内废乳化液跑冒滴漏至地面，少量废乳化液混合雨水通过厂区雨水井排放口流入河道，导致厂区西南侧河面存有部分油污。事发后，申请人迅速采取应急措施，将河面油污全部清理完毕，主动减轻了环境危害后果。后某市环保科技服务中心出具《快速鉴定评估意见书》，认定生态环境损害总计为17 294.6元，其中生态环境损害价值量为14 288元、应急处置费用3 006.6元（申请人在应急处置时已自行支付）。被申请人浙江省某市生态环境局在收到案件线索后依法立案调查，认为其泄漏的油污污染已经影响河面水质，违反了《中华人民共和国固体废物污染环境防治法》第一百一十二条第一款第（十）项"未采取相应防范措施，造成危险废物扬散、流失、渗漏或者其他环境污染"的规定，对申请人处以罚款60万元。申请人不服该行政处罚决定，向市人民政府申请行政复议。

【复议办理】

行政复议机构审查认为，本案争议焦点在于对案涉固体废物污染环境违法情形的认定以及相关处罚依据的适用是否准确。《中华人民共和国固体废物污染环境防治法》第一百一十二条第一款第（六）项、第（十）项分别规定了两种违法情形，即"未按照国家环境保护标准贮存、利用、处置危险废物或者将危险废物混入非危险废物中贮存"和"未采取相应防范措施，造成危险废物扬散、流失、渗漏或者其他环境污染"。前者"处10万元以上100万元以下的罚款"，后者"处所需处置费用3倍以上5倍以下的罚款，所需处置费用不足20万元的，按20万元计算"。本案中，申请人对废乳化液使用坚固密闭式塑料吨桶贮存后集中定点堆放，并用大片聚氨酯板材遮盖，堆放处地面已硬化，定期由具备合法资质的第三方依法处置，可以认为申请人已采取了一定的防扬散、防雨防风防晒、防渗漏的措施。申请人因疏忽造成个别塑料吨桶未完全密封叠加恶劣天气因素，导致少量废乳化液混合雨水流入河道，其违法行为更符合"未按照国家环境保护标准予以贮存、利用、处置危险废物"的情形，但被申请人认定申请人违法行为属于"未采取相应防范措施，造成危险废物扬散、流失、渗漏或者其他环境污染"的情形，对申请人给予处置费用（所需处置费用不足20万元的，按20万元计算）3倍的罚款60万元。该处罚结果不仅在认定违法行为的性质上不准确，而且与污染事件发现后申请人迅速采取应急措施、减轻环境危害后果等情节不相匹配，有违过罚相当原则。行政复议机构在审理案件过程中，多次组织双方当事人调解，最终双方当事人达成协议。行政复议机关制作行政复议调解书，将处罚金额由60万元变更为20万元。申请人主动提出，向被申请人的生态环境损害赔偿金专户支付生态环境损害赔偿金和捐赠款共10万元，专项用于生态修复。

【典型意义】

行政复议机关在合法、自愿前提下，可以对各类行政争议开展调解，实现定分止争。新修订的《行政复议法》强化了调解在行政复议办案过程中的运用，规定行政复议调解书具有与行政复议决定书相同的法律效力，当事人不履行的应当承担相应的法律责任。本案中，行政复议机关准确把握新修订行政复议法的立法精神，在厘清案件事实和法律适用的基础上，组织双方当事人就案涉争议磋商协调、释法明理，最终达成调解协议并制作行政复议调解书，对处罚金额作出调整变更，既保障了申请人企业的合法权益，助力优化法治化营商环境，又解决了行政处罚过罚不当的问题，取得了解决纠纷、修复生态环境、优化法治化营商环境一举三得的效果。

资料来源 佚名. 司法部发布行政复议典型案例 [EB/OL]. (2024-09-26) [2024-11-12]. http://legalinfo.moj.gov.cn/zhfxfzzx/fzzxyw/202409/t20240926_506709.html.

要求：根据背景资料，运用本项目所学理论完成表10-1的任务。

表10-1 任务分析表

任务类型	任务内容	内容要求
分析执法者违反了哪条行政复议原则	查找背景资料中的相关信息，分析执法者是否违反了依法行政的原则，说明违反原则的具体内容	知识运用恰当，观点阐述清楚，内容具体
分析行政复议的程序	（1）在司法部门的网站上搜索行政复议的程序，并写出具体内容 （2）分析执法者是否遵循了该程序	查找的程序科学、可靠，分析客观、公正、准确
分析裁判结论的理由	在背景资料中寻找裁判结论的法律依据，阐述该法律的内容	法律运用得当，事实分析清楚
分析如何纠正和避免此类执法行为	查找依法行政的理论与实践，具体分析纠正和避免类似执法行为的途径和方法	结合执法实践，从执法制度环境、执法习惯、执法理念、执法能力等方面进行分析，论据充分，论证有条理

◉ 任务评价

任务评价见表10-2。

表10-2 任务评价表

评价项目	评价标准	权重（%）	自评	师评
说出执法者违反了哪条行政复议原则（20分）	（1）能够准确说出所违反的行政复议原则	10		
	（2）能够准确说出该原则的具体内容	10		

续表

评价项目	评价标准	权重（%）	自评	师评
说出行政复议程序的内容，以及遵守或违反该程序的理由（30分）	（1）能够在司法部门的网站上查找行政复议的程序，内容可靠	10		
	（2）能够完整地写出该程序的具体内容	10		
	（3）能够根据背景资料的信息准确说出遵守或违反该程序的理由	10		
说出裁判结论的理由（20分）	（1）能够从事实是否清楚、证据是否确凿的角度阐述裁判结论的理由	10		
	（2）能够从程序是否合法、正当的角度阐述裁判结论的理由	10		
阐述避免类似执法行为的想法（30分）	能够从执法制度环境建设、执法习惯和执法理念培养、执法能力提升等方面阐述想法和建议	30		
总分		100		

任务测试与应用

◉ 任务测试

1.选择题（将正确的选项填在括号内）

1.1　单选题

（1）行政机关在对公民的人身、财产或自由权利进行干预时，必须获得法律的授权，属于依法行政中的（　　）。

A.法律优先原则　　　　　　　　　B.法律保留原则

C.职权法定原则　　　　　　　　　D.比例原则

（2）在实施行政许可时，申请人有权陈述、申辩、申请复议和提起诉讼等，体现了行政许可的（　　）。

A.公开、透明原则　　　　　　　　B.公正、公平原则

C.便民、效率原则　　　　　　　　D.救济原则

（3）下列关于依法行政的说法，不正确的是（　　）。

A.行政权力的行使必须遵守实体法律

B.行政权的取得必须由法律设定

C.行政机关违法行政要承担法律责任

D.行政权力的行使有时可以不用遵循程序法

（4）下列关于依法行政的特征的说法，不正确的是（　　）。

A.依法行政是对行政主体即行政机关及其公职人员的要求，而不是对行政相对人的要求

B.依法行政中的"法"，首先必须是体现国家和人民整体意志

C.法优先于行政，但不高于行政

随堂测验10-1

任务10

D.依法行政在我国是积极保障、有效行政，与消极防范、防止滥用行政权力的有机结合

（5）只有依法管理、依法办事，才能保证行政管理的统一性、连续性和（　　）。

A.稳定性　　　　　　B.科学性　　　　　　C.权威性　　　　　　D.有效性

1.2　多选题

（1）依法行政是建设（　　）政府的要求。

A.廉洁　　　　　　B.科学　　　　　　C.务实　　　　　　D.高效

（2）行政复议的目的包括（　　）。

A.保护公民、法人和其他组织的合法权益

B.防止和纠正违法或者不当的具体行政行为

C.保障行政机关依法行使职权

D.监督行政机关依法行使职权

（3）行政复议的原则包括（　　）。

A.合法原则　　　　　　　　　　　B.公正原则

C.便民原则　　　　　　　　　　　D.保障法律、法规实施原则

（4）新形势下推进依法行政应树立的理念有（　　）。

A."以人为本"的核心理念　　　　B.法律至上理念

C.社会、市场自治理念　　　　　　D.科学简便理念

（5）侵犯财产权的违法行政行为包括（　　）。

A.违法对财产采取查封、扣押、冻结等行政强制措施的

B.非法拘禁或者以其他方法非法剥夺公民人身自由的

C.违反国家规定征收财物、摊派费用的

D.违法实施罚款、吊销许可证和执照、责令停产停业、没收财物等行政处罚的

2.判断题（在题后的括号内打"√"或"×"）

（1）对行政机关而言，法定职责可以放弃，也可以让渡。　　　　　　　　（　　）

（2）法律至上是法治和依法行政的本质要求。　　　　　　　　　　　　　（　　）

（3）行政诉讼是通过对被诉行政行为合法性进行审查以解决行政争议的活动。其中，进行审查的行政行为是具体行政行为。　　　　　　　　　　　　　　　　（　　）

（4）行政复议的目的仅在于解决行政争议。　　　　　　　　　　　　　　（　　）

（5）正确处理政府与社会、市场的关系，明确政府职能和权力的界限，是规范行政权力、促进依法行政的前提。　　　　　　　　　　　　　　　　　　　　　　（　　）

3.简答题

（1）什么是依法行政？

（2）依法行政应遵循什么原则和理念？

（3）行政许可的原则有哪些？

（4）依法行政包括哪些法律保障措施？

⦿ 技能应用

【案例分析】

让行政复议"主渠道"更加畅通

"发挥行政复议化解行政争议的主渠道作用",被写入2024年1月1日起实施的新修订的行政复议法。如何在巩固已有行政复议体制改革成效的基础上,进一步发挥行政复议的主渠道作用,是当下摆在各级人民政府和司法行政机关面前的重大课题。

2020年4月,中央全面依法治国委员会印发《行政复议体制改革方案》,要求通过构建统一、科学的行政复议体制,完善规范、高效的行政复议工作机制,打造行政复议专门队伍等方式,建设公正、权威的中国特色社会主义行政复议制度。自此,全国各地整合地方行政复议职责、健全配套工作机制、发挥行政复议监督功能、加强工作保障和监督,取得了良好成效。

以宁夏回族自治区为例。全区锚定主渠道作用定位,着力推进规范复议、能动复议、有效复议、便民复议、专业复议"五大复议"建设,特别是新修订的行政复议法实施以来,宁夏大力开展行政复议宣传活动,着力解决群众"不知复议""不会复议"问题。2024年上半年,全区行政复议案件在2023年增幅达81.6%的基础上又同比增长75.8%,行政复议案件量首次超过行政诉讼案件量,充分体现出群众对行政复议的知晓度、满意度和期待值提高,行政复议的主渠道作用得到彰显。

资料来源 李保平.让行政复议"主渠道"更加畅通 [N].法治日报,2024-09-13(5).

问题:谈一谈政府和行政执法部门在具体执法过程中,应该如何发挥行政复议的主渠道作用,提高行政复议的社会认可度。

分析提示:从依法行政的原则与理念、法律保障等方面思考。

【实践训练】

如果2023年你买了一辆电动三轮车,执照上规定营运期限为5年。办理执照再加上各种手续费,共花费了2 000元。你每天靠拉三轮车可以挣30元,本来计算2年时间就可以收回成本。可没想到,2024年县里开始整治交通治安环境,出台了一个文件要取缔三轮车,你的合法三轮车也在取缔范围之内。请你依据依法行政的知识思考一下如何保护自己的合法权益。

要求:根据行政许可的原则考虑取缔行为,从依法行政的法律保障角度考虑如何保护自己的权益。

任务11　机关行政

任务要求

任务目标	**知识目标**	·了解机关管理的基本含义 ·了解机关管理的任务 ·了解机关管理现代化的内容 ·掌握机关管理的基本内容
	技能目标	能够运用机关管理的基本知识分析机关管理的实际问题
	素质目标	·增强机关管理的服务意识，提高管理素养 ·树立正确的权力观和利益观
任务重点		·机关管理认知 ·机关管理的主要内容 ·机关管理的现代化

知识导图11-1

机关行政

引例　　　　　　"高效办成一件事"，推进政务服务提质增效

2024年7月，国务院办公厅发布《关于印发〈"高效办成一件事" 2024年度新一批重点事项清单〉的通知》，在年初已发布13个重点事项清单的基础上，明确了"高效办成一件事"新一批8个重点事项清单。

"高效办成一件事"需要统筹先行。统筹既要从空间广度谋篇布局，又要从时间维度久久为功。通过跨部门协同、数据共享与流程优化，能够打破层级、地域、部门、系统之间的屏障，形成高效运转的政务服务体系。这种从全局和长远出发的策略，可以使各项资源得到合理配置，各个环节紧密衔接，从而最大限度地提升办事效率，降低企业和群众的办事成本。

"高效办成一件事"更要数字赋能。数字技术的迅猛发展，为建设数字政府提供了前所未有的便捷与动力。全面强化数字赋能，用数字技术和数字系统推动政务服务的标准化、规范化和程序化，减少人为因素干扰，有利于提高政务服务的准确性和公正性。释放数据潜能，打破部门之间的数据孤岛，推动数据共享和互联互通，有利于提高政务服务的协同性和便捷性。创新大数据、大模型等新技术应用，了解企业和群众的需求和痛点，打造更多可感可及的政务服务场景，有利于提高政府的治理能力和服务水平。

"高效办成一件事"重在严格落实。无论是"高效"的过程还是"办成"的结果，都需要用实实在在的行动来检验。聚焦政务服务那些高频、面广、问题多的"一件事"，通过优化流程、提升执行力、强化监督机制等手段，确保清单事项从计划走向实践。一分部署，九分落实。公安部制定出台的8项公安交管便民利企改革新措施已于2024年7月1日起实施，预计减少办事成本约30亿元；天津、山西、安徽、新疆等省份对"高效办成一件事"工作作出具体部署，各地群众已开始享受政策落实带来的便利。

"高效办成一件事"是新时代数字政府建设迈向新台阶的重要战略部署，是深入推进行政审批制度改革、优化营商环境、提升行政效能的重要举措，这一政策将有力推动政务服务的创新与发展。相信在各方的共同努力下，会有更多的政务服务一件事一次办、一件事高效办，"高效办成一件事"也将成为政务服务新常态。

资料来源　雪梅."高效办成一件事"，推进政务服务提质增效［EB/OL］.（2024-07-26）［2024-11-12］. https://review.jschina.com.cn/meitiguandian/202407/t20240726_3438526.shtml.

这一案例表明：优化政务服务、提升行政效能对加快构建新发展格局、推动高质量发展具有重要意义。健全"高效办成一件事"重点事项清单管理机制和常态化推进机制，提高政务服务水平，助力优化营商环境、建设全国统一大市场，本质是将政府工作贴近老百姓实际感受，真正做到民有所盼、政有所为。

知识准备

11.1 机关管理认知

11.1.1 机关管理的含义和任务

1）机关管理的含义

行政机关，从广义上来讲，是指国家为实现其职能，按照法定的程序而建立的，具有法定的权威和独立活动能力的公共组织的工作机构；从狭义上来讲，是指各级人民政府及其职能部门的内部综合办事机构，主要是指政府机关的办公厅或办公室。本章所讲的机关管理，是指综合办事机构对机关的日常事务、规章制度和工作秩序等所进行的自身事务管理。机关管理有以下几个特点：

（1）机关管理的服务性。综合部门的业务职能有其特殊性，这就决定了它的服务性。其一方面要为行政领导服务，另一方面要为本机关各部门服务。如何将领导的意图传达到相关部门，如何将基层的意见和建议反馈给领导，这是综合部门的一项重要职责。要讲艺术、讲方法，所以说综合部门还具有很强的沟通协调和参谋助手作用。可以说，服务好坏是衡量机关管理活动质量的一个最主要、最基本的标志。

（2）机关管理的事务性。机关事务是相对机关职能而言的，指属于机关职能之外的，但为实现职能所必需的、例行的、程序性的、辅助性的事情的总体。例如，传递信息、文件收发、登记、各种会议召开，甚至公务员生活管理等具体事宜，表现出极强的事务性工作的特点。

（3）机关管理的综合性。机关管理的综合性是指机关管理对象广泛，各种行政机关都要通过综合部门与职能部门相联系。管理活动内容庞杂，既要负责处理日常行政事务方面的工作，也要协助行政领导者处理政务方面的事情。机关管理的综合性特点，要求工作人员在管理实践中务必注意从机关的整体角度出发来考虑和处理各种问题。

（4）机关管理的时效性。时效就是事物有效的时间限度，人类社会生活中的事物都只能在特定的时间范围内具备有效性，这一点在机关事务方面表现得更加突出。机关管理工作有很强的时间性，紧急公文稍有拖延，就会贻误大事。会议管理、工作制度和生活制度等都有明确的时间规定，只有这样才能保证机关工作有条不紊地进行，保证机关工作效率的提高。

2）机关管理的任务

（1）协助单位领导掌握本单位各方面的工作情况，搜集、汇总有关信息资料，为领导决策提供依据。各级行政领导者担负着科学地进行决策并将决策贯彻执行的重要职责，办公厅（室）起着参与决策并推行政策执行的辅助作用。

（2）制定工作目标和计划，提出实现工作目标和计划的措施。

（3）协助领导进行工作指挥，承上启下，沟通渠道，协调各部门和下属单位的工作。

（4）处理机关日常工作（包括会议组织、公文处理、信息宣传、综合统计、信访接待、机要档案整理等）。

（5）搞好经费管理、后勤服务（包括工作必要条件和环境）。

（6）及时完成领导交办的各项工作。

11.1.2　机关管理的地位和作用

1）机关管理的地位

机关管理工作并不是直接行使权力，但它是行使决策、执行、监督职能所不可缺少的，在机关中占有重要的地位，是综合枢纽。

（1）任何行政机关，不论其机构之大小、人员之多寡、层次之高低，一般都要通过综合办事机构的辅助来行使权力、管理事务。

（2）任何行政机关、综合部门的工作一般都关系该机关工作的全局。

（3）任何行政机关一般都以综合部门为中心，形成若干纵向和横向的组织网络系统。

2）机关管理的作用

综合办事机构在国家行政管理活动中发挥着重要的作用，主要表现在如下几个方面：

（1）枢纽作用。综合办事机构既是行政领导者的指挥中心，也是行政机关中的一个承上启下的信息交换中心。做好机关管理工作，就是使机关工作规范化、制度化，快速地进行上情下达、下情上传，既为领导当好参谋，又为机关做好日常业务，使整个组织形成一个完整的体系，帮助行政首长把握全局，发挥其"中心枢纽"的作用。

（2）保障作用。行政管理活动涉及范围广泛、任务繁杂，总是同综合部门的工作程序、文书档案、信息管理、财务管理、后勤管理等工作紧密相连。综合办事机构为本机关的各个部门、各个层级的行政领导者和工作人员提供必要的工作条件及各种各样的服务，做好机关管理工作是实现行政管理目标的基础保障。

（3）联系作用。无论是对内还是对外，综合办事机构在联系群众方面都发挥着重要作用。搞好机关管理工作，能使各机关之间关系融洽、信息畅通，从而大大提高行政效率。通过关心群众需求，为群众排忧解难，可以增强政府同人民群众的密切联系，促进政府与群众、机关与职能部门之间形成和谐、团结的氛围。

11.2　机关管理的主要内容

11.2.1　会议管理

会议是各级领导实施行政管理的一种重要手段，是一种有组织、有目的地把众人聚集起来一起商讨问题的社会活动方式。会议在各级领导研究工作、布置任务、贯彻政策、调查情况、总结经验、统一思想、联系群众等方面都具有重要作用。

1）会议的类型

在机关管理工作中，经常召开的会议主要有以下几类：

（1）例行会议。它主要指日常工作会议、办公会议。这类会议主要用于领导成员之间交流各自分管工作的情况，相互通气，研究上级的有关指示，领会指示的精神实质，制定本单位具体贯彻实施指示的办法、措施，讨论、处理重大问题等。

（2）专题会议。这类会议通常是由一定范围的领导人员及有关部门的人员参加的集中讨论某一方面问题的会议。

（3）联席会议。在开展某项较大规模活动或建设某项大工程时，如涉及若干单位和若干方面，有关部门就有必要一起开会讨论，协商解决问题。这种会议可由上级主管部门或上级机关出面组织召开，也可由上级机关根据工作任务的内容，指定某一个单位负责牵头主办。

（4）经验交流会。这是指上级行政机关在总结一段时间的工作情况以后，对表现好的下级部门进行表彰和鼓励，专门召开由全体机关成员参加的会议，请工作表现出色的单位或个人介绍经验，从而在全系统中交流推广。同时，行政领导部门往往还要指出本单位存在的主要问题，敦促有关部门迅速解决。

（5）布置总结会。这类会议是指行政机关在年度、季度或月度开始之前，对下属的工作内容进行安排和布置的会议；以及在年度、季度或月度结束以后，对下属部门的工作效果和工作成绩进行总结的会议。

（6）座谈会。它多用于行政决策涉及某些专业领域或问题较为复杂时，行政领导想听取专家或相关方面意见的情况。座谈会的形式可以多种多样，有征求某一问题解决方法的会议，也有讨论某一专题的会议，还有小型的纪念会、讨论会、调查会等。

（7）电视电话会。它是领导机关向下属机关布置某一紧急任务时常采用的一种会议形式，可以避免因人员往返而耗费精力和延误时间。

（8）紧急会议。它往往在特殊情况下召开，会议讨论的内容是紧迫要求解决的重大问题，目的是在尽可能的情况下，动员各方面的力量加以协调，以迅速、妥善地解决问题。

2）会议管理的内容

会议是实施行政管理的重要手段。对国家行政管理来说，会议可以集思广益，丰富领导经验，提高领导水平；会议也是贯彻党的群众路线、实现人民群众参与国家和社会事务管理的重要途径；会议又是各机关沟通信息、协调关系、实施监督检查的重要手段。但必须注意，会议并不是行政管理的唯一手段，更不是万能手段。要防止滥用会议形式，人为制造"会海"，造成资源浪费，这就需要加强会议管理。机关会议管理的核心是提高会议效率和会议质量。

（1）会议管理的环节：①会前准备环节，包括确定会议主题，明确开会要解决的问题和要达到的目的；准备好相关资料；确定出席者范围、会议议程等有关要求并通知与会者；做好会务工作，如布置会场、安排日程、安排好迎送等工作。②会中的服务环节，主要包括检查会前的准备工作落实情况；签到、登记；做好会议记录；编发会议纪要或简报等。③会后环节，包括清理会场、归还借用物品、结算账目、安排好与会者的返回等。此外，对一些重要会议要做好文件的收编和存档工作。

（2）会议管理的原则：①控制会议数量、规模和时间。必须建立、健全严格的会议审批制度，能不开的坚决不开，可以合并召开的就合并召开，可以派少数代表参加的就不要把所有人员都集中，能当场拍板解决的问题就不开会讨论。开会发言一定要简单扼要，发言者必须事先做好充分准备以节省时间，并且通过算经济账的方法节约会议开支，努力把会议开好、开活。②保证会议质量。应做到目标明确，议题单一，准备充分，严肃会议纪律和程序，不要议而不决。③注重会议成本核算。

总之，开会要力求在较短的时间内解决较多的问题，改革会议方法，提高会议质量。

案例解读11-1　　　　　　基层减负要抓"感"与"敢"

中共中央办公厅、国务院办公厅印发《整治形式主义为基层减负若干规定》以来，各地采取设置举报热线、严控文件、精简会议等办法，打出减负"组合拳"，唱响减负"大合唱"，基层减负取得显著成效，但同时也出现了一些新的现象与问题。

比如，在形式主义认定上，有的地方和部门因缺乏一个明晰标准，执行过程中存在"一刀切""宁过之而勿不及"等现象，担心被贴上"形式主义"标签，该布置的任务不敢布置了，该开的会也取消了，该发的文也迟迟不发，干起事来"束手束脚"甚至"不敢为"。有的则一边强调减负，一边又强调要加强对减负的跟踪与考核，结果旧的台账走了，新的台账又来了，减负的实际获得感大大削弱。

基层减负要减得其所、减得其效，让干部"有感"又"有敢"，关键要完整、准确、全面领会中央精神，不折不扣、一步一履地把有关精神落实到位。在减负过程中，要真刀实枪，不搞噱头，不玩花招，不务虚功。比如工作群过多的问题。该解散的群要坚决解散，不能减在表面，有的地方"换汤不换药"，把十几个"小群"整合成一个"大群"，群里各种消息响个不停，干部感到负担未减反增。再如文件会议过多的问题。对动辄开会发文的现象要形成"人人喊打"的舆论声势，防止把"红头文件"换成"白头文件"，按下葫芦浮起瓢，换个方式继续搞"文山会海"。要善于创造性落实，以思路和方法的创新提升落实效率，不能"穿新鞋走老路"，用"看材料""抓台账"的旧思维、老办法来抓减负，以至于落入以形式主义反对形式主义的窠臼。要持之以恒、一抓到底，不能浮皮潦草、虎头蛇尾，也不能抓而不实、抓而不紧。如果紧一阵松一阵、一环紧一环松，或者任由"中层梗阻""末端衰竭""最后一公里"等问题横生，减负就很难"有感"又"有敢"。

资料来源　江东. 基层减负要抓"感"与"敢"［EB/OL］.（2024-10-15）［2024-11-12］. https://www.workercn.cn/c/2024-10-15/8370667.shtml.

分析：推动基层减负要注意"感"与"敢"，即既要大力整治形式主义为基层减负，不断提升基层干部的减负获得"感"，又要鼓励各级干部"敢"为善为、积极作为，形成你追我赶干事创业的生动局面。

11.2.2　公文管理

公文管理，就是对公文的创制、处置和管理，即在公文从形成、运转、办理、传递、存储到转换为档案或销毁的一个完整周期中，以特定的方法和原则对公文进行创制加工，保管整理，使其完善并获得功效的行为或过程。公文管理的基本任务就是及时、准确、有效地创制、加工、传递、保管、处置公文，为公务活动提供适用的信息。

1) 公文的含义

公文，是公务文书的简称，是党政机关、社会团体、企事业单位以及其他社会组织行使法定职权、处理日常事务时经常使用的一种文体。公文有狭义和广义之分。狭义的公文特指《党政机关公文处理工作条例》中规定的15种行政公文。广义的公文涵盖了全部通用公文和专用公文。所谓通用公文，是指党政机关、社会团体、企事业单位等普遍使用的公文；所谓专用公文，是指在一定的业务范围内，按照特定需要而专门使用的公文。专用公文具有很强的专业特点，如外交公文、法规公文、司法公文、经济公文、公关公文、军事公文等。

2) 行政公文的种类

2012年7月1日起施行的《党政机关公文处理工作条例》中指出，公文种类主要有：决议、决定、命令、公报、公告、通告、意见、通知、通报、报告、请示、批复、议案、函、纪要。

（1）决议。决议适用于会议讨论通过的重大决策事项。

（2）决定。它是党政机关共有的一个公文文种，但就适用范围而言，决定在行政机关比在党的机关要广泛得多。在党的机关，决定"用于对重要事项作出决策和安排"，而在行政机关，决定则适用于对重要事项或者重大行动作出决策和部署、奖惩有关单位及人员，变更或者撤销下级机关不适当的决定事项。

（3）命令。它属于下行文。《党政机关公文处理工作条例》指出，它适用于公布行政法规和规章、宣布施行重大强制性措施、批准授予和晋升衔级、嘉奖有关单位和人员。命令的制发主体有着严格的限定，《中华人民共和国宪法》和《中华人民共和国地方各级人民代表大会和地方各级人民政府组织法》规定，只有全国人大常委会及委员长，国家主席，国务院及总理，国务院各部委及部长、主任，地方各级人民政府和各级人大等，才有权力发布命令。党的领导机关可以和同级人民政府联合发布命令，但需以行政公文的形式出现。

（4）公报。公报适用于公布重要决定或者重大事项。

（5）公告。它适用于向国内外宣布重要事项或者法定事项。它一般以国家各级领导机关的名义发布，社会团体、企事业单位和基层组织不使用这一公文文种。但事实上，公告的使用范围非常广泛，已经扩大化，如法院的开庭公告、公示公告等。

（6）通告。它适用于在一定范围内公布应当遵守或者周知的事项。通告与公告有相似之处，就是都面向全社会，都是知照性的。但二者也有明显的区别，这种区别一方面表现为制发的主体有受限与不受限的不同——公告是有资格限制的，而通告则是任何机关、团体和单位都可以采用的；另一方面表现为涉及的内容有重要程度的差异——公告涉及的是重要事项或者法定事项，而通告涉及的则是各有关方面应当遵守或者周知的事项。

（7）意见。它适用于对重要问题提出见解和处理办法。意见过去没有被作为一个公文文种列出，因其形式相对灵活，适用范围广，可以有效补救行政机关其他法定文种在适用范围和使用效果上的不足。意见属于通行文，适用范围非常广泛。

（8）通知。它适用于发布、传达要求下级机关执行和有关单位周知或者执行的事项，批转、转发公文。通知与通告的功能相近，其不同在于，通知有特定的受文者，通告则无；通知有专指的约束力，通告则仅有泛指的约束力；通知与机关的经常性工作密切相关，通告则与社会事务联系密切。

（9）通报。它适用于表彰先进、批评错误、传达重要精神和告知重要情况。公告与通告都是面向整个社会的，具有较强的公众性；而通知与通报则主要是面向机关的，具有较强的业务性。通知与通报的适用范围有一定的重合，但也有各自专享的"领地"，不能做人为的取舍。

（10）报告。它适用于向上级机关汇报工作、反映情况，回复上级机关的询问。行政机关与党的机关均使用报告这一文种，而且适用范围基本相同。

（11）请示。它适用于向上级机关请求指示、批准。请示与报告都属于上行文，两者的区别在于，报告只是客观地将有关情况汇报给上级机关，无须上级机关答复；而请示则是将自己无权或无力处理的事项及相应的对策主张反映给上级机关，上级机关必须明确予以答复。

（12）批复。它适用于答复下级机关的请示事项。下级机关用请示向上级机关行文，上级机关须以批复作出相应的答复。

（13）议案。它适用于各级人民政府按照法律程序向同级人民代表大会或人民代表大会常务委员会提请审议事项。议案有其独具的特色，因而是重要的一种公文。

（14）函。它适用于不相隶属机关之间商洽工作，询问和答复问题，请求批准和答复审批的事项。函的答复功能仅仅适用于不相隶属的机关之间，这是它与批复的一点重要不同。

（15）纪要。它适用于记载会议主要情况和议定事项。

3）公文管理的内容和程序

（1）发文。它是指机关文书部门根据机关的工作需要向外发出文件材料，包括本机关制发、转发、翻印、复印的文件材料等。发文办理，就是指机关内部为制发公文所进行的拟制、处置与管理活动。

发文办理程序由拟稿、审核与签发，核发、缮印与校对，用印、登记与分发等环节组成，见表 11-1。

表 11-1　　　　　　　　　　　　发文办理程序

程序	内容
①拟稿	公文拟稿是公文承办人员根据领导交拟或批办的意见草拟文稿的过程
②审核	公文的草稿在送交机关领导审批签发以前，对公文的内容、体式进行的全面审核和检查
③签发	机关领导对文稿的最后审批
④核发	在公文正式印发之前，对经领导签发的文稿进行复核并确定发文字号、分送单位和印制份数的一项工作

续表

程序	内容
⑤缮印	对已签发的公文定稿进行印制
⑥校对	将公文的誊写稿、打印稿清样与经领导签发的原稿核对校正，以修改和消除书写、排版上的错误
⑦用印	在印好的文件上加盖机关印章
⑧登记	一切发出的文件均应进行登记
⑨分发	对准备发出的文件进行分装和发送

（2）收文。它是指机关文书部门收进外单位发来的文件材料。收文办理是指文书部门收到文件材料后，在机关内部及时运转直到阅办完毕的全过程。

组成这一过程的一系列相互衔接的环节称为收文办理程序，包括：签收，拆封，登记，分发，传阅，拟办，批办，承办，催办、查办与注办，见表11-2。

表11-2　　　　　　　　　　　　　　收文办理程序

程序	内容
①签收	收到文件材料后，收件人在对方的公文投递单或送文簿上签字，以明确交接双方的责任，保证公文运转的安全可靠
②拆封	对于写明某某领导"亲收""亲启"的封件，由领导本人拆封或由其委托的人代拆。密件则应交机要文书或机要室拆封
③登记	将需要登记的文件在收文登记簿上编号和记载文件的来源、去向，以便于文件的保管和处理
④分发	亦称分办，是指文书人员在文件拆封登记以后，按照文件的内容、性质和办理要求，及时、准确地将收来的文件分送给有关领导、有关部门和承办人员阅办
⑤传阅	单份或份数很少的文件以及一些非承办性文件，需要经多个部门领导和有关部门阅知时，由文书人员组织在他们中间传递和阅读
⑥拟办	对来文的处理提出初步的意见，供领导批办时参考
⑦批办	机关领导对送批的文件如何处理所作的批示
⑧承办	机关有关部门或人员按照来文的要求进行具体工作或办理复文
⑨催办、查办与注办	催办是指那些必须办理答复的文件，根据承办时限的要求，及时地对文件承办的情况进行督促和检查 查办是指文书工作人员协助机关领导检查各项方针、政策、决议、指示的执行和落实，以及对某些问题进行查处、解决的一项承办性工作 注办是指对公文承办结束后，由经办人在公文处理单上所作的简要说明

（3）归档。公文办理完毕后，应当根据《中华人民共和国档案法》和其他有关规

定，及时整理、归档。个人不得保存应当归档的公文。归档的目的是今后更好地进行文件的查考和利用，有利于文件的安全和完整，也为以后的档案管理工作奠定基础。

11.2.3　档案管理

行政机关档案是行政机关在公共行政管理活动中直接形成的，保存备查的文字、图表、音像等各种形式的历史记录。行政机关档案的形式多种多样，包括文件资料、电文、手稿、传真、照片、画片、音像制品、技术图纸等，文字档案是其主要形式。档案除具有原始记录性这一本质属性外，也有一般的属性。知识属性和信息属性，是档案的两个重要属性。按照国家档案工作管理体制的要求，行政机关所有档案都由档案机构集中管理。

1）档案管理的内容

档案管理，简单地说就是用科学的原则和方法管理档案，为党和国家各项工作服务的工作。它的基本内容包括档案的收集、整理、鉴定、保管、编目和利用、统计等六个环节，也称档案工作的六项业务。

（1）档案收集工作，就是把分散在各机关内部职能部门和个人手中的文件材料，按照规定集中保存起来，解决文件形成后的分散状态与利用要求集中的矛盾。它是档案工作的起点，是档案工作的第一个环节，也是实现档案集中统一管理的一项重要和基本的内容。

（2）档案整理工作，是为了解决档案的凌乱状态与系统查找的矛盾。档案整理就是把收集来的零散的不系统的文件材料进行分类、组合、排列和编目，使整理出的档案能够反映历史活动的真实面貌，便于保管和利用。

（3）档案鉴定工作，是为了解决档案庞杂和只需要保存有价值的档案的矛盾。档案鉴定就是根据档案对今后各方面可能起的作用，通过甄别档案的价值，确定保管期限，把已失去价值的档案剔除销毁。

（4）档案保管工作，是为了解决档案不断毁损和需要长远利用的矛盾。由于自然和社会的各种原因，档案总是处于渐变性的自毁过程或者可能遭到突变性的破坏。档案保管工作的任务，就是克服与限制损毁档案的各种因素，努力延长档案的寿命，维护档案的完整与安全。

（5）档案的编目和利用工作。为了满足特定的利用要求，需要为提供档案准备好直接的辅助手段，并通过各种方式介绍和实际地提供档案、有关资料，这就形成了档案的编目和利用工作。

（6）档案的统计工作，是为了解决数量不清与要求心中有数的矛盾。档案的统计就是通过表册、数字的形式，揭示档案和档案工作的有关情况。

2）档案管理的基本原则

为了适应社会主义事业发展的需要，统一指导全国档案工作，在长期的实践过程中，逐步形成和确定了我国档案工作的基本原则，这个基本原则是，"档案工作实行统一领导、分级管理的原则，维护档案的完整与安全，便于社会各方面的利用"。这一原则的基本思想包括三个方面：

（1）确立了档案工作的组织原则和管理体制——统一领导、分级管理，即以前常说的"集中统一地管理国家全部档案"。档案工作的统一领导，是社会主义社会的必然产物，它以社会主义的经济、政治制度为前提，并为它们的巩固、发展提供服务。具体地讲，其内容包括：①各单位各种门类和载体的档案，均由本单位档案室集中管理；档案中需要长远保存的，由各级档案馆集中保管。②全国档案工作，由各级档案行政管理部门统一地、分层负责地进行指导和监督。③全国档案工作统一由党领导。

（2）提出了档案管理的基本要求——维护档案的完整与安全。维护档案的完整有两个方面的含义：一方面，在数量上，要保证档案的齐全，不使应该集中保存的档案残缺短少；另一方面，在质量上，也就是从系统性方面，要维护档案的有机联系，不能人为地割裂分散，或者凌乱堆砌。维护档案的安全也有两方面的含义：一方面，力求档案本身不受损坏，尽量延长档案的寿命；另一方面，要保护档案免遭意外的破坏。

（3）体现了档案工作的根本目的，规定了档案工作的主要标准——便于社会各方面的利用。便于社会各方面利用档案，是档案工作的出发点，并且支配档案工作的全过程。

行政视野 11-1 东阿县：以"档案管理信息化"助力"档案查询一件事"高效办结

东阿县坚持宗旨化服务理念和平台化发展思路，以档案信息化"六级联动"试点为契机，夯实基础，为基层群众提供更便捷、更优质的档案查询便利服务，助力公共服务质效提升，全县档案服务利用"一站式"网络成形，助力群众"档案查询"一件事服务高效办结。

夯实"硬基础"，筑牢服务根基。基础设施建设是开展好档案信息化"六级联动"的基础，积极作为，优化流程，协调解决人员、设施，打牢档案信息化建设基础。一是规范开展服务场所建设。为全县各单位统一配备了档案信息化"六级联动"展板、明白纸和办事指南，督促设置查档场所，配齐电脑、打印机等档案查阅、传输设备，确保互联网、政务外网铺设到位、运行通畅。二是梳理优化查档流程。发挥山东省档案查询利用平台作用，打破地域束缚，为群众提供更加便捷的查档利用服务。组织县直部门及各镇（街）、社区（新村）人员认真学习平台操作，梳理优化从申请受理到档案查找、资料传输全流程，编印操作规范，确保"查档诉求网上办、获取档案就近取"的便捷化目标落到实处。三是组织档案业务培训。利用全县"三提三敢"大讲堂，组织举办档案工作人员培训班。以提高档案整体业务水平为目标，推出分包责任制开展业务指导，不断提升全县档案人员业务素养和实践能力。

提升"软实力"增强服务效能。紧紧抓住基层档案管理底子薄业务弱这一根本，从规范档案收集整理、做好档案安全保管、提升档案管理水平等方面入手，推动各试点单位档案综合服务水平再提升。一是档案规范化引导。下发《关于做好2022年度归档文件整理工作的通知》，督促规范制定"三合一制度"，加大往年"积存"清理力度。主动对接部门服务指导，统一购置档案专用档案盒、库房驱虫药物分发给各试点单位，档案规范化整理水平进一步提升。二是开展档案督查考核。县档案局、档案馆局馆联动，联合督察室，采取"不打招呼、现场督查"的方式，围绕档案组织领导与制度建设、档案管理、档案安全保障等 14 项内容开展督导检查，发现问题及时提醒整改。发挥考核指挥棒作用，把档案信息化及档案管理工作纳入落实全面从严治党主体责任考核，确保各项工作任务落实到位。三是开展档案数字化。按照"存量数字化、增量电子化"的要求，提前谋划开展档案数字化工作，开放目录及时导入"在鲁查档"平台和档案数字化管理系统。树牢档案绝对安全的理念，定期将馆藏档案数据资源备份至省档案容灾备份中心，保证馆藏档案信息安全。

做好"大宣传"。档案信息化提升乡村公共服务试点在于利用"互联网+档案服务"，狠抓档案查询利用平台的应用宣传推广，做好便民服务实现"让数据多跑路，让群众少跑腿"。一是拓宽宣传渠道。综合运用"传统媒体+新媒体""线上+线下"等多种渠道，全方位、多角度开展"在鲁查档"平台宣传，累计发放"平台使用明白纸""平台使用指南" 9 000 份、档案帆布包 500 个、鼠标垫 300 个，设立宣传展板 100 个。利用"东阿档案"公众号、单位工作群、小区业主群、镇街村务监督群、朋友圈广泛宣传，电子屏幕循环播放"鲁小档"短视频，扩大平台应用覆盖面和受众面。二是开展现场教学。通过现场教学的方式，指导窗口工作人员熟练掌握平台使用，明确申请受理、检索查询、馆际传输等全流程工作要求。强化安全保密教育，严格遵守档案工作制度要求。建立东阿县档案信息化工作群，督促协调各镇街及相关部门开展试点工作，及时解答平台使用过程中遇到的各种问题，确保业务人员技术过关、服务过硬。三是选树先进典型。为带动全县档案工作形成比学赶帮超的工作新局面，选出档案基础工作较好的两个镇（街）和两个基层社区（新村）为先进典型，组织全县现场观摩学习，在交流学习中找差距、学经验，不断提升全县档案信息化公共服务水平。

资料来源 常明清. 东阿县：以"档案管理信息化"助力"档案查询一件事"高效办结［EB/OL］.（2024-10-25）［2024-11-12］. https://baijiahao.baidu.com/s?id=1812959629501107659&wfr=spider&for=pc.

11.2.4 机关后勤事务管理

1）机关后勤事务管理的含义

机关后勤事务管理，是指综合办事机构对本机关的物资和日常的工作与生活事务的管理。其基本任务就是合理组织安排财力、物力资源，为机关工作提供必要和充分的物质保障和生活服务。这项活动的主要内容包括：物资管理、财务管理、食堂管理、环境管理、车辆管理、水电管理、医疗卫生管理、幼儿园管理等。

基本任务是合理组织安排财力、物力资源，为机关工作提供必要和充分的物质保障和生活服务。机关后勤事务管理要坚持服务性、强调经济性、注重规范性。

2）机关后勤服务工作的社会化

机关后勤服务社会化是机关后勤体制改革的重要内容，是指机关后勤服务要适应社会主义市场经济的特点和要求，按照市场经济等价交换的原则，根据自身实际和市场价格，合理确定机关后勤服务价格和核算标准，与机关服务对象逐步建立起有偿服务核算关系，打破传统的机关后勤服务模式，建立面向社会的有偿服务竞争机制，从而优化服务功能，提高服务质量，确保机关高效运转的后勤需求。

机关后勤服务的社会化具有以下基本特点：一是机关后勤服务单位的服务社会化。现有机关后勤服务单位脱离机关行政本体后，一方面按照机关后勤管理的要求，搞好机关有偿服务；另一方面面向社会，参与市场竞争，扩大服务范围，服务社会获取经济社会效益，使后勤服务单位成为自主经营、自负盈亏、自我发展和自我约束的商品生产者和经营者。二是机关后勤服务内容社会化，按照双向发展、双向服务、优势互补的方针，机关在确保涉及机关安全、保密、紧急的服务项目之外，积极引进社会专业力量为机关提供高质量、高效率的专业服务，从而逐步实现服务对象的社会化、服务价格的市场化。

机关后勤服务工作并不属于严格意义上的政府职能活动范围，但它是政府职能活动的派生，是以提供物质保障为主要手段，为机关工作和职工生活服务的基础性工作。在"机关办社会"的传统体制下，机关后勤服务部门也在机关行政序列之中。传统的机关后勤工作包括：机关行政经费的管理，围绕机关办公用房和职工住宅的基本建设、修缮及环境美化，为保证机关工作和方便职工生活而提供的必要的服务保障等。在职能转变中，通过服务分配货币化减少后勤管理事项，将服务性较强的如基建、房产、安全保护、环境秩序以及社会性服务的管理事项移交或委托机关服务中心或社会组织去办，这样服务职能就划出后勤行政管理，后勤行政管理职能则主要体现在机关经费管理、机关国有资产的监管以及对机关后勤保障的总体规划、检查监督和机关服务中心主要领导成员的管理上。

3）机关后勤服务社会化的步骤

对于机关后勤服务管理，1993年国务院机构改革方案中将其纳入改革视野。第一步，将后勤服务部门从机关性质序列中划出，改为事业单位，列支事业经费，使后勤服务部门与机关在机构、编制、经费上分开，以为本部门服务为主，实行多种形式的承包经营责任制，独立核算。第二步，经过过渡，在保障机关服务的前提下，实行差额补贴，对机关进行有偿服务。第三步，打破部门分割，走向后勤服务的社会化，使后勤服务部门自收自支，实行企业化管理。从以上的措施可以看出，精简机构并不是一蹴而就的，而是有一个逐步深化和巩固的过程。政府职能明确界定后，将大量的社会性、群众性、服务性的职能进行社会化，就要坚持将执行这些职能的机构进行精简，划出行政序列，转为事业管理或企业化管理，并最终向独立的企业和中介组织转变。因而在机构改革中，政府一个重要的职能是培育中介组织，使之完全承担政府经社会化转出去的那部分职能，防止机构反弹。

机关管理除了以上几项内容之外，还包括接待、信访、印章、保密以及行政经费管理等其他机关事务管理工作。

接待工作是各级机关的综合办事部门为来访者提供服务，并对其提出的要求和问题按有关规定进行妥善处理的过程。接待工作包括针对不同的接待对象及来访目的确定适宜的接待人员和接待规格；明确接待人员的权限范围和行为准则；规定接待工作的经费支出标准等相关制度和内容。

信访工作就是负责处理人民群众的来信、来访工作。人民群众通过给行政机关写信、来访面谈等方式，提出要求，反映情况，或申诉、检举，或表扬、批评国家机关工作人员。信访工作是国家机关发扬民主、体察民情、联系群众的一条重要渠道。

印章和保密工作是综合办事部门的一项重要事务和职责。印章管理和使用是很严肃的事，要严格遵循相关管理制度。保密工作包括文电保密制度、会议保密制度、印信保密制度、通信保密制度、高层领导活动保密制度等内容。它是机关管理工作的内在要求，是党政机关正常运行的正常条件。因此，要严格执行保密法规，做好保密工作。

行政经费管理是指在行政机关工作中对本机关资金的领拨、运用、管理、监督活动。通常包括的具体活动有：一是制订财务计划，编制本机关的预算，对财务计划进行调整。二是组织收入，管理支出，制定和执行费用支出标准，管理资金，部分财产管理等。三是进行财务活动分析，明了收支盈亏的情况；进行财务监督，即借助本机关财务预算、会计核算、分析检查以及审计方式对财务工作本身和机关其他工作进行监督。

价值引领 11-1　　　　　**持之以恒深化节约型机关建设**

党的十八大以来，以习近平同志为核心的党中央高度重视节约型机关建设，明确要求党政机关坚持"过紧日子"、厉行节约反对浪费。

近年来，节约型机关建设持续取得新进展新突破。《节约型机关评价导则》新版国家标准正式发布，机关食堂反食品浪费工作成效评估和通报制度全面实施，制度标准更加健全；全国公物仓应用服务平台上线试运行，大量"沉睡"资产得以盘活再利用；办公用房、办公家具、公务用车、公务接待管理更加细化，机关运行成本得到有力管控；全国低碳日公共机构主题活动、节能宣传周、生活垃圾分类等宣传活动接连不断、氛围浓厚……这些举措促进了党政机关资产资金资源合理配置和节约集约使用、降低了管理和运行成本，推动了高质量发展。

资料来源　李瑛钧. 持之以恒深化节约型机关建设［EB/OL］.（2023-11-29）［2024-11-12］. http：//www.qizhiwang.org.cn/n1/2023/1129/c458108-40128076.html.

感悟　历览前贤国与家，成由勤俭败由奢。创建节约型机关的成效，很大程度上取决于机关工作人员是否养成节约的习惯。广大机关工作人员要积极践行新发展理念，推动机关厉行勤俭节约、反对铺张浪费，倡导"简约适度、绿色低碳"的生活和工作方式，持续深化节约型机关建设，以艰苦奋斗、勤俭节约的作风形象赢得群众支持拥护，凝聚起齐心谱写中国式现代化新篇章的磅礴力量。

11.3　机关管理的现代化

随着科技、经济、社会的高度协调发展，整个行政机关管理的科学化、现代化，已成为发展的必然趋势，是当代社会发展和科学进步的迫切要求。机关管理科学化、现代化的内容是多方面的，而且随着时间的推移和社会的进步，它的内容还在不断地变化和丰富。

1）机关工作人员的现代化

机关管理科学化、现代化的关键是工作人员的现代化。没有现代化的人，就建立不起现代化的机关管理。机关管理现代化的首要标志是思想观念的科学化，这是实现机关管理现代化的前提和基础。机关管理工作涉及整个机关的每个职能部门和每个行政人

拓展学习 11-1

中国式现代化背景下机关事务治理现代化新思考

员，是关系全局的管理问题，并起到信息集散、参谋、咨询、协调、沟通、督促检查、后勤保障等多方面的作用。科学技术和社会经济越发展，对行政机关管理的要求就越高，思想观念就更应科学化。在当今社会，机关管理的思想应与现代化建设的性质、规模和方法相适应，应当充分反映高科技时代机关管理的客观规律。因此，要注意几点：一是要勇于创新，有开拓精神。二是要树立新思想，用现代管理科学指导工作。三是要确立战略、服务、竞争、民主、法治等新观念。现代化的机关工作人员要有全心全意为人民服务的思想，要有信息、效益、改革等现代化观念，要有创造性、敏捷性、系统性等现代思维方式，以及较高的科学文化水平和业务水平等。

2）机构设置的合理化

机关管理现代化从组织上说，就是要使机构设置合理，达到机构精简、职责明确、分工科学、效率较高，并能密切联系群众的目标，这是机关管理现代化的重要内容。过去，由于机关管理事务繁杂，涉及面宽，很多工作都需建立专门机构或由专职人员来承担，形成机构重叠交叉、工作人员众多、办事效率低下的现象。虽然进行过几次机构调整和精简，但收效不是很大。要使机构设置合理化，就要注意两点：一是转变职能，符合精干、高效率的原则。二是合理分工，密切配合，贯彻统一的原则。

总之，要着眼于全局，形成一个功能齐全、结构合理、运转协调、灵活高效的行政管理组织体系。

3）规章制度的完善化

机关管理工作形成了很多规章制度，它们是开展机关工作的依据。要实现机关管理现代化，就必须注重规章制度的完善化，这是现代化机关管理的制度保证。机关的规章制度主要包括办公会制度、公文制度、报告制度、请示制度、审批制度、岗位责任制度以及日常工作制度等。要建立一套能适应改革开放和现代化建设需要的机关工作规章制度，使工作人员做到有法可依、有章可循、依法行政、照章办事，并且各司其职、共同遵守、相互促进、彼此监督，从而提高工作的效率和质量，就要注意以下几点：一是要科学、合理和规范，重在实效。二是将职、权、责、利相统一，缺一不可。三是将责任制、考核制、奖惩制相结合，依法行政。

4）行政技术手段的现代化

每个时代行政技术手段的发展都是由当时的社会生产力决定的，它与社会生产力的发展相适应，并且随着社会生产力的发展而发展。现代社会机关管理工作量越来越大，要求越来越高，先进的技术手段逐渐被运用到机关管理当中。就目前各国来说，正在使用或正在发展着的办公设备包括：文书处理方面有邮件分类机、启封机、装封机、计邮机、打字机、复印机、照相机、扫描仪等；档案管理方面的有微缩胶片摄影机、阅读机等；通信方面的有电话机、电报机、传真机、无线电视、有线电视、手机、光缆通信技术等；统计和计算方面的有收款机、过账机、电子计算器、电子计算机等；记录方面的有录音机、录像机等。这些现代化技术手段的应用，不仅使机关管理省力、省时，而且能正确、迅速地处理与传递信息，加强储存和保密工作，达到成本低、效率高的目的。

5）信息传输的网络化

从本质上来说，行政管理的过程就是信息的生产、收集、储藏、分配、传递和利用的过程。书写文件、报告是产生信息；调查研究、看资料、学文件、反馈是收集信息；分发文件、发通知、布置工作是在分配和传递信息；整理文件资料、分类归档是储藏信息；思考、选择、决策是在利用、整理和制造信息。党政机关、社会团体无时无刻不是在和信息打交道，因此建立和健全现代化信息系统，使信息传输网络化，是机关管理科学化、现代化的重要内容。尤其是像我们这样的大国，幅员辽阔，人口众多，各地经济、政治、文化和社会环境很不平衡，仅靠纸笔、会议、文件是很难及时、准确和长期有效地收集信息的，这就更需要发展电子计算机通信网络技术，使我国建立起现代化的信息系统。

6）管理程序的系统化

管理程序的系统化是根据系统的原则，综合规定处理行政事务活动的例行步骤和方法，也就是运用科学的方法分析和规定完成某种常规工作的一整套准确方式，以实现行政管理工作的和谐、稳定、高效、标准，这是机关管理现代化的要求之一。管理程序系统化，主要包括计划程序、组织程序、决策程序、执行程序、控制程序、公文程序、会议程序、反馈程序等方面的系统化。管理程序的系统化要注意以下几点：一是程序要合理，化繁就简。二是程序必须明确具体，有操作性。三是程序要注意整体性、系统性。

任务实施与评价

◉ 任务实施

【背景资料1】

中华人民共和国国务院令

第 783 号

《公平竞争审查条例》已经 2024 年 5 月 11 日国务院第 32 次常务会议通过，现予公布，自 2024 年 8 月 1 日起施行。

总　理　李　强

2024 年 6 月 6 日

【背景资料2】

中共中央　国务院
关于表彰全国民族团结进步模范集体和模范个人的决定

（2024 年 9 月 27 日）

民族团结进步事业是实现中华民族伟大复兴的基础性事业。党的十八大以来，以习近平同志为核心的党中央团结带领全国各族人民，统筹推进"五位一体"总体布局，协调推进"四个全面"战略布局，党和国家事业取得历史性成就、发生历史性变革，谱写了中华民族一家亲、同心共筑中国梦的壮美新篇章。各族人民积极投身全面建设社会主义现代化国家的伟大实践，涌现出一大批坚持以铸牢中华民族共同体意识为主线，为我国民族团结进步事业作出突出贡献的模范集体和模范个人。为表彰先进、树立典型，促进各民族共同团结奋斗、共同繁荣发展，党中央、国务院决定授予

352个集体"全国民族团结进步模范集体"称号，授予368名个人"全国民族团结进步模范个人"称号。

希望受表彰的模范集体和模范个人，珍惜荣誉、再接再厉，继续发挥模范带头作用，引领各族人民坚定对伟大祖国、中华民族、中华文化、中国共产党、中国特色社会主义的高度认同，团结奋进新征程、积极建功新时代，为我国民族团结进步事业作出新的更大贡献。

党中央号召，全国各族人民要以受表彰的模范集体和模范个人为榜样，深入学习贯彻习近平新时代中国特色社会主义思想，深刻领悟"两个确立"的决定性意义，增强"四个意识"、坚定"四个自信"、做到"两个维护"，高举中华民族大团结旗帜，牢固树立休戚与共、荣辱与共、生死与共、命运与共的共同体理念，自觉做国家统一、民族团结和社会稳定的维护者，做各民族交往交流交融的促进者，做铸牢中华民族共同体意识的践行者，为以中国式现代化全面推进强国建设、民族复兴伟业而努力奋斗！

附件：1."全国民族团结进步模范集体"名单

2."全国民族团结进步模范个人"名单

【背景资料3】

国务院办公厅关于进一步支持大学生创新创业的指导意见[①]

国办发〔2021〕35号

各省、自治区、直辖市人民政府，国务院各部委、各直属机构：

纵深推进大众创业、万众创新是深入实施创新驱动发展战略的重要支撑，大学生是大众创业、万众创新的生力军，支持大学生创新创业具有重要意义。近年来，越来越多的大学生投身创新创业实践，但也面临融资难、经验少、服务不到位等问题。为提升大学生创新创业能力、增强创新活力，进一步支持大学生创新创业，经国务院同意，现提出以下意见。

一、总体要求

以习近平新时代中国特色社会主义思想为指导，深入贯彻落实党的十九大和十九届二中、三中、四中、五中全会精神，全面贯彻党的教育方针，落实立德树人根本任务，立足新发展阶段、贯彻新发展理念、构建新发展格局，坚持创新引领创业、创业带动就业，支持在校大学生提升创新创业能力，支持高校毕业生创业就业，提升人力资源素质，促进大学生全面发展，实现大学生更加充分更高质量就业。

二、提升大学生创新创业能力

（一）将创新创业教育贯穿人才培养全过程。（教育部牵头，人力资源社会保障部等按职责分工负责）

（二）提升教师创新创业教育教学能力。（教育部牵头，人力资源社会保障部等按职责分工负责）

（三）加强大学生创新创业培训。（人力资源社会保障部、教育部等按职责分工负责）

① 限于篇幅，此处只摘录文件要点，特此说明。

三、优化大学生创新创业环境

（四）降低大学生创新创业门槛。（科技部、教育部、市场监管总局等和地方各级人民政府按职责分工负责）

（五）便利化服务大学生创新创业。（科技部、发展改革委、教育部、国资委等按职责分工负责）

（六）落实大学生创新创业保障政策。（人力资源社会保障部、教育部、财政部、民政部、医保局等和地方各级人民政府按职责分工负责）

四、加强大学生创新创业服务平台建设

（七）建强高校创新创业实践平台。（教育部、科技部、人力资源社会保障部等按职责分工负责）

（八）提升大众创业、万众创新示范基地带动作用。（发展改革委、教育部、科技部、国资委等按职责分工负责）

五、推动落实大学生创新创业财税扶持政策

（九）继续加大对高校创新创业教育的支持力度。（财政部、教育部等按职责分工负责）

（十）落实落细减税降费政策。（财政部、税务总局等按职责分工负责）

六、加强对大学生创新创业的金融政策支持

（十一）落实普惠金融政策。（财政部、人力资源社会保障部、人民银行、银保监会等按职责分工负责）

（十二）引导社会资本支持大学生创新创业。（发展改革委、财政部、税务总局、证监会等按职责分工负责）

七、促进大学生创新创业成果转化

（十三）完善成果转化机制。（科技部、教育部、知识产权局等按职责分工负责）

（十四）强化成果转化服务。（教育部、科技部、发展改革委、财政部、国资委、税务总局等按职责分工负责）

八、办好中国国际"互联网+"大学生创新创业大赛

（十五）完善大赛可持续发展机制。（教育部、国资委、证监会、建设银行等按职责分工负责）

（十六）打造创新创业大赛品牌。（教育部等按职责分工负责）

九、加强大学生创新创业信息服务

（十七）建立大学生创新创业信息服务平台。（教育部、发展改革委、人力资源社会保障部等按职责分工负责）

（十八）加强宣传引导。（教育部、中央宣传部牵头，地方各级人民政府、各有关部门按职责分工负责）

国务院办公厅

2021 年 9 月 22 日

【背景资料4】

索引号： 000014349/2024-00042　　　主题分类： 公安、安全、司法\司法

发文机关： 国务院办公厅　　　　　　成文日期： 2024年05月06日

标　　题： 国务院办公厅关于印发《国务院2024年度立法工作计划》的通知

发文字号： 国办发〔2024〕23号　　　发布日期： 2024年05月09日

国务院办公厅关于印发

《国务院2024年度立法工作计划》的通知

国办发〔2024〕23号

各省、自治区、直辖市人民政府，国务院各部委、各直属机构：

　　《国务院2024年度立法工作计划》已经党中央、国务院同意，现印发给你们，请认真贯彻执行。

国务院办公厅

2024年5月6日

　　要求：结合背景资料，运用所学知识，完成表11-3中的任务。

表11-3　　　　　　　　　　　**任务分析表**

任务类型	任务内容	内容要求
分析背景资料中的四份公文属于通用公文还是专用公文	（1）分析四份公文各属于通用公文还是专用公文	运用行政公文的含义和种类的知识进行分析。理论运用准确，表述正确
	（2）分别说出通用公文和专用公文的含义	
分析"命令""决定""意见"的异同	（1）分析"命令""决定""意见"的适用性	结合背景资料1和2，运用命令与决定的相关知识进行分析。理论运用准确，内容正确
	（2）分析"命令""决定""意见"的异同	
	（3）分析"意见"与"决定"的异同	
分析背景资料3的"意见"的功效	结合大学生和自己的实际，从能力提升、环境优化、财税金融政策支持等方面分析"意见"的意义和作用	联系实际，真实反馈"意见"的功效。观点正确，内容具体
分析"通知"与"通告"的异同，说明"通知"格式的特点	（1）找出"通知"与"通告"各自的要点	运用"通知"与"通告"的知识进行分析。理论运用准确，搜索信息来自官方网站，分析正确
	（2）比较两者的区别	
	（3）搜索"通知"的格式要求，说明其格式的规范性	
分析四份公文发文的程序和存档要求	（1）说明四份公文发文的程序	运用公文和档案管理理论分析问题 理论运用准确，分析正确
	（2）查找四份公文存档类目	
	（3）确定其存档期限	
	（4）确定其存档地点	

● **任务评价**

　　任务评价见表11-4。

表 11-4　　　　　　　　　　　　任务评价表

评价项目	评价要点	权重（%）	自评	师评
说出四份公文是通用公文还是专用公文（5分）	（1）能够准确说出公文是通用公文还是专用公文	2		
	（2）能够准确说出通用公文和专用公文的含义	3		
说出"命令""决定""意见"的异同（30分）	（1）能够准确说出三者各自的适用性	10		
	（2）能够准确说出"命令"与"决定"在适用范围、适用对象和功能等方面的异同	10		
	（3）能够准确说出"意见"与"决定"在适用范围、适用对象和功能等方面的异同。	10		
说出背景资料3的"意见"的功效（15分）	能够从能力提升、环境优化、财税金融政策支持三个方面分析"意见"对大学生创新创业的指导、激励和推动作用。	15		
说出"通知"与"通告"的异同，说明"通知"格式的特点（30分）	（1）能够准确说出"通知"和"通告"各自的要点	10		
	（2）能够准确比较两者的区别	10		
	（3）能够准确搜索"通知"的格式要求，说明其格式的规范性。	10		
说出四份公文发文的程序和存档要求（20分）	（1）能够准确说出四份公文发文的程序	5		
	（2）能够准确说出四份公文存档的类目	5		
	（3）能够准确说出其存档的期限	5		
	（4）能够准确说出其存档的地点	5		
总分		100		

任务测试与应用

◉ 任务测试

1.选择题（将正确的选项填在括号内）

1.1　单选题

（1）下列关于机关管理说法错误的是（　　）。

A.服务好坏是衡量机关管理活动质量的一个最主要、最基本的标志

随堂测验 11-1

任务 11

B.机关管理的综合性特点，要求工作人员在管理实践中务必注意从机关的整体角度出发来考虑和处理各种问题

C.机关管理工作直接行使国家权力

D.任何行政机关、综合部门的工作一般都关系该机关工作的全局

（2）涉及若干单位和若干方面，有关部门就有必要一起开会讨论，协商解决问题，这需要召开的会议是（　　　）。

A.专题会议　　　　B.联席会议　　　　C.座谈会　　　　D.紧急会议

（3）适用于公布重要决定或者重大事项的是（　　　）。

A.公报　　　　　　B.公告　　　　　　C.通告　　　　　D.通知

（4）下列关于机关后勤事务管理说法错误的是（　　　）。

A.机关后勤事务管理要坚持服务性、强调规范性、注重经济性

B.机关后勤服务社会化是机关后勤体制改革的重要内容

C.基本任务就是合理组织安排财力、物力资源，为机关工作提供必要和充分的物质保障和生活服务

D.机关后勤服务工作是政府职能活动的派生

（5）为了解决档案的零乱状态与系统查找的矛盾，使整理出的档案能够反映历史活动的真实面貌，便于保管和利用，需要进行的工作有（　　　）。

A.档案收集工作　　　　　　　　　B.档案整理工作

C.档案保管工作　　　　　　　　　D.档案的编目和利用工作

1.2　多选题

（1）机关管理的现代化包括（　　　）。

A.机关工作人员的现代化　　　　　B.机构设置的合理化

C.规章制度的完善化　　　　　　　D.行政技术手段的现代化

（2）会议管理的原则有（　　　）。

A.控制会议数量、规模和时间　　　B.保证会议质量

C.注重会议成本核算　　　　　　　D.注重会议人员岗位层级

（3）机关管理的任务包括（　　　）。

A.协助单位领导掌握本单位各方面的工作情况，搜集、汇总有关信息资料

B.制定工作目标和计划，提出实现工作目标和计划的措施

C.协助领导进行工作指挥，承上启下，沟通渠道

D.搞好经费管理、后勤服务（不包括工作必要条件和环境）

（4）下列关于机关管理特点说法正确的是（　　　）。

A.机关管理工作有很强的时间性

B.机关管理的综合性是指其管理对象广泛

C.机关管理一方面要为行政领导服务，另一方面要为本机关各部门服务

D.机关管理的事务性特点，要求工作人员在管理实践中务必注意从机关的整体角度出发来考虑和处理各种问题

（5）公文管理的基本任务就是（　　　）地创制、加工、传递、保管、处置公文，为

公务活动提供适用的信息。

A.及时　　　　　　　B.准确　　　　　　　C.快速　　　　　　　D.有效

2.判断题（在题后的括号内打"√"或"×"）

（1）机关管理现代化的首要标志是思想观念的科学化，这是实现机关管理现代化的前提和基础。（　　）

（2）机关会议管理的核心是提高会议效率和会议质量。（　　）

（3）任何行政机关、综合部门的工作一般都关系该机关工作的全局。（　　）

（4）搞好机关管理工作，能使各机关之间关系融洽、信息畅通，体现的是枢纽作用。（　　）

（5）档案管理的基本要求是维护档案的完整与安全。（　　）

3.简答题

（1）什么是机关管理？机关管理有什么特征？

（2）机关管理的任务包括哪些方面？

（3）机关管理现代化包括哪些内容？

（4）会议管理包括哪些内容？

◉ 技能应用

【案例分析】

"高效"与"办成"是政务服务的底层逻辑

治国有常，利民为本。近年来，"优化政务服务、提升行政效能"成为各级政府的工作重点之一。从上海的"一网通办"到北京的"接诉即办"，从浙江的"最多跑一次"到山东济南的"12345市民服务热线"，都在聚焦突出问题，注重顶层设计，加强协同配合，追求细微创新，效果明显，不仅极大便利了当地民众与企业，还成为当地的政务服务品牌，引发系列的改革创新。在治理体系与治理能力现代化的范畴，整体有所推进。

对民众来说，"高效办成一件事"，就意味着要尽可能提升办事效率，节省办事时间，减少办事成本，相关环节的手续与材料，能少则少，能省则省，节奏要快，效率要高，关键在于"办成"。这些事情，不管是快速办理，联合办理，还是重点办理，总之都要"高效"，不要拖拖拉拉，不要拖泥带水，服务的"颗粒度"，服务的"品质感"，直接关系着民众的满意度、获得感与幸福感。

资料来源　高明勇."高效"与"办成"是政务服务的底层逻辑［EB/OL］．（2024-01-09）［2024-12-25］．https://www.gov.cn/zhengce/202401/content_6925085.htm.

问题：从案例中你得到哪些信息？

分析提示：从机关管理的视角考虑问题。

【实践训练】

如果某省某局要召开全局系统的表彰大会，请你先草拟一份会议通知（应包括开会的目的、时间、地点、参加人员等），再从一名会务管理人员的角度拿出一套具体的会议管理方案。

要求：在安排会议管理的具体内容时，要考虑会议管理的原则。

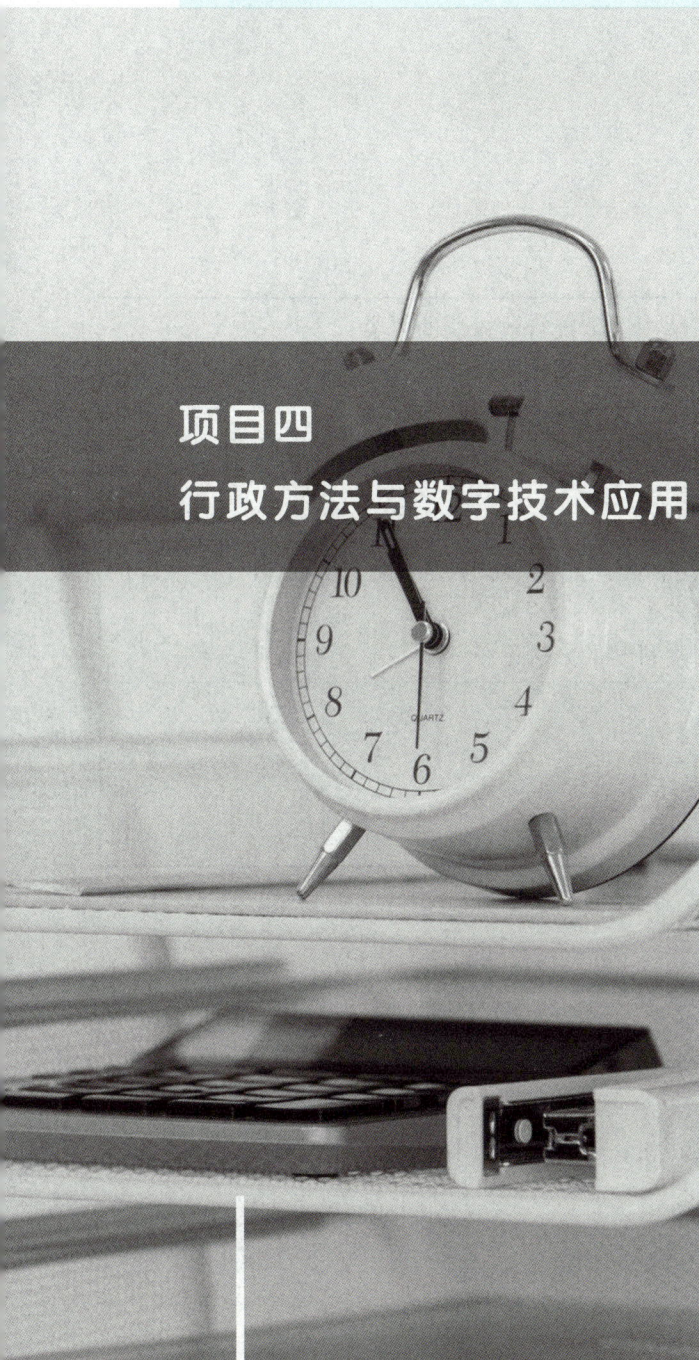

项目四
行政方法与数字技术应用

4

任务 12　行政方法应用

任务要求

● **任务目标**	**知识目标**	·了解中国传统行政方法的内容 ·理解基本行政手段 ·掌握现代行政方法与技术
	技能目标	能够运用现代行政方法与技术分析解决行政管理的实际问题
	素质目标	·增强综合运用系统方法、质量方法和行政手段的素养 ·树立科学的方法论
● **任务重点**		·行政方法认知 ·基本行政方法 ·中国传统行政方法 ·现代行政方法与技术

知识导图12-1

行政方法应用

引例	维护市场秩序、加强法律制度供给 山东优化法治营商环境

高质量发展是全面建设社会主义现代化国家的首要任务。推进高质量发展，离不开法治护航。山东省政法机关深入学习贯彻习近平法治思想，牢记习近平总书记"法治是最好的营商环境"的重要论断，围绕国家重大发展战略和全省工作大局，着力打造稳定公平透明、可预期的法治化营商环境。

持续加大法规制度供给，省委政法委出台了《关于优化法治营商环境护航绿色低碳高质量发展先行区建设的意见》，推动政法各单位创新完善执法司法制度体系，全面提升法治化服务保障能力和营商环境法治化水平。省法院联合多部门出台《关于建立企业破产处置府院联动机制助力优化营商环境的意见》，在省级层面全面建立府院联动机制；出台20条意见，为"一带一路"、上合示范区和自由贸易试验区建设提供司法保障。省检察院出台保驾护航新旧动能转换、服务保障优化营商环境、加强新时代生态环境司法保护等10个规范性文件。省公安厅出台服务保障重大项目12条措施，强化重大项目建设全周期、全要素、全链条保护。省司法厅推动出台《关于严格依法办事优化法治营商环境的意见》《关于持续优化法治化营商环境的意见》，推动出台大数据发展促进条例、知识产权保护和促进条例、税收保障条例等法规规章。

持续加大法治保障力度，聚焦维护市场经济秩序，依法严惩破坏市场经济秩序的各类犯罪，促进企业依法公平参与市场竞争。聚焦知识产权保护，围绕侵权假冒、侵犯商业秘密等行为开展重点打击。聚焦企业破产重整，建立破产处置府院联动定期会商协调机制，完善破产案件财产解封及处置制度，加强破产重整、和解、救治力度。聚焦助企纾困，开展拖欠民营企业中小企业账款案件专项清理。在全国率先建立行政复议通报、复议决定履行监督制度。

持续优化法治服务水平，加强法治环境工作协调。省优化法治环境工作协调机制召开两次专题会议，组织推动各相关部门切实把优化法治环境摆在更加重要的位置，着力提升执法司法质效和公信力。政法机关领导班子成员深入基层、企业开展走访调研，协调解决存在的困难问题。深化"放管服"改革。推进"无证明之省"建设，推动减证便民向无证利民转型升级。省司法厅向济南、青岛、烟台3市和6个功能区委托下放8项省级权力事项，公布了省级13项行政许可事项清单。强化企业内部安全监管。制定出台《警务室建设运行规范》，加强警务室警力配备。组织开展爆炸危险物品安全监管"瞪视行动"，不间断排查整治易爆物品安全问题隐患。组织政法干警进项目、进企业，共收集企业诉求1 035件，调解涉企矛盾纠纷340余起。深化数字法治系统建设应用。加大政法机关大数据办案平台建设应用力度，提高执法办案水平。法院建成实时在线的"24小时法院"，全省20%的网上立案登记在8小时工作时间以内完成，25类常见民事诉状在网上智能生成。公安机关实现公章刻制备案全程网办。开辟网上人才"服务专区"，实现人才户口迁移"跨省通办""全省通办"等"一站式"服务，已累计服务6.1万人次。检察机关构建应用大数据法律监督模型，在"四大检察"业务领域，发现1.6万余件类案法律监督线索，形成社会治理成果130个。优化公共法律服务。聚焦服务黄河流域生态保护和高质量发展、新旧动能转换等重大战略，司法行政机关组建党员律师法律服务团队 730 余支，提供法律咨询 58 万余人次。联合省住房城乡建设厅成立山东省建筑业企业出省发展"网上法律服务站"，为企业提供管家式服务。开通山东律师惠企服务平台，开展"千名律师进企业"公益法律服务活动。

资料来源　高于. 维护市场秩序、加强法律制度供给 山东优化法治营商环境 [EB/OL]. （2023-06-19）[2024-11-12]. http://news.iqilu.com/shandong/yuanchuang/2023/0619/5452457.shtml.

这一案例表明：运用法治手段为经营主体保驾护航，既是企业所盼，也是法治化营商环境建设的根本要求。

知识准备

12.1　行政方法认知

课程动画 12-1

行政方法应用

　　从事任何工作，都需要讲方法和技术，行政管理也不例外。随着知识经济和信息社会的到来，行政管理的职业化和专业化倾向越来越明显。这就要求行政管理学继承传统的行政方法，借鉴现代的管理技术，形成一套自成体系的行政方法。有了科学的方法与技术手段，才能保障行政管理效能的提高。

1）行政方法的含义

　　行政方法，是指国家行政机关及其工作人员为履行行政职能，实现行政目标，遵循一定的规律和原则而采用的各种方式、手段、措施和技巧的总称。行政方法是行政系统的一个重要组成部分，它一方面要依靠行政机关、行政人员在行政管理实践中不断总结、积累经验，继承和汲取本国传统和国外行政管理方法的精华；另一方面也有赖于对现代学科的理论予以补充、丰富、改进和完善。不同的行政方法其作用也不同，各有利弊。行政方法的运用还受管理主体的知识、能力、情感等的制约，受管理对象的性质、特点、范围以及管理过程的时空等因素的制约。所以，即使同一方法，作用于不同对象时效果也可能差别很大。

2）行政方法的作用

　　（1）行政方法是履行行政职能的重要环节。任何行政管理过程都包括决策、计划、组织、指挥、协调、控制等多项功能，每一项功能的实现都需佐以相应的方法。决策时有决策树法、头脑风暴法等，拟订计划时可以运用投入产出分析法等，协调时可采用思想教育诱导、物质行为激励等方法，控制时可采用预算控制、审计控制、反馈控制等方法。运用恰当的行政方法才能实现预期的行政管理功能。

　　（2）行政方法是实现行政目标的手段。正确的目标是行政管理工作的终极取向，没有相应的方法，就等于没有过河的桥梁和船只。有了科学正确的行政方法，才不会在遇到障碍时束手无策，才能相机行事，履行各项管理职能，顺利实现目标。因此，作为行政领导者，在确定目标、拟订计划、布置行政任务时，必须相应考虑和研究完成任务是否有切实可行的方法，在可能的情况下给予下级必要的指导。同样，任何行政工作人员在接受任务开展工作时，都必须因地、因情制宜，认真研究在现有的客观条件下，应采用何种方法才能最快、最优实现目标。

（3）行政方法是提高行政效率的关键。行政效率是行政管理的生命和最后归宿。影响行政效率的因素很多，如行政机构的设置、体制的编排、人员的匹配、法制的保障、财务的把关等，任何一个环节都涉及相应行政方法的运用。而且现代管理实践也证明，唯有科学的方法、有效的管理，才能在同等环境条件下以最小的投入实现最大的产出，才能使科技真正转化为生产力。行政效率提高的关键在于方法的科学化和现代化。

12.2　基本行政方法

政府管理常用的基本方法包括三种，即行政手段、法律手段、经济手段，其作用各有利弊，各有特色，需配合使用。

12.2.1　行政手段

1）行政手段的含义

行政手段是普遍使用的一种方法，是指政府凭借政权力量，依靠从上到下的行政组织制定颁布政策、指令、计划，来实现国家对行政工作的领导、组织和管理的目的，具有控制、制约、调整、协调社会各地区、各部门行政管理工作的方向，保证行政执行的集中统一，实现国家、社会所期望达到的管理目标的功能。

同法律手段相比，行政手段有简便、灵活的特点，能迅速、有效地处理各种新情况、新问题，具有一定的弹性；与经济手段相比，行政手段具有无偿性的特征，上级可根据管理工作的需要，无偿调拨使用下级的人、财、物、技术，不必考虑价值补偿问题；与思想教育手段相比，行政手段更能直接、迅速、有力地贯彻上级的方针、政策，有助于组织内部统一目标、意志、行动，有效控制全局，时效性强。但行政手段不利于发挥下级的积极性、主动性和创造性。另外，纵向层级信息传递迟缓，易失真，横向沟通困难。因此，运用行政手段必须尊重客观规律，兼顾客体需要，遵循逐级负责的原则，在权限范围之内，控制其使用范围，高度注意操作技巧，避免长官意志和主观随意性，力求精简而高效。

2）行政手段的种类

（1）行政命令手段。这是凭借国家政权的权威和权力，主要通过发布命令、指示等形式，由上级按纵向垂直的行政隶属关系，直接调节和控制下级的有关活动，带有强制性。

（2）行政引导手段。它是指上级对下级的经济活动的控制，不采用命令的方式，而是采用指明方向的方法加以引导，进行说服规劝。这种引导手段在一定条件下将取代行政命令手段，并日益显示出在行政手段中的重要性。

（3）行政信息手段。这一手段的主要特征是，虽然上级对下级的有关活动存在需要加以调控的必要，但既不采用行政命令的方式，也不采取说服、引导的方式，而是通过各种信息渠道和工具，提示下级在有关活动中应按照上级意图自行抉择，从而起到宏观调控的某种目的。这种方式将突破行政手段纵向联系的典型运用方式，向横向联系方面发展。

（4）行政咨询服务手段。这是指行政系统的上下级之间或地方政府之间，就有关活动的某些疑难问题提供咨询服务，如提出可行性论证的建议，对重大工程项目提出关键性的个性意见，从而提高活动的科学性、可行性和完善程度，实际上就是达到了行政咨询的预期目的。这也是值得提倡与发展的行政手段。

12.2.2 法律手段

1）法律手段的含义

法律手段是依法治国、行政的工具，是行政机关以法律为武器，根据法律手段的规律、程序和特点实施行政管理的方法。

法律手段是行政管理中运用其他方法的基础、前提和保障，为行政活动提供基本的规范程序。它调节各种管理要素之间的关系，使行政管理的各个方面都纳入法治化轨道，有助于行政管理的集中统一，保证行政管理工作和社会生活的秩序。法律手段的权威性、强制性使人们自觉抑制、摒弃不合法的思想和行为，提高行政管理的效率。但法律手段的规范性、稳定性，使其缺乏处理特殊问题的弹性和灵活性，对管理系统的发展可能会起阻碍作用。运用法律手段不仅要健全法制，做到有法可依，而且要严格执法、违法必究，同时要与其他方法结合使用，以扬长避短，发挥应有效能。

2）法律手段的分类

（1）行政决定。它是指行政机关及其公务员经法定程序依法对相对人的权利义务作单方面处分的行为。其特点是：具有强制性和单方性；直接处分相对人的权利和义务，须依法定程序，通常不能及时作出。其具体形式表现为行政许可、行政奖励、行政命令和行政处罚四种。

（2）行政检查。它是指国家行政机关依法对相对人是否遵守法律、法规和具体行政决定所进行的能够间接影响相对人权利和义务的检查、了解行为。它具有义务性、限制性和单方自主性的特点。

（3）行政处置。它是指国家行政机关及其公务员在国家安全受到威胁、社会公共利益受到危害的紧急状态出现或将要发生的情况下，临时采取特别行政命令、特殊强制措施的行为。

（4）行政强制执行。它是指特定行政机关采取强制手段保障法律、法规和行政决定得到贯彻落实的一种执法行为，旨在确保实现法律、法规或行政决定所要求达到的行政管理的目的和状态。

价值引领 12-1　　　　　　　　　　**加强生态环境司法保护，共促生态文明建设**

良好生态环境是最公平的公共产品，是最普惠的民生福祉。"蓝天碧水净土"，是人民群众向往美好生活中不可或缺的部分，大力加强生态环境保护，加快建设美丽中国，既是民之所向，亦是习近平生态文明思想的生动实践。

法治在生态环境保护中发挥着不可替代的作用。习近平总书记在 2023 年 7 月召开的全国生态环境保护大会上强调，要始终坚持用最严格制度最严密法治保护生态环境。这就要求司法机关要牢固树立和践行"绿水青山就是金山银山"的理念，主动延伸司法职能，积极承担用司法促进实现绿色发展的政治责任，加快推进人与自然和谐共生的现代化。

一是推进诉源治理，增强环保意识。诉源治理是将矛盾纠纷在未形成诉讼之前进行化解，这样不仅有利于缓和矛盾双方关系，维护社会稳定，还有利于减轻诉累和诉讼成本。生态环境司法保护诉源治理可从两个方面出发：一方面，加强环境资源保护的普法宣传，通过发布典型案例、在重点保护区普法、开设微课堂、演好小剧场等方式，提醒群众哪些行为会危害生态环境，共同保护美丽家园；另一方面，当环境资源类纠纷发生时，司法机关应向前一步，加强司法能动性，将矛盾纠纷化解在基层。

二是加强协同共治，形成联动机制。生态环境司法保护从来都不是法院的单打独斗，需要进一步深化生态环境领域司法行政协同共治。建立行政、检察、侦查与司法机关之间环境资源民刑案件的衔接机制，完善常态化信息沟通交流制度，推动环境修复执行协作配合，形成环境资源保护合力，营造保护环境的法治化社会氛围，持续推动生态环境保护工作再上新台阶。

三是加深区域司法协同，发挥辐射带动作用。中国地大物博，山川湖泊河流众多，生态环境保护应树立"大保护"理念，在生态系统中注意不同生物体间的相互作用和依存关系，保护生物链不被破坏，这就要求我们形成跨区域司法协作模式，由点连线，以线带面，加强跨区域法院的沟通交流，搭建区域性环境资源审判交流平台，形成坚实的生态环境司法保护网。努力形成可借鉴、可复制的模式经验，起到示范引领作用，积极推进生态环境资源综合治理。

资料来源　左尚昆. 加强生态环境司法保护，共促生态文明建设 [EB/OL]. (2024-10-11) [2024-11-12]. https://fsqfy.bjcourt.gov.cn/article/detail/2024/10/id/8147254.shtml.

感悟：党的二十大报告指出，"像保护眼睛一样保护自然和生态环境"。司法机关要坚持不懈做好生态环境司法保护，为推进生态文明建设提供精准高效的司法服务和保障，切实用司法力量筑起保护环境资源的钢铁长城。

12.2.3　经济手段

经济手段是行政主体根据客观经济规律，运用价格、信贷、利率、税收、工资、经济合同等经济杠杆和方式，通过调整经济利益关系而实施管理的方法。经济手段是政府管理和规范市场经济的主要方法，是通过利益诱导进行间接管理的方法。在社会主义市场经济条件下，要通过市场机制引导企业和其他经济组织，使它们的活动大体上符合整个宏观经济发展的目标。

政府的经济管理方法应因情、因地制宜。由于以物质利益为基础，物价调整、利率升降、税收调控等经济手段能充分、有效地调动组织和个人的积极性和主动性，促进横向组织间的沟通、联系与合作，但它不能解决人们的精神和社会需求问题，作用领域主要限制在经济领域，如果运用不当，还可能对人们的思想产生消极影响。因而，运用经济手段必须符合客观经济规律的要求，坚持按劳取酬，正确处理各种利益关系，兼顾效率与公平。经济手段特别要与思想教育手段相结合，物质、精神两不偏废，加强对全体公民的社会公德和责任心的教育。

12.3　中国传统行政方法

传统的行政管理技术方法是指中国共产党和中国政府在长期实践中，运用马克思主义世界观和方法论解决中国实际问题过程中逐渐总结和不断完善的一系列行政管理方法，是相对于体现了最新科学技术成果的新型现代技术方法而言的。今天，传统方法仍不失为现代行政管理中的一种重要方法，具有很高的科学价值。

12.3.1　认识问题的传统方法

1）"开诸葛亮会"的方法

这是组织专家、学者、内行进行研讨调查的方法。这种开调查会的方法是我国最常用、简单易行、行之有效的调查研究方法。这种方法的突出特点是开调查会，关键在于确定调查提纲和调查对象，同时会议的氛围是民主的、自由的，畅所欲言，知无不言，言无不尽，保证获取真实的、全面的信息。

2）"解剖麻雀"的方法

这是对典型案例进行全面、深入细致的分析研究的方法。为掌握总体性的情况和规律，往往需要进行全面的调查研究，但是，这么做要花费大量的人力、财力和物力，尤其是在时间紧、任务急的情况下，不可能抽出大量时间进行全面的调查研究。这时，可以恰当地选择个别典型的、有代表性的地区、人物或单位进行具体的调查研究和分析，并由这些具有代表性、典型性的事例所得到的调查结果去推知总体情况，这就是"解剖麻雀"的方法。这种方法既简便灵活，又具有鲜明特色，易于产生良好的效果。

3）"走马观花与下马观花"的方法

这是全面普查与重点调查相结合的调查研究方法。"走马观花"是通过对面上的情况进行浏览式的普查，以求在宏观上对总体有个较全面的认识；"下马观花"则是对重点单位进行深入调查研究，以期在微观上对个别事物有较深刻的认识，以便从中寻求具有典型性的一般规律，这有助于对总体情况的把握。如果将两种方法有机地结合起来，则可取长补短，相得益彰。

4）"透过现象看本质"的方法

这是对调查结果进行定性分析，把感性认识上升为理性认识，以求准确地把握问题的实质与要害。这种方法的关键在于，透过能体现事物本质的现象，去寻求寓于表面现象的规律、特点和本质。

12.3.2　解决问题的传统方法

1）"蹲点种试验田"的方法

这是深入下层有代表性的单位，总结、推行先进经验，然后加以推广的方法。这种方法相当于新产品开发中的实验室研制和小试阶段所做的工作。领导者在确定了目标和实施方案之后，为了取得达到目标的操作规程和实施方案的具体经验，须深入基层进行"小型实验"，然后再将局部实验中所获得的经验加以推广。

拓展学习12-1

焦裕禄以创新的思路拟制方案

2）"抓主要矛盾"的方法

这是以中心关键环节为突破口，全力以赴予以解决，再解决其他次要环节问题、次要矛盾的方法。这种方法主要是抓住关键问题和关键环节，然后把工作重点放在解决主要矛盾上，分清主次，逐个解决。

3）"弹钢琴"的方法

这是围绕中心问题进行统筹兼顾、系统安排、协调配套地解决问题的方法。这种方法既要抓紧中心工作，又不能放松其他方面的工作，犹如十个指头弹钢琴，有的弹击重要音键敲响清脆的主旋律，有的轻点辅助音键奏出圆润的谐音。

12.3.3　思想教育的传统方法

1）"抓两头带中间"的方法

这种方法就是通过鼓励、宣传先进，鞭策、转化后进，来造成"两面夹攻"的局面，以促进整体系统的全面改观与发展。

2）"树标兵，评先进"的方法

这是用典型示范、榜样影响来推动一般、带动全局的方法。这种方法的关键在于确定标兵和先进的典型。

3）"谈心–交心"的方法

这是通过开诚布公、推心置腹的交谈来沟通思想、交换意见、融洽关系的方法。

12.4　现代行政方法与技术

现代行政方法是指以辩证唯物主义为指导，以现代数学方法（如运筹学等）、系统论、控制论、信息论、管理科学、经济学、财会学、社会学、心理学、计算机科学等为基础而形成的一整套政府管理的技巧和方法。现代行政方法同传统的工作方法相比具有以下特点：

（1）技术性。现代行政方法包含的技术内容和成分越来越多、越广，不仅有现代社会科学技术，如民意测验（盖洛普）、网络规划技术等，而且还有大量的现代自然科学技术，如自动化技术、信息技术等。

（2）系统性。现代行政方法是由许多相互关联配套的方法构成的技术方法，可运用于行政管理全过程中的各个阶段。各项技术方法之间具有制约关系，互为补充，互为条件。现代行政方法要求把行政对象当作一个有机的、动态的整体来研究设计和选择技术方法。

（3）量化性。数学的发展，特别是电子计算机的广泛应用，促进了行政方法从定性分析到定性和定量分析相结合的转变。定量分析空前发展，行政目标、公务员职责、行政信息处理等都离不开量化分析。

（4）主导性。现代行政方法与现代心理学、社会学、行为科学等融合在一起，极为重视调节人际关系和充分发挥人的主导性作用。

12.4.1 系统方法

1) 系统方法的含义

系统方法是按照系统科学的观点和理论，把研究对象视为系统来解决认识和实践中的各种问题的方法的总称。系统方法要求人们把研究对象看作一个整体，把事物的普遍联系和永恒运动看成一个总体过程，全面地把握和控制对象，综合地探索系统中要素与要素、要素与系统、系统与环境、系统与系统的相互作用和变化规律，把握住对象内环境与外环境的关系，以便有效地认识和改造对象。这种方法经历了从哲学到科学、从定性到定量的过渡，它是在现代科学，特别是系统论和控制论得到发展时建立的。其根本特征在于从系统的整体性出发，把分析与综合、分解与协调、定性与定量研究结合起来，精确处理部分与整体的辩证关系，科学地把握系统，达到整体优化。

行政管理学的系统方法是从系统工程中移植过来的系统分析的一部分，是根据行政对象所具有的客观系统特征，从整体出发，着眼于整体与部分、层次、结构、环境等的相互联系、相互作用，求得优化整体目标的综合方法。

2) 系统方法的基本原则

（1）整体性原则。系统方法的整体性原则，是基于要素对系统的非加和性关系。在要素之间存在相干性、协同性的条件下，会有新质的突现。这种新质不是单个要素所具有的，而是系统整体才具有的。因此，在研究这类系统时，必须从整体出发，立足于整体来分析其部分以及部分之间的关系，再通过对部分的分析来达到对整体的深刻理解。整体性原则是系统方法的首要原则，它把研究对象视为有机的整体，探索其组成、结构、功能及运动变化的规律性。它要求我们无论是认识、研究、控制自然对象，还是设计、制造人工系统，都必须从系统的整体出发，探索系统内外环境中和内外环境间的辩证关系。正如爱因斯坦说的："如果人体的某一部分出了毛病，那么，只有很好地了解整个复杂机体的人，才能医好他；在更复杂的情况下，只有这样的人才能正确地找到病因。"系统方法要求从种种联系和相互作用中认识和考察对象，使系统分析与系统综合，归纳和演绎、局部和整体、个别和一般，都协调一致起来。

（2）优化原则。整体优化原则亦称最优化原则，这是使用系统方法的目的和要求。这一原则要求在研究解决问题时，统筹兼顾，大力协同，多中择优。采用时间、空间、程序、主体、客体等方面的峰值佳点，本着"多利相衡取其重，多害相衡取其轻"的精神进行综合优化和系统筛选，运用线性规划、动态规划、决策论、博弈论等有效方法，达到整体优化的目的。例如，统筹法中的网络图、关键路线，技术设计方案的可行性研究，效益经济学、效益管理学中最佳效益的追求等，都要运用整体优化的原则。

（3）模型化原则。采用系统方法，需要把真实系统模型化，即把真实系统抽象为模型，如放大或缩小了的实物模型、数学模型、符号系统模型或其他形式的模型等。在采用系统的模型化原则时，除了遵循模型方法的一般原则以外，还应使模型的形式和尺度符合人的需要和可能，适合人的选择。对于复杂系统，需在系统分析的基础上，适当地采用模糊方法，经适当简化和理想化，才能建立起系统模型。一旦建立起系统模型，就可以进行模拟实验，运用电子计算机进行系统仿真模型化原则是采用系统方法时求得最优化的保证。

（4）层次性原则。任何系统都是由一定的要素组成的整体，这就表明，一方面，组成系统的诸要素是由更低一层要素组成的子系统；另一方面，系统本身又是更高一层大系统的组成部分，这就是系统的层次性特点。层次性原则要求人们在运用系统分析方法时，一定要注意整体与层次、层次与层次之间的相互制约关系。

系统方法是现代行政管理技术方法中层次较高的、适用性很强的技术方法。因为系统的存在具有普遍性，系统方法的运用也具有普遍性。用系统方法研究行政管理，有利于明确行政系统和环境的关系，有利于确定内部各个环节间的关系，有利于建立行政管理的正常秩序。

3）系统方法的应用步骤

（1）把握系统状况。行政管理系统的状况，包括人、财、物、事四大要素的状况，计划、组织、指挥、决策、人事、控制、协调、执行、沟通、监督等环节的状况，以及这些环节的相互联系、作用、制约的状况等。把握系统的状况，是行政管理运用系统方法的第一步，也是基础。

（2）作出系统分析。在把握行政管理系统状况的基础上，围绕行政目标，按照最优化的要求对行政管理系统各环节作出综合分析。这种分析包括各环节对行政目标的满足程度，各环节的运行对行政效率提高的促进或制约，各环节之间的关系及这种关系对行政效率的影响，各环节的发展变化与社会外界变化发展的关系等。

（3）调整相关环节。以系统分析为依据，针对行政管理系统内的薄弱环节，进行必要的调整或改革，主要是按优化原则对人、财、物、事妥善配备，合理使用，力争最大限度地利用人、财、物，以最少的消耗获取最大的效益，实现行政目标。

（4）评估系统效益。按行政组织的整体目标，对行政系统各环节调整、改革的状况进行评价，发现偏差及时校正。在方案、措施实施完成后，要以整体优化的标准对行政管理系统的整体效益进行全面评价，总结经验教训，为新一轮的系统分析、调整、改革作准备。

12.4.2　目标管理方法

1）目标管理方法的含义

目标管理方法是根据工作目标来进行管理的一种方法，简称 MBO，也称"成果管理"。它通过把各级管理都纳入目标制定过程，从而把个人或群体的目标整合进组织的目标里。总目标指导分目标，分目标保证总目标，以此推动目标成果的实现。

"目标管理"的概念是管理专家彼得·德鲁克（Peter Drucker）1954 年在其名著《管理实践》中最先提出的，其后他又提出"目标管理的自我控制"的主张。德鲁克认为，并不是有了工作才有了目标，而是相反，有了目标才能确定每个人的工作。所以，政府的使命和任务必须转化为目标，如果一个领域没有目标，这个领域的工作必然被忽视。因此，管理者应该通过目标对下级进行管理，当组织最高层管理者确定了组织目标后，必须对其进行有效分解，转变成各个部门以及各个人的分目标，管理者根据分目标的完成情况对下级进行考核、评价和奖惩。

目标管理方式与传统管理方式相比有以下鲜明的特点：

（1）重视人的因素。目标管理是一种参与的、民主的、自我控制的管理制度，也是一种把个人需求与组织目标结合起来的管理制度。

（2）建立目标锁链与目标体系。目标管理通过专门设计的过程，将组织的整体目标逐级分解，转换为各单位、各员工的分目标。从组织目标到经营单位目标，再到部门目标，最后到个人目标。

（3）重视成果。目标管理以制定目标为起点，以目标完成情况的考核为终结。工作成果是评定目标完成程度的标准，也是人事考核和奖评的依据，成为评价管理工作绩效的唯一标志。

2）目标管理的程序

目标管理的程序可分为以下三个步骤：

（1）制定目标。制定目标是目标管理的第一步，共有五个步骤：一是准备；二是由组织的高层领导制定战略性目标；三是在各级管理阶层制定试探性的策略目标；四是各级管理人员提出各种建议，相互进行讨论并修改；五是就各项目标和评价标准达成协议。

（2）执行目标。这一阶段主要是员工的自我管理和自我控制，领导应将权力下放给下级，让执行者自我管理。领导的主要任务是指导、协助和创造良好的工作环境。执行过程中，领导应定期检查目标的进展情况，帮助解决工作中出现的困难，并在必要时调整目标。

（3）成果评价。目标完成后，需要进行全面检查和评价，即把实现的成果同原来制定的目标相比较。评价的目的是总结经验教训，发现改进机会，并为下一轮目标设定提供参考。评价结果应反馈给目标责任主体，帮助其了解工作绩效并明确改进方向。

要使目标管理方法成功，还必须注意下述一些条件：一是要由高层管理人员参加制定高级策略目标；二是下级人员要积极参加目标的制定和实现过程；三是情报资料要充分；四是管理者对实现目标的手段要有相应的控制权力；五是对实行目标管理而带来的风险予以激励；六是对职工要有信心。同时，在运用目标管理方法时，也要防止一些偏差出现，例如，不宜过分强调定量指标，而忽视定性的内容，要根据多变的环境及时调整目标等。

在行政实践中推行目标管理时，除了掌握具体的方法以外，还必须针对本部门的实际情况作细致的分析，启迪每一个国家公务员的事业心、成就感，使组织内全体成员都参加管理，变领导管理为自我管理，这样才能使目标管理达到预期的效果。

12.4.3　全面质量管理方法

1）政府全面质量管理的含义

全面质量管理的英文原文为 total quality management（TQM）。其中，total 指的是与公司有联系的所有人员都参与到质量的持续改进过程中，quality 指的是完全满足顾客明确或隐含的要求，而 management 则是指各级管理人员要充分地协调好。根据 ISO 9000 的定义，质量管理是指一个组织以质量为中心，以全员参与为基础，目的在于通过让顾客满意和本组织所有成员以及社会受益而达到长期成功的管理途径。由此可见，质量管理的全过程应该包括产品质量的产生、形成和实现的过程。因此，要保证产品的质量，不仅要管理好生产过程，还需要管理好设计和使用过程。

政府全面质量管理是一种全员参与的，以各种科学方法改进公共组织的管理与服务的，对公共组织提供的公共物品和公共服务进行全面管理，以获得顾客满意为目标的管理方法、理念和制度。全面质量管理的特点在于：

（1）管理的内容是全面的，即不仅要管好产品质量，还要管好产品质量的基础——工作质量。

（2）管理的范围是全面的。从产品的设计、制造、辅助生产、供应服务、销售直至使用的全过程，均须把好质量管理关。

（3）管理的人员是全面的。企业的全体人员都是质量管理的参与者，因而全面质量管理是一种全员的质量管理方法。

（4）管理的方法是全面的。全面质量管理并没有固定不变的管理方法，而是根据不同的情况灵活地采用不同的管理技术和方法，包括科学的组织工作、数理统计方法的应用、现代化科技手段和技术改造措施等。

2）政府全面质量管理的标准和步骤

（1）政府全面质量管理的标准有：①可靠性；②回应性；③服务能力；④服务渠道；⑤服务礼貌；⑥沟通；⑦诚信；⑧安全感；⑨善解人意；⑩有形性。

（2）政府全面质量管理的步骤为：①政府高层领导者的领导与支持；②策略性规划；③以顾客为导向；④考评与分析；⑤训练与奖惩；⑥赋予组织成员活力与团队合作；⑦质量保证。

全面质量管理以向用户提供满意的产品和服务为目的，以企业各部门和全体员工为主体，以数理统计方法为基本手段，充分发挥专业技术和科学管理的作用，保证质量管理体系有效运行。通常认为，影响质量的因素主要有五个，即人员、机器、材料、方法和环境。为了保证和提高产品质量，既要管理好生产过程，还要管理好设计和使用的过程，要把所有影响质量的环节和因素控制起来，形成综合性的质量体系。因此，全面质量管理不仅要有全面的质量概念，还需要进行全过程的质量管理，并强调全员参与，即"三全"的TQM。

12.4.4 现代行政技术

1）网络规划技术

网络规划技术是利用网络图的形式把各项行政工作与活动按先后顺序排列，用于工作方案设计和控制计划进度的一种科学管理方法。根据网络图可发现问题并查找原因，以及时调整计划。网络规划技术的主要特点是"统筹安排"，我国数学家华罗庚称它为"统筹方法"。网络规划是技术方法中层次较高的，有许多具体方法，如关键线路法、计划评审法等，都是网络规划中的具体方法。其中，计划评审法已成为美国目前十分盛行的一种决策方法和行政管理方法。网络规划技术大致可包括以下几步：①确定目标，进行工作设计；②绘制网络草图，进行网络分析，选出最优方案；③执行网络计划，并严格检查进度。

网络规划技术的优点是：可缩短工作周期、减少费用；便于抓住主要矛盾；可利用时间伸缩性大的环节来挖掘潜力，支援紧张工作；可找出工作中具有规律性的东西。

2）线性规划技术

这是运筹学中理论最完整、应用最广泛的一个分支。线性规划是在满足用线性不等式表示约束条件的情况下，使线性目标函数最优化（最大化或最小化）的一种数学方法。它被用于从几种行动方案中选择一种最可能达到满意要求的行动方案。线性规划运算的方法很多。这种技术已广泛用于交通运输管理、工程建设等方面。

非线性规划与线性规划的不同点在于描述约束条件和目标函数的方法不是线性的。非线性规划问题很难解决，因此它的实际应用有很大局限性。

3）民意测验方法

民意测验方法是了解公众对其所关心的问题的态度和意见的一种有效方法。进行民意测验有一套成熟的程序，但先要做好两项工作：一是根据调查的内容、目的、环境等因素，灵活选择适当的测验方法；二是科学地确定调查对象。

民意测验最主要的优点是使调查对象能在不受任何压力和干扰的前提下，自主地反映自己的所见所闻，独立地发表自己的见解，有利于发扬民主、表达民意，使政府对社会心理的风向变化有所测量和分析，使政策决策有厚实的群众基础。

提高民意测验的科学性、客观性，除优化方法手段外，还应注意掌握民意测验的时机，选择调查对象时要注意典型性和普遍性相结合，进行民意测验要有宽松、和谐、民主的气氛。

4）科学预测方法

这是用来预测未来社会经济和科学发展趋势的技术手段。现代科学预测是利用数学、统计学、心理学等多学科知识和设备调查的各种有关社会现象，把握社会现象和社会问题的发展趋势，并对有关事物的发展阶段和未来状况作出估计。预测分为许多门类，如经济预测、市场预测、社会发展前景预测等。预测的方法可归纳为四类：直观型预测、探索型预测、规范型预测、反馈型预测。

5）概率统计法

概率是概率论中最基本的概念。概率就是用来表示随机事件发生的可能性大小的量。概率愈大就表示该事件发生的可能性愈大。概率论是研究大量随机事件规律的数学分支。数理统计和概率论一样，也是研究随机现象的规律的。它是以概率论为基础，研究如何合理收集试验所得的数据并加以分析处理，从而发现总体的统计规律，并根据这些规律对未来的发展作出预测。概率统计方法即概率研究方法，指对具有随机性的调查材料进行概率研究，对所获得的大量材料进行统计研究，以揭示调查对象变化的统计规律性。这种方法目前应用很广。

任务实施与评价

⦿ 任务实施

【背景资料】

筑牢化妆品安全屏障——2021年度十大化妆品监管热点事件盘点

2021年，多部法规文件出台施行，一连串监管动作持续发力，对化妆品行业高质量发展产生深远影响。

1.《化妆品注册备案资料管理规定》发布

2021年3月4日，国家药监局发布《化妆品注册备案资料管理规定》，以规范和指导化妆品注册与备案工作。该规定系统整合此前散落在不同法规中的有关化妆品注册备案资料要求，在保证平稳过渡的基础上，对不同分类化妆品注册备案资料提出系统要求，并明确了原料注册备案资料报送要求和变更管理规定。该规定自2021年5月1日起施行。

2.《化妆品功效宣称评价规范》出台

2021年4月9日，国家药监局发布《化妆品功效宣称评价规范》。该规范贯彻落实《化妆品监督管理条例》关于化妆品功效评价管理的新要求，在条款设置上体现分类管理思路，根据不同的产品类别提出具体评价要求，引导行业科学规范开展功效评价。该规范自2021年5月1日起施行。

这标志着我国化妆品行业正式进入功效评价时代。化妆品注册人、备案人依规向社会公开化妆品功效宣称依据的摘要，接受社会监督，是监管部门通过社会共治方式规范化妆品功效宣称的体现。同时，《化妆品功效宣称评价规范》对我国化妆品行业提出更高要求，有利于促进行业良性竞争，推动行业加速朝着高质量发展方向迈进。

3.化妆品智慧申报审评系统上线运行

2021年5月1日，化妆品智慧申报审评系统启动运行，专门用于特殊化妆品注册和新原料注册备案。该系统首次将数字认证证书引入化妆品资料，并充分调取固有数据库，打通外部数据库，建立企业自建数据库，形成层级化的电子资料目录树；建立电子资料提交技术体系，实现申报电子化、填报规范化、资料目录化、审评无纸化、全程档案化。

4.《化妆品标签管理办法》印发

2021年6月3日，国家药监局印发《化妆品标签管理办法》。该办法明确了化妆品标签定义，规定了化妆品注册人、备案人使用化妆品标签的主体责任，提出了化妆品标签内容和形式的原则要求，规范了化妆品标签应当标注的内容以及各项内容标注的具体要求，细化了化妆品禁止标注的内容。《化妆品标签管理办法》秉承《化妆品监督管理条例》立法思路，对标签瑕疵作出具体规定，并明确相关法律法规适用情形。该办法自2022年5月1日起施行。

5.《化妆品生产经营监督管理办法》发布

2021年8月2日，国家市场监督管理总局发布《化妆品生产经营监督管理办法》，对化妆品生产许可、生产管理、经营管理、监督管理、法律责任等作出规定。这是我国首部专门针对化妆品生产经营管理的部门规章，也是《化妆品监督管理条例》的重要配套文件之一，自2022年1月1日起施行。

6.《儿童化妆品监督管理规定》出台

2021年10月8日，国家药监局发布《儿童化妆品监督管理规定》，这是我国专门针对儿童化妆品监管制定的规范性文件，除标签要求以外，其他关于儿童化妆品的规定自2022年1月1日起施行。

2021年12月1日，国家药监局公布儿童化妆品标志"小金盾"。自2022年5月1日起，申请注册或者进行备案的儿童化妆品，必须标识该标志；此前申请注册或者进行备案的儿童化妆品，未进行标签标识的，化妆品注册人、备案人应当在2023年5月1日前完成产品标签更新。

7.化妆品"线上净网线下清源"专项行动在全国开展

2021年10月11日，国家药监局印发《关于开展化妆品"线上净网线下清源"专项行动的通知》，明确自2021年10月至2022年10月，在全国范围内组织开展化妆品"线上净网线下清源"专项行动。此次专项行动重点清理整治未经注册或者未备案的化妆品、标签违法宣称的化妆品和存在质量安全风险的化妆品。

8.福建开出全国首例化妆品从业人员终身禁业资格处罚

2021年3月至9月，国家药监局在全国范围内部署开展儿童化妆品专项检查工作。专项检查中，福建省药监部门成功组织查处厦门、泉州生产经营假冒儿童化妆品系列案件，并依据《化妆品监督管理条例》的相关规定，对有关责任人员处以终身禁止从事化妆品生产经营活动的处罚。2021年11月1日，国家药监局通报表扬了参与查处厦门、泉州生产经营假冒儿童化妆品系列案件的单位和个人。

9.4个国产化妆品新原料完成备案

《化妆品监督管理条例》施行后，截至2021年底，已有5个化妆品新原料完成备案，均已进入监测期。这5个新原料分别为N-乙酰神经氨酸、月桂酰丙氨酸、β-丙氨酰羟脯氨酰二氨基丁酸苄胺、雪莲培养物和四氟丙烯。其中，前4个化妆品新原料由国内企业备案，为我国化妆品行业创新注入活力，大大激发了新原料企业研发的积极性。

10.国家药监局加大化妆品科普宣传力度

2021年，国家药监局多次发布化妆品科普知识，引导公众正确认识化妆品，包括《天天戴口罩，伤了皮肤怎么办?》《科学认识"刷酸"美容》《"干细胞化妆品"是个伪概念》《警惕宣称"促进睫毛生长"的睫毛液》《"食品级"化妆品是对消费者的误导》《勿将玩具当儿童化妆品使用》《浅谈美白化妆品与美白剂》等。

资料来源 谯英固. 2021化妆品监管十大热点回眸［EB/OL］.（2021-12-27）［2024-11-12］. http://www.cnpharm.com/c/2021-12-27/813200.shtml.

要求：结合背景资料，运用所学理论完成表12-1的任务。

表 12-1　　　　　　　　　　　　　　　　任务分析表

任务类型	任务内容	内容要求
分析国家药监局使用的行政方法	分析国家药监局使用了哪些行政方法	运用所学理论分析前述问题；理论运用准确，分析正确
分析行政方法的内容	分析国家药监局使用的行政方法的具体内容，并比较各种方法的适用情形	从背景资料中找素材，举例说明所涉及的行政方法的具体内容；运用相关理论比较适用性
分析化妆品安全质量控制过程中采取的措施	分析国家药监局在运用各种行政方法时采取了哪些具体措施和行动	从背景资料中找素材，举例说明涉及的具体措施和行动
谈谈对化妆品安全质量控制的想法和建议	从系统管理方法、制度设计、监管方法创新、化妆品安全质量认证等方面谈想法和建议	结合我国化妆品市场的实际情况和自己对化妆品使用的体验，综合运用行政管理方法理论提出建议

◉ 任务评价

任务评价见表 12-2。

表 12-2　　　　　　　　　　　　　　　　任务评价表

评价项目	评价标准	权重（%）	自评	师评
说出国家药监局使用的行政方法（20分）	能够准确说出国家药监局使用的行政方法的名称，如行政方法中的××方法，法律方法中的××方法……	20		
分析行政方法的内容（40分）	（1）能够准确说出国家药监局所使用的行政方法的具体内容，如行政方法是……，包括……	20		
	（2）能够准确说出各种方法的适用性和使用中应注意的问题，如行政方法与经济方法比较，更适合于……	20		
分析控制化妆品安全质量时采取的措施（20分）	能够对应背景资料1~10项内容和相关理论，找出相应的措施/行动	20		
谈谈你对化妆品安全质量控制的想法和建议（20分）	能够结合实际，运用理论，提出具有创新性的意见或建议	20		
总分		100		

任务测试与应用

◉ 任务测试

随堂测验12-1

任务12

1.选择题（将正确的选项填在括号内）

1.1 单选题

（1）下列关于行政手段的说法错误的是（　　）。

A.同法律手段相比，行政手段有简便、灵活的特点

B.行政手段利于发挥下级的积极性、主动性和创造性

C.运用行政手段必须尊重客观规律

D.与经济手段相比，行政手段具有无偿性的特征

（2）以下行政手段中将突破行政手段纵向联系的典型运用方式，而向横向联系方面发展的是（　　）。

A.行政命令手段　　　　　　　　B.行政引导手段

C.行政信息手段　　　　　　　　D.行政咨询服务手段

（3）以下传统方法中突出特点是开调查会，关键在于确定调查提纲和调查对象，同时会议的氛围是民主的、自由的是（　　）。

A."开诸葛亮会"的方法　　　　B."解剖麻雀"的方法

C."走马观花与下马观花"的方法　D."透过现象看本质"的方法

（4）下列关于系统方法说法正确的是（　　）。

A.系统方法的整体性原则，是基于要素对系统的非加和性关系

B.模型化原则是使用系统方法的目的和要求

C.调整相关环节包括分析各环节对行政目标的满足程度

D.系统方法是现代行政管理技术方法中层次较高的，但适用性较弱的技术方法

（5）下列关于目标管理说法不正确的是（　　）。

A.目标管理是一种参与的、民主的、自我控制的管理制度

B.目标管理以制定目标为起点，以目标完成情况的考核为终结

C."目标管理"的概念是德鲁克最先提出的

D.在运用目标管理方法时可以过分强调定量指标

1.2 多选题

（1）全面质量管理的特点包括（　　）。

A.管理的内容是全面的　　　　　B.管理的范围是全面的

C.管理的人员是全面的　　　　　D.管理的方法是全面的

（2）下列属于法律手段分类的是（　　）。

A.行政决定　　　　　　　　　　B.行政处置

C.行政命令手段　　　　　　　　D.行政咨询服务手段

（3）属于解决问题的传统方法的是（　　）。

A."蹲点种试验田"的方法　　　　B."抓主要矛盾"的方法

C."弹钢琴"的方法　　　　　　　　D."解剖麻雀"的方法

（4）系统方法的基本原则包括（　　）。

A.整体性原则　　　　B.优化原则　　　　C.模型化原则　　　　D.层次性原则

（5）网络规划技术的优点包括（　　）。

A.可缩短工作周期、减少费用

B.便于抓住次要矛盾

C.利用时间伸缩性大的环节来挖掘潜力，支援紧张工作

D.可找出工作中具有规律性的东西

2.判断题（在题后的括号内打"√"或"×"）

（1）行政效率提高的关键在于方法的科学化和现代化。　　　　　　　（　　）

（2）法律手段是行政管理中运用其他方法的基础、前提和保障，为行政活动提供基本的规范程序。　　　　　　　　　　　　　　　　　　　　　　　　　（　　）

（3）行政方法是提高行政效率的关键。　　　　　　　　　　　　　（　　）

（4）现代行政方法与现代心理学、社会学、行为科学等融合在一起，极为重视调节人际关系和充分发挥人的主导性作用。　　　　　　　　　　　　　　　（　　）

（5）系统的存在具有普遍性，但系统方法的运用不具有普遍性。　　（　　）

3.简答题

（1）基本行政方法包括哪些？

（2）现代行政方法有哪些？

（3）结合实际说明行政管理中如何恰当运用行政命令和行政引导手段。

（4）应用"抓主要矛盾"的方法分析自己学习中的主要矛盾，并运用目标管理的方法提出解决方案。

⊙ 技能应用

【案例分析】

某市市政管委和环卫局准备在该市某区某某街道进行试点，将街道辖区内社会单位的厕所免费对外开放。有关人士表示，时机成熟后，要将全市的公共场所厕所免费对外开放。这个新举措引来了市民的一片叫好声，但同时，那些被要求开放厕所的单位却抱怨多多。有的企业表示反对，认为这会给自己添麻烦，有的企业态度消极，表示不会挂任何标志引导市民如厕。因为一旦该地区内宾馆、酒店等单位将厕所免费开放，厕所人流量必然大大增加，厕所的维护费用将大大提高。此外，大量如厕人流在宾馆、酒店里进进出出，必然使得宾馆、酒店的正常经营受影响，所以企业表示出质疑与不满。但是，在提供免费公厕这件事情上，宾馆、酒店等社会单位有着无可比拟的优势。因为该市目前的中心城区开发已经成型，如果要增加免费公厕数目方便市民和外地游客的话，原有城市的规划将被打乱，而且城市中心区域的地价昂贵，建造厕所的成本非常高，厕所的选址很容易引起争议。而商家、写字楼等单位在城市中星罗棋布，它们几乎都有内部的厕所，如果把这块资源的潜力挖掘出来，许多地区的"如厕难"问题将会大大缓解。这个小小的事件其实是对城市管理者的考验，考验他们在拓展市民福利时该如何平

衡多方的利益，让利民举措得到最大化的认同。

问题：政府能否采取行政命令的方式，为什么？采取哪种方式比较适合，试分析一下不同方式各有哪些优缺点。

分析提示：主要考查行政方法的内容。

【实践训练】

粮食乃万物之源，文明之根，关乎天下苍生、家国长安。2024年世界粮食日的主题为"粮安天下，共建更好生活，共创美好未来"。这一主题，既是全球对粮食安全的深切呼唤，又如警钟长鸣，激励世人守护粮食安全，牢记消除饥饿的共同使命。作为城市管理者，应如何制止城市中的餐饮浪费行为。

要求：从行政方法应用的角度来思考解决这一问题。

任务13　数字技术应用

任务要求

任务目标	**知识目标**	·了解数字技术的含义及特征 ·熟悉数字技术的内容 ·掌握数字技术应用的方法
	技能目标	能够应用数字技术方法分析解决行政管理中存在的问题
	素质目标	·增强数字意识，提高数字化素养 ·树立与时俱进的发展观
任务重点	·数字技术认知 ·数字技术应用实践	

知识导图13-1

数字技术应用

　　　　　　　　　　　用好智能手段　规范执法司法

　　为推动全国政法队伍教育整顿工作走深走实，中央政法委印发了《关于充分运用智能化手段推进政法系统顽瘴痼疾常治长效的指导意见》（以下简称《指导意见》）。《指导意见》从完善"三个规定"记录填报载体和机制、完善执法司法内部智能化监督机制、完善执法司法数据跨部门共享机制、完善违规从事经营活动和违规参股借贷信息排查机制、完善违规代理案件行为监测预警机制、完善执法司法信息智能化公开机制和探索建立检察大数据法律监督平台7个方面，明确了主要任务和保障措施。

　　此外，《指导意见》提出了一系列创新举措，一是运用大数据分析技术常态化组织开展执法司法巡查和流程监督；二是加快推动跨部门大数据办案平台建设；三是探索建立检察大数据法律监督平台；四是加强法院检察院离任人员信息共享；五是深化政法领域"放管服"改革，创新更多政法服务"马上办、网上办、一次办"。

　　资料来源　佚名. 中央政法委印发《关于充分运用智能化手段推进政法系统顽瘴痼疾常治长效的指导意见》[EB/OL].（2021-12-21）[2025-01-10]. https://www.moj.gov.cn/pub/sfbgw/zwgkztzl/2021nzt/zw20210910jyzd/jyzd2021910yw/202201/t20220119_446709.html.

　　这一案例表明：大数据、网络技术、智能化手段走进政务，并不断拓展纵深应用。探索应用方式和更多的应用场景，是实现数字政府的重要任务。

知识准备

　　《中华人民共和国国民经济和社会发展第十四个五年规划和2035年远景目标纲要》明确提出加快数字化发展，建设数字中国的要求，强调"加快建设数字经济、数字社会、数字政府，以数字化转型整体驱动生产方式、生活方式和治理方式变革""将数字技术广泛应用于政府管理服务，推动政府治理流程再造和模式优化，不断提高决策科学性和服务效率"。

13.1　数字技术认知

13.1.1　数字技术的含义及特征

1）数字技术的含义

　　数字技术（digital technology）是一项与电子计算机相伴相生的科学技术，它是指借助一定的设备将各种信息，包括图、文、声、像等，转化为电子计算机能识别的二进制数字"0"和"1"后进行运算、加工、存储、传送、传播、还原的技术。由于在运算、存储等环节中要借助计算机对信息进行编码、压缩、解码等，因此也称为数码技术、计算机数字技术等。

2）数字技术的特点

（1）一般都采用二进制。

（2）抗干扰能力强、精度高。由于数码技术传递加工和处理的是二值信息，不易受外界的干扰，因而抗干扰能力强。另外它可用增加二进制数的数位提高精度。

（3）数字信号便于长期存储，使大量可贵的信息资源得以保存。

（4）保密性好，在数码技术中可以进行加密处理使一些重要信息资源不易被窃取。

（5）通用性强，可以采用标准化的逻辑部件来构成各种各样的数码系统。

3）数字技术的应用

在电子数字方面，数字技术应用于计算机、数控技术、通信设备、数字仪表、电子产品。

数字技术是多种数字化技术的集成，包括区块链、大数据、云计算、人工智能等。数字技术应用的最大长处是能够大幅提高整体经济效率。数字技术可以构建一个更加直接高效的网络，打破过去企业和企业之间、个人和个人之间、人和物之间的平面连接。而平面连接或者架构的问题是节点多、效率低。通过数字化技术，未来将建立起立体的、折叠的、交互式的架构。在此架构中，实现的点对点、端对端的交互式连接将更直接，省去中间节点，进一步提高效率。此外，叠加以区块链为基础的数字算法建立数字信任，将使得经济运行实现更低成本、更高效率，带动社会迅速发展。

13.1.2　移动互联网

1）移动互联网的含义

21世纪初，通信与信息领域发展最快的是移动通信与互联网。中国互联网络信息中心（CNNIC）2024年8月29日发布的第54次《中国互联网络发展状况统计报告》显示，截至2024年6月，我国网民规模近11亿人（10.9967亿人），较2023年12月增长742万人，互联网普及率达78.0%。其中手机网民规模达10.96亿人，网民使用手机上网的比例为99.7%。

移动通信与互联网的结合产生了移动互联网。相应地以移动通信网络作为接入网就是狭义的移动互联网，以各种无线网络作为接入网就是广义的移动互联网。移动互联网和固定有线互联网的主要区别在于终端和接入网络，以及由于终端和移动通信网络的特性所带来的独特应用。几乎所有的市场咨询机构和专家都赞同，移动互联网是未来最具创新活力和最具市场规模的新领域之一。

2）移动互联网的特点

移动互联网相对于固定有线互联网来说，最大的不同点就是移动互联网的使用不受空间和时间的限制。其主要特点如下：①便捷性。只要存在网络覆盖，移动互联网的用户就可以在移动状态下使用互联网。而固定互联网的接入则需要固定的接入端口。与移动互联网相比，则显得十分不便。②高效性。移动互联网的使用使信息的处理更加高效及时，人们可以随时随地处理工作业务，提高工作效率。③便携性。由于移动互联网无须接入固定的端口，因此我们只要随身携带移动设备便可随时使用互联网了。④隐私性。移动互联网具有随时自由开放的对外平台，但是用户在使用互联网时的信息内容和服务却是绝对私密的，例如，客户个人信息的保密等，所以移动互联网具有很强的隐私性。

13.1.3 云计算

1）云计算的含义

云计算（cloud computing）是一种基于互联网的计算方式，通过共享的软硬件资源和信息可以按需求提供给各种计算机终端和其他设备。云计算是分布式计算技术的一种，通过网络将庞大的计算处理程序自动分拆成无数个较小的子程序，再交由多台服务器组成的庞大系统经搜索、计算分析之后将处理结果回传给用户。网络服务提供者可以在数秒之内处理数以千万计甚至数以亿计的信息，达到和"超级计算机"同样强大的功能。

云计算依赖资源的共享以达成规模经济，类似基础设施，如电力网。网络服务提供者集成大量的资源供多个用户使用，用户可以轻易地请求（租借）更多资源，并随时调整使用量，将不需要的资源释放回整个架构，因此用户不需要因为暂时巨大的需求就购买大量的资源，仅需提升租借量，需求降低时便退租。网络服务提供者将目前无人租用的资源重新租给其他用户，甚至依照整体的需求量调整租金。

云计算具有费用低、性能高、扩展性高、可靠性高的优势。

2）云计算的类型

根据计算资源的部署不同，云计算可分为公有云、私有云和混合云三种类型。

（1）公有云，通常指第三方提供商为用户提供的能够通过互联网使用的云，它价格低廉，核心的属性是共享服务资源。

（2）私有云，是为一个用户单独使用而构建的，因而在数据安全性以及服务质量上可以实现有效的管控。私有云的首要前提是要拥有基础设施并可以控制在此设施上部署应用程序的方式。私有云可以部署在企业数据中心的防火墙内，核心属性是专有资源。私有云可以搭建在公司的局域网上，与公司内部的监控系统、资产管理系统等相关系统进行联通，从而更有利于公司内部系统的集成管理。

（3）混合云，融合了公有云与私有云的优劣势，综合了数据安全性以及资源共享性的双重考虑，以个性化的方案达到省钱、安全的目的，从而获得越来越多企业的青睐。

云计算平台可以分为以下三个层次：

（1）基础设施即服务（IaaS，infrastructure as a service）：消费者通过互联网可以从完善的计算机基础设施获得服务。

（2）软件即服务（SaaS，software as a service）：一种通过互联网提供软件的模式，用户无须购买软件，而是向提供商租用基于 Web 的软件来管理企业经营活动。

（3）平台即服务（PaaS，platform as a service）：将软件研发的平台作为一种服务，以 SaaS 的模式提交给用户。因此，PaaS 也是 SaaS 模式的一种应用。但是，PaaS 的出现可以加快 SaaS 的发展，尤其是加快 SaaS 应用的开发速度。

13.1.4 物联网

1）物联网的定义

物联网（IoT，Internet of things）是通过互联网、传统电信网等信息承载体，让所有能行使独立功能的普通物体实现互联互通的网络。物联网是把所有物品通过射频识别等信息传感设备与互联网连接起来，实现智能化识别和管理。

通过物联网可以用中心计算机对机器、设备、人员进行集中管理、控制，也可以对家庭设备、汽车进行遥控，以及搜索位置、防止物品被盗等，类似自动化操控系统，同时通过收集这些数据，最后聚集成大数据，以进行包含重新设计道路以减少车祸、灾害预测与犯罪防治、流行病控制等社会的重大事件的管理。

物联网被列为国家五大新兴战略性产业之一，写入政府工作报告。

2）物联网数据

随着物联网技术的发展，越来越多的机器上、环境中配备了连续监测周围情况的传感器，传感器可以感知和传输这些不断产生的数据，即时对这些感知数据进行筛选，仅保留部分有用数据，日积月累的数据量是惊人的，传统的"大"数据量和"快速"数据流入等概念将被重新定义。几年前，大数据可以为一亿条记录和TB级字节，每秒数万条记录级别的速率被定义为高速吞吐。但是在物联网的应用场景中，数据量的"大"体现为数十亿的记录和PB级别的数据量，以及每秒数十万条数据的流入速度。具体来说，在物联网中，大量的传感器对物理对象进行检测，并将基于物理对象的样本数据文件发送到数据中心。一般认为，物联网中的传感器数量具有海量特性。此外，移动互联网出现后，移动设备的传感器收集了大量的用户数据，也成为大数据的一个重要来源。例如，智能手环可以记录用户运动数据、生理数据等。

物联网的核心是数据存储与管理技术。物联网以数据为中心的特性，使得物联网应用的设计区别于其他计算机网络，如以网络为中心的万维网、以事务为中心的金融网、以设备为中心的无线传感网。物联网应用的设计必须以数据存储与管理为中心，以数据库技术为中心，从逻辑概念和软硬件技术两个方面实现一个高性能的和以数据为中心的网络系统，为用户提供一个有效的数据存储与管理系统，这个系统需要兼顾大数据量存储、高性能数据检索、基于数据的挖掘和分析等特征。将物联网大数据与行业需求相结合，可以实现物联网的智能应用。目前城市公共安全、气象服务、远程医疗、智能农业、智能交通等各个行业均有物联网应用的探索。物联网大数据存储与管理具有快速持久化存储、高效在线索引、高实时性数据分析、高效管控服务四个方面的需求。

13.1.5　大数据

1）大数据的含义

大数据（big data）是指无法在一定时间范围内用常规软件工具进行捕捉、管理和处理的数据集合。大数据是一个宽泛的概念，目前学术上对于大数据并没有一个统一的定义。

美国咨询公司麦肯锡在其报告《大数据：创新、竞争和生产力的下一个前沿》中指出，大数据是大小超出常规的数据库工具获取、存储、管理和分析能力的数据集。但它同时强调，并不是说一定要超过TB值的数据集才能算是大数据。

大数据企业Hortonworks公司战略副总裁肖恩·康诺里认为，过去的资料大部分是人工手记下来的交易资料，现在则是机器替我们记录下来的交易资料，还有人们跟事物、企业间的互动资料，最后则是由机器自动生成、累计下来的观察资料。因此，肖恩·康诺里定义大数据是由交易资料、互动资料、观察资料所组成的资料类型。

2）大数据的特征

关于大数据的特征，高德纳分析师 Doug Laney 在 2001 年提出 3V 特征：Volume（数量）、Velocity（速度）、Variety（多样）。此后，业界人士在此基础上又提出了大数据的4V 特征：Volume（数量）、Velocity（速度）、Variety（多样）、Value（价值）。

如果从大数据产生、存储、处理到应用的这一生命周期内的特征看，大数据有以下特征：

一是"大"。数据体量巨大，对应于 4V 描述中的"Volume"。目前，人类生产的所有印刷材料的数据量是 200 PB（1PB=1 024 TB），而历史上全人类说过的所有的话的数据量大约是 5 EB（1 EB=1 024 PB）。

二是"杂"。数据类型多种多样，对应于 4V 描述中的"Variety"。

三是"全"。大数据应用为决策者提供一个业务的全局视图，这里主要强调的是数据的业务完备性。

四是"多"。大数据的数据来源多、维度多。不仅包含企业内部业务数据，而且包含许多相关的外部数据，如政策数据、经济数据、气象数据、环境数据等。这里主要强调引入外部数据源构建数据的多维性。

五是"快"。大数据强调的是在线数据的实时分析处理，这是大数据区分于传统数据分析的最显著特征。从这个角度来说，对应于 4V 描述中的"Velocity"。在如此海量的数据面前，处理数据的效率就是企业的生命。

"快"还体现在其他两个方面：一方面表现为数据量的增长速度快，如今大约每 20个月数据量就能增长一倍；另一方面，由于业务变化加快，数据的贬值速度也加快了。数据如果不能被及时地分析利用，就会快速贬值；只有及时地挖掘数据背后的价值，数据之间的联系随之变得更加紧密，就像滚雪球一样，才能更加有利于发现数据背后的价值。

六是"久"。大数据应用十分重视数据的长期积累，数据积累时间越长，越有利于发现数据间内在的相关性。

七是"活"。数据是在线的，可以随时调用和计算，这是大数据区别于传统数据最大的特征。放在磁盘或磁带中而且是离线的"死"数据，其商业价值远远不如在线的"活"数据。

八是"简"。在使用的分析算法上，大数据算法突出了简单、易行的特点。这也是与传统数据挖掘采用小数据复杂算法不同的显著特征。

九是"稀"。对应于 4V 描述中的"Value"。体现的是大数据应用中真正有价值的数据占比极少。以监控视频为例，一段时长为 1 小时的不间断视频，关键视频数据时长可能仅为 1~2 秒。有句谚语形象地比喻了大数据"稀"的特点：为了那一点点的金子，我们不得不保存所有的沙子。如何通过强大的计算更迅速地完成数据的价值"提纯"，成为当前大数据背景下亟待解决的问题。

十是"联"。大数据更加关注数据间的关联性。近现代科学最重要的特征是寻求事物的因果性，无论是唯理论还是经验论，区别只在寻求因果关系的方式不同。大数据最重要的特征是重视现象间的相关关系，并试图通过变量之间的依随变化找寻它们的关联性，从而不再一开始就把关注点放在内在的因果性上，是对因果性的真正超越。

13.1.6　人工智能

1）人工智能的含义

人工智能（artificial intelligence，AI）是研究、开发用于模拟、延伸和扩展人的智能的理论、方法、技术及应用系统的一门新的技术科学。它是计算机科学的一个分支，试图了解智能的实质，并生产出一种新的能以和人类智能相似的方式作出反应的智能机器。人工智能兴起于20世纪50年代，它不仅研究技术，还把相关技术运用到产品中，开发智能产品。美国人工智能研究中心尼尔逊教授对人工智能的定义是：人工智能是关于知识的学科——怎样表示知识以及怎样获得知识并使用知识的科学。美国温斯顿教授也对人工智能进行了定义：人工智能就是研究如何使计算机去做过去只有人才能做的智能工作。综合两者的观点，可以得出人工智能概念的基本内容，即人工智能是以人类智慧为基础，通过技术手段去构造出可以模拟人类活动的理论、方法等。

2）人工智能的技术体系

人工智能领域技术主要包括机器人、语言识别、图像识别、自然语言处理和专家系统等。数据资源、计算能力、核心算法是推动人工智能发展的三大关键要素，它们驱使人工智能从计算智能向更高层的感知、认知智能发展，推动通用技术发展及人工智能产品大规模应用。结合人工智能技术发展及研究，人工智能技术体系可概括为机器学习、自然语言处理、图像识别以及人机交互四大模块。

（1）机器学习。机器学习指计算机通过分析和学习大量已有数据，从而拥有预测判断和作出最佳决策的能力。其代表算法有深度学习、人工神经网络、决策树等。机器学习是人工智能的关键技术，其算法对人工智能的发展起主要推动作用。

（2）自然语言处理。自然语言处理将人类语言转化为计算机程序可以处理的形式，以及将计算机数据转化为人类自然语言的形式，从而让计算机可以理解人类的语言，其语言形式可以为声音或文字。自然语言处理综合了语言学、计算机科学、数学等学科，主要研究能实现自然语言通信的计算机系统，包括信息检索、信息抽取、词性标注、句法分析、语法解析等技术。

（3）图像识别。图像处理技术使计算机拥有人类的视觉功能，可以获得、处理并分析和理解图片或多维度数据，包括图像获得、图像过滤、特征提取等。传统计算机在模拟人脑神经元多层、深度传递解决复杂问题的信息交互处理过程中，由于其传统架构限制，计算能力无法有效迅速提升，同时芯片计算能耗大。人工智能领域数据密集，传统的数据处理技术难以完全满足高强度并行数据处理要求。当前，超级计算机的出现和云计算技术的发展为人工智能的发展提供了有力支撑。

（4）人机交互。人机交互技术是指计算机系统和用户可以通过人机交互界面进行交流，机器通过输出或显示设备给用户提供大量提示及请求信息等，用户通过输入设备给机器输入有关信息，回答问题，实现互动。人机交互技术主要包括计算机图像学、交互界面设计、增强现实等。目前，不少产品和技术已经问世，如3D显示器、多触点式触摸屏技术、手写汉字识别系统、数字墨水技术等。

13.1.7　区块链

1）区块链的含义

区块链（blockchain）是用分布式数据库识别、传播和记载信息的智能化对等网络，也称为价值互联网。区块链是以比特币为代表的数字加密货币体系的核心支撑技术。区块链技术的核心优势是去中心化，能够通过运用数据加密、时间戳、分布式共识和经济激励等手段，在节点无须互相信任的分布式系统中实现基于去中心化信用的点对点交易、协调与协作，从而为解决中心化机构普遍存在的高成本、低效率和数据存储不安全等问题提供解决方案。

区块链是一种交易记录的存储技术，它对交易记录进行永久性存储，存储之后的记录无法删除，只能按照次序加入新的交易，由此对所有的交易历史进行永不结束的记载。

区块链通过复杂的公共钥匙和私人钥匙的设置，将整个金融网络的所有交易的账本实时广播，实时将交易记录分发到每一个客户端中，同时还能保证每个人只能对自己的财产进行修改。当然，账本里也有别人的交易记录，虽然你可以看到数值和对应的交易地址，但是如果不借用其他技术手段，你也根本无法知道交易者的真实身份。

2）区块链的特点

（1）去中心化。区块链中每个节点和矿工都必须遵循同一记账交易规则，而这个规则是基于密码算法而不是信用，同时每笔交易需要网络内其他用户的批准，所以不需要第三方中介机构或信任机构背书。

（2）开放性。系统是开放的，除了交易各方的私有信息被加密外，区块链的数据对所有人公开，任何人都可以通过公开的接口查询区块链数据和开发相关应用，因此整个系统信息高度透明。

（3）自治性。区块链采用基于协商一致的规范和协议，使得整个系统中的所有节点能够在去信任的环境中自由安全地交换数据，使得对"人"的信任改成了对机器的信任，任何人为的干预都不起作用。

（4）信息不可篡改。一旦信息经过验证并添加至区块链，就会永久地存储起来，除非能够同时控制系统中超过51%的节点，否则单个节点上对数据库的修改是无效的，因此区块链的数据稳定性和可靠性极高。

（5）匿名性。由于节点之间的交换遵循固定的算法，其数据交互是无须信任的，因此交易对手无须通过公开身份的方式让对方信任自己，对信用的累积非常有帮助。

3）区块链的适用领域

区块链应用场景非常广泛，可以深入应用到社会管理、文化娱乐、金融服务、医疗健康、IP版权、教育、物联网、通信等各个领域，如支付和转账、数字货币、网络安全、智能合约、供应链金融等。

13.2 数字技术应用实践

13.2.1 数字化在中国的发展

近 20 年来，我国信息化的内涵和面临的环境都在不断发生变化。我们可以大体将其划分为以下四个阶段：

1）数字化基础阶段

数字化基础阶段主要指 2001 年之前，计算机代替部分人工，提升了数据处理、文件办公的效率，在这个时期，各行各业基本实现了网络的互联互通和办公自动化。

2）碎片化应用阶段

2002 年，第一个国家信息化规划——《国民经济和社会发展第十个五年计划信息化发展重点专项规划》颁布，政府开始大力推进经济和社会的信息化战略，以"十二金工程"为代表的垂直部委应用开始逐步规划实践，极大提升了具体业务领域的运营效率，但同时也呈现了"碎片化推进"的特征，形成了部分信息孤岛和数据壁垒。

3）融合化平台阶段

2015 年，国家正式出台大数据发展行动纲要，明确了通过大数据推动社会生产要素的网络化共享、集约化整合、协作化开发和高效化利用。2017 年出台的《"十三五"国家政务信息化工程建设规划》明确提出，大力加强统筹整合和共享共用，统筹构建一体整合大平台、共享共用大数据、协同联动大系统，推进解决互联互通难、信息共享难、业务协同难的问题，将"大平台、大数据、大系统"作为一个较长时期指导我国政务信息化建设的发展蓝图。

4）体系化创新阶段

从 2021 年起，我国进入全面渗透、跨界融合、加速创新、引领发展的新阶段，逐步实现技术体系创新、管理模式创新、服务模式创新，这些体系化的创新将切入国民经济和社会发展的各个领域中，构建全面发展的智慧社会。

13.2.2 数字技术+智能决策

在转型期，政府面对的新问题、新挑战层出不穷，过去碰到新问题只能先用老办法，或者拍脑袋想一个新办法，试错之后再改进。运用数字化技术，政府管理从经验驱动转变到数据驱动，提高政府管理和决策的精准性、预见性和公平性。

1）利用数字技术精准决策

通过系统采集客观数据，充分利用数字化关联分析、数学建模、虚拟仿真及人工智能等技术，进行模块化分析和政策模拟，系统精确地进行政策规划和决策；实施全面、可靠的实时政策跟踪；运用科学全面的方法对政策进行评估；利用大数据对人口、交通、资源环境等领域开展动态监测、安全预警；利用海量数据促进宏观经济领域转变发展方式的决策规划更加科学精准。

案例解读13-1　　打通"最后一米"！雄安政务服务"门牌"贴到家门口

"这个门牌就是数字政务服务二维码，现在贴到了小区门口、住宅楼下、办公楼下，手机一扫，不用到办事大厅就能办，特别方便快捷。"从北京疏解到雄安新区工作的张先生高兴地说。

在雄安悦容社区党群服务中心门口，居民正在数字政务服务"门牌"前扫码办理业务。原来，这几天正准备去办理运输经营许可证的张先生，偶然发现公司所在办公楼里有个海报——雄安新区数字政务服务门牌上线。"我拿手机扫了一下'门牌'，立刻跳出有事请教对话栏，输入我要办运输经营许可证后，按照提示，很快找到办证选项，不到5分钟，就办好了一张许可证。"

"雄安新区数字政务服务门牌二维码，已经绑定了市场准入、投资建设、社会事业、公积金等近200项政务服务，实现了政务服务从办事大厅的'窗口'移到'家门口'。同时为零基础办事人员提供智能化导引服务，让群众办事实现'不跑腿'。"雄安新区公共服务局行政审批改革组相关负责人告诉记者。

近年来，作为北京非首都功能疏解集中承载地，雄安新区承接北京央企、医院、高校等功能疏解落地呈现加力提速态势。雄安新区公共服务局始终坚持目标导向和问题导向，从便民利企的"小切口"出发，致力于解决企业群众的智能化办事导引问题，日前创新推出了"数字政务服务门牌"改革。"门牌"聚焦新区高频热门领域事项，分阶段推行实施，目前已完成近200项事项梳理。企业群众通过扫描二维码，可享受在线办、视频办、全渠道网办指引等多种服务。

数字政务服务门牌上线，实现了政务服务向社区、基层延伸，帮助群众就近找到办事大厅、自助机，使办事群众能更简单有效地完成事项办理，极大缩短了群众与政务服务之间的距离，提高了服务的便捷性。

数字政务服务门牌上线，提升了服务效能，优化了办事体验。"门牌"将原本晦涩难懂的办事指南改造为群众喜闻乐见的口语化表述，为群众提供了清晰的办事指引和材料清单，降低了办事难度和门槛，群众一看就会、一键就办。

数字政务服务门牌依托先进的互联网技术和大数据分析能力，为群众提供智能化、个性化的服务的同时，还整合了全渠道信息，实现了全区政务服务办事大厅以及自助机设备的精准导航。让企业群众在享受便捷服务的同时，感受到雄安新区这座未来城市满满的科技范儿。

资料来源　佚名.打通"最后一米"！雄安政务服务"门牌"贴到家门口［N］.北京日报，2024-09-17.

分析：数字政务服务门牌是运用数字技术服务群众的有益尝试，随着数字技术的不断进步和应用，实践中会创造出更多的新方法和新经验。

2）完善政府数据治理，唤醒沉睡的政府数据

在大数据时代，海量数据的存储和应用带给公共部门在技术、资金、人力等多方面的成本，然而商业领域的成功案例让我们看到了将这些成本转化为收益、通过对数据的挖掘提升服务质量的可能。公共部门需要进一步转变理念，在有效保障数据安全的前提下利用这些"沉睡数据"的价值，从而提升治理能力。

政府数据治理是将数据视为政府的重要资产，对数据相关的事务进行决策和行使权力，以服务政府目标的实现，主要包括围绕数据资源而进行的顶层设计、组织管理、数据管理、数据共享与开放等工作。完善政府数据治理，对提升政府治理能力、优化民生公共服务、促进经济转型和创新发展具有重大意义。良好的数据治理体系，需要完善数据治理的法律法规与制度，建立数据治理的组织架构和管理体系，实施科学有效的数据质量管理、数据安全管理，建立满足需求的数据架构和数据标准，推进数据对内共享和对外开放，开展政产学研的数据融合、分析和应用，最终才能发挥数据的巨大价值，形成数据管理、数据利用和数据价值的良性循环。

13.2.3　数字技术+组织变革和流程再造

数字治理不是在政府工作中利用数字技术这么简单，更重要的是用数字化手段和办法优化政府工作的架构、方法、规则和程序，提升行政效率和效能，通过对政府自身管理机制的根本性的重新设计，来获得更好地为人民服务的能力的一种方式。如果只是把数字技术嫁接在现有架构和流程之上，不仅可能造成公共资源的巨大浪费，还有可能固化现有体制缺陷，妨碍变革和创新。例如，各地普遍开展的"一站式服务"改革，如果没有恰当的流程梳理与优化的支撑，不仅不能提高工作效率，反而会给政府部门的工作带来更多的负荷。

数字治理理念下的政府组织架构变革与行政流程再造，是服务导向、需求导向的价值追求和提高效率、降低成本的效用追求的融合，利用数字技术的传递、整合和分析能力，提升了政府跨越传统界限进行整合的能力。

在组织架构设计上，利用数字技术将传统的金字塔式的单一传输渠道转变为扁平化、网络化、多层次的传输渠道，让管理者及时掌握全局信息，不同层级的工作人员及时了解全局信息，使上下级间获取信息的数量、时间等影响因素不断缩小，降低行政成本，提升行政效率。

在行政流程再造上，利用Web 2.0技术、移动技术和云计算的深入应用，进一步整合部门间职能分工，向着无缝化、一体化、交互化的方向发展，化解政府部门间条块分割、上下对应的格局，为部门间的工作交流提供平台和渠道，加强部门间协同合作，提升政府效能。

13.2.4　数字技术+自身管理

数字技术不仅给政府管理和决策科学化带来了新的机遇，也为完善政府自身管理提供了新的手段。在大数据、云计算和移动互联网等技术的辅助之下，实现权力运行全程规范化、数字化、处处留痕迹，从而对行政过程中产生的数据进行全程记录、挖掘分析。

我国一些城市在政府网站上提供了证件办理和市民投诉渠道，市民办事时会形成一个工单号，根据工单号可以实时查询跟踪办事全流程，例如，哪个部门在处理、需要多长时间、负责人及联系方式等信息。流程规范化、数字化、透明化对于加强政府自身管理、促进依法行政起到了积极作用。一些地方还探索打造"数据铁笼"，变人为监督为数据监督，变事后监督为过程监督，变个体监督为整体监督，大大压缩了权力寻租空间的同时，将监督前置，有利于在公职人员违法违纪的"疾在腠理"之时及时提醒和纠正，防止小错积累成大错，这也是对公职人员的一种保护。

与数字治理在其他方面的应用一样，数字技术在政府自身管理中的运用也不是孤立的，只有把数字技术与制度、管理、文化等方面的变革结合起来，技术的力量才能真正发挥。例如，只有在落实好权力清单、责任清单、负面清单的基础上，才能将权力运行流程和环节细化、固化和数据化。只有针对权力运行流程建立起完善的指标体系、研判体系和风险评估机制，才能在技术的辅助下及时预警和发现行政不作为、乱作为等行为。

技术再先进，最终还是要靠人来执行。切实增强制度执行力，才能让"数据铁笼"和"制度铁笼"紧密结合，产生"1+1>2"的威力。

案例解读13-2　　　　常熟探索建立不动产登记监督"数据铁笼"

为落实自然资源部关于不动产登记队伍作风常态化建设要求，常熟市自然资源和规划局以推进廉洁机关建设为契机，在不动产登记领域探索开展"数据铁笼"监督试点工作，针对不动产登记各业务流程中可能存在的廉政风险，在不动产登记系统中嵌入监督模块，有关部门通过监督模块实时监督不动产登记办理情况。按照"业务在线上运行，监督在线上同步"的思路，逐步在不动产登记系统中嵌入监督模块，完善数字赋能的监督路径，严密事前–事中–事后全周期监督体系，精准发现疑似违规办理不动登记问题，及时阻断可疑事项，推动业务运行更加规范、透明、高效。

不动产登记"数据铁笼"项目紧密围绕登记业务流程，针对业务受理、审核、登簿、司法查封等环节可能存在监督审核不力、办理不及时、不规范等风险，通过信息化手段实现对不动产登记全过程的实时监督和制约。截至目前，该试点已实现业务风险监控、内部警示、权属变更检测、登记费减免监督、业务时效统计等功能。

资料来源　佚名. 作风常态化建设：常熟探索建立不动产登记监督"数据铁笼"［EB/OL］.（2023–12–31）［2024–11–12］. http://zrzy.jiangsu.gov.cn/szcs/gtzx/gzdt/202401/t20240122_1530584.htm.

分析：与以往的人工监督相比，大数据和云平台系统监督能够实时、全程、精准地对权力运行实施监督，对建设廉洁政府、效率政府有积极意义。

13.2.5　数字技术+职能转变

为社会提供优质、高效、便捷的公共服务是政府的重要职责。数字治理理念下的公共服务，不是简单地把原来在线下提供的服务转移到线上，把供给侧与需求侧在"物理"上连接起来，而是通过连接、互动、反馈、融合与创新形成"化学反应"，达到公共服务便捷化、精准化、个性化供给的目的。节省民众与政府的接触和业务申办上所需耗费的时间与精力，实现民众心中所追求的"小事无忧、大事不愁"的安居乐业愿景，是电子政务能够带给民众的最大与终极价值。《中华人民共和国国民经济和社会发展第十四个五年规划和2035年远景目标纲要》提出了"全面推进政府运行方式、业务流程和服务模式数字化智能化"的具体任务。

1）精准定位

过去政府公共服务只能考虑大多数人的需求，在统一化、"一刀切"的标准之下，服务的"锚向性"不足、精准性欠缺，很难照顾到群众的个性化、差异化需求。政府公共服务要从"大水漫灌"到"精准滴灌"，要从"撒胡椒面"到"一把钥匙开一把锁"。要提升公共服务的质量和效果，必须在精准上着力。运用大数据能够发现公共服务中的"堵点""痛点""难点"，为政府改进工作、优化服务提供着力点和突破口。

2）"一站式服务"

"一站式服务"，一方面，能够在线办理的尽可能在线办理，让市民从 Inline（排队）到 Online（在线），推进办事材料目录化、标准化、数据化，开展在线填报、在线提交和在线审查，尽可能减少必须到现场办理的服务事项，还可进一步提供上门办理、预约办理、自助办理、同城通办、委托代办等服务，让群众从"带着表格排队"到"足不出户就能办"再到"随时随地就能办"。另一方面，将原本按照部门职能分设的办事窗口，整合为按群众需求场景设立的综合性窗口，变"多头受理"为"一口受理"。

"一站式服务"不仅是窗口的物理整合，更是组织的整合、流程的整合、数据的整合，变"群众跑腿"为"信息跑路"，变"群众来回跑"为"部门协同办"。

3）个性化服务

量身定制的个性化服务已日益得到各国政府的重视和实施，政府可以借鉴企业界顾客关系管理的理念，运用大数据技术掌握民众不断变化的真实需求，以提高民众的满意度，并持续评估服务绩效，不断地与民众积极沟通，从而更精准更有效地满足民众的需求，完成从"政府端什么菜群众吃什么菜"到"群众点什么菜政府端什么菜"，再到"群众想吃什么菜政府就端什么菜"的转变。

实现公共服务的便捷化、精准化和个性化固然离不开数字技术的支持，但更重要的是从供给导向到需求导向、从管理导向到服务导向的意识转变。近年来，我国一些先进地区和部门在创新和改进公共服务方面积极探索，以"一号"申请、"一窗"受理、"一网"通办为代表的信息惠民探索取得了显著成效。但困扰基层群众的"办证多、办事难"现象仍然大量存在，各类"奇葩证明""循环证明"等仍然时有发生，既不利于保障和改善民生，也影响了创业创新的开展。

13.2.6 数字技术+服务监管

当前，我国市场主体数量快速增长，市场活跃度不断提升，社会信息量爆炸式增长，利用大数据提升市场服务和监管能力，使市场监管向效果更精准、成本更低廉、方式更强调多元共治的方向迈进。

1）加强数据分析

随着数字经济时代各种新业态的不断涌现，传统的对生产者进行身份认证和许可、对生产场所进行规范、对产品质量进行把关的监管方式，已经越来越不适应新形势的要求。充分运用大数据的先进理念、技术和资源，充分获取和运用信息，更加准确地了解市场主体需求，提高服务的有效性。同时，在政府部门信息共享的基础上，将市场监管、税收监管、检验检测、违法失信、消费维权等各类市场监管数据进行汇聚整合和关联分析，及时掌握市场主体经营活动的规律与特征，通过综合对比、科学筛查，预测市场监管风险，及时发现和处置违法违规线索，提高事中事后监管的精准性。

2）降低监管成本

传统的以人为主体的监管模式需要耗费大量人力、物力、财力，数字技术让市场监管告别大海捞针式的人工巡查，可以用更少的投入完成对更多市场主体的监管。同时，还可以根据需要适时采用政府购买服务或政企合作方式高效利用现代数字技术、社会数据资源和社会化的信息服务，进一步降低服务和监管成本。

3）多元共治

市场主体的经营行为日益广泛、信息日益分散、监管风险日益多样化，需要实行市场服务和监管的多元共治。例如，通过对政府各部门掌握的信用信息进行共享和公开，以及充分运用第三方机构形成的信用数据，发挥社会监督的作用，激励守信者，教育失信者，以促进更加诚实守信、公平竞争的市场环境。

拓展学习13-2

"区块链+民生"，服务更深入

13.2.7　区块链+政务

当前，数字政府建设有三个问题需要解决，一是数字政府制度标准体系有待进一步完善；二是数据安全、隐私保护措施仍需进一步加强；三是数据共享应用程度有待进一步提高。

1）加快政务数据互联互通

在政务领域，政务信息系统的应用在一些单位和部门比较普遍，例如，面向政府办公业务建立的十二个重点信息应用系统（简称"十二金"），包括提供宏观决策支持的金宏工程、办公业务资源；涉及金融系统的金财、金税、金卡、金审、金关工程；关系到国家稳定和社会稳定的金盾、金保工程；具有专业性质但对国家民生具有重要意义的金农、金水、金质工程应用已久，以此为代表的部门应用已经纵向深化，我国已经积累下了大量的政务数据。

但在政务数据共享领域，存在着办事入口不统一、平台功能不完善、事项上网不同步、服务信息不准确等诸多痛点。利用区块链技术，构建一个跨级别、跨部门数据的互联互通安全可信任的环境，打通部门间、地区间的数据壁垒，实时共享政务数据，最终解决数据孤岛等问题，实现统一平台入口，把电子政务数据共享的安全风险降至最低，进一步提高政府部门的工作效率。

2）加固数据安全壁垒

政务服务平台涉及大量公民、企业的敏感信息，极易遭受黑客攻击导致信息泄露，甚至存在内部人员泄密等情况。电子政务数据共享必须严格建立在安全的基础之上。利用区块链可追溯、不可篡改、允许政府部门对访问方和访问数据进行自主授权的特点，设计数据加密关口，严控黑客攻击；对数据调用行为进行记录并加强监控，在出现数据泄露事件时准确追责；同时，落实信息安全相关政策，确保政务信息安全。

任务实施与评价

◉ 任务实施

【背景资料】

静安区打造能源和双碳智慧监管平台

记者从静安区建设和管理委员会了解到，上海市静安区构建了全面、专业的能源和双碳智慧监管平台。

实现全区各板块各区域碳排放全方位监管

静安区能源和双碳智慧管理平台（以下简称双碳平台）是全面监管静安全区能源和碳排放的专业系统，同时也是区级能源、碳排放数据的权威发布平台。双碳平台围绕"一张图、两个重点、三个领域"的总体构架，全面掌握碳排放信息，聚焦重点用能建筑和单位管理，覆盖建筑、企业和交通三大领域。

双碳平台包括10个子系统，聚焦碳排放监测管理、全景地图、可再生能源监测、绿色低碳交通等核心功能，动态展示碳排放数据，实现供给侧到消费侧的碳排放统计与分析。其中，全景地图融合全区碳排核心数据，全面展示全区碳排放情况，实现全区各板块各区域碳排放全方位监管。

双碳平台的搭建，将形成对区内重点用能单位和重点用能建筑的集中管理，依托平台落实了信息统计和考核管理。同时，可以预判企业的能碳双控达标情况，依托数据监控形成预警管理，实时掌握，提前指导。

此外，双碳平台关注全区绿色交通应用和可再生能源建设情况，实现减排监测和碳中和量核算，量化评估节能改造项目和可再生能源项目的碳中和成果。

低碳示范引领静安发展

根据《静安区碳达峰实施方案》，双碳平台以"一园三区"低碳示范创建特色，开发了转型数据采集与分析功能，实现示范区域的精细化管理。

以近零碳排放实践区为范例，聚焦绿色生态城区元素，体现节能改造项目和碳中和技术实施的效果；通过建筑智能管理，建立了楼宇用能特征分析和对标评价等功能。

同时，双碳平台将结合区域转型升级，致力绿色生态城区建设，并结合历史保护建筑和产业空间更新，跟踪城市低碳更新实效。

双碳平台将打造为全区碳排放相关的数据汇聚中心、权威发布中心、建筑管理支撑中心，为打造本市能源与双碳数字化转型创新示范城区，实现"双碳"目标提供坚实支撑，促进经济社会发展全面绿色转型作出贡献。

资料来源　佚名. 静安区打造能源和双碳智慧监管平台［EB/OL］.（2024-10-17）［2024-11-12］. https://www.jingan.gov.cn/rmtzx/003001/20241017/6bb0d4bb-0815-4d0f-b3cd-f5bcaaf6500e.html.

要求：结合背景资料，运用所学知识分析表13-1中的问题。

表 13-1　　　　　　　　　　　　　　任务分析表

任务类型	任务内容	内容要求
分析打造能源和双碳智慧监管平台的主要目的	通过案例内容分析打造该平台的目的	比较全面、准确
分析数据采集—数据整合—数据分析的关系	先分析数据采集、数据整合、数据分析的内容，再分析三者的关系	运用数字知识全面、准确地分析这三者的关系
分析能源和双碳智慧监管平台的主要价值	通过案例内容分析体会该平台的价值	观点明确，分析全面

◉ 任务评价

任务评价见表 13-2。

表 13-2　　　　　　　　　　　　　　任务评价表

评价项目	评价标准	权重（%）	自评	师评
分析打造能源和双碳智慧监管平台的主要目的（30分）	能够准确说出打造能源和双碳智慧监管平台的主要目的	30		
分析数据采集—数据整合—数据分析的关系（40分）	（1）能够清楚说出数据采集、数据整合、数据分析的内容	20		
	（2）能够正确说出三者的关系	20		
分析能源和双碳智慧监管平台的主要价值（30分）	能够准确评价该平台的主要价值	30		
总分		100		

任务测试与应用

◉ 任务测试

随堂测验 13-1

任务 13

1. 选择题（将正确的选项填在括号内）

1.1　单选题

（1）提出并强调"加快建设数字经济、数字社会、数字政府"的是（　　）。

A."十三五"规划　　　　　　　　　B. 2021年政府工作报告

C."十四五"规划　　　　　　　　　D.其他

（2）（　　）不是数字技术的特点。

A.抗干扰能力强、精度高　　　　　B.不采用二进制

C.保密性好　　　　　　　　　　　D.数字信号便于长期存储

（3）（　　）不是大数据的4V特征。

A.数量　　　　　　B.速度　　　　　　C.价值　　　　　　D.单一

（4）可以共享服务资源的云属于（　　）。

A.公有云　　　　　B.私有云　　　　　C.混合云　　　　　D.私密云

（5）区块链最核心的功能是（　　）。

A.去中心化　　　　B.自治性　　　　　C.匿名性　　　　　D.互联性

1.2　多选题

（1）数字治理是用数字化手段和办法优化政府工作的（　　）。

A.架构　　　　　　B.方法　　　　　　C.规则　　　　　　D.程序

（2）移动互联网的特点有（　　）。

A.便捷性　　　　　B.高效性　　　　　C.便携性　　　　　D.封闭性

（3）云计算的优势有（　　）。

A.费用低　　　　　B.性能高　　　　　C.扩展性高　　　　D.可靠性高

（4）人工智能技术主要包括（　　）。

A.人机交互　　　　B.语音识别　　　　C.图像识别　　　　D.专家系统

（5）物联网智能应用主要有（　　）。

A.城市公共安全　　　　　　　　　　　B.气象服务

C.远程医疗　　　　　　　　　　　　　D.智能交通

2.判断题（在题后的括号内打"√"或"×"）

（1）移动通信与互联网的结合产生了移动互联网。　　　　　　　　（　　　　）

（2）云计算是分布式计算技术的一种。　　　　　　　　　　　　　（　　　　）

（3）人工智能就是模仿人的智能。　　　　　　　　　　　　　　　（　　　　）

（4）区块链中的数据可以篡改。　　　　　　　　　　　　　　　　（　　　　）

（5）"一站式服务"，仅是窗口的物理整合，而不是组织、流程和数据的整合。

（　　　　）

3.简答题

（1）目前人工智能的主要应用领域有哪些？

（2）举例说明如何运用数字技术促进组织变革和流程再造。

（3）联系实际说明如何运用数字技术推进政府职能转变。

（4）联系实际说明政府如何加强数据安全和个人信息保护。

◉ 技能应用

【案例分析】

让数字政府建设驶上"快车道"

　　2023年以来，从国家到地方纷纷成立数据管理部门，此举有助于加强顶层设计、打通数据链路，解决数据治理领域多头管理、交叉分散等问题，从而推进数据要素治理优化。党的二十届三中全会提出，"推进政府机构、职能、权限、程序、责任法定化，促进政务服务标准化、规范化、便利化，完善覆盖全国的一体化在线政务服务平台"，进一步为数字政府建设提供了明确指引。

优化数据要素治理，助力数字政府建设驶上"快车道"，要从四个方面持续发力。

一是在打造"政政"桥梁上下功夫。在公共治理领域数字技术推动政府管理向大数据运用的数智治理转变，政府通过数字化转型提高管控和运用数据的能力，同时通过政策支持和资源投入等举措，有效地促进数据要素的高质量运行，形成数字政府治理新格局。要在保证数据安全的前提下，强调政府各部门之间信息开放共享、资源整合、协调合作，实现数据整合、共享、交互功能，强化政府各部门之间的协同建设，形成良性互动的数字化转型和提供智慧服务的联合体。要扩大不同层级之间开放数据的进程，扩大数据资源库，降低运用数据成本，以便更有效地处理数据工作，同时不断联动各层级政府之间的关系，着力推动纵向政府间的目标效益和数字治理，向安全性、智能性转变。要通过顶层设计、政策倾斜，区域间的协同互助，搭建互联互通机制，打破区域间数字政府的数据壁垒，整合数据资源，缩小政府之间的"数字鸿沟"，推动跨区域数字政府建设发展。

二是在打造"政企"桥梁上下功夫。通过完善顶层设计，加强数字政府关于数据要素市场领域的立法，打造统一开放、竞争有序、制度完备的营商环境。对于国有企业，推动用于数字化发展的公共数据按政府指导定价有偿使用，建立实施数据安全管理制度，引导企业通过认证提升数据安全管理水平；按照"谁投入、谁贡献、谁受益"原则，着重保护数据要素各参与方的投入产出收益，为国有企业的价值创造和价值实现提供基础性制度保障，同时压实国有企业的数据要素治理责任。对于民营企业，要增强服务意识，为企业提供优质数据供给，建立与民营企业的信息流通渠道，鼓励民营企业顺应数字化转型发展趋势，同时降低企业因信息不对称带来的成本，通过数据流通全过程管理来激活数据要素治理，打破"数据孤岛"。对于外资企业，要建立和维护好深度合作，制定国际区域间的数据流动法律条款；加强外资企业数据合规体系建设和监管，明确主体责任，在互利互惠合作中，推动国家间数字经济领域深度合作，鼓励探索数据跨境流动与合作的新途径新模式。

三是在打造"政民"桥梁上下功夫。要深入挖掘数字政府建设进程中的各类影响因素，倾听民众声音，塑造数字服务型政府理念，完善数字政府治理的新途径，建设一个高效为民服务的政府，以提高公共服务质量。要以人民需求为导向，在保障个人隐私，加强个人权益保护的基础上，解决开放利用这一紧迫问题。要更好倾听民意，充分调动全民参与数字流通、共享和发展的积极性。要整合数据资源，简化来华人员申请和审批流程，优化其签证管理、留学管理、就业许可管理、租房管理、落户管理等，提高工作效率，通过"中国之治"扩展中国国际影响力。

四是在打造"政才"桥梁上下功夫。国以才兴，政以才治。优化数据要素治理，保证人才培养质量，创新科研就业环境，筑牢人才发展制度基础，激活多类型智库活力，储备大量高质量领军人才，为打造服务型数字政府建设提供支撑。要整合国内数字领域资源，为国内的数字化人才提供全方位、多元化的数字素质教育，尤其是为其开拓参与全流程数字化实践实训的场景和机会。同时加大对高新技术产业的扶持，鼓励创新研发，为国内的人才提供更多的发展通道。要建设好人才引进机制，为其提供贴心的政务服务、舒适的科研氛围、齐全的配套设施、多元的成长机会和广阔的发展空间，让海内外的人才倾心助力我国数字化政府建设。

资料来源　姚军，黄志敏. 让数字政府建设驶上"快车道"［EB/OL］.（2024-10-14）［2024-11-12］. https：//theory.southcn.com/node_4274ee5d35/511ed504c3.shtml.

问题：谈谈你对数字政府建设的想法。

分析提示：运用数字技术应用的知识进行分析。

【实践训练】

请就同一事项登录3个政府网站，比较不同网站的服务效率与效果，并提出一些改进建议。

要求：根据所学的数字技术应用知识进行分析，主要考察服务咨询的方式是否简洁、告知的操作流程是否清晰明确，服务的内容是否全面、服务的过程是否人性化，服务的反应是否及时，答复的满意度如何等内容

项目五
行政管理展望

5

任务14 行政改革与发展

◉ 任务目标	**知识目标**	·熟悉我国行政改革的目标和任务 ·掌握我国行政改革实施的要点 ·了解我国行政发展的趋势
	技能目标	能够通过对行政改革的目标和任务的理解来分析行政改革的实际问题
	素质目标	·增强行政改革意识和服务意识，提高行政管理素养 ·树立正确的改革观和发展观
◉ 任务重点	·行政改革 ·行政发展	

知识导图14-1

行政改革与发展

引例　　"高效办成一件事"是新时代新征程行政管理改革的务本之策和务实之举

2024年1月，国务院印发《关于进一步优化政务服务提升行政效能推动"高效办成一件事"的指导意见》（以下简称《指导意见》），以习近平新时代中国特色社会主义思想为指导，全面贯彻党的二十大精神，把"高效办成一件事"作为优化政务服务、提升行政效能的重要抓手，明确了推动"高效办成一件事"的指导思想、工作目标、主要任务、具体措施，并从企业和个人两个全生命周期高效办事明确了第一批13个重点事项及其责任部门。

《指导意见》的出台，可以说是新时代新征程上全面落实党中央决策部署的务实举措，为加强政府自身建设、深化行政管理改革、提升行政效能和建设人民满意的服务型政府提供了新抓手，在建设全国统一大市场、推进有效市场和有为政府更好结合、优化营商环境和扎实推动高质量发展上迈出了新步伐。

这是坚持人民至上之为。江山就是人民，人民就是江山。人民政府是有为政府，有为之"为"在于坚持人民至上，任何时候都必须始终牢记人民政府前面的"人民"这两个字，践行全心全意为人民服务的根本宗旨，把人民对美好生活的向往作为奋斗目标，始终不渝为人民谋幸福，扎扎实实办好每一件民生实事。人民的幸福感有赖于政府为民服务的实效，群众和企业对政府工作的满意度，与一件件具体的政务服务事项密切相关。深化政务服务改革不仅便利企业和群众生产经营与办事创业、畅通国民经济循环，也为加快构建新发展格局和建设人民满意的服务型政府提供支撑。推动"高效办成一件事"是牵一发而动全身的"牛鼻子"工作，是建设人民满意的服务型政府的务本之策。

这是转变政府职能之为。进一步改革政府机构、转变政府职能，以更好适应深化改革开放、加快转变经济发展方式、转变工作作风、维护社会和谐稳定，不仅是深化行政管理改革、提高政府效能的必然要求，也是增强社会发展活力和经济高质量发展的必然要求。要以更大力度推进政府职能转变，迫切需要提高创造性执行力和执行效能，为完成各项目标任务提供有力保障。从"高效办成一件事"切入深化政务服务改革，则是提高创造性执行效能的关键一招和创新行政方式、提升行政效能的务实之举。在一定意义上，这是一场眼光向外、刀口向内的政府自身改革，要求政府执行的思维理念、体制机制和方式方法全面革新，着重围绕促进发展与改善服务两个主方向，引导公务人员想干、敢干、能干和善干，"在事上磨"，将踏实做事、高效做事、一件一件做事贯穿到政府执行工作中，进而将中国制度优势转化为国家治理效能，实现党和政府、中央和地方、国家与社会之间的有机互动，维系秩序与活力的动态平衡。

这是优化营商环境之为。当前经济全球化遭遇逆流，世界面临的不稳定性不确定性更加突出，我国正处在转变发展方式、优化经济结构、转换增长动力的攻关期，推动高质量发展仍存在不少体制机制障碍。面对新形势新任务新要求，全面深化改革，关键是要进一步形成公平竞争的发展环境，要瞄准最高标准、最高水平，优化政务服务，打造国际一流营商环境。营商环境是指企业等经营主体在市场经济活动中所涉及的体制机制性因素和条件，是一国经济制度、社会制度、地理环境、思想观念和治理效能等因素的综合反映。政务服务改革是行政审批制度改革的深化和延伸，是转变政府职能和推进行政管理体制改革的主要内容，也是深化经济体制改革、不断突破体制机制障碍、持续优化营商环境的重要举措。把打造市场化、法治化、国际化营商环境摆在重要位置，需要推动"高效办成一件事"，顺应群众和企业对政务服务不断升级的需求，让群众和企业从具体事中切身感受到实实在在的变化，因为营商环境由具体事来营造，"致广大而尽精微"，每一件具体事的顺畅有利于营商环境的优化。

资料来源 何强．"高效办成一件事"是新时代新征程行政管理改革的务本之策和务实之举［EB/OL］．（2024-01-18）［2024-11-12］．https://www.gov.cn/zhengce/202401/content_6926914.htm.

这一案例表明：政府部门要适应新形势新任务新要求，始终保持奋发有为的精神状态，胸怀"国之大者"，主动担当作为，加强协同配合，积极谋划和应用好"高效办成一件事"这个牵引性、撬动性强的工作抓手，聚焦企业和群众关切，进一步优化政务服务，全面提升行政效能，扎实推动各项工作高质量发展，把中国式现代化宏伟蓝图一步步变成美好现实。

知识准备

14.1 行政改革

课程动画 14-1

行政改革

面对当今世界百年未有之大变局，面对我国"两个一百年"奋斗目标，如何增强国家治理体系和治理能力现代化显得尤为重要。政府必须对现有的行政职能和行政管理方式进行调整和变革，以强化政府行政能力，适应未来形势发展的需要。

14.1.1 行政改革的含义

行政改革是指政府为了适应社会环境，或者高效、公平地处理社会公共事务，调整内部体制和组织结构，重新进行权力配置，并调整政府与社会之间关系的过程。简单讲就是指国家行政机关为适应内外环境的变化，对行政管理的诸方面因素进行的调整与变革。理解行政改革应注意的问题：

（1）行政改革是一个政治过程。行政体制是政治体制的组成部分，政治决定行政。在西方发达国家，行政也必须从属于国家政治的要求，在我国政治与行政更是密不可分。因此，行政改革过程不是纯技术实施的过程，政治的各种因素决定了行政改革的复杂性。

（2）行政改革的目的是适应社会环境，提高行政效率，高效、公平地处理社会公共事务。公共组织与社会环境是输出输入的关系，两者必须保持动态平衡。行政改革以适应社会环境为取向意味着公共组织必须适应社会变迁，它的组织结构、规章制度和运行方式必须随着社会的变化而变化。但行政改革不是消极地适应社会环境的变化，而是积极而高效地管理社会公共事务。行政改革要注意行政效率问题，同时又不能忽视社会公平和公众利益的实现程度。

（3）行政改革必须改革内部体制和组织机构，重新配置行政权力。行政改革要对行政权力体制、行政领导体制、行政区划体制、组织机构、人事制度等进行改革，是一个系统工程。因此，行政改革应该进行科学的论证、严密的计划、强有力的组织，有步骤、有重点地开展，而不能盲目进行。

（4）行政改革必须正确处理政府与社会之间的关系。政府必须不断地调整与社会的关系，界定自己在社会中的角色，必须对政府行政权的行使范围、程度和方式进行调整。从总的发展趋势来看，政府的行政权对社会的干预逐步减少，社会的自主权和自治权越来越多，社会团体和非营利组织以及市场的作用越来越大。但政府必须对社会进行干预，无政府主义是不可取的。

14.1.2　我国行政改革的目标

党的二十届三中全会提出，我国进一步全面深化改革的总目标是：继续完善和发展中国特色社会主义制度，推进国家治理体系和治理能力现代化。到二○三五年，全面建成高水平社会主义市场经济体制，中国特色社会主义制度更加完善，基本实现国家治理体系和治理能力现代化，基本实现社会主义现代化，为到本世纪中叶全面建成社会主义现代化强国奠定坚实基础。

行政改革不仅是为了解决政府职能转变问题，更是着眼于整个国家机构（国家治理体系和治理能力）的改革，是大行政的概念。

14.1.3　我国行政改革的任务

党的二十届三中全会指出，进一步全面深化改革的指导思想是：坚持马克思列宁主义、毛泽东思想、邓小平理论、"三个代表"重要思想、科学发展观，全面贯彻习近平新时代中国特色社会主义思想，深入学习贯彻习近平总书记关于全面深化改革的一系列新思想、新观点、新论断，完整准确全面贯彻新发展理念，坚持稳中求进工作总基调，坚持解放思想、实事求是、与时俱进、求真务实，进一步解放和发展社会生产力、激发和增强社会活力，统筹国内国际两个大局，统筹推进"五位一体"总体布局，协调推进"四个全面"战略布局，以经济体制改革为牵引，以促进社会公平正义、增进人民福祉为出发点和落脚点，更加注重系统集成，更加注重突出重点，更加注重改革实效，推动生产关系和生产力、上层建筑和经济基础、国家治理和社会发展更好相适应，为中国式现代化提供强大动力和制度保障。

1）坚持党的全面领导的制度

党政军民学，东西南北中，党是领导一切的。加强党对各领域各方面工作领导，是深化党和国家机构改革的首要任务。要优化党的组织机构，确保党的领导全覆盖，确保党的领导更加坚强有力。

2）优化政府机构设置和职能配置

转变政府职能，是深化党和国家机构改革的重要任务。要坚决破除体制机制弊端，使市场在资源配置中起决定性作用、更好发挥政府作用，围绕推动高质量发展，建设现代化经济体系，加强和完善政府经济调节、市场监管、社会管理、公共服务、生态环境保护职能，调整优化政府机构职能，全面提高政府效能，建设人民满意的服务型政府。

（1）合理配置宏观管理部门职能。科学设定宏观管理部门职责和权限，强化制定国家发展战略、统一规划体系的职能，更好发挥国家战略、规划导向作用。完善宏观调控体系，创新调控方式，构建发展规划、财政、金融等政策协调和工作协同机制。强化经济监测预测预警能力，综合运用大数据、云计算等技术手段，增强宏观调控前瞻性、针对性、协同性。加强和优化政府反垄断、反不正当竞争职能，打破行政性垄断，防止市场垄断，清理废除妨碍统一市场和公平竞争的各种规定和做法。加强和优化政府法治职能，推进法治政府建设。加强和优化政府财税职能，进一步理顺统一税制和分级财政的关系，夯实国家治理的重要基础。加强和优化金融管理职能，增强货币政策、宏观审慎政策、金融监管协调性，优化金融监管力量，健全金融监管体系，守住不发生系统性金融风险的底线，维护国家金融安全。加强、优化、转变政府科技管理和服务职能，完善科技创新制度和组织体系，加强知识产权保护，落实创新驱动发展战略。加强和优化政府"三农"工作职能，扎实实施乡村振兴战略。构建统一高效审计监督体系，实现全覆盖。加强和优化政府对外经济、出入境人员服务管理工作职能，推动落实互利共赢的开放战略。

（2）深入推进简政放权。减少微观管理事务和具体审批事项，最大限度减少政府对市场资源的直接配置，最大限度减少政府对市场活动的直接干预，提高资源配置效率和公平性，激发各类市场主体活力。清理和规范各类行政许可、资质资格、中介服务等管理事项，加快要素价格市场化改革，放宽服务业准入限制，优化政务服务，完善办事流程，规范行政裁量权，大幅降低制度性交易成本，鼓励更多社会主体投身创新创业。全面实施市场准入负面清单制度，保障各类市场主体机会平等、权利平等、规则平等，营造良好营商环境。

（3）完善市场监管和执法体制。改革和理顺市场监管体制，整合监管职能，加强监管协同，形成市场监管合力。深化行政执法体制改革，统筹配置行政处罚职能和执法资源，相对集中行政处罚权，整合精简执法队伍，解决多头多层重复执法问题。一个部门设有多支执法队伍的，原则上整合为一支队伍。推动整合同一领域或相近领域执法队伍，实行综合设置。减少执法层级，推动执法力量下沉。完善执法程序，严格执法责任，加强执法监督，做到严格规范公正文明执法。

（4）改革自然资源和生态环境管理体制。实行最严格的生态环境保护制度，构建政府为主导、企业为主体、社会组织和公众共同参与的环境治理体系，为生态文明建设提供制度保障。设立国有自然资源资产管理和自然生态监管机构，完善生态环境管理制度，统一行使全民所有自然资源资产所有者职责，统一行使所有国土空间用途管制和生态保护修复职责，统一行使监管城乡各类污染排放和行政执法职责。强化国土空间规划对各专项规划的指导约束作用，推进"多规合一"，实现土地利用规划、城乡规划等有机融合。

（5）完善公共服务管理体制。健全公共服务体系，推进基本公共服务均等化、普惠化、便捷化，推进城乡区域基本公共服务制度统一。政府职能部门要把工作重心从单纯注重本行业本系统公共事业发展转向更多创造公平机会和公正环境，促进公共资源向基层延伸、向农村覆盖、向边远地区和生活困难群众倾斜，促进全社会受益机会和权利均等。加强和优化政府在社会保障、教育文化、法律服务、卫生健康、医疗保障等方面的职能，更好地保障和改善民生。推动教育、文化、法律、卫生、体育、健康、养老等公共服务提供主体多元化、提供方式多样化。推进非基本公共服务市场化改革，引入竞争机制，扩大购买服务。加强、优化、统筹国家应急能力建设，构建统一领导、权责一致、权威高效的国家应急能力体系，提高保障生产安全、维护公共安全、防灾减灾救灾等方面能力，确保人民生命财产安全和社会稳定。

（6）强化事中事后监管。改变重审批轻监管的行政管理方式，把更多行政资源从事前审批转到加强事中事后监管上来。创新监管方式，全面推进"双随机、一公开"和"互联网+监管"，加快推进政府监管信息共享，切实提高透明度，加强对涉及人民生命财产安全领域的监管，主动服务新技术新产业新业态新模式发展，提高监管执法效能。加强信用体系建设，健全信用监管，加大信息公开力度，加快市场主体信用信息平台建设，发挥同行业和社会监督作用。

（7）提高行政效率。精干设置各级政府部门及其内设机构，科学配置权力，减少机构数量，简化中间层次，推行扁平化管理，形成自上而下的高效率组织体系。明确责任，严格绩效管理和行政问责，加强日常工作考核，建立健全奖优惩劣的制度。打破"信息孤岛"，统一明确各部门信息共享的种类、标准、范围、流程，加快推进部门政务信息联通共用。改进工作方式，提高服务水平。加强作风建设，坚决克服形式主义、官僚主义、享乐主义和奢靡之风。

3）统筹党政军群机构改革

统筹党政军群机构改革，是加强党的集中统一领导、实现机构职能优化协同高效的必然要求。要统筹设置相关机构和配置相近职能，理顺和优化党的部门、国家机关、群团组织、事业单位的职责，推进跨军地改革，增强党的领导力，提高政府执行力，激发群团组织和社会组织活力，增强人民军队战斗力，使各类机构有机衔接、相互协调。

（1）完善党政机构布局。正确理解和落实党政职责分工，理顺党政机构职责关系，形成统一高效的领导体制，保证党实施集中统一领导，保证其他机构协同联动、高效运行。系统谋划和确定党政机构改革事项，统筹调配资源，减少多头管理，减少职责分散交叉，使党政机构职能分工合理、责任明确、运转协调。

（2）深化人大、政协和司法机构改革。人民代表大会制度是坚持党的领导、人民当家作主、依法治国有机统一的根本政治制度安排。要发挥人大及其常委会在立法工作中的主导作用，加强人大对预算决算、国有资产管理等的监督职能，健全人大组织制度和工作制度，完善人大专门委员会设置，更好发挥其职能作用。推进人民政协履职能力建设，加强人民政协民主监督，优化政协专门委员会设置，更好发挥其作为专门协商机构的作用。深化司法体制改革，优化司法职权配置，全面落实司法责任制，完善法官、检察官员额制，推进以审判为中心的诉讼制度改革，推进法院、检察院内设机构改革，提高司法公信力，更好地维护社会公平正义，努力让人民群众在每一个司法案件中感受到公平正义。

（3）深化群团组织改革。健全党委统一领导群团工作的制度，推动群团组织增强政治性、先进性、群众性，优化机构设置，完善管理模式，创新运行机制，坚持眼睛向下、面向基层，将力量配备、服务资源向基层倾斜，更好地适应基层和群众需要。促进党政机构同群团组织功能有机衔接，支持和鼓励群团组织承担适合其承担的公共职能，增强群团组织团结教育、维护权益、服务群众功能，更好地发挥群团组织作为党和政府联系人民群众的桥梁和纽带作用。

（4）推进社会组织改革。按照共建共治共享要求，完善党委领导、政府负责、社会协同、公众参与、法治保障的社会治理体制。加快实施政社分开，激发社会组织活力，克服社会组织行政化倾向。适合由社会组织提供的公共服务和解决的事项，由社会组织依法提供和管理。依法加强对各类社会组织的监管，推动社会组织规范自律，实现政府治理和社会调节、居民自治良性互动。

（5）加快推进事业单位改革。党政群所属事业单位是提供公共服务的重要力量。全面推进承担行政职能的事业单位改革，理顺政事关系，实现政事分开，不再设立承担行政职能的事业单位。加大从事经营活动事业单位改革力度，推进事企分开。区分情况实施公益类事业单位改革，面向社会提供公益服务的事业单位，理顺同主管部门的关系，逐步推进管办分离，强化公益属性，破除逐利机制；主要为机关提供支持保障的事业单位，优化职能和人员结构，同机关统筹管理。全面加强事业单位党的建设，完善事业单位党的领导体制和工作机制。

（6）深化跨军地改革。按照军是军、警是警、民是民原则，深化武警部队、民兵和预备役部队跨军地改革，推进公安现役部队改革。军队办的幼儿园、企业、农场等可以交给地方办的，原则上交给地方办。完善党领导下统筹管理经济社会发展、国防建设的组织管理体系、工作运行体系和政策制度体系，深化国防科技工业体制改革，健全军地协调机制，推动军民融合深度发展，构建一体化的国家战略体系和能力。组建退役军人管理保障机构，协调各方面力量，更好地为退役军人服务。

4）合理设置地方机构

统筹优化地方机构设置和职能配置，构建从中央到地方运行顺畅、充满活力、令行禁止的工作体系。科学设置中央和地方事权，理顺中央和地方职责关系，更好地发挥中央和地方两个积极性，中央加强宏观事务管理，地方在保证党中央令行禁止前提下管理好本地区事务，合理设置和配置各层级机构及其职能。

（1）确保集中统一领导。地方机构设置要保证有效实施党中央方针政策和国家法律法规。省、市、县各级涉及党中央集中统一领导和国家法治统一、政令统一、市场统一的机构职能要基本对应，明确同中央对口的组织机构，确保上下贯通、执行有力。

（2）赋予省级及以下机构更多自主权。增强地方治理能力，把直接面向基层、量大面广、由地方实施更为便捷有效的经济社会管理事项下放给地方。除中央有明确规定外，允许地方因地制宜设置机构和配置职能，允许把因地制宜设置的机构并入同上级机关对口的机构，在规定限额内确定机构数量、名称、排序等。

（3）构建简约高效的基层管理体制。加强基层政权建设，夯实国家治理体系和治理能力的基础。基层政权机构设置和人力资源调配必须面向人民群众、符合基层事务特点，不简单照搬上级机关设置模式。根据工作实际需要，整合基层的审批、服务、执法等方面力量，统筹机构编制资源，整合相关职能设立综合性机构，实行扁平化和网格化管理。推动治理重心下移，尽可能把资源、服务、管理放到基层，使基层有人有权有物，保证基层事情基层办、基层权力给基层、基层事情有人办。上级机关要优化对基层的领导方式，既允许"一对多"，由一个基层机构承接多个上级机构的任务；也允许"多对一"，由基层不同机构向同一个上级机构请示汇报。明确政策标准和工作流程，加强督促检查，健全监督体系，规范基层管理行为，确保权力不被滥用。推进直接服务民生的公共事业部门改革，改进服务方式，最大限度方便群众。

（4）规范垂直管理体制和地方分级管理体制。理顺和明确权责关系，属于中央事权、由中央负责的事项，中央设立垂直机构实行规范管理，健全垂直管理机构和地方协作配合机制。属于中央和地方协同管理、需由地方负责的事项，实行分级管理，中央加强指导、协调、监督。

5）推进机构编制法定化

机构编制法定化是深化党和国家机构改革的重要保障。要依法管理各类组织机构，加快推进机构、职能、权限、程序、责任法定化。

（1）完善党和国家机构法规制度。加强党内法规制度建设，制定中国共产党机构编制工作条例。研究制定机构编制法。增强"三定"规定严肃性和权威性，完善党政部门机构设置、职能配置、人员编制规定。全面推行政府部门权责清单制度，实现权责清单同"三定"规定有机衔接，规范和约束履职行为，让权力在阳光下运行。

（2）强化机构编制管理刚性约束。强化党对机构编制工作的集中统一领导，统筹使用各类编制资源，加大部门间、地区间编制统筹调配力度，满足党和国家事业发展需要。根据经济社会发展和推进国家治理体系现代化需要，建立编制管理动态调整机制。加强机构编制管理评估，优化编制资源配置。加快建立机构编制管理同组织人事、财政预算管理共享的信息平台，全面推行机构编制实名制管理，充分发挥机构编制在管理全流程中的基础性作用。按照办事公开要求，及时公开机构编制有关信息，接受各方监督。严格机构编制管理权限和程序，严禁越权审批。严格执行机构限额、领导职数、编制种类和总量等规定，不得在限额外设置机构，不得超职数配备领导干部，不得擅自增加编制种类，不得突破总量增加编制。严格控制编外聘用人员，从严规范适用岗位、职责权限和各项管理制度。

（3）加大机构编制违纪违法行为查处力度。严格执行机构编制管理法律法规和党内法规，坚决查处各类违纪违法行为，严肃追责问责。坚决整治上级部门通过项目资金分配、考核督查、评比表彰等方式干预下级机构设置、职能配置和编制配备的行为。全面清理部门规章和规范性文件，废除涉及条条干预条款。完善机构编制同纪检监察机关和组织人事、审计等部门的协作联动机制，形成监督检查合力。

14.1.4　我国行政改革实施要点

我国的行政改革目标已经明确，顶层设计比较清晰，实施方案也正在执行中，在后续的实施过程中需要把握以下要点：

（1）按照《深化党和国家机构改革方案》的规划，进一步明确改革措施的时间表，统筹协调各方面改革的进程。在总结前期改革经验的基础上，及时出台有针对性的改进方案。例如，国家推行的政府"放管服"改革取得了明显的成果（激发了市场活力，带动了创新创业热潮），相比较而言，在·"放"和"管"的方面成效比较突出，在"服"的方面相对弱一些，因此需要及时推出强化"服"的政策。政府职能转换的基本标准就是全面提高政府效能，建设人民满意的服务型政府。

（2）进一步分清党政军群，中央和地方的权责关系，完善国家治理体系。对已经实施的改革效果进行及时的评价，凡是被实践证明有效的措施就应该坚持，反之则要及时调整和改进。对已经形成的有效的体制要通过能够良性运行的机制进一步巩固，例如，中央和地方事权和财权划分的试点中，被证明效果明显的新体制，就要通过相应的政策来保证其稳定运行。

（3）把握好政府职能全过程的配套改革，即决策、执行、组织、监督职能的整体推进。这是行政改革能否有效推进的系统工程，例如，大部制改革，其核心的思想是通过组织机构的改革，将原来分散的决策职能集中，改变过去部门之间互相扯皮、互相推诿的低效率状况。但是如果只是决策职能集中了，执行职能不够明确、不够坚决，那么再好的决策也是空中楼阁（如长江十年禁捕是统一的决策，若没有执行机构的坚决执行也是枉然）。因此要保证决策与执行之间的畅通，就要在组织过程中分清职权关系，建立良好的运行机制，同时跟进必要的监督。

（4）下大力气抓好行政改革的关键环节——公务员执政能力。政府职能转变的前提是体制机制的转变，但根本则在于公务员的执政能力。提高公务员的执政能力主要把握好三个方面：一是树立以人民为中心的服务意识；二是提升依法治国的执行能力；三是提升以效能为标准的创新能力。提升公务员的执政能力还要联系政治生态关系来考虑，一方面没有良好的政治生态，提升公务员执政能力也难以落到实处；另一方面提升公务员执政能力，可以促进政治生态的改进。实际上把握好两者的关系也是执政能力的体现。

（5）数字化政府助力行政改革。实践证明：数字化政府的实施对转变政府职能、提升政府效率、打造服务型政府等方面起到非常重要的辅助作用。在继续推进数字化政府的过程中我们应该做好以下几件事：一是完善顶层设计，统筹各地政府的协调发展；二是以先进带动后进，提升后进地区政府的数字化水平；三是加大对公务员数字化能力的培训，以适应数字化政府运营的需要；四是将数字化政府与数字化城市、数字化中国连接起来，最终形成智慧化中国。

14.2　行政发展

课程动画 14-2

行政发展

行政管理体系是国家治理体系的重要组成部分，行政治理体系和治理能力现代化主要表现在以下四个方面：一是建立具有中国特色的行政管理体系；二是服务型政府的特点更为明显；三是政府的行为更为法治化；四是智慧型政府会大大提升治理能力。

14.2.1　建立具有中国特色的行政管理体系

党的十九届四中全会第一次提出了"坚持和完善中国特色社会主义行政体制"的新命题，把"中国特色社会主义行政体制"列为中国特色社会主义制度体系之一，与其他的中国特色社会主义制度相并列。这是一项全新的制度安排，为中国特色社会主义行政体制作出了新阐释和新定位。

行政管理体制的改革是一个渐进的、长期的探索过程。新中国成立 70 多年来，我国已经形成具有中国特色的社会主义行政管理体制。党的十七届二中全会通过的《关于深化行政管理体制改革的意见》明确提出"到 2020 年建立起比较完善的中国特色社会主义行政管理体制"的总目标。这是在党中央的重要文献中，首次就实现行政管理体制改革的总目标提出了时间安排和标准要求，也是在党中央的重要文献中，首次出现"中国特色社会主义行政管理体制"这样的提法和概括。建设中国特色社会主义行政管理体制，需要了解中国特色社会主义行政管理体制具有哪些特征并研究其建立完善过程中存在的问题，对于在未来的 10 年不断深化行政管理体制改革、以顺利完成建立比较完善的中国特色社会主义行政管理体制的任务具有重要的意义。

中国特色社会主义行政管理体制的特征是：中国共产党是中国特色社会主义行政管理体制形成、改革与发展的领导；中国共产党组织与各级政府行政组织镶嵌式结构形态与功能分工；以条条控制为主，以块块协调为辅的网络状行政管理体制；各级政府权能的简单划一；越级行政授权与控制的机制；党管干部的国家公务员制度。当前中国特色社会主义行政管理体制还存在一些问题，如条块协调、机构设置、职能分工、公务员管理方式等都有需要调整和完善的地方。

改革和建设的基本思路与方法在于：党政分开、转变政府职能、政府机构改革、政府管理方式方法创新。

14.2.2　服务型政府的特点更为明显

国家行政管理承担着按照党和国家决策部署推动经济社会发展、管理社会事务、服务人民群众的重大职责。必须坚持一切行政机关为人民服务、对人民负责、受人民监督，创新行政方式，提高行政效能，建设人民满意的服务型政府。

今后的服务型政府建设主要表现为以下几个方面：第一，公务员的服务意识更为强化，行为更为主动；第二，服务的内容更为多样化，无论大事小事都可以得到有效的服务；第三，服务的方式更为多样化，利民、便民的手段不断推出，使百姓的日常生活更为充实，更为放心；第四，服务更为透明化，百姓要办什么事知道怎么办，到哪里办，谁来办，有更多的获得感、幸福感。

拓展学习 14-1

新时代建设
高质量服务型
政府新策略

14.2.3　政府的行为更为法治化

党的二十届三中全会指出，法治是中国式现代化的重要保障。必须全面贯彻实施宪法，维护宪法权威，协同推进立法、执法、司法、守法各环节改革，健全法律面前人人平等保障机制，弘扬社会主义法治精神，维护社会公平正义，全面推进国家各方面工作法治化。

1）政府治理能力现代化

第一，政府立法更为科学化、民主化，科学化主要表现为专家的意见被更多的人采纳，民主化主要表现为政府的决策更多体现民意。

第二，政府的执法更为规范化，政府与市场的关系更为明晰，两者的作用更为协调。政府治理与社会治理的配合更为紧密。

第三，政府监督更为完善，行政复议与行政诉讼更为规范、更有效率，其案件将会大大减少。总之政府的法治过程将会更加流畅，更得民心。

2）政府行为法治化

第一，建立良法善治的制度体系。良法善治表达了国家治理的主流价值，包括科学立法、民主立法的立法理念；公平正义、保障人权的司法理念；公开公正、廉洁高效的执法理念；敬畏法律、崇尚法治的守法理念。在这些理念指导下的社会实践推动良法不断发展完善，使其成为人们共同的价值尺度和行为准则，奠定了国家治理的价值取向，形成有机的法律生成机制和法律制度。

第二，推动国家治理的实践。学者胡鞍钢指出，今天的中国是前天的中国（1840—1949）、昨天的中国（1949年之后）内生性演化而来，具有国家治理体系的"中国性"或"中国特色"，它是由中国历史传承、文化传统、历史轨迹、历史选择所决定，推动中国精神、中国道路、法治中国的实践。

第三，推动社会变革。习近平总书记指出："凡属重大改革都要于法有据。"立法引领改革，体现了法治思维和法治方式、顶层设计与基层创造的统一，意味着改革是良法与善治两个层面的共同推动。一方面，将国家治理的各个方面纳入法治轨道，另一方面又要敢于"变风俗，立法度"，及时将治理实践中取得的行之有效的经验上升为法律，充分发挥立法的引导、推动、规范和保障作用，从而在更大层面、更长时间段内实现良法善治。

第四，建立追求公平正义的治理模式。良法善治不仅是一种制度模式，而且也是一种治理模式。立法者既要追求法律形式上的正当性、合理性，又要追求实质上的合法性、可行性，以得到人们的普遍认同和普遍遵守。善治就是良法的有效运行。司法作为公民权利的最后救济渠道，司法体制改革应将着力点放在改革司法机关的人财物管理体制上，以保证其依法独立行使审判权、检察权，这是司法治理的一场革命。消除行政权力对司法的干预和司法地方保护主义，公正司法才有实现的条件和土壤，才能体现法律的权威性和具体正义。

第五，建立维护人民权益的保障机制。习近平总书记指出："要完善立法工作机制和程序，扩大公众有序参与，充分听取各方面意见，使法律准确反映经济社会发展要求，更好协调利益关系，发挥立法的引领和推动作用。"按照这一要求，良法善治要以为人民谋福祉、让人民群众过上更加美好幸福的生活为出发点和落脚点，通过确立清晰的权力界限和权利内容，充分反映人民的权利要求，提供有力的权利保障；坚持政府与人民群众共同治理社会生活和社会权力，鼓励人民群众参与、评判和监督良法善治；规制社会行为，化解社会冲突，平衡利益关系，完善公共服务，保障和改善民生。

价值引领14-1　　进一步全面深化改革为中国式现代化凝聚更为磅礴的奋进伟力

习近平总书记指出："为了人民而改革，改革才有意义；依靠人民而改革，改革才有动力。"改革之所以能够赢得最广大人民群众衷心拥护和坚定支持，是因为我们党始终深深扎根于人民群众之中，做到改革为了人民、改革依靠人民、改革成果由人民共享。党的十八大以来，以习近平同志为核心的党中央坚持以人民为中心的价值取向，以促进社会公平正义、增进人民福祉为出发点和落脚点，抓住人民最关心最直接最现实的利益问题推进重点领域改革，充分调动群众的积极性、主动性、创造性，把最广大人民智慧和力量凝聚到改革上来，不断把人民对美好生活的向往变为现实。实践充分证明，坚持人民至上谋划和推进改革，使改革更好对接发展所需、基层所盼、民心所向，进一步全面深化改革就拥有最坚实的依托、最强大的底气、最澎湃的动力。

全面建设社会主义现代化国家，必须充分发挥亿万人民的创造伟力，坚持全体人民共同参与、共同建设、共同享有，紧紧依靠全体人民和衷共济、共襄大业。进一步全面深化改革、推进中国式现代化，就要调动一切可以调动的积极因素，团结一切可以团结的力量，充分激发人民群众参与改革的主动精神，推动形成亿万群众满腔热忱投身改革、万众一心支持改革、齐心协力推动改革的生动局面。切实坚持党的群众路线，把准人民脉搏、回应人民关切、体现人民愿望、增进人民福祉，从人民整体利益、根本利益、长远利益出发谋划和推进改革，使党的理论和路线方针政策得到人民群众衷心拥护；扎实推进共同富裕，建立健全同促进全体人民共同富裕相适应的制度体系，让中国式现代化建设成果更多更公平地惠及全体人民，使人民获得感、幸福感、安全感更加充实、更有保障、更可持续；坚持发展全过程人民民主，健全全过程人民民主制度体系、完善中国特色社会主义法治体系，在党的领导下广泛动员和有效组织全体人民以主人翁姿态投身改革开放和中国式现代化建设，为实现强国建设、民族复兴伟业而团结奋斗。

资料来源 佚名. 进一步全面深化改革为中国式现代化凝聚更为磅礴的奋进伟力［EB/OL］.（2024-09-26）［2024-11-12］. http://www.qstheory.cn/laigao/ycjx/2024-09/26/c_1130205364.htm.

感悟：改革开放是党和国家保持生机活力的关键。政府在改革过程中应做到为了人民、依靠人民、成果由人民共享。

14.2.4 智慧型政府会大大提升政府治理能力

智慧型政府是通过充分利用数据技术、信息技术等，实现政府服务的实时感知、高效运作、科学决策、主动服务、智能监督和开放协调，为公众提供更好的质量以及更高效、更强大的服务，满足公众需求的同时，为公众带来舒适、安全、幸福的体验。

第一，智慧型政府的服务更为全面，可以在线执行全套服务项目，涵盖教育、医疗保健、住房、卫生、公共安全、运输服务、就业和其他服务领域，所有这些服务元素都可以在此平台上进行管理。

第二，智慧型政府的服务更为精准，为公众提供精致、个性化的服务。同时，可以根据普通用户的思维习惯和行为来组织服务内容，并可以对服务过程进行编译，从而使公众更快地接受和掌握如何在线处理服务事宜。

第三，智慧型政府可以信息共享，政府部门之间实现了开放的信息交换和业务协作，而数据信息则向全社会公开。通过利用大数据技术对政府服务信息进行数字化整合，并通过数据交换平台，实现部门、地区之间政府信息资源的相互交流。政府服务将实现一号申请、一窗受理和一网通办。

行政视野 14-1 　　　　　智慧城市、数字政府与城市大脑的定位、区别与联系

智慧城市是指利用信息和通信技术，让城市变得更加智能和高效。它旨在通过数字化手段提高城市管理和服务水平，同时也为市民提供更便捷、舒适的生活体验。智慧城市的建设涵盖了多个领域，例如交通、能源、医疗、教育等，旨在实现城市的可持续发展。

数字政府是指利用数字化手段，提高政府的管理和服务效率。它旨在通过数字化转型，实现政府内部管理的优化和对外服务的提升。数字政府的建设包括了电子政务、数据共享、在线办事等方面，旨在提高政府的工作效率和服务质量。

城市大脑是指利用大数据、人工智能等技术，对城市进行智能化管理和运营。它旨在通过对城市的数据进行分析和处理，提高城市管理和服务的效率，同时也为城市的规划和发展提供决策支持。城市大脑的建设涵盖了多个领域，例如交通、能源、环境等，旨在实现城市的智能化管理和运营。

智慧城市、数字政府和城市大脑三者之间有什么联系呢？

首先，智慧城市和数字政府都是城市数字化转型的重要组成部分，它们都利用了信息和通信技术，提高城市的管理和服务水平。而城市大脑则是智慧城市建设中的一个重要部分，它利用大数据、人工智能等技术，对城市进行智能化管理和运营，为智慧城市的建设提供了有力支持。

其次，智慧城市和数字政府的建设都需要城市大脑的支持。城市大脑可以收集和整合城市中的各种数据，包括交通、能源、环境等方面的数据，通过对这些数据的分析和处理，为智慧城市和数字政府的建设提供决策支持和数据支撑。

最后，智慧城市、数字政府和城市大脑三者的建设是相互促进的。智慧城市的建设可以为数字政府提供更多的数据来源和应用场景，数字政府的建设则可以为智慧城市提供更好的管理和服务平台。而城市大脑则可以将两者整合起来，实现城市的智能化管理和运营，提高城市的发展水平。

资料来源　中国信息协会大数据分会. 智慧城市、数字政府与城市大脑的定位、区别与联系〔EB/OL〕.（2024-04-19）〔2024-11-12〕. https://www.ciiabd.org.cn/articles/R9xjGg.html.

任务实施与评价

◉ 任务实施

【背景资料】

佛山"城市大脑"入选全国首批城市全域数字化转型典型案例

拓展学习 14-2

城市大脑：
让城市更聪明
居民更幸福

9月12日在重庆召开的城市全域数字化转型现场推进会上，国家数据局首次发布城市全域数字化转型典型案例。佛山"建设城市运行和治理智能中枢 赋能市域治理现代化"案例在全国293个案例中脱颖而出，成功入选。

近年来，佛山市高度重视、高位推进，编制《"数字佛山"建设总体规划——佛山市智慧城市和数字政府建设（2021—2025年）》明确发展规划，印发《佛山市数字政

府市域治理"一网统管"试点实施方案》，明确基于"一网统管"试点工作，构建统一规划、统一架构、统一标准、统一运维的"粤治慧·佛山城市大脑"城市运行和治理智能中枢，赋能城市全域数字化转型。

坚持全省、全市一盘棋　打造一个数字化基础底座

省市一体，上下贯通。坚持全省一盘棋，充分利用广东省数字政府建设成果，部署省"一网统管"综合态势、指挥调度、协同联动等基础平台的地市标准版，依托省政务大数据中心佛山分节点开展数据联通，低成本构建佛山"一网统管"基础平台。

全市统筹，共建共享。坚持全市一盘棋，实行平台共建、资源共享，不搞"大拆大建、推倒重来"，节省时间和经济成本，促进平台建设提速增效。对市直单位强调应用整合、数据整合、入口整合等"三个整合"，对各区强调平台统筹、标准统筹、亮点统筹等"三个统筹"，统筹复用城市信息模型（CIM）基础平台、无人机平台、二维码赋码平台等多个平台为全市赋能。

目前，佛山"一网统管"基础平台提供5大类114项基础能力，构建开放兼容、共性赋能、安全可靠的综合性基础环境。其中，视频联网平台接入监控视频6.4万余路，帮助公安、应急等部门高效掌握城市动态。物联感知平台整合接入16类6万余个感知设备，涵盖水位监测设备、油烟净化设备、燃气监测设备等，清晰反映城市设施运行状态。

开展体制机制和制度标准创新　促进智慧社会治理依法规范开展

2022年，佛山市委、市政府印发《关于推进基层社会治理全科网格建设的实施方案》，通过党建引领，利用数字化驱动全科网格改革。禅城区成立区、镇（街道）智慧社会治理中心和村（社区）智慧社会治理工作站，构建区、镇（街道）、村（社区）三级治理体系。区智慧社会治理中心，横向联系各部门纵向指导各镇（街道），统筹协调督促全区智慧社会治理领域网格化管理和服务工作；镇（街道）智慧社会治理中心整合镇（街道）全科网格、12345和12319等平台业务，推动工单统一智能分拨；村（社区）层级按照"一村（社区）一站"的原则设置智慧社会治理工作站。

同时，将城管、消防、市监等13个部门延伸到村（社区）的业务网格整合成一个全科网格，全市292个村（社区）划分4818个全科网格，在此基础上辅以数据生态、协同生态、信用生态等三种生态，实现"多网合一"，为精细化、数字化城市治理提供体制机制保障。如将巡查对象细分为35类，专职网格员开展"一机一表一次"综合巡查。

大力打造基于数字低空赋能的无接触执法体系。2023年印发《佛山市南海区全面推进无人机执法取证工作方案》等文件，梳理形成85项应用无人机执法取证的事项清单，涉及林业和草原、生态环境、市场监管、水利、住房和城乡建设、自然资源等6个执法领域，为一线执法人员提供切实可用的无人机执法规范指引。

打造N类特色专题应用　创造标杆性应用场景

目前，佛山城市运行和治理智能中枢已归集113个部门549个系统418亿条数据，累计建成83个应用专题，441个特色子专题，实现智慧城市"一网感知"、城市管理

"一网协同"，城市安全"一网管控"。

在城市重大活动安全管理和突发事件应对方面，佛山城市运行和治理智能中枢也发挥着重要作用。例如建设"行通济"民俗活动等大型指挥场景，保障超过200万人流管控；利用全方位的数据收集分析，监测2022年北江第2号特大洪水，精准预测水位趋势，辅助指挥决策，提前实施三水区海丰村全体村民的转移，有效保障群众的生命财产安全。

未来，佛山市将坚定按照国家、省关于城市全域数字化转型和"一网统管"建设要求，充分利用数字技术赋能市域治理，强化分析研判和预测预警，精准实施监督管理，科学评估攻坚成效，以更高的数字化服务和治理能力服务好经济社会高质量发展大局。

资料来源　吕嘉怡. 佛山"城市大脑"入选全国首批城市全域数字化转型典型案例［EB/OL］.（2024-09-14）［2024-11-12］. https：//www.foshan.gov.cn/fszsj/gkmlpt/content/6/6099/post_6099600.html#3494.

要求：阅读背景资料，结合所学知识，完成表14-1中的任务。

表14-1　　　　　　　　　　　　　　　　任务分析表

任务类型	任务内容	内容要求
分析"城市大脑"的功能	（1）分析是哪些技术支撑了佛山市的"城市大脑"	结合背景资料，运用所学知识，准确分析问题
	（2）分析佛山市的"城市大脑"具有什么功能	
分析实施"互联网+"前后监管模式的不同	（1）结合任务13中的相关内容，分析实施"互联网+"前后的监管模式各有哪些特点	结合背景资料，通过通用行政方法与数字化技术的比较客观准确地分析问题
	（2）比较二者在内容、方式和作用上的不同	
分析佛山市智能化创新治理体系的内容和价值	（1）分析智能化创新治理体系的内容	结合背景资料准确分析问题
	（2）运用数字化技术的知识分析统筹经济治理、社会治理与城市治理有哪些价值	
谈谈你对社会治理的想法和建议	（1）查阅资料，理清社会治理的内容和方法	查阅相关资料，运用改革和发展的知识，提出创新性的想法和建议
	（2）结合所学知识提出自己的想法和建议	

◉ 任务评价

任务评价见表14-2。

表 14-2　　　　　　　　　　　　　　　　　任务评价表

评价项目	评价标准	权重（%）	自评	师评
说出"城市大脑"的功能 （20分）	（1）能够说出支撑佛山市的"城市大脑"的技术名称	10		
	（2）能够说出佛山市的"城市大脑"具有的功能	10		
说出实施"互联网+"前后监管模式的不同 （30分）	（1）能够说出实施"互联网+"前后的监管模式各自的特点	15		
	（2）能够说出实施"互联网+"前后的监管模式在内容、方式和作用上的不同	15		
说出佛山市智能化创新治理体系的内容和价值 （20分）	（1）能够说出智能化创新治理体系的内容	10		
	（2）能够说出统筹经济治理、社会治理与城市治理的价值	10		
说出对社会治理的想法和建议 （30分）	（1）能够说出社会治理的内容和方法	15		
	（2）能够说出有创意的想法和建议	15		
总分		100		

任务测试与应用

● 任务测试

1.选择题（将正确的选项填在括号内）

1.1　单选题

（1）基本实现国家治理体系和治理能力现代化的目标是（　　）年。

A.2020　　　　　　　B.2035　　　　　　　C.2049　　　　　　　D.2050

（2）深化党和国家机构改革的首要任务是（　　）。

A.转变政府职能　　　　　　　　　　B.优化政府机构

C.简政放权　　　　　　　　　　　　D.加强党对各领域各方面工作的领导

（3）政府应改变重审批轻监管的行政管理方式，把更多行政资源（　　）。

A.从事先审批转到加强事中事后监管上来

B.从事先审批转到事后监管上来

C.从事中监管转到事后监管上来

随堂测验 14-1

任务14

D.从事先审批转到事中监管上来

（4）我国行政改革的任务之一是（　　　）。

A.思想解放　　　　　　　　　　　B.对外开放

C.改革自然资源和生态环境管理体制　　D.改革经济管理体制

（5）（　　　）不是"智慧政府"包含的四大领域。

A.智能办公　　　　B.智能监管　　　　C.智能服务　　　　D.智能交通

1.2　多选题

（1）未来国家机构职能体系应该是（　　　）。

A.系统完备　　　　B.科学规范　　　　C.运行高效　　　　D.职责明确

（2）行政改革过程不是（　　　）实施的过程，（　　　）的各种因素决定了行政改革的复杂性。

A.组织变革　　　　B.纯技术　　　　C.经济　　　　　　D.政治

（3）机构编制法定化要依法管理各类组织机构，加快推进（　　　）法定化。

A.机构　　　　　　B.职能　　　　　C.权限　　　　　　D.程序

（4）服务型政府的主要表现为（　　　）。

A.公务员服务意识更为强化　　　　　B.服务内容更为多样化

C.服务方式更为多样化　　　　　　　D.服务更为透明化

（5）智慧型政府的服务主要表现为（　　　）。

A.服务更全面　　　　　　　　　　　B.服务更精准

C.政府之间的信息共享　　　　　　　D.服务更为普遍化

2.判断题（在题后的括号内打"√"或"×"）

（1）我国"放管服"改革今后主要是加强管的方面。　　　　　　　　　　（　　　）

（2）政府职能全过程的配套改革包括决策、组织和监督职能的改革。　　（　　　）

（3）数字化政府等于服务型政府。　　　　　　　　　　　　　　　　　（　　　）

（4）我国行政发展的趋势之一是，服务型政府的特点将更为明显。　　　（　　　）

（5）智能政府的服务将更为个性化。　　　　　　　　　　　　　　　　（　　　）

3.简答题

（1）深入推进简政放权的主要任务是什么？

（2）我国实施行政改革应把握哪些要点？

（3）服务型政府的建设应如何进行？

（4）如何推进数字化政府的进程？

◉ 技能应用

【案例分析】

2024中国开放数林指数及公共数据开放报告发布

2024年9月26日，复旦大学数字与移动治理实验室联合国家信息中心数字中国研究院，在第三届全球数字贸易博览会"全球智慧城市大会·杭州"上发布了"2024中国开放数林指数"和《中国地方公共数据开放利用报告——省域》《中国地方公共数据开放利用报告——城市》。

"中国开放数林指数"是国内首个深耕于公共数据开放领域的专业指数，由复旦大学数字与移动治理实验室制作。自2017年首次发布以来，指数每年对地方政府的公共数据开放利用水平进行综合评价，助推我国公共数据的供给流通与价值释放。

报告指出，截至2024年7月，全国已有243个省市政府上线了数据开放平台，省级平台增加至24个（不含直辖市和港澳台），城市平台数量则达到了219个（含直辖市、副省级与地级行政区）。这表明我国公共数据开放的覆盖面在不断扩大，地方政府的数据开放能力明显提升。

各地数据开放的有效数据集总量也有显著增长，从2017年的8 000余个增至2024年的37万余个，增长了约44倍。与此同时，各地平台无条件开放的数据量从2019年的15亿条飙升至2024年的679亿条，增长了近45倍，极大提升了公共数据的可用性和透明度。

在城市治理、金融服务和绿色低碳等重点领域，地方公共数据开放的深度和广度也均有明显进展，推动了这些领域的数字化发展。然而，报告也指出，工业制造和应急管理等领域的数据开放水平仍有待进一步提升。

报告将各地方数据开放程度分为五个等级。从省域层面看，山东和浙江凭借综合表现斩获"五棵数"大奖，成为数据开放领域的标杆省份。贵州和福建则紧随其后，位列"四棵数"行列。四个直辖市中，上海市综合表现最优，位列第一。在城市评估中，杭州和济南表现抢眼，同样荣获"五棵数"大奖，德州和温州等城市也在数据开放方面取得了显著进展。

报告还提出了"数林匹克"指数，反映各地在过去四年数据开放的持续性。浙江和杭州分别在省域和城市层面位居榜首，展现出其在推动数据开放方面的强劲动力和持续投入。

报告进一步指出，尽管公共数据开放的数量和质量在逐年提升，各地对于人口与经济指标、医疗机构数据等高下载、高利用数据的开放程度仍有待改进。此外，虽然API接口的数量有所增加，但还需进一步提升时效性和更新频率。

总的来说，报告认为，随着各地政府在公共数据开放方面的持续努力，中国"开放数林"将不断深化根基，去除冗余信息，精选高价值数据，实现普惠共赢，为社会多领域发展注入更强劲的动力。

资料来源　澎湃新闻. 2024中国开放数林指数及公共数据开放报告发布［EB/OL］.（2024-10-01）［2024-11-12］. https://www.163.com/dy/article/JDEE89PA0514R9P4.html.

问题：如何让数据平台更好地发挥作用？

分析提示：从数字化政府建设应该做好哪些工作的角度进行分析。

【实践训练】

请登录2～3个政府服务平台，比较这几个平台的服务内容与服务质量，并根据比较结果编写评价报告。

要求：根据所学的行政改革与发展知识，主要比较服务项目的涉及面、是否更多地关注民生，服务质量是否考虑服务的方便性、服务响应速度、访问者满意度等方面。

参考文献

［1］古德诺 F J．政治与行政：一个对政府的研究［M］．王元，译．上海：复旦大学出版社，2011．

［2］李文钊．国家、市场与多中心：中国政府改革的逻辑基础和实证分析［M］．北京：社会科学文献出版社，2011．

［3］彼得斯 B G．政府未来的治理模式［M］．吴爱明，夏宏图，译．中文修订版．北京：中国人民大学出版社，2013．

［4］罗森布鲁姆 D H，克拉夫丘克 R S，克勒肯 R M．公共行政学：管理、政治和法律的途径［M］．7版．北京：中国人民大学出版社，2013．

［5］奥沙利文 E，拉苏尔 G R，伯纳 M．公共管理研究方法［M］．王国勤，等译．5版．北京：中国人民大学出版社，2014．

［6］休斯 O E．公共管理导论［M］．张成福，马子博，等译．4版．北京：中国人民大学出版社，2015．

［7］王春业．行政诉讼新论［M］．北京：中国政法大学出版社，2015．

［8］吴巧瑜，陈必华．行政领导学［M］．北京：清华大学出版社，2016．

［9］张晓峰．行政领导学经典案例释义［M］．哈尔滨：黑龙江人民出版社，2017．

［10］张成福．行政组织学［M］．2版．北京：国家开放大学出版社，2017．

［11］李军鹏．现代政府建设［M］．北京：经济科学出版社，2017．

［12］沃尔多 D．行政国家：美国公共行政的政治理论研究［M］．颜昌武，译．北京：中央编译出版社，2017．

［13］陈东琪．通向新增长之路：供给侧结构性改革论纲［M］．北京：人民出版社，2017．

［14］程样国，韩艺．国际新公共管理浪潮与行政改革［M］．北京：人民出版社，2017．

［15］竺乾威．公共行政的改革、创新与现代化［M］．上海：复旦大学出版社，2018．

［16］蔡立辉，王乐夫．公共管理学［M］．2版．北京：中国人民大学出版社，2018．

［17］夏书章．行政管理学［M］．6版．广州：中山大学出版社，2018．

［18］姚凤云，刘纯，李远航．公共行政管理概论［M］．北京：清华大学出版社，

2019.

［19］宋光周. 行政管理学［M］. 5版. 上海：东华大学出版社，2019.

［20］李国正. 公共政策分析［M］. 北京：首都师范大学出版社，2019.

［21］丁艺. 互联网时代的政府治理［M］. 北京：人民邮电出版社，2019.

［22］巴达克. 政策分析八步法［M］. 谢明，肖燕，刘玮，译. 3版. 北京：中国人民大学出版社，2020.

［23］李忠汉. 中国行政管理的公共性问题研究［M］. 北京：中国社会科学出版社，2020.

［24］刘亚娜. 公共政策教学案例分析［M］. 北京：首都师范大学出版社，2020.

［25］丁煌. 行政学原理［M］. 武汉：武汉大学出版社，2007.

［26］热拉尔. 国家与行政管理［M］. 刘成富，苑桂冠，陈思洁，译. 上海：上海译文出版社，2020.

［27］徐双敏，李明强. 行政管理学［M］. 北京：中国人民大学出版社，2020.

［28］郭小聪. 行政管理学［M］. 5版. 北京：中国人民大学出版社，2021.

［29］王炜，金菊，洪富艳. 行政管理学［M］. 2版. 北京：经济科学出版社，2021.

［30］丁煌. 行政管理学［M］. 4版. 北京：首都经济贸易大学出版社，2021.

［31］竺乾威. 公共行政的理论、实践与发展［M］. 上海：复旦大学出版社，2021.

［32］广东省应急管理厅. 地方应急管理［M］. 广州：广东人民出版社，2021.

［33］王刚. 行政管理学［M］. 北京：清华大学出版社，2023.

［34］周定财. 行政管理学［M］. 北京：北京大学出版社，2024.

［35］魏礼群. 关于新时代社会治理的理论与实践［M］. 北京：社会科学文献出版社，2024.

［36］冯仕政. 中国式现代化新征程与社会治理新格局［M］. 北京：中国人民大学出版社，2024.